기본 개념에서 최신 알고리즘까지

심층강화학습

이창환 지음

도서출판 홍릉

저자소개

이창환

서울대학교 계산통계학과에서 학사와 석사를, University of Connecticut, USA 에서 박사학위를 각각 취득하였다. AT&T Bell Laboratories, Middletown, NJ, USA에서 연구원으로 근무하였으며 1996년부터 동국대학교 정보통신학과에서 교수로 재직 중이다.

기본 개념에서 최신 알고리즘까지

심층강화학습

인 쇄: 2023년 6월 12일 초판 1쇄
발 행: 2023년 6월 19일 초판 1쇄

저 자: 이창환
발행인: 송 준
발행처: 도서출판 홍릉
주 소: 01093 서울시 강북구 인수봉로 50길 10
등 록: 1976년 10월 21일 제5-66호

전 화: 02-999-2274~5, 903-7037
팩 스: 02-905-6729
e-mail: hongpub@hongpub.co.kr
http://www.hongpub.co.kr
ISBN: 979-11-5600-100-3(93000)

정 가: 27,000원

추천의 글

고한석 고려대 전기전자공학부 교수

2016년이후 알파고를 시작으로 강화학습에 대한 연구와 기술개발이 활발히 진행되고 있어 강화학습을 공부하고 연구하려고 하는 사람들이 많이 늘어나고 있는 추세다. 또한 인터넷에서 소모임을 통해 연구자료를 공유하는 사례가 늘고 있어서 접근은 용이하지만 어디에서부터 시작해서 뭘 봐야 하는지 어떤 논문들이 있는지 정리가 된 자료를 찾기가 어려운 상황이다. 본 교재는 강화 학습을 단순히 모음집으로 제시하지 않고 강화학습 알고리즘의 개념을 체계적으로 설명하고 수학적으로 풀어가면서 쉽게 이해할 수 있도록 내용을 잘 정리하였고 가장 광범위한 차원의 개념을 사용하여 내용을 접근할 수 있도록 기술되었다. 특히 심층강화학습을 쉽게 이해하도록 자세한 그림과 함께 알고리즘을 설명하였고 모방학습과 다중 에이젠트 강화학습등 최신 발표된 논문들의 내용도 잘 정리하여 전반적인 강화학습을 이해하는데 큰 도움이 되리라 생각하며 이에 강화학습을 주제로한 인공지능 학습 교재로 적극 추천한다.

이민호 경북대학교 인공지능연구원장

인공지능, 그 중에서도 딥러닝의 큰 성공은 IT분야를 넘어 금융, 자동차, 에너지 등 우리 삶과 관련한 전반적인 분야에서 새로운 패러다임을 제시하고 있습니다. 젊고 유능한 많은 사람들이 인공지능을 공부하고자 하지만 체계적으로 잘 정리된 학습 지침서는 찾기 어려운 실정입니다. 특히, 강화학습을 잘 정리한 책은 더더욱 찾기 어려운 상황에서, 강화학습의 기초와 이론, 그리고 응용까지 체계적으로 잘 기술되어 있는 이 책은 많은 사람들에게 매우 유익할 것으로 생각됩니다. 힘든 집필 작업을 성공적으로 잘 마무리하신 저자의 노력과 열정에 다시 한번 감사의 마음을 갖게 됩니다.

머리글

강화학습은 정해진 목표를 달성하기 위하여 어떠한 행동을 어떤 순서로 수행하여야 최적의 목표를 달성하는지를 알려주는 기계학습 방법의 한 종류이다. 강화학습은 이러한 목표의 달성에 있어서 실제 문제의 복잡한 환경에서 알고리즘 자체가 자율적으로 스스로 관찰하고 여러가지 행동을 시도하고 피드백을 받고 다시 행동하는 학습 방식을 수행하면서 최적의 행동을 발견한다.

이러한 강화학습의 학습 형태는 다양한 경험의 성공과 실패를 통하여 학습을 해 나가는 우리 인간의 학습 형태와 유사한 점이 있다. 그런 의미에서 강화학습은 인간이 원하는 일반 인공지능에 한발 다가갈 수 있는 중요한 기술이 될 가능성을 보여주고 있다.

이러한 강화학습이 딥러닝(심층학습)과 결합한 심층강화학습은 최근 들어서 놀라운 성능의 결과를 보여주고 있다. 이미 알려진 대로 알파고와 ChatGPT 등 심층강화학습을 이용한 기술들은 다양한 분야에서 인간의 수준을 뛰어넘는 성능을 보이고 있으며 게임이나 단백질 구조 예측, 로봇 공학, 자율주행 등 수많은 분야에 적용되면서 뛰어난 성과를 보이고 있다.

심층강화학습은 사람의 개입을 최소화하면서 목표 달성을 위하여 최적의 학습을 진행할 수 있는 큰 장점을 가지고 있으며 이는 심층강화학습을 실제 문제에 아주 쉽게 적용할 수 있게 하는 특징이다. 이와 같은 이유로 심층강화학습은 매우 유연성과 범용성이 뛰어난 학습방법이다.

이러한 이유로 최근 심층강화학습에 대한 관심은 크게 높아지고 있으며 많은 연구가 진행되고 있다. 다양하고도 새로운 기술들이 발표되고 있으며 그 수준과 양이 크게 증가하였다. 하지만 심층강화학습은 상당히 기술적인 주제이고 그 배경에는 많은 수학과 기계학습의 이론이 필요한 경우가 많다. 따라서 심층강화학습의 기본에서부터 가장 최신의 기술까지 중요한 내용들을 체계적으로 정리하면서 설명하는 책이 필요하다는 생각을 하였으며 이러한 계기로 이 책의 집필을 시작하게 되었다. 실제로 집필 과정에서 많은 도서와 연구 논문을 찾으며 다양한 수학과 기계학습 이론을 접해야 했으며 그 과정에서 이러한 내용들을 상대적으로 쉽게 설명하는 책의 필요성을 더욱 실감하게 되었다.

이 책에서는 강화학습과 심층강화학습의 기초에서부터 가장 최신의 기술에까지 중요한 내용들을 설명하고 정리한 책이다. 전통적인 강화학습의 기본 개념인 벨만 방정식, MDP 모델, 동적 프로그래밍 등의 기술에서 시작하여 심층강화학습의 다양한 기술들을 소개하였다. 그리고 가장 최근의 고급 정책 그레디언트 기술과 모방학습 및 다중/계층 강화학습 등을 포함하였다.

아울러 심층학습(딥러닝)의 이해를 돕기 위하여 심층학습에 대한 이론도 한 개의 장에서 따로 설명하였다. 그리고 이 책은 심층강화학습의 이해에 필요한 기계학습의 이론들은 필요할 때에 따로 절을 할애하여서 설명하여서 독자들이 독자적으로 내용을 이해하는데 도움이 되도록 하였다.

일반적으로 책의 집필에 있어서 수식의 포함은 책의 내용을 어렵게 함을 잘 알고 있다. 하지만 거의 대부분의 심층강화학습의 최신 논문이나 도서들의 설명에 있어서 어느 수준의 수식 사용은 불가피한 것으로 보인다. 이 책에서도 가능한 수식의 양을 줄이기 위하여 노력하였지만 아직도 많은 설명에 어느 정도의 수식 사용을 피할 수 없었다. 앞으로 심층강화학습의 공부에 있어서도 어느 정도의 수식에 적응하는 것은 필요할 것으로 보인다.

그리고 이 책의 집필에 있어서 심층강화학습에서의 중요한 개념과 기술에 대한 가능한 다수의 많은 방법론과 알고리즘들을 포함하려고 하였다. 하지만 이 분야의 빠른 발전 속도와 지면의 제약으로 인하여 아직도 많은 훌륭한 알고리즘들이 이 책에 포함할 수 없었음에 대하여 미리 양해를 구한다.

이 책이 더 많은 사람들에게 빠르게 성장하는 심층강화학습 기술에 대한 이해도를 높이는 조그마한 도움이 되기를 바란다. 그리고 심층강화학습이라는 이 훌륭한 기술의 전반에 대해 많은 연구자들이 좀더 친숙해지고 깊이 있게 학습할 수 있도록 하는 기회가 되기를 바란다.

감사의 글

이 책을 집필하면서 책을 쓰는 것이 어려운 작업이며 많은 노력과 시간을 희생해야 가능함을 다시 한번 깨닫게 되었다. 이 책은 예상보다 훨씬 오래 걸렸으며 그 과정에서 많은 사람들의 도움이 있었으며 그 분들에게 감사의 말을 전하고 싶습니다. 먼저 이 책의 출판을 허가해 주시고 오랜 시간동안 교정작업과 조언을 해 주신 도서출판 홍릉의 최윤석 이사님과 직원분들에게 감사의 말을 전하고 싶습니다. 특히 이 책의 많은 수식들을 세세한 부분까지 꼼꼼히 교정해주신 전문적인 편집진들이 없었다면 아마도 우왕좌왕했을 것입니다. 그리고 학부시절에 도서출판 홍릉의 책으로 전공 공부를 하였던 저자로서 그동안의 지식을 같은 출판사의 책으로 출판함으로써 어느 정도 기여를 할 수 있음을 기쁘게 생각합니다.

그리고 이 책을 집필하면서 참고하였던 수 많은 도서와 논문, 인터넷, 강좌, 등에서 자신의 지식을 공유해준 강화학습 커뮤니티의 수 많은 연구자들에게 간접적으로나마 감사의 말을 전하고 싶습니다. 이 책도 이러한 지식의 공유에 조그마한 기여를 할 수 있기를 바랍니다. 원고에 대한 추천의 글을 작성해주신 고한석 교수님과 이민호 교수님 및 기타 동료들과 이 책의 초안을 전부 읽고 검토해준 박정무군을 비롯한 여러 학생들에게도 감사를 전합니다.

그리고 이 책을 집필하는 동안 많은 시간을 같이 가지지 못하였지만 항상 격려와 응원을 해준 가족에게 감사의 말을 전하고 싶습니다. 그리고 이 책의 카툰 작업의 수고를 해준 아들에게도 특히 고맙다는 말을 전한다. 그리고 마지막으로 저에게 세상의 진리를 볼 수 있는 시야와 지혜를 물려주셨지만 이 책의 집필 기간 동안에 저의 곁을 떠나신 어머니에게 감사하다는 말씀과 함께 이 책을 바칩니다.

이 책에 대하여

이 책의 대상 독자는 기계학습이나 인공지능 분야의 기초지식을 가지고 있는 학부 고학년이나 대학원생들 그리고 강화학습이나 심층강화학습에 관심이 많은 일반인과 개발자들이 될 수 있다. 이 책의 내용을 이해하는데 기초적인 통계와 확률에 대한 지식이 있으면 도움이 되지만, 반드시 필요한 것은 아니다.

이 책에서는 사용되는 각 방법론과 알고리즘들의 이해를 돕기 위하여 각 장의 중요한 알고리즘 마다 기본코드를 추가하여서 알고리즘에 대한 프로그램 코드 수준의 내용을 자세히 이해할 수 있도록 하였다. 그리고 개념의 설명을 돕기 위하여 필요한 부분에 다양한 그림을 추가하였으며, 추가적으로 각 장의 마지막에는 해당 장에서 소개된 개념이나 방법들에 대한 내용을 요약하여서 이해를 돕도록 하였다.

그리고 이 책에서는 심층강화학습의 특성상 어느 정도의 수식을 사용하고 있지만 사용하는 수식 기호들은 이해를 쉽게 하도록 하기 위하여 책의 전체에서 동일한 의미를 가지도록 통일하여 사용하였다. 아울러 책의 시작 부분에 전체 수식 기호들의 설명을 추가하였다.

그리고 본 책의 내용에 대한 질문이나 의견 등은 chlee@dgu.ac.kr로 보내주시면 책의 수준을 향상시키는데 도움이 되겠습니다.

이 책의 구성

이 책은 강화학습의 기본 개념부터 심층강화학습의 가장 최신 알고리즘에 이르기까지 혼자서 독자적으로 학습할 수 있도록 설계된 책이며 이들 알고리즘과 기법들을 심층적이면서도 가능한 알기 쉽게 설명한다. 이 책은 총 12개의 장으로 구성되어 있으며 1부와 2부로 나누어져 있다.

이 책의 1부에서는 강화학습의 소개와 수학적인 모델들 그리고 강화학습의 정책과 가치값을 테이블로 표현하는 전통적인 강화학습 방법들에 대해 설명한다.

1장에서는 강화학습의 개념 소개와 다른 기계학습 방법과의 차이점을 설명한다. 그리고 강화학습의 기본 용어들에 대하여 설명하고 강화학습의 응용 사례들을 소개한다.

2장에서는 마르코프 체인, 마르코프 보상 프로세스, 그리고 마르코프 결정 프로세스에 대해 자세히 설명한다. 그리고 강화학습의 학습에서 기본이 되는 벨만방정식들에 대하여 설명한다.

3장에서는 모델기반에서의 동적 프로그래밍 방법에 대하여 설명한다. 정책평가와 컨트롤에 대하여 설명하였으며 컨트롤에서 정책반복과 가치값 반복의 방법에 대하여 설명한다.

4장에서는 환경의 변수를 알 수 없는 모델프리의 환경에서 정책 평가를 설명한다. 몬테카를로 방법과 TD 방법, TD(n), 전방향 TD(λ)와 후방향 TD(λ)를 설명한다.

5장은 모델프리 환경에서 최적의 정책을 발견하는 방법에 대한 내용이다. ε-탐욕방법을 소개하고 TD 학습, 전방향 Sarsa(λ) 학습, 후방향 Sarsa(λ) 학습 등을 설명한다. 또한 오프정책에서의 중요도 샘플링 방법, Q 학습 그리고 더블 Q 학습 방법을 설명한다.

이 책의 2부에서는 심층학습(딥러닝)과 강화학습을 결합한 심층강화학습의 내용에 대하여 설명한다. 그리고 가장 최신의 심층강화학습의 방법들과 새로운 트렌드에 대한 내용을 설명한다.

6장에서는 가치값을 함수로 표현하는 방법과 점진적 하강의 학습방법을 소개하고 몬테카를로 방법과 TD 학습 방법 및 TD(λ) 방법과 역방향 TD(λ) 방법을 설명하였다. 추가적으로 Sarsa와 Sarsa(λ)에 대하여 설명한다.

7장에서는 심층학습(딥러닝)에 대한 소개를 한다. 심층학습의 소개, 에러함수, 활성함수, 점진적 최적화에 대한 다양한 방법들과 정규화 방법들을 설명하였다. 대표적인 심층 신경망의 종류에 대하여 설명한다.

8장에서는 행동가치값을 신경망으로 구현한 DQN에 대하여 설명한다. DQN의 구조와 학습 방법, 경험 재사용, 우선순위 경험 재사용, 목표 네트워크, 더블 DQN, 듀얼 DQN 및 순환 DQN 등에 대해서 소개한다.

9장에서는 정책을 신경망으로 표현하는 방법을 설명한다. 정책 목적함수와 유전자 알고리즘 및 그레디언트 기반 정책함수 최적화 방법을 설명한다. REINFORCE와 액터-크리틱 방법을 설명하고 기타 다양한 액터-크리틱 방법들에 대하여 설명한다.

10장에서는 최신의 고급 정책 그레디언트 방법을 설명한다. 병렬 학습을 위한 A3C와 A2C와 최대엔트로피 강화학습을 소개한다. 그리고 가장 최근의 기술인 TRPO와 PPO 학습방법 및 DDPG와 TD3 등에 대하여 설명한다.

11장은 보상값 대신에 전문가의 데이터가 주어진 모방학습에 대한 내용이다. 행동복제, DAGGER 등의 방법을 설명한다. 역강화학습으로서 도제학습 방법과 최신의 역강화학습 방법의 종류인 GAIL 방법을 설명한다.

12장은 가장 최신의 강화학습 기술인 다중 에이전트 강화학습과 계층적 강화학습에 대해 소개한다. 정규폼, 반복, 마르코프, 확장폼 게임 등의 다양한 다중 에이전트의 학습 모델들을 소개한다. 계층강화학습에서는 계층강화학습의 소개와 추상화 방법의 종류 및 추상화 방법의 예제 등을 설명하였다.

목 차

1부 강화학습

CHAPTER 09 정책 그레디언트

CHAPTER 10 고급 정책 그레디언트

식 표기

기호	설명
S_t, s_t	상태
A_t, a_t	행동
R_t, r_t	보상값
$R(s)$, $R(s, a)$, $r(s)$, $r(s, a)$, R_s, R_s^a	상태 s에서 혹은 상태 s에서 행동 a 수행할 때의 보상값
G_t	상태 s_t에서의 리턴
G_t^λ	상태 s_t에서의 λ 리턴
$G_t^{(k)}$	상태 s_t에서 k 스텝 리턴
$G_t^{[i]}$	에피소드 i의 상태 s_t에서의 리턴
γ	할인상수
h_t	상태 s_t에서의 이력
$P_{ss'}$	상태 s에서 상태 s'으로 전이되는 확률
$P_{ss'}^a$	상태 s에서 행동 a를 수행할 때 상태 s'로 전이되는 확률
t_i	학습 데이터 i의 목적값
y_i	학습 데이터 i의 예측치
$\pi(s, a)$, $\pi(a\|s)$	정책 π를 사용할 때 상태 s에서 행동 a 수행확률
$\pi(s)$	정책 π를 사용할 때 상태 s에서의 행동값
π_*	최적 정책
$J(\theta)$	에러함수 혹은 목적함수(파라미터 θ)
$V_\pi(s)$, $v_\pi(s)$	정책 π를 사용할 때 상태 s의 가치값
$Q_\pi(s, a)$, $q_\pi(s, a)$	정책 π를 사용할 때 상태 s에서 행동 a의 가치값
$A_\pi(s, a)$	정책 π에서 상태 s 행동 a의 어드밴티지
$V_*(s)$, $v_*(s)$	상태 s의 최적 상태가치값
$Q_*(s, a)$, $q_*(s, a)$	상태 s에서 행동 a의 최적 행동가치값
$\phi(s)$	상태 s를 표현하는 속성

기호	설명
$\phi(s, a)$	상태-행동 (s, a)를 표현하는 속성
$\hat{V}_\pi(s), \hat{v}_\pi(s)$	정책 π를 사용하는 상태 s의 상태가치값 예측치
$\hat{Q}_\pi(s, a), \hat{q}_\pi(s, a)$	정책 π를 사용하는 상태 s에서 행동 a의 행동가치값 예측치
$\hat{v}(s, w), \hat{v}_w(s)$	파라미터 w 상태값 근사함수에서 상태 s의 가치값 출력
$\hat{q}(s, a, w), \hat{q}_w(s, a)$	파라미터 w 행동값 근사함수에서 상태-행동(s, a)의 행동 가치값 출력
$\pi_\theta(s, a)$	파라미터 θ인 정책 근사함수에서 상태 s 행동 a의 수행확률
$\alpha, \beta, \varepsilon, \kappa, \xi$	학습에 사용되는 상수들
$E_\pi[\cdot]$	정책 π으로 생성되는 데이터에 의한 평균
$e_t(s)$	상태 s의 특정시간 t에서의 적정성 추적
δ_t	상태 s_t에서의 TD 에러
$H(p)$	확률분포 p의 엔트로피
$H(t, y)$	크로스 엔트로피 함수 (목적값 t와 예측치 y)
$H(\pi_\theta)$	정책 π_θ의 엔트로피
$d_\pi(s)$	정책 π를 사용할 때 상태 s에 머무를 정적확률
τ	에피소드 혹은 경로
$\tau^{[i]}$	i-번째 에피소드
$s_t^{[i]}, a_t^{[i]}, r_t^{[i]}$	에피소드 i에서 상태 s_t, 행동 a_t와 보상값 r_t
D_{KL}	Kullback-Leibler 변량
$\| w \|_p$	민코스키 거리
$\rho_\pi(s, a)$	정책 π에서 상태-행동 (s, a)의 점유도
$\varphi(c)$	비용함수 c의 정규항
$\pi^{(i)}, a^{(i)}, R^{(i)}$	에이전트 i의 정책, 행동 및 보상값
$\pi^{(-i)}$	에이전트 i의 정책 $\pi^{(i)}$를 제외한 모든 정책
$V^{(i)}_{\pi^{(i)}, \pi^{(-i)}}(s)$	에이전트 i가 정책 $\pi^{(i)}$를 사용할 때 상태 s에서의 상태가치값

1부

강화학습

CHAPTER

01

강화학습의 개요

1.1 인공지능과 기계학습

인간은 오랫동안 기계(컴퓨터)에 지능을 부여하려는 다양한 시도를 해왔다. 초기에는 전문가 시스템(expert system) 등의 방법을 이용해 인간의 지식을 직접 기계에 이식하는 방법을 사용했다. 하지만 이러한 방법은 인간 지식의 표현의 어려움, 지식 전달의 부정확성 등의 다양한 이유로 얼마 지나지 않아 기술의 한계에 이르게 된다. 또한 이러한 방식의 가장 큰 문제점은 인간의 지식을 이식하므로 인간의 지식을 초과할 수 있는 시스템의 개발이 원천적으로 불가능하다는 것이다. 이러한 이유로 현재는 기계에 지능을 부여하기 위해 기계학습(machine learning) 방법을 널리 사용한다.

기계학습의 방법은 전문가 시스템의 방식에 비하여 몇 가지 장점이 있다. 먼저 기계학습의 방법은 인간의 개입이 최소화된다. (인간의 지식을 기계에 이식하지 않고) 기계 자체가 과거 경험 데이터에서부터 (혹은 지속적으로 환경과 상호작용을 하면서) 스스로 지식을 발견해나가는 새로운 인공지능 방법이다. 또 다른 장점은 기계가 스스로 지식을 발견하므로 인간의 수준을 능가하는 지식의 발견이나 성능을 제공할 수 있는 가능성을 포함한다.

기계학습 기술의 발전이 컴퓨터 하드웨어 기술의 발전과 결합하면서 최근에는 이러한 기계학습 기술이 이미 다양한 분야에서 인간의 수준을 능가하는 성능을 보이고 있다. 따라서 기계학습의 기술은 기계에 지능을 부여하는 인간의 목표에 현재까지 가장 바람직한 결과를 내고 있는 분야이며 앞으로도 무한한 가능성을 보여주고 있다.

1.2 기계학습의 방법들

기계학습의 종류는 크게 **감독자학습**(supervised learning), **비감독자학습**(unsupervised learning), **강화학습**(reinforcement learning)으로 구분할 수 있다. 감독자학습은 분류(classification)나 예측(prediction)의 목적으로 사용하며 사지선다형 문제와 같이 미리 정해진 카테고리의 (혹은 연속적인) 정답을 예측하는 방법이다. 예를 들어 이미지에 고양이가 있는지 없는지, 음성이 누구의 음성인지, 문장이 문법에 맞는지 아닌지 등의 문제에 적용할 수 있다. 감독자학습은 우리가 정답을 제공할 수 있는 경우에 사용할 수 있다. 최근에는 심층학습(딥러닝deep learning) 등의 발전으로 다양한 분야에서 놀랄 만한 학습 능력을 보여주고 있다. 이와 같이 우리가 학습 데이터마다 정확한 정답을 알 수 있다면 감독자학습으로 많은 문제를 풀 수 있을 것이다.

감독자학습(supervised learning) 알고리즘은 한 개의 함수로 간주할 수 있다. 예를 들어 다음과 같이 특정한 입력 데이터 x_i 마다 이 데이터에 대한 정답값(목적값 혹은 라벨값) t_i이 주어진다고 가정하자.

$$(x_1, t_1), (x_2, t_2), \ldots, (x_n, t_n)$$

예를 들면 x_i는 숫자를 표시하는 이미지이고, t_i는 그 이미지의 정확한 숫자값이라고 생각할 수 있다. 그러면 감독자학습 방법은 다음과 같은 형태의 함수로 표현될 수 있다.

$$t = f_\theta(x)$$

여기서 f_θ는 감독자학습의 알고리즘을 함수로 표현한 것을 의미하며 θ는 이 함수의 파라미터를 의미한다. 이러한 함수의 종류로는 SVM(support vector machine), 신경망 등의 다양한 방법들을 사용할 수 있다.

다음으로 감독자학습 알고리즘은 f_θ가 정확한 예측을 할 수 있도록 학습이 필요하며 이를 위해 각 데이터값 x_i에 대해 $f_\theta(x_i)$가 정확한 t_i를 출력하도록 f_θ의 파라미터 θ를 조정해간다. 이 과정을 감독자학습의 **학습**(training) 과정이라고 부른다. 학습의 과정이 끝나면 기본적으로 f_θ 함수(즉, 감독자학습 알고리즘)는 어떤 새로운 입력 x에 대해 정확한 예측값 t를 출력할 수 있게 된다. 그림 1.1은 분류함수의 예시를 보여준다. 예를 들어서 감독자학습 알고리즘 함수는 주어진 입력 이미지를 강아지, 숫자 7 등으로 분류하는 함수의 역할을 한다.

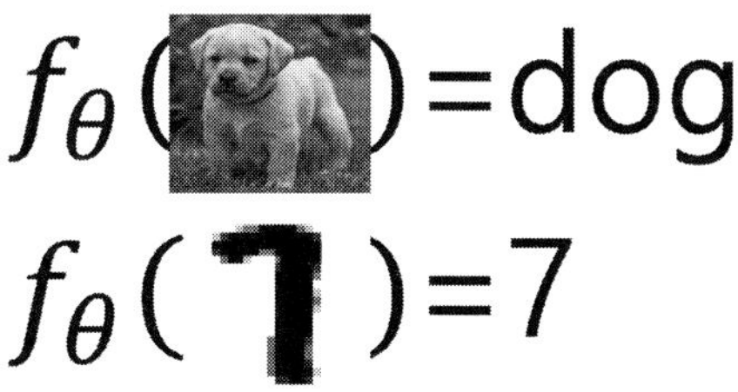

그림 1.1 분류의 함수

비감독자학습(unsupervised learning)은 감독자 학습과는 달리 학습 데이터에 목적값이 존재하지 않으며 대신에 데이터에 내제하고 있는 패턴을 자동으로 탐지하는 학습방법이다. 비감독자 학습은 대부분 데이터에 존재하는 군집(cluster)을 발견하는 목적으로 사용되며, 따라서 비감독자 학습은 군집학습(clustering)이라고도 불린다. 그림 1.2는 비감독자학습의 예시를 보여주는데, 3개의 데이터 군집을 발견할 수 있다.

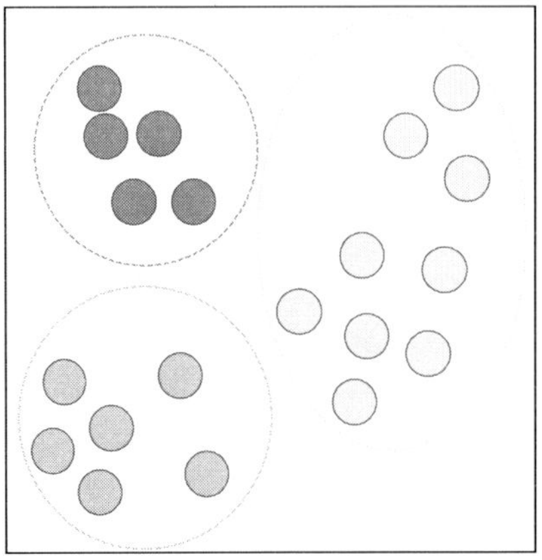

그림 1.2 비감독자 학습

1.3 강화학습의 소개

기계학습의 세 번째 학습 방법은 강화학습의 방법이다. 강화학습은 위의 두 개의 학습 방법과는 조금 다른 형태의 학습 방법이다. 강화학습은 기본적으로 정해진 목적을 달성하기 위한 **최적의 행동**(optimal control)을 찾는다. 바둑에서 승리를 위해 어떤 수들을 두어야 최종적으로 승리할 수 있는지를 학습하거나, 로봇이 혼자 힘으로 걸을 수 있도록 로봇의 각 관절들이 순차적으로 어떤 동작을 해야 하는지를 학습하는 것 등이 강화학습의 예시가 된다. 또한 공장의 공정 최적화, 자율 자동차의 운전 등 주어진 환경에서 목표의 달성을 위해 시간에 따른 최적의 결정을 찾는다. 이러한 학습을 위해 강화학습은 자신이 속해 있는 환경과 지속적인 상호작용 (실험과 결과 피드백의 반복)을 통해 학습을 진행한다.

강화학습의 어려운 점 중 하나는 우리가 내린 결정이 좋은지는 대부분 어느 정도 시간이 지난 후에야 알 수 있다는 점이다. 감독자학습의 경우에는 모든 학습 데이터에 대해 항상 정확한 목적값이 주어진다. 하지만 강화학습의 경우는 행동을 수행하는 시점에서는 가장 정확한 목적값을 알 수가 없다. 예를 들어 바둑의 경우에 현재의 수가 좋은 수인지 나쁜 수인지 즉각 알 수 없는 경우가 많으며, 여러 번의 수가 진행된 뒤에만 최종적으로 승리 혹은 패배를 알 수 있다. 이와 같이 강화학습은 입력되는 데이터에 대한 정확한 목적값(이를 강화학습에서는 보상값이라 함)이 즉각 주어지지는 않으며 대신에 여러 시간에 걸쳐서 추후에 제공이 된다.

따라서 강화학습은 이와 같이 목적값(보상값)이 여러 시간에 걸쳐서 주어지는 형태의 데이터를 이용해 학습한다. 강화학습의 목표는 이러한 학습을 통해 미래의 최적화된 결과를 위해서는 현재에 어떤 결정을 내리는 것이 가장 효과적인지를 예측하는 것이다. 참고로 강화학습에서 학습에 사용되는 모든 데이터의 정확한 정답을 즉각적으로 알 수 있으면 이는 기존의 감독자학습의 방법을 이용해 학습할 수 있다.

강화학습에서 스스로 학습하는 대상을 **에이전트**(agent)라 한다. 강화학습의 에이전트는 환경과 지속적으로 상호작용을 하면서 학습을 진행한다. 따라서 강화학습의 에이전트는 다음과 같은 세 가지의 기능을 가지고 있어야 한다: 1) 환경을 인식할 수 있는 센서의 기능, 2) 주어진 행동의 종류에서 특정한 행동을 선택해 수행하는 기능, 3) 성취하고자 하는 목표의 인지 기능. 로봇의 통제학습에서는 로봇이, 자동운전에서는 운전자가, 바둑 등의 게임에서는 게임자가 에이전트가 된다. 에이전트는 주어진 환경에서 어떠한 목표를 달성하기 위해 학습을 하게 된다. 자율운전의 예를 들면 에이전트가 속해있는 환경은 운전석에서 에이전트가 관찰할 수 있는 자동차의 내부와 외부에 대한 정보들이 환경이 되고, 목표는 자동차를 잘 운전해서 안전하게 목적지에 도달하는 것이다. 그림 1.3은 강화학습 형태를 그림으로 표시한다.

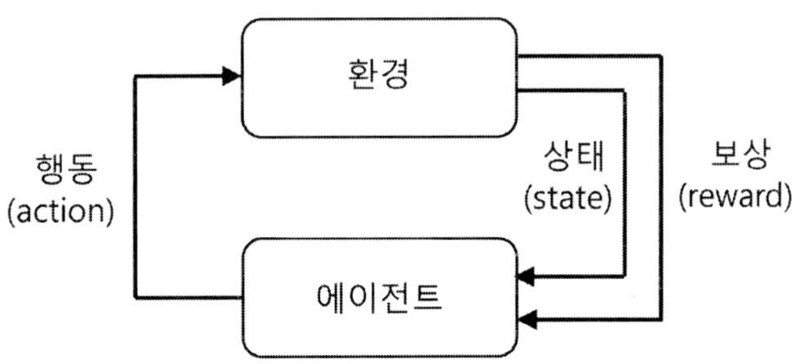

그림 1.3 강화학습의 형태

에이전트는 자신의 목표를 달성하기 위해 어떤 행동을 수행해야 한다. 자율운전의 경우에는 가속페달이나 브레이크를 밟거나, 혹은 핸들(steering wheel)을 돌려서 방향을 바꾸는 행동이 될 것이다. 만약 컴퓨터 게임의 환경이라면 키보드, 조이스틱(joystick) 등을 동작하는 행동이 될 것이다.

그리고 에이전트가 행동을 하게 되면 이 행동의 결과가 **보상**(reward)이라는 형태로 발생한다. 보상은 에이전트의 행동이 얼마만큼 좋은 행동인지를 (학습의 목표달성에 도움이 되는지를) 알려주는 수치값이다. 이 행동에 따른 보상값은 행동과 상태에 따라서 즉각적으로 주어질 수도 있고, 최종적인 상태까지 도달한 후에만 제공되는 경우도 있다. 예를 들어서 바둑에서는 에이전트가 어떤 수를 놓았을 때 (즉, 행동을 했을 때) 최종적인 승리의 관점에서 현재의 이 수가 좋은 수인지 나쁜 수인지를 정확히 판단하기 힘든 경우가 대부분이다. 즉, 지금은 나쁜 수 같이 보이는 수도 나중의 승리를 이끌게 하는 좋은 수인 경우도 있으며 반대로 지금 좋은 수처럼 보이는 수도 나중에는 나쁜 수로 판단되는 경우도 많다. 따라서 이런 경우에는 최종의 수를 제외하고는 정확한 보상값을 알 수 없다.

학습목표가 목적지에 빨리 도착하는 것인 자동 운전을 예로 들어 보자. 운전 에이전트가 어떤 행동(엑셀, 브레이크, 핸들조작)을 했을 때 사고를 일으키면 즉각적으로 그 행동에 (아주 나쁜) 보상이 주어진다. 하지만 그렇지 않은 행동의 경우에는 이런 행동들이 목표의 달성에 좋은 결과를 주는 행동인지 아닌지를 판단하기 어렵다. 따라서 이 경우도 보상은 생성되지 않는다. 이와 같이 강화학습에서는 에이전트가 행동을 할 때에 대다수의 경우에 행동에 따른 보상이 즉각 생성되지 않으며 최종적인 상태 (목표를 달성했는지 여부를 확실히 알 수 있는 상태)에 도달할 때만 보상이 생성된다. 최종적인 상태란 예를 들어서 보드 게임에서 게임의 승패를 확실히 알 수 있는 상태를 말하고, 자동 운전에서 목적지에 도착한 상태를 의미한다.

이러한 행동의 결과에 따라서 에이전트는 목표를 달성할 수도 있고 실패할 수도 있다. 강화학습의 목표는 에이전트가 특정한 상태(state)에 있을 때에 어떠한 행동(action)을 하는 것이 가장 최적의 행동(optimal action)인지를 학습할 수 있게 해주는 것이다. 여기서 최적의 행동이란 특정한 상태에서 이 행동에 따라서 진행했을 때에, 학습의 목표를 달성할 수 있는 행동들을 말한다. 그림 1.4는 강화학습의 학습 단계를 그림으로 표시한다.

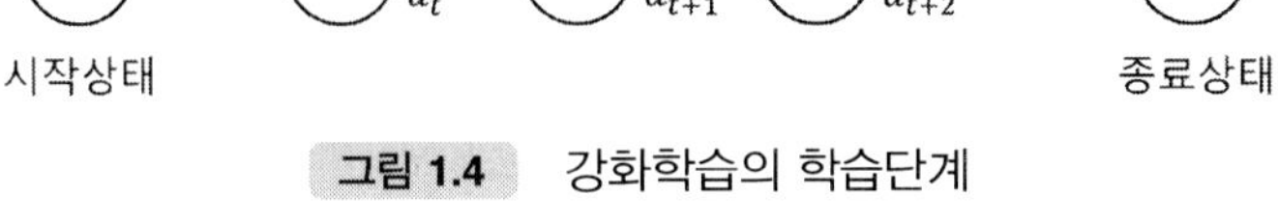

그림 1.4 강화학습의 학습단계

에이전트가 특정한 상태 s_t에서 행동 a_t를 수행하면 보상 R_{t+1}가 발생을 하고 (많은 경우 종료상태에 도달하기 전까지 보상이 0인 경우도 많다) 에이전트는 다음 상태인 s_{t+1}로 이동을 한다. 그리고 에이전트는 각 시간 단계마다 종료상태에 도달할 때까지 (혹은 특정 시간만큼) 이 과정을 반복하면서 학습한다.

강화학습의 목표를 식으로 표현하면 이는 각 타임스텝(timestep) t에서 발생하는 보상 R_t의 누적된 합이 최대가 되게 하는 행동 a_t들을 선택하는 것이다. 즉, 현재의 상태 s_0에서 다음과 같은 보상의 합이 최대가 되도록 행동을 선택하는 것이다.

$$R_1 + \gamma R_2 + \gamma^2 R_3 + \cdots, \quad 0 \leq \gamma \leq 1 \tag{1.1}$$

여기서 γ는 **할인상수**(discount factor)라는 상수로서, 이 값은 미래의 보상에 현재보다 낮은 가치를 부여하기 위해 쓰인다. 예를 들어서 동일한 현금 10만원이라는 보상도 1년 후의 10만원은 지금의 10만원에 비해 가치가 낮을 것이다. (현재의 10만원은 1년 후에 그 기간만큼의 이자가 발생함.) 이러한 할인상수는 0과 1 사이 값($0 \leq \gamma \leq 1$)을 가지며 일반적으로는 학습을 시작하기 전에 그 값을 미리 지정한다.

1.3.1 강화학습의 기본 용어들

여기서는 강화학습에서 사용되는 기본적인 용어들에 대해 설명한다. 이 용어들은 강화학습의 전 과정에서 계속 사용되므로 반드시 내용을 이해해야 한다.

보상(reward)

보상(reward)은 강화학습에서 에이전트의 현재 행동이 (혹은 현재의 상태가) 얼마만큼 학습의 목표에 도움이 되는지, 학습의 목표에 근접한지를 수치로 표현한 것이다. 즉, 우리가 달성하고자 하는 목표를 이러한 수치로 표현하는 것은 강화학습으로 문제를 풀 수 있는 가장 기본적인 전제가 된다.

- **보상가설**(reward hypothesis): 모든 강화학습의 목표는 예상되는 누적 보상의 합이 최대가 되는 문제로 표현할 수 있다.

보상가설의 의미는 어떤 문제를 강화학습으로 풀고자 할 때는 여러분이 풀고자 하는 문제의 목표를 (구체적으로 보상값을) 수치로 표시할 수 있는지의 여부를 가장 먼저 확인하라는 것이다. 즉, 보상가설은 어떤 문제에 강화학습을 적용할 수 있는지 여부를 판단하는 첫 번째 관문인 셈이다. 예를 들어서 바둑의 게임에서는 보상을 승리(1), 패배(0) 등으로 표현할 수 있고, 목표에 빠르게 도착하는 자동운전의 경우는 목표지점까지 소요된 시간이 (최소 시간이 목표이므로 역수 등을 사용) 보상으로 사용될 수 있다. 따라서 우리는 강화학습을 바둑이나 자동 운전 등에 적용해 답을 구할 수 있는 가능성이 있다. (보상가설의 관점에서 적용이 가능하다는 의미이며 실제로는 추가적인 다른 기타 조건들도 맞아야 강화학습을 적용할 수 있을 것이다)

반면에 가장 아름다운 그림을 그리는 에이전트를 학습하려고 한다면 그림이 아름답다고 하는 판단은 주관적인 판단이며 객관적인 수치값으로 표현하기가 어렵다. 따라서 이는 강화학습으로 문제를 풀 수가 없다. 하지만 그림의 아름다움에 대한 수치적인 기준을 정할 수 있으면 강화학습으로 문제를 풀 수 있는 가능성이 열린다. 즉, 강화학습을 적용할 수 있는 첫 번째 관문은 우리가 풀고자 하는 문제의 목표를 보상값이라는 수치로 표현할 수 있는지의 여부이다. (최근 강화학습에서는 보상값이 주어지지 않는 모방학습(imitation learning)의 형태가 제안되고 있으며 이에 대한 내용은 11장 모방학습에서 설명한다.)

이와 같이 강화학습에서 중요한 의미를 가지는 보상은 $R(s, a)$ 혹은 $R(s)$의 형식으로 표시를 한다. 이 표시에서 $R(s, a)$는 에이전트가 특정 상태 s에서 행동 a를 수행했을 때에 발생하는 보상이라는 의미를 가지며, $R(s)$는 에이전트가 특정 상태 s에 도착할 때에 발생하는 보상이라는 의미를 가진다. 강화학습에서 보상을 표시할 때의 형식은 $R(s, a)$ 혹은 $R(s)$의 어떤 형식으로 표시하던 학습의 수행에 차이가 없다. 본 책에서는 이들 중에서 에이전트의 행동에 좀 더 의미를 두는 $R(s, a)$의 형식으로 보상을 표시한다. 그리고 이 책에서는 문맥과 표현의 편리를 위해 $R(s, a)$는 R_s^a으로 $R(s)$은 R_s으로 좀 더 다양한 방법으로 표기하기도 한다.

보상의 식 $R(s, a)$에서 보는 바와 같이 보상은 에이전트가 특정 상태에서 특정 행동을 수행함으로써 발생한다. 즉, 보상은 상태와 행동에 따라서 결정되는데 이러한 보상의 값이 시간에 따라서 변하지 않는 특징을 **정적 보상**(stationary reward)이라 하고, 시간에 따라서 보상의 값이 변동되는 보상을 **비정적 보상**(non-stationary reward)이라 한다. 즉, 정적 보상은 특정한 상태와 행동에서는 시간에 관계없이 보상이 항상 같다. 반대로 특정한 상태와 행동에 대해서도 시간에 따라서 보상이 달라지면 이를 비정적인 보상이라고 한다. 이 책에서는 정적 보상만을 다룬다.

리턴(return)

리턴(return)은 특정한 상태에서 종료 상태에 도달할 때까지 여러 행동을 할 때에 이에 따라 발생하는 보상들의 합을 말한다. 좀 더 정확한 정의는 현재 상태에서 종료 상태까지의 보상에 대한 함수(reward function)이다. 보통은 이 함수로서 보상의 합(sum)을 사용하므로 여기서도 리턴은, 특정한 상태에서 종료 상태에 도달할 때까지 발생하는 보상들의 단순한 보상합계(cumulative reward) 혹은 할인된 보상합계(discounted cumulative reward)의 형태로 정의된다. 특정한 상태 s_t에서 리턴값 G_t는 다음과 같이 정의된다(할인된 보상합계 사용).

$$G_t = R_{t+1} + \gamma R_{t+2} + \gamma^2 R_{t+3} + \cdots,\ 0 \le \gamma \le 1 \tag{1.2}$$

여기서 R_{t+1}은 상태 s_t에서 (에이전트가 어떤 행동을 해서) 발생하는 보상을 의미한다. (본 책에서 s_t에서 행동 a_t에 의해 발생하는 보상은 R_t 대신에 R_{t+1}으로 표시한다) γ는 할인상수(discount factor)로서 미래의 값에 대한 할인 비율을 나타낸다. 즉, 현재의 보상은 미래의 보상에 비해 더욱 가중치를 부여한다. 이러한 리턴의 정의를 생각하면 에이전트의 학습 목표는 특정한 상태 s_t에서의 리턴값인 식 (1.2)를 최대화하는 행동을 찾는 것이 학습의 목표라고 할 수 있다.

상태(state)

에이전트는 항상 특정한 시점에 특정한 **상태**(state)에 속해 있으며, 행동 이후에는 다른 (혹은 동일한) 상태로 이동하게 된다. 이러한 상태들은 강화학습을 시작하기 전에 미리 정의되어야 한다. **시작상태**(start state)는 에이전트가 학습을 시작하는 상태를 말한다. 예를 들어 바둑에서 비어 있는 바둑판의 상태를 말하고, 자동 운전에서는 자동차가 시동을 켜고 출발하기 직전의 상태를 말한다. **종료상태**(final state)는 에이전트가 더 이상 상태의 변화가 없는 상태를 말한다. 이는 학습의 목적을 달성하였거나 성공이나 실패가 명확히 결정된 상태이다.

상태는 쉽게 말하면 에이전트가 의사결정을 하는 데 필요한 모든 정보들의 합을 말한다. 상태는 에이전트가 속해 있는 환경의 상태를 요약해서 표시한 것으로 생각할 수 있으며 따라서 상태를 표현할 때는 에이전트가 속해있는 환경(environment)에서 (관측이 가능한) 몇 가지 변수값을 이용해 상태를 표현한다. 그리고 강화학습에서 상태의 중요한 조건은 상태의 변수들이 **스토캐스틱**(stochastic)해야 한다는 것이다. 즉, 상태의 데이터를 결정할 때는 상태의 다음 단계는 현재의 상태의 값에 의해서만 결정될 수 있도록(마르코프 특징)하는 그런 데이터를 사용해야 한다. 예를 들어서 바둑의 경우는 현재의 바둑판의 형태가 상태의 값으로 정의할 수 있고, 자동운전의 경우에는 현재 자동차의 속도, 방향, 도로의 모양, 앞 차와의 거리 등의 다양한 변수가 상태를 표현하는 변수로 사용될 수 있다.

상태와 비슷한 의미로 사용되는 용어가 **관측**(observation)이다. 관측은 에이전트가 실제로 환경에서부터 실제로 측정할 수 있는 데이터들을 말한다. 강화학습에서 에이전트에게 환경의 모든 값이 직접 주어지는 경우는 드물며 대부분 에이전트가 실제로 측정할 수 있는 것은 관측의 값이다. 이러한 관측값으로부터 에이전트의 실제 상태값을 정확히 결정할 수 있으면 관측과 상태를 같은 의미로 사용해도 무방하다(관측된 데이터로 상태값을 정확히 알 수 있으므로). 하지만 에이전트는 환경에서 (상태의 값을 결정하는) 일부분만을 관측할 수 있으면 관측과 상태는 다른 의미를 가진다. 그리고 이 경우에 에이전트는 환경에 대한 전체적인 정보를 알 수 없고 일부의 정보만을 사용해서 학습을 해야 한다.

에이전트가 (관측치를 통해) 현재 어떤 상태(state)에 있는지를 정확히 알 수 있는 모델은 MDP(Markov decision process)이며, 현재 어떤 상태에 있는지는 정확히 알 수 없고 관측값을 통해 예측할 수 있는 모델을 POMDP(partially observable Markov decision process)라고 부른다. 예를 들어서 (각 방의 번호가 상태라고 하면) 로봇이 방의 번호(상태)를 (관측값을 이용하던 아니면 어떤 오라클이 알려주던) 정확히 알 수 있으면 이는 MDP 모델이다. 현재 있는 방의 방 번호를 정확히 알 수는 없고 방에 대한 관측값(예를 들어 현재 있는 방의 문, 창문, 벽 등에 대한 정보)을 이용해 관측값으로 몇 호실의 방에 있는지를 예측해야 하는 모델은 POMDP이다. 이 책의 강화학습에서는 대부분 MDP 모델을 사용한다. 즉, 에이전트가 현재 어느 상태에 있는지를 정확히 알 수 있다고 가정한다.

앞에서 설명한 바와 같이 강화학습에서 에이전트는 자신이 속해있는 환경에서 관측할 수 있는 여러 값(o_t)들을 관측하고, 그 값에 따라서 (MDP 모델에서) 현재 에이전트가 속한 상태가 정해진다. 그리고 에이전트는 이러한 현재의 상태에서 행동(a_t)들을 수행한다. 에이전트가 속해 있는 환경에서는 에이전트의 행동에 따라서 보상(r_{t+1})을 발생하게 하고 에이전트는 새로운 상태로 상태가 바뀌게 된다. 에이전트는 이와 같이 관측하고, 행동하고, 보상이 발생하는 과정을 반복하게 된다.

이력(history)은 에이전트가 과거의 특정 시점에서 지금 시점까지 에이전트가 관측하고, 행동하고, 보상이 발생한 모든 데이터 값들의 합을 의미한다. 이력은 다음과 같이 정의된다.

$$h_t = o_0,\ a_0,\ r_1,\ \cdots,\ o_{t-1},\ a_{t-1},\ r_t,\ o_t,\ a_t,\ r_{t+1} \tag{1.3}$$

강화학습의 목표는 특정한 상태에서 어떠한 행동을 하는 것이 미래에 가장 좋은 결과를 가져오는 지를 (가장 많은 보상을 발생시키는지) 학습하는 것이다. 에이전트는 현재의 상태에서 어떠한 행동이 좋은 행동인지를 판단할 때에 이력의 데이터에서 어떤 데이터를 사용해 판단을 할 것인지를 정해야 한다. 가장 간단하고 무난한 방법은 에이전트가 지금까지의 모든 이력(즉, 식 (1.3)에 있는 지금까지의 모든 상태, 행동, 보상 값들을 고려)을 참고해서 다음의 행동을 결정하는 것이다. 가장 많은 데이터를 사용하므로 정확한 결정을 내릴 확률이 이론적으로 가장 높을 것이다.

하지만 이와 같이 모든 과거의 상태변화, 행동, 보상을 전부 고려해서 다음 단계의 행동을 결정하는 모델은 아주 비현실적이다. 그 이유는 첫 번째, 시간이 지나면서 우리가 고려해야 하는 데이터의 양이 계속 증가하기 때문이다. 예를 들어 10번의 타임스텝이 지나면 10개, 100번의 타임스텝이 지나면 100개의 과거 데이터를 사용해야 한다. 시간이 지나면 데이터의 양이 기하급수적으로 증가하게 된다.

두 번째 이유는 에이전트가 다음 행동을 결정하는 데 실제 영향을 미치는 데이터는 극소수에 불과하다는 것이다. 예를 들어서 자동차의 운전에서 운전자가 20년 전에 어느 장소에서 어떤 행동을 하였는지, 혹은 운전자 신발의 색상 등은 별로 중요하지 않다. 만약에 여러분이 게임이론의 tit-for-tat 전략을 사용하는 사람이라면 상대방의 바로 직전 전략의 행동만을 고려해서 행동을 결정할 것이다. 바둑의 경우도 과거에 어떤 수가 두어졌는지는 중요하지 않으며, 현재의 바둑 알 배치에 따라 다음의 수를 결정할 수 있다. 좀 더 복잡한 경우를 예로 들어 보겠다. 어떤 문제에서는 과거의 4개 타임스텝 안에서의 (4번째 타임 스텝 이전은 무시하고) 모든 보상, 행동, 상태 등을 고려해서 다음 행동을 결정하는 경우도 있을 것이다. 이와 같이 이력 전체에서 거의 대부분의 데이터는 의사결정에 필요 없으며, 이들을 모두 사용하는 것은 자원 낭비일 뿐이다.

그래서 강화학습에서는 이력 데이터 전체를 사용하는 대신에 필요한 데이터만 선택해서 사용한다. 이때 상태(state)라는 개념을 사용한다. 상태는 **이력의 모든 값 중에서 다음 행동의 결정에 영향을 주는 속성들만 모아놓은 것**을 말한다. 따라서 에이전트가 다음의 행동을 결정할 때는 이력 전체의 데이터 대신에 상태의 값을 사용해서 학습을 할 수 있게 한다. 즉, 상태는 이력에서 우리가 필요한 데이터만 모아놓은 데이터의 집합으로 정의된다. 이는 이력을 사용하는 방식의 문제점들을 해결하는 장점들이 있다. 즉, 고정된 양의 정보(상태)만을 사용하므로 시간이 지나도 (상태의 데이터만을 고려하므로) 데이터의 양은 일정하다. 또한 의사결정에 필요한 데이터만을 사용해 필요 없는 데이터들을 처리할 필요가 없다.

상태는 이력의 값 일부분을 사용하는 함수이므로 상태의 값도 시간에 따라 변한다. 따라서 상태의 정의는 다음과 같다.

$$s_t = f(h_t) \tag{1.4}$$

상태의 종류에는 에이전트가 인식하고 사용할 수 있는 **에이전트 상태**(agent state) 데이터와, 에이전트의 의사 결정에 영향을 주지만 에이전트가 값을 알 수 없는 **환경상태**(environment state) 데이터들이 있다.

에이전트 상태는 에이전트가 인식을 할 수 있는 (따라서 행동의 결정에 영향을 주는) 데이터의 집합이며 환경상태는 에이전트의 결정에 영향을 주지만 에이전트가 인식할 수 없는 값들을 의미한다. 예를 들어서 게임의 경우는 사용자가 관찰할 수 있는 현재 게임의 화면의 상황 등이 에이전트 상태가 될 수 있다. 환경상태의 예로서는 사용자가 어떤 키나 조이스틱 값을 입력하면 이를 게임 프로그램이 처리해서 보상과 새로운 게임의 상태로 이동한다. 하지만 이들은 게임 프로그램의 내부 구조에 따라서 어떠한 메커니즘을 통해 이러한 보상과 상태의 변화가 일어나는지는 사용자들은 알 수가 없다. 따라서 이런 게임 프로그램 내부에 대한 데이터들은 환경상태의 데이터로서 에이전트의 행동에는 영향을 주지만 에이전트가 미리 그 내용을 알 수 없다. 또 다른 예로서는 자동차의 운전에 대한 강화학습에서는 자동차의 속도나 도로의 모습 등이 에이전트상태가 되고 자동차 엔진의 내부적인 상태들이 환경상태의 값에 해당한다.

마르코프 상태(Markov state)

강화학습으로 문제를 풀 때, 에이전트가 속할 수 있는 상태(state)들은 미리 정의되어야 한다. 그러나 문제에서 가능한 모든 상태를 미리 어떤 정해진 일련번호를 부여하는 방식으로 상태를 정의할 수 있는 게 아니다. 실제 강화학습에서 많은 경우에 상태의 개수는 매우 많으며 심지어 무한대인 경우도 있다. 대신에 강화학습에서는 학습에 필요하다고 생각되는 몇 개의 변수를 이용해 이들 값의 조합으로 상태를 정의한다. 여기서 변수는 에이전트가 관찰할 수 있고 또한 행동에 영향을 줄 수 있는 모든 변수와 행동, 보상 등이 포함될 수 있다. 이때 변수들은 이 변수에 의해 표시되는 상태들이 다음에 설명하는 마르코프 상태가 되도록 선택해야 한다.

강화학습에서 다음의 특징을 만족하는 상태들을 **마르코프 상태**(Markov state) 혹은 **정보 상태**(information state)라 한다. 앞에서 설명한 대로 현재의 상태에서 다음의 행동을 결정할 때에는 이력(history)을 전부 참고해 결정하면 비효율적이기 때문에 이력의 데이터 중에 에이전트가 행동을 결정하는 데 필요한 변수만을 선택해 상태를 정의한다. 마르코프 상태는 다음과 같은 성질을 만족한다.

정의 특정 상태 s_t들이 다음과 같은 조건을 만족하면(if and only if) 마르코프 상태라고 한다.

$$P[s_{t+1} | s_t] = P[s_{t+1} | s_0, \cdots, s_{t-1}, s_t] \tag{1.5}$$

상태들은 변수(환경, 행동, 보상 포함)들로 표현된다고 하였다. 식 (1.5)에서 $s_0, \ldots, s_{t-1}, s_t$은 상태 s_t의 지금까지 상태의 이력을 말한다. 따라서 식 (1.5)의 의미는 상태 s_t에서 s_{t+1}로 전환되는 확률은 오직 s_t에 의해서만 결정되며 그 이전의 상태 $s_0, \ldots, s_{t-1}$은 영향을 미치지 않음을 나타낸다.

식 (1.5) 의 마르코프 상태는 상태만을 고려한 경우이며, 상태와 행동을 같이 고려한 모델(MDP)에서 마르코프 상태의 정의는 다음과 같다.

$$P[s_{t+1} | s_t, a_t] = P[s_{t+1} | s_0, a_0, \cdots s_t, a_t]$$

마르코프 상태는 이력 데이터에서 행동의 결정에 필요한 데이터만을 포함하고 있다. 즉, 전체 이력 데이터를 요약하고 있는 데이터의 집합이다. 마르코프 상태는 다음 행동을 결정하는 데 필요한 모든 데이터를 포함한다고 가정했으므로 마르코프 상태의 다음 단계 값은 현재 상태의 값에만 의존한다. 강화학습의 상태가 마르코프 상태이면 더 이상 이력(history)은 학습에 필요가 없다. 따라서 강화학습에서 상태를 정의할 때는 상태가 마르코프 상태의 특징을 가지도록 정의를 하는 것이 필요하다.

행동(action)

에이전트는 학습을 위해 항상 환경과 상호작용해야 한다. 행동은 에이전트가 환경과 서로 상호작용하는 방법이다. 강화학습의 기본적인 학습 방법은 에이전트가 행동을 하고 이에 따라서 발생하는 상태의 변화와 보상 등을 관찰하면서 점차적으로 최적의 행동을 찾아가는 방식이다. 예를 들면, 바둑의 경우에 특정한 수를 둔다거나, 로봇의 관절 부분에 가하는 토크(torque) 값을 정하거나 등의 행동을 해서 환경으로부터 피드백을 받아서 학습을 수행한다.

강화학습에서 행동은 몇 가지 미리 정해진 종류(예: 왼쪽 이동 혹은 오른쪽 이동)에서 한 개를 수행하는 **유한종류 행동**(finite number of actions)과 연속된 숫자의 값으로 표현된 행동(예: 각도,

속도 등)의 **무한종류 행동**(infinite number of actions)이 있다. 에이전트는 이들 가능한 행동들 중에서 하나를 선택한다. 에이전트는 미리 정해진(학습된) 법칙에 의해 행동을 선택하는데, 이러한 법칙을 **정책**(policy)이라고 한다. 강화학습의 목표는 현재 상태에서 미래 보상값의 합(리턴값)을 최대화하는 것이다. 이런 보상은 에이전트의 행동에 영향을 받으며, 또한 에이전트의 행동은 에이전트의 정책에 따라서 선택된다. 따라서 강화학습의 최종 목표는 에이전트로 하여금 현재의 상태에서 리턴값이 최대가 되는 행동을 하도록 하는 최선의 정책을 찾는 것이라고 말할 수 있다.

정책(policy)

앞에서 설명한 대로 에이전트는 다음 행동을 결정할 때 특정한 정책을 따른다. 즉, 정책은 에이전트가 주어진 상태에서 다음에 어떤 행동을 선택할지를 결정해 준다. 이러한 정책은 사용자에 의해 미리 주어질 수도 있고 에이전트가 학습에 의해 스스로 생성할 수도 있다. 정책은 $\pi(a|s)$ 혹은 $\pi(s, a)$의 형태로 표시하며(이 책에서는 표기의 편리함을 위해 $\pi(a|s)$와 $\pi(s, a)$ 를 함께 사용한다), 이는 에이전트가 상태 s에서 정책 π에 따라서 행동할 때에 행동 a를 수행할 확률을 의미한다.

정책에는 두 가지 종류가 있다. 특정 상태에서 한 개의 행동만을 선택할 수 있는 **결정적 정책**(deterministic policy)이 있고, 여러 행동 중에서 특정 행동을 확률적으로 선택하는 **확률적 정책**(stochastic policy)이 있다. 결정적 정책은 $a = \pi(s)$ 혹은 $\pi(a|s) = 1$의 형태로 표현하고 확률적 정책은 $\pi(a|s) = P[a|s]$의 형태로 표현된다. 그림 1.5(a)는 확률적 정책의 예시, 그림 1.5(b)는 결정적 정책의 예시를 보여준다. 결정적 정책은 확률적 정책의 특수한 경우이다. 즉, 결정적 정책은 특정한 행동의 확률만 1로 하고 나머지 행동에 대한 확률은 0으로 정함으로써 결정적 정책을 표시할 수 있다.

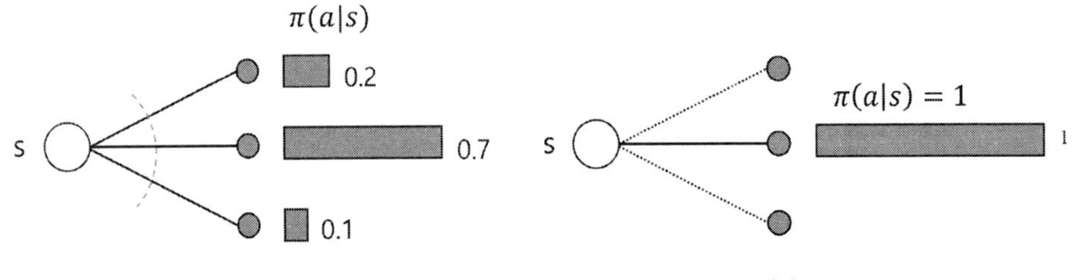

그림 1.5 확률적 정책과 결정적 정책

강화학습에서 이러한 정책을 표현하는 첫 번째 방법은, 각 상태에서 행동에 대한 확률을 테이블 형태로 표현하는 것이다. 테이블 방식은 각 상태에 대한 행동의 확률 $\pi(a|s)$을 테이블의 형식으로 저장하고 있다. 그림 1.6은 정책을 테이블로 표시한 예시이다(행동의 갯수는 3개로 가정함). 그림 1.6에서 각 상태에 대한 행동들은 각자 확률값을 가지고 있으므로 이러한 정책은 확률적 정책(stochastic policy)의 예시가 된다. 그림 1.6에서 각 상태마다 행동에 대한 확률의 합은 1이 됨을 알 수 있다. 그리고 상태 s_1의 경우에는 행동 a_1의 확률만 1이며 나머지 행동에 대한 확률은 0이 되어 있다. 만약에 모든 상태에 대해 (상태 s_1의 경우와 같이) 한 개의 행동에 대한 확률만 1이고 나머지는 0인 경우는 결정적 정책(deterministic policy)을 의미한다.

행동(a)

상태(s)	$\pi(a\|s)$	a_0	a_1	a_2	a_3
	s_0	0.2	0.3	0.1	0.4
	s_1	0	1.0	0	0
	...				
	s_m	0.1	0.5	0	0.4

그림 1.6 정책 테이블

정책을 표현하는 두 번째 방법은 정책을 다음과 같은 함수의 형태로 표현하는 것이다. 정책을 상태에 대한 어떤 함수(정책함수)의 형태로 표현할 수 있다.

$$a = f(s)$$

앞 절에서 감독자학습(supervised learning)을 설명할 때, 분류학습(classification) 알고리즘은 함수의 형태로 표현된다고 했다. 이와 마찬가지로 정책도 함수의 형태로 표현할 수 있다. 그림 1.7은 정책을 이 같은 함수로 표시한 예시인데, 구체적으로 신경망으로 함수를 표현했다. 정책을 신경망으로 표현하는 경우는 신경망이 위 식의 함수 f 역할을 한다. 이와 같이 신경망이 정책을 표현하는 경우에 상태의 속성값이 신경망의 입력이 되며, 각 행동에 대한 확률이 신경망의 출력값으로 생성된다. 이와 같이 정책을 표현하는 신경망을 **정책 네트워크**(policy network)라고 한다.

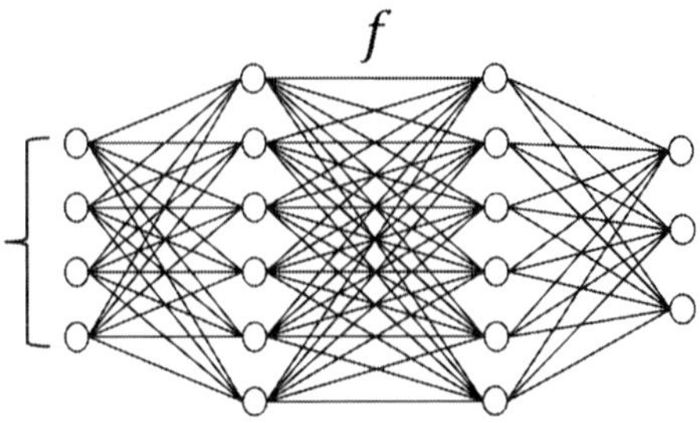

그림 1.7 정책 함수(네트워크)

최근의 강화학습에서는 주로 테이블보다는 함수로 정책을 표시한다. 이는 정책을 신경망(neural network)이나 심층망(deep network) 등을 이용해 표현함으로써 좀 더 복잡한 형태의 정책을 효과적으로 표현할 수 있기 때문이다. 이 책의 1부에서는 정책이 테이블의 형태로 표현되는 경우에 대해 설명을 한다. 정책을 신경망으로 표현하는 경우는 2부의 정책 그레디언트(policy gradient)의 장에서 다시 설명한다.

가치값(value function)

가치값은 특정한 상태(state) 혹은 행동(action)이 어느 정도 좋은 상태에 있는지를(학습 목적에 근접해 있는지를) 수치로 표현한 값이다. 예를 들어서 바둑의 경우에 바둑판의 현재 상태(state)가 자신이 승리하기에 유리하면 이 상태의 가치값은 높아질 것이고, 반대로 자신이 곧 패배하게 될 상태에서는 아주 낮아질 것이다.

이러한 가치값에는 **상태가치값**(state value function)과 **행동가치값**(action value function)의 두 종류가 있다. 상태가치값은 에이전트가 현재 속해 있는 상태(state)가 얼마만큼 좋은지를 수치로 표현한 것이다. 특정한 상태 s의 상태가치값은 $v_\pi(s)$ (혹은 $V_\pi(s)$) 로 표시한다. 이는 에이전트가 (특정한 정책 π를 따르면서) 행동을 선택할 때 상태 s가 얼마만큼 좋은 상태(목표에 근접한)인지에 대한 가치값을 의미한다.

행동가치값은 에이전트가 특정 상태에서 특정 행동을 수행할 때에 그 행동이 얼마만큼 좋은 행동인지를 숫자로 표현한 것이다. 특정한 상태 s에서 행동 a에 대한 행동가치값은 $q_\pi(s, a)$ (혹은 $Q_\pi(s, a)$)로 표시하며 이는 에이전트가 상태 s에서 행동 a를 수행한 후에 (특정한 정책 π를 따르면서) 계속 수행할 때 얼마만큼 목표에 근접할 수 있는지를 수치로 표현한 것이다.

강화학습에서 (특정 정책 π를 사용할 때에) 어떤 상태 s가 좋은 상태(state)라는 의미는 현 상태의 $v_\pi(s)$ 값이 높으며, 현재의 상태에서 앞으로 획득할 수 있는 보상의 합이 높은 것을 의미한다. 마찬가지로 어떤 행동이 좋다는 정의는 주어진 상태 s에서 행동 a에 대한 $q_\pi(s, a)$ 값이 높은 것을 의미한다. 즉, 현재 상태 s에서 행동 a를 수행하면 앞으로 획득하는 보상의 합이 높다는 의미이다. 따라서 이들 상태가치값과 행동가치값에 대한 수식적인 정의는 다음과 같다.

$$v_\pi(s) = E_\pi\left[R_{t+1} + \gamma R_{t+2} + \gamma^2 R_{t+3} + \cdots \mid S_t = s\right] \tag{1.6}$$

$$q_\pi(s, a) = E_\pi\left[R_{t+1} + \gamma R_{t+2} + \gamma^2 R_{t+3} + \cdots \mid S_t = s, A_t = a\right] \tag{1.7}$$

상태가치값 $v_\pi(s)$ 값의 정의를 먼저 보면 상태 s에서 정책 π에 따라서 행동을 하면서 종료 상태에 도달하게 되면 해당 경로(path)상에서 보상의 합인 리턴(return)값이 발생을 한다. 동일한 상태 s에서 이와 같은 과정을 여러 번 반복하고 (여러 경로를 생성하면) 이때에 발생하는 모든 리턴값의 평균이 $v_\pi(s)$ 값이 된다.

에이전트가 사용하는 정책 π가 만약 결정적 정책이면 특정 상태에서 수행할 수 있는 행동은 한 가지밖에 없으므로 식 (1.6)에서 여러 경로의 리턴값의 평균을 구하는 E_π 부분은 필요가 없다. 하지만 확률적 정책이라면 특정한 상태에서 확률적으로 다음 행동을 선택하므로 행동을 할 때마다 다른 경로가 생성될 수 있다. 따라서 일반적으로는 식 (1.6)과 같이 각 경로마다 리턴값들의 평균값이 $v_\pi(s)$ 값의 정의가 된다.

행동가치값 $q_\pi(s, a)$은 상태 s에서 먼저 행동 a를 수행한 후에 정책 π에 따라서 행동을 하면서 종료 상태까지의 경로(path)상의 리턴(return)값을 계산한다. 특정한 상태 s와 행동 a에서 이와 같은 과정을 여러 번 반복하고 (확률적 정책인 경우에) 이때에 발생하는 모든 리턴값의 평균이 $q_\pi(s, a)$ 값이 된다.

강화학습에서 이러한 상태가치값 혹은 행동가치값들을 표현하는 방식은 (앞에서 정책을 표현하는 방법과 유사하게) 간단하게 테이블의 형태로 표현하거나 가치값 함수의 형태로 표현한다. 가치값들이 테이블의 형태로 표현되는 경우는 학습의 과정에서 이들 가치값들을 테이블에서 직접 저장하고 수정하면서 학습을 진행할 수 있다. 그림 1.8(a)는 특정한 상태 s에 대한 상태가치값 $v(s)$을 테이블로 표현하는 방식이며, 그림 1.8(b)는 특정한 상태 s에서 행동 a를 할 때의 행동가치값 $q(s, a)$을 테이블로 표현하는 방식이다.

상태(s)

	$v(s)$
s_0	1.2
s_1	0.4
…	
s_m	2.3

(a)

행동(a), 상태(s)

$q(s,a)$	a_0	a_1	a_2	a_3
s_0	0.5	0.3	0.2	0.4
s_1	1.5	1.0	0.6	0.8
…				
s_m	0.6	0.5	1.1	0.4

(b)

그림 1.8 가치값의 테이블 표현방법

또 다른 방법은 가치값들을 함수로 표시하는 경우이며, 가치값들을 함수로 표현하는 방법을 **가치값 근사함수방법**(value function approximation)이라고 한다. 그림 1.9는 신경망을 사용한 가치값 근사함수의 예시를 보여준다. 그림 1.9(a)는 상태가치값을 근사함수 신경망으로 표현한 것이며, 그림 1.9(b)는 행동가치값을 신경망으로 표현한 것이다. 여기서 w는 신경망의 파라미터를 말하며, $v(s, w)$는 주어진 w 값에서의 $v(s)$ 값을 의미한다($q(s, a, w)$도 같은 의미).

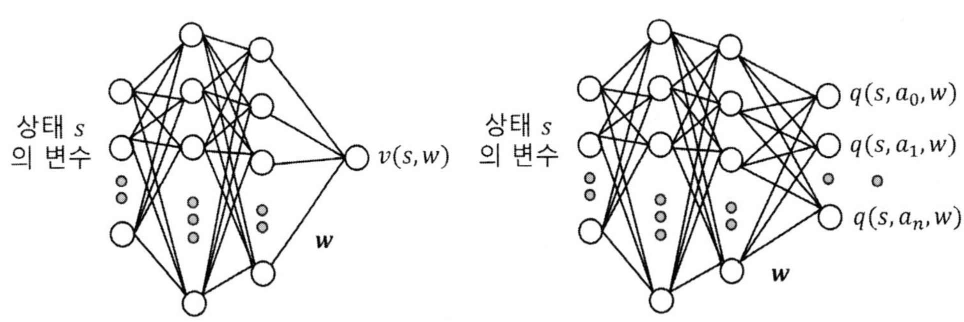

(a) (b)

그림 1.9 가치값의 근사함수 표현방법

가치값을 근사함수(신경망) 방법으로 표현할 때는 테이블 방법과 달리 특정한 상태(혹은 행동) 가치값을 직접 알 수는 없으며, 상태값 입력에 대한 근사함수의 출력값으로 가치값이 계산된다. 예를 들어서 특정한 상태 s에 대한 상태가치값을 알고 싶으면, 상태 s의 변수를 (신경망에) 입력으로 제공해서 해당 상태가치값을 신경망 함수의 출력 형태로 계산한다. 또한 근사함수의 경우는 가치값들을 직접 수정하는 것이 불가능하다. 가치값 함수의 파라미터 값을 수정해서 간접적으로만 가치값을 수정할 수 있다. 최근에는 심층학습 등의 신경망을 이들 가치값의 근사함수로서 사용하는 방법을 많이 사용한다. 이러한 방법을 **심층강화학습**(deep reinforcement learning)이라고 한다. 이들 가치값 근사함수 방법과 심층강화학습의 내용은 이 책의 2부 심층강화학습에서 자세히 설명한다.

지금까지는 가치값들을 설명할 때 에이전트가 특별한 정책을 따른다고 가정했다. 하지만 가치값 중에는 특정 정책에 관계없이 해당 상태나 행동에서 획득할 수 있는 최대의 가치값을 의미하는 **최적 가치값**(optimal value function)이 존재한다. 최적 가치값의 종류로는 **최적 상태가치값**(optimal state value function)과 **최적 행동가치값**(optimal action value function)이 있다. 최적 상태가치값은 정책에 관계없이 에이전트가 현재의 상태에서 앞으로 얻을 수 있는 최대의 상태가치값을 의미한다. 최적 상태가치값은 $v_*(s)$로 표현하며 이는 모든 정책에 관계없이 $v_\pi(s)$ 값이 최대가 되는 값을 의미한다. 또한 최적 행동가치값은 정책에 관계없이 에이전트가 현재의 상태에서 어떤 행동을 했을 때 앞으로 얻을 수 있는 최대의 행동가치값을 의미한다. 최적 행동가치값은 $q_*(s, a)$ 로 표시하며 이는 정책에 관계없이 $q_\pi(s, a)$ 값이 최대가 되는 값을 의미한다.

이들 최적 상태가치값과 최적 행동가치값들을 수식으로 정의하면 다음과 같다.

$$v_*(s) = \max_\pi v_\pi(s) \tag{1.8}$$

$$q_*(s, a) = \max_\pi q_\pi(s, a) \tag{1.9}$$

강화학습의 목표가 특정 상태에서 미래의 보상값 합을 최대화하는 행동을 선택하게 하는 것이므로 이러한 최적 가치값을 생성하도록 하는 행동을 학습하는 것이 (다시 말하면 이러한 행동을 하도록 하는 정책을 찾는 것이) 강화학습의 목표이다. 우리가 만약에 어떤 정책이 있고 그 정책에 따라서 행동을 하게 되면 항상 최적 가치값을 생성하게 되는 정책이 있다고 가정하자. 그 정책은 **최적 정책**(optimal policy)이라고 부르며, 강화학습의 목적은 이러한 최적 정책을 찾는 것이다. 좋은 정책은 결국 높은 가치값을 생성하게 하는 정책을 말하며, 따라서 최적의 정책은 최적의 (다시 말하면 최대의) 가치값들을 생성하게 하는 정책을 말한다.

모델(model)

에이전트는 환경(environment)에 속해 있으며 어떤 정책에 따라서 행동을 한다. 환경은 에이전트의 행동에 따라서 보상을 생성하고 에이전트가 다른 상태에 놓이게 한다. 이와 같이 환경은 에이전트의 행동과 학습에 많은 영향을 미친다. 따라서 에이전트의 의사 결정에서 환경에 대한 정보를 아는 것은 중요하다. 하지만 많은 경우에 에이전트는 자신이 속한 환경에 대한 전체 정보를 알 수 없다. 예를 들어서 로봇이 길을 찾을 때 자신이 가고 있는 환경에 대해 모든 내용을 알 수 없으며 혹시 안다고 해도 데이터의 양이 너무 많으면 이를 처리할 수가 없다. 따라서 대부분 에이전트는 환경에서 일부분의 정보만을 획득할 수 있으며 이들 정보를 기반으로 행동의 의사결정을 한다.

에이전트가 획득 가능한 정보들을 이용해 환경을 표현한 것을 **모델**(model)이라고 한다. 모델은 대부분 환경에 대한 전체를 표현할 수는 없으며 환경에서 에이전트의 행동에 영향을 주는 부분만을 표현한 것이다. 구체적으로 모델은 에이전트가 행동을 했을 때에 다음의 두 가지를 결정한다: 1) 보상(reward)의 생성 2) 에이전트 상태의 전이(transition). 즉, 에이전트가 어떤 행동을 하면 모델은 행동에 따른 보상을 생성하고 또한 에이전트의 상태를 다음 상태로 변화시킨다.

모델은 먼저 **보상값**을 결정하는데, 에이전트가 상태 s에서 행동 a를 수행했을 때 발생하는 보상값은 다음과 같이 표현한다.

$$R(s,\ a) = R_s^a = E\left[R_{t+1} | S_t = s,\ A_t = a\right] \tag{1.10}$$

모델이 결정하는 두 번째의 부분은 에이전트의 **상태전이**(transition)에 관한 부분이다. 에이전트가 상태 s에서 행동 a를 수행했을 때 어떤 다음 상태로 이전하는지를 확률로 표현한 것이 **전이확률**(transition probability)이며, 다음과 같이 정의된다.

$$P_{ss'}^a = P\left[S_t = s' | S_t = s,\ A_t = a\right] \tag{1.11}$$

전이확률의 식을 보면 에이전트가 현재의 상태 s에서 다음 상태 s'로 전이되는 확률은 오직 행동 a에 의해서만 결정됨을 알 수 있다. 이는 강화학습에서 가정하는 상태들이 전부 **마르코프 상태**(식 (1.5)의 정의 참고)를 따른다는 가정을 하기 때문이다.

상태의 전이에는 **결정적 전이**(deterministic transition)와 **확률적 전이**(probabilistic transition)가 있다. 이들은 각 상태 간의 전이에 대한 확률분포로 표현된다. 확률적 전이의 경우는 에이전트가 특정한 상태 s에서 행동 a를 하게 되면 에이전트의 다음 상태 s'은 전이확률 $P_{ss'}^a$ (식 (1.11))에 따라서 확률적으로 결정된다. 반면에 결정적인 상태전이의 경우는 특정한 상태 s에서 어떤 행동 a를 했을 때 가능한 다음 상태가 오직 하나뿐인 경우이다. 결정적 전이는 가능한 행동들 중에서 특정한 한 개의 행동에 대한 확률만 1로 하고 나머지는 0으로 표현된다. 그림 1.10은 상태 s_t에서 상태 s_{t+1}로 전이될때 결정적인 상태전이와 확률적 상태전이의 예시를 보여준다.

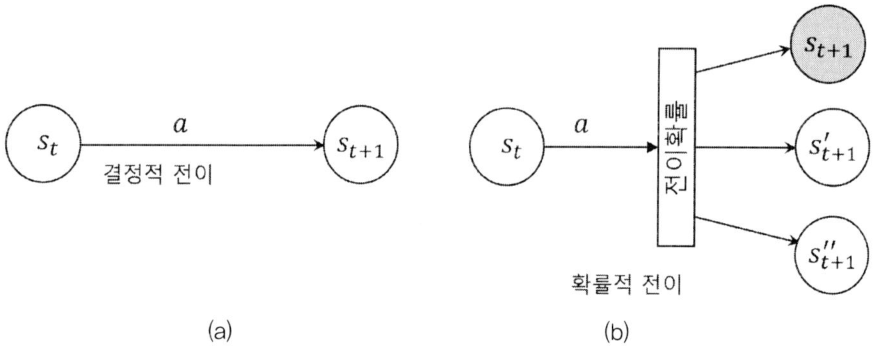

그림 1.10 결정적 전이와 확률적 전이

모델기반(model-based)과 모델프리(model-free)

에이전트가 현재의 상태에서 어떤 행동을 하게 되면 환경은 1) 전이확률에 따라서 에이전트의 상태를 다음 상태로 전이하고 2) 보상값을 생성한다. 이때 모델에 대한 전이확률과 보상값에 대한 내용을 미리 알고 있으면서 학습을 진행하는 것을 **모델기반**(model-based) **학습**이라고 한다. 전이확률과 보상값에 대한 내용을 모르면서 수행하는 학습은 **모델프리**(model-free) **학습**이라고 한다(참고로 전이확률과 보상값을 환경의 **다이내믹 변수**(dynamic variable)이라고 한다).

하지만 실제 강화학습의 응용문제에서 이러한 다이내믹 변수를 미리 알 수 있는 환경은 아주 제한적이다. 따라서 강화학습에서 모델기반 학습을 사용할 수 있는 문제는 많지가 않다. (참고로 현재 강화학습에서 모델기반 학습의 의미는 다음의 두 가지로 사용되고 있다: 1) 환경의 다이내믹 변수값을 알면서 학습을 하는 방법 2) 환경의 다이내믹 변수들을 예측하면서 학습하는 방법. 이들 두 가지의 용어를 혼용해서 사용하고 있으므로 문맥에 따라서 의미를 파악해야 한다.)

실제 강화학습은 방대한 양의 상태(state)들로 구성되어 있다. 따라서 이들 전체에 대한 전이확률이나 보상값 등을 미리 알 수 있는 경우는 거의 불가능하다. 실제로 대부분의 강화학습은 모델프리 학습 형태로 진행된다. 모델기반 학습은 우리가 환경의 파라미터(예를 들어서 모든 상태에서의 전이확률 등)을 알 수 있는 경우인데 (혹은 이러한 파라미터를 예측하면서 학습), 이는 우리가 어떤 행동을 하면 다음에 환경에서 어떤 일이 일어나게 되는지를 (확률적으로) 알 수 있게 된다는 의미이다. 우리의 행동이 어떤 결과 상태를 일으키는지 완전히 알 수 있으면 미래의 예측은 계산에 의해서 쉽게 예측이 된다.

결국 우리가 적용하는 대부분의 현실문제는 모델프리 학습 문제이다. 이러한 모델프리 학습에서는 전이확률과 보상값 등을 미리 알 수 없기 때문에 에이전트가 실제 행동을 수행한 후에 모델에 의해서 생성되는 보상값과 전이된 상태의 정보만을 이용해 학습을 진행한다.

탐험(exploration)과 이용(exploitation)

강화학습은 실제로 행동을 수행하면서 환경으로부터 받는 피드백 값들(보상 및 상태전이)을 이용해 학습을 한다. 이 과정에서 강화학습은 한 가지 딜레마를 가지게 된다. 강화학습에서 어떠한 정책 π_a에 대해 이 정책이 실제로 좋은 정책인지 아닌지를 알기 위해서는 에이전트가 이 정책 π_a에 따라서 실제로 행동들을 수행하면서 $v_{\pi a}$ 혹은 $q_{\pi a}$ 값들을 계산해 봐야 한다. 이러한 과정을 **이용**(exploitation)이라고 한다.

하지만 에이전트가 이렇게 특정한 정책 π_a에 따라서만 반복적으로 행동하게 된다면 정책 π_a에 따르지 않는 새로운 행동에 대해서는 수행을 하지 않게 되며, 새로운 정책을 찾을 수도 없게 된다. 따라서 지금까지 발견하지 않은 새로운 정책 π_b를 발견하기 위해서는 에이전트는 가끔씩 새로운 행동을 시도해야 한다. 이 과정을 **탐험**(exploration)이라고 한다. 이용 과정은 현재 알려진 정책의 정확한 평가를 위해 필요하고, 탐험 과정은 환경에 대해 더 많은 정보를 얻기 위해 또한 좀 더 나은 정책(행동)을 발견하기 위해 필요하다. 따라서 강화학습은 이들 이용과 탐험의 두 가지가 모두 필요하며 이들 간의 적절한 균형을 유지해 학습을 진행해야 한다.

유한경계(finite horizon)와 무한경계(infinite horizon)

강화학습에서 행동을 수행하는 타임스텝이 유한할 때 (즉, 작업이 유한 시간 내에 종료상태에 도착하여 종료될 때) 이를 **유한경계**(finite horizon)라 한다. 반대로 강화학습의 행동이 계속 진행하면서 특별한 종료 상태가 없을 때 이를 **무한경계**(infinite horizon)라 한다. 유한경계인 경우에는 최적의 행동은 타임스텝에 따라 달라지며 따라서 최적의 정책도 타임스텝에 따라 다를 수 있다. 하지만 무한 경계인 경우는 앞으로 남아 있는 시간의 양이 항상 동일하기 때문에 (항상 무한대 이므로) 시간에 관계없이 최적의 행동은 항상 같다. 그리고 무한경계의 경우는 종료상태가 정의되지 않는다. 따라서 최적의 정책도 시간과 관계없이 동일하다.

예측(prediction)과 컨트롤(control)

강화학습에서 **예측**(prediction)은 주어진 정책에 대한 성능평가(evaluation)의 과정을 의미한다. 즉, 예측은 주어진 특정한 정책에 대한 상태가치값 혹은 행동가치값을 계산하는 과정을 말한다. **컨트롤**(control)은 최적의 정책(optimal policy)을 찾는 과정을 말한다. 컨트롤 문제는 주어진 문제에서 최적의 정책을 찾는 과정에서 정책을 직접 학습하는 방법도 있지만 특정 정책에 대한 상태가치값 혹은 행동가치값을 계산하는 과정 즉 예측작업을 포함하는 경우도 있다. 이 경우에 컨트롤은 이렇게 계산된 가치값들을 기반으로 최적의 정책을 찾는다.

미로문제

그림 1.11과 같은 미로문제의 예를 들어 예측과 컨트롤을 살펴보자. 그림 1.11에서 각 셀(cell)은 상태를 의미하며, 시작 상태에서 종료 상태까지의 최단 경로 정책을 찾는 것이 학습의 목표이다. 그리고 에이전트는 자신의 이웃한 (이동 가능한) 셀로 한 단계 이동하는 행동을 할 수 있다. 그리고 셀은 결정적 전이(deterministic transition)로 이동한다고 가정한다. 결정적 전이의 의미는 예를 들어서 에이전트가 자신의 오른쪽으로 이동하는 행동을 하면 (오른쪽이 막혀 있지 않다고 가정) 예외 없이 자신의 오른쪽으로 이동한다는 뜻이다(그림 1.10(a)). 만약에 확률적 전이(probabilistic transition)의 모델이라면, 예를 들어 오른쪽으로 이동하는 행동을 하였는데 실제 이동된 위치는 오른쪽 셀이 아닌 다른 셀일 확률도 (예를 들어서 바람이 분다거나 바닥이 미끄럽다거나, 심한 경사가 있다거나 등의 이유로) 존재하는 경우를 말한다. 그림 1.11에서의 보상값은 최단 거리를 찾는 문제이므로 그림 1.11(b)에서와 같이 각 상태의 이동마다 보상값이 −1로 주어져 있다. (그리고 보상값의 할인상수(discount factor) $\gamma = 1$로 가정함)

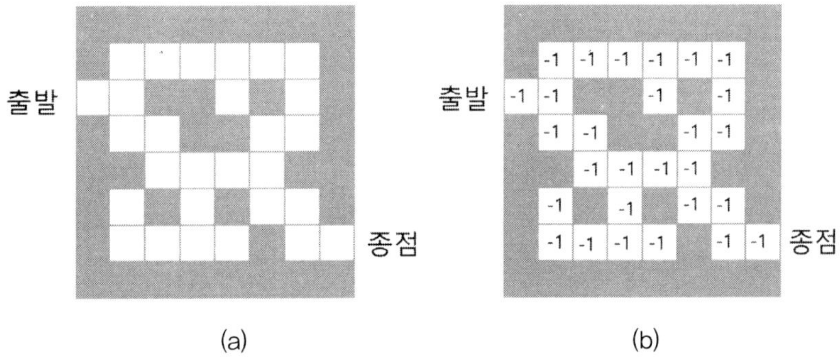

그림 1.11 미로문제의 보상값

이와 같은 미로문제에 대해 그림 1.12(a)는 예측(prediction) 작업의 결과를 보여준다. 각 상태에 대해 상태가치값을 계산하는 작업이 예측 작업이며, 따라서 예측작업의 결과는 그림 1.12(a)와 같이 각 셀에서 해당하는 상태가치값이 계산되어 있다. 이 상태가치값의 의미는 해당 셀에서 (최단 거리상에서 움직일 때) 종점까지 도착하는 경로에서 보상값의 합계를 의미한다.

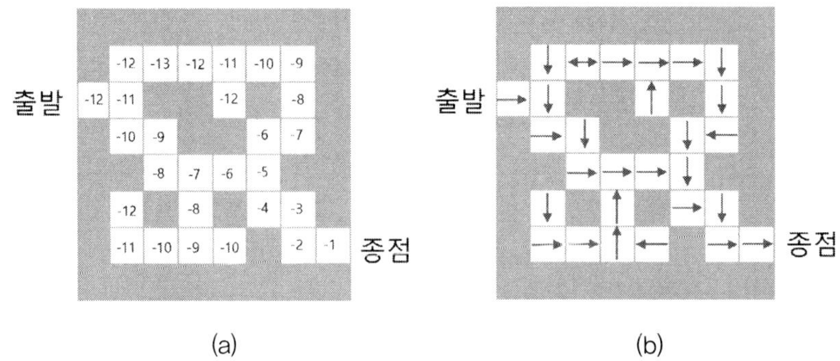

그림 1.12 미로문제의 예측과 컨트롤의 예시

그림 1.12(b)의 그림은 컨트롤(control) 작업의 예를 보여준다. 컨트롤 작업은 최적의 정책을 찾는 문제이며, 컨트롤 작업의 결과로 그림 1.12(b)에서는 각 셀에서 최적의 경로로 움직이기 위해 취해야 하는 행동을 표시하고 있다(화살표로 표시하였으며 보상값이 가장 큰 이웃 셀로 움직인다). 이와 같이 각 상태(셀)마다 어떤 행동을 해야 하는지를 표시한 내용을 정책이라고 한다. 참고로 그림 1.12(b)에서 표시한 정책은 한 개 이상의 상태(셀)에서 두 개 이상의 행동을 선택 가능하게 하므로 (한 개의 셀이 ↔을 포함) 확률적 정책(stochastic policy)의 예시이다. 만약에 해당 셀의 ↔ 행동을 → 혹은 ←로만 표시한다면 정책은 결정적 정책(deterministic policy)의 형태가 된다. (참고로 이 미로문제의 경우는 ↔를 → 혹은 ←로 수정해도 여전히 최적의 정책임)

그림 1.12(a)와 같이 각 상태의 최적 상태가치값이 계산이 된 경우에 최적의 정책은 아주 쉽게 구할 수 있다. 즉, 현재의 상태에서 이웃하는 가장 높은 최적 상태가치값을 가지는 상태로 이동을 하면 최적의 정책이 된다. 이와 같이 (상태 혹은 행동)가치값을 계산한 후에 이를 이용해 정책을 구하는 방법을 **가치값기반 강화학습**(value-based reinforcement learning)이라 한다. 반면에 가치값의 계산에 의존하지 않고 최적의 정책을 직접 학습하는 방법이 있다. 이를 **정책기반 강화학습**(policy-based reinforcement learning)이라 한다.

1.3.2 강화학습 용어의 정리

지금까지 설명한 강화학습의 용어들을 요약 정리하면 다음과 같다.

용어	설명
보상	에이전트의 행동이나 상태가 목표에 얼마만큼 근접한지를 표시한 수치.
리턴	특정한 상태에서 종료 상태에 도달할 때까지 보상값의 합.
상태	이력에서 행동 결정에 영향을 주는 데이터의 집합. (마르코프 특징을 만족)
관측	에이전트가 환경에서 측정할 수 있는 값들. 관측값으로 상태를 정확히 알 수 있는 경우(MDP)와 알 수 없는 경우(POMDP)가 있다.
이력	에이전트가 과거에서 지금까지의 모든 관측, 행동, 보상들의 합.
마르코프 상태	강화학습 상태의 특징 중의 하나이며 다음 상태는 현재의 상태와 행동에 의해서만 결정되는 특징.
행동	에이전트가 환경과 상호작용하는 방법으로 특정 상태에서 수행할 수 있는 동작.
정책	에이전트가 특정 상태에서 어떤 행동을 해야 하는지를 결정해주는 법칙. 결정적 정책은 특정 상태에서 오직 한 개의 행동만 가능하며, 확률적 정책은 모든 행동이 확률적으로 정의된다.
가치값	어떤 상태 혹은 행동이 어느 정도 목적에 근접한 상태인지를 표시한 수치. 상태가치값은 현재 상태의 가치값을 의미하고 행동가치값은 현재 상태에서 어떤 행동을 할 때의 가치값을 의미한다.
최적가치값	가치값 중에서 정책에 관계없이 획득할 수 있는 최대의 가치값을 의미한다. 최적의 정책에 의한 가치값과 동일하다. 최적 상태가치값은 현재 상태에서 획득할 수 있는 최대의 가치값을 의미하고, 최적 행동가치값은 현재 상태에서 어떤 행동을 수행할 때에 획득할 수 있는 최대의 가치값을 의미한다.
최적정책	현재의 상태에서 미래의 보상값의 합을 최대화하는 행동을 선택하게 하는 정책.
환경	에이전트는 환경에 속해 있으면서 행동하며, 환경은 에이전트의 행동에 따라서 보상값을 생성하고 다음 상태로 이동하게 한다.
모델	에이전트가 획득 가능한 정보를 이용해 자신이 속한 환경을 표현한 수학적인 모델
전이	에이전트가 현재 상태에서 행동을 할 때에 다음 상태로 이동하는 과정을 의미한다. 결정적 전이는 현재 상태에서 오직 한 개의 다음 상태로 이동하는 경우이고 확률적 전이는 현재 상태에서 이동하는 다음 상태가 확률적으로 정의된다. 현재 상태에서 다음 상태로 전이 되는 확률을 전이확률이라고 한다.

용어	설명
모델기반과 모델프리	환경에서의 전이확률과 보상값이 알려진 학습 방법을 모델기반 학습이라고 하고, 이런 값들이 알려지지 않은 경우의 학습을 모델프리 학습이라고 한다.
탐험과 이용	특정한 정책에 따라 행동을 하면서 그 정책의 성능(가치값)을 계산하는 과정을 이용이라고 하고, 현재의 정책에 따르지 않고 새로운 행동을 시도하는 것을 탐험이라고 한다.
유한경계와 무한경계	강화학습에서 행동을 수행하는 단계가 유한할 때 유한경계라고 하며 단계가 무한할 때에 무한경계라고 한다.
예측과 컨트롤	주어진 정책에 대해 성능을 평가(가치값의 계산)하는 과정을 예측이라고 하고 최적의 정책을 찾는 과정을 컨트롤이라고 한다.

1.3.3 강화학습과 감독자학습

지금까지 강화학습의 기본적인 학습방법과 용어들을 설명했다. 강화학습과 기존의 감독자학습을 비교하면 다음과 같은 몇 가지 차이가 있다. 첫째로, 감독자학습은 학습에 사용하는 모든 데이터에 목적값(target value)이 주어져 있지만 강화학습에는 학습 데이터에 부분적인 목적값(보상)만 주어진다. 예를 들어 감독자학습에서 이미지의 강아지 여부를 분류하는 학습이라면 데이터(이미지)마다 강아지 여부를 알려주는 목적값이 있다. 하지만 강화학습에서는 각 행동에 대한 보상값이 주어지는데, 이는 학습의 최종 목적값이 아니다. 시간에 따라 발생하는 이들 보상값의 합계를 최대화하는 행동을 구하는 것이 학습의 목표이다. 그리고 강화학습에서는 이러한 보상값도 데이터마다 주어지는 것이 아니고, 마지막의 종료상태에서 주어지는 경우가 대부분이다. 따라서 여러 행동 중에서 어느 행동이 나쁜 행동이고, 어느 행동이 좋은 행동인지를 알고리즘이 학습으로 결정해야 한다.

둘째로, 감독자학습은 **패시브 러닝**(passive learning)이다. 학습에 사용되는 데이터는 학습을 시작할 때 미리 주어지며 알고리즘은 단순히 이들 데이터를 수동적으로 읽어서 학습을 수행한다. 이에 반해 강화학습은 **액티브 러닝**(active learning)이다. 강화학습에서는 에이전트가 자신이 필요한 데이터를 그때 그때 자신의 행동이나 외부의 정보 등을 이용해 획득할 수 있다. 에이전트가 사용하는 데이터는 에이전트의 정책에 따라서 다르게 생성된다. 이와 같이 감독자학습은 이미 주어진 데이터를 이용해 학습을 진행하지만, 강화학습은 그때 그때 행동하면서 발생하는 데이터들을 이용해 학습을 한다.

1.4 강화학습의 응용분야

그러면 이러한 강화학습은 현실에서 어떤 문제에 적용할 수 있는지를 알아보자. 이론적으로는 우리가 다음 세 가지를 미리 명확하게 정의할 수 있으면 강화학습을 적용할 수 있다.

1) **상태**(state): 의사결정에 필요한 에이전트와 환경의 상태 들을 변수로 표현할 수 있어야 한다.
2) **행동**(action): 각 상태에서 에이전트가 취할 수 있는 행동들을 정확히 정의할 수 있어야 한다.
3) **보상**(reward): 우리가 원하는 목표를 보상(reward)이라는 수치로 표현할 수 있어야 한다.

이와 같이 상태, 행동, 보상을 정의할 수 있으면 이론적으로는 강화학습을 사용해 문제를 해결할 수 있다. 물론 이는 이론적으로 가능하다는 의미이며 실제로는 다른 추가적인 문제가 발생할 수도 있다. 예를 들어 상태의 숫자가 너무 많거나 아예 무한대이거나 등의 경우에는 다른 추가적인 기법을 사용해 문제를 해결해야 한다.

또한 최근에는 상태, 행동, 보상의 세 가지 중에서 상태와 행동만을 정의하고 보상값은 정의하지 않는 새로운 방법인 **모방학습**(imitation learning)이 사용되기도 한다. 이러한 모방학습의 내용은 11장 모방학습에서 자세히 설명한다.

강화학습을 적용하기 위해서는 기본적으로 상태, 행동, 보상의 내용이 정의가 되어야 한다고 했다. 몇 가지 대표적인 강화학습의 문제들을 소개하고, 이들 응용분야의 각각에 대해 강화학습을 적용할 때에 필요한 상태, 행동, 보상의 내용을 예를 들어서 설명해 보겠다.

자동차 자율운전(autonomous vehicle): 자동차를 목적지까지 안전하게 운전하도록 하는 자율운전 강화학습의 경우에 상태, 행동, 보상은 다음과 같이 정의된다 [Bojarski et al., 2016].

- **상태**: 도로의 상태, 날씨, 자동차의 상태
- **행동**: 핸들 조작, 엑셀, 브레이크
- **보상**: 목적지에 안전하게 도착(1), 목적지에 안전하지 않게 도착(−1), 사고발생(−10)

카트폴(cart pole): 카트폴은 수평으로 움직이는 카트에 막대기가 있으며 이 막대가 바닥으로 떨어지지 않게 카트를 움직이는 강화학습의 문제이다.

- **상태**: 막대의 각도와 속도
- **행동**: 왼쪽 혹은 오른쪽의 동작
- **보상**: 막대가 균형을 유지함(1), 막대가 떨어짐(0)

보드게임(board game): 보드게임은 바둑처럼 보드판 위에서 정해진 규칙에 따라 게임을 진행하면서 상대를 이기도록 하는 게임이다. 이 경우에 상태, 행동, 보상의 값은 다음과 같다 [Silver et al., 2016].

- **상태**: 바둑판의 모양
- **행동**: 다음에 둘 수 있는 수의 종류
- **보상**: 승리하면1, 비기면 0, 지면 −1

가격의 결정(dynamic pricing): 제품의 가격을 공급과 수요에 의해 자동으로 조정해 이익을 최대화한다.

- **상태**: 제품의 수요와 공급에 대한 정보
- **행동**: 가격의 인상 혹은 인하
- **보상**: 가격에 따른 이익의 크기

자연어 처리(natural language processing): 챗봇이나 문서의 요약 등을 텍스트를 처리하는 응용분야. 예를 들어서 인간과 대화를 주고받는 챗봇 응용의 경우에는 다음과 같이 문제를 정의할 수 있다 [Serban, 2017].

- **상태**: 지금까지 대화의 내용
- **행동**: 다음에 생성할 단어
- **보상**: 생성된 문장이나 단어의 정확도

1.5 요약

기계에 지능을 부여하려는 인간의 노력은 오랫동안 인공지능의 학문을 발전시켜 왔다. 그러한 인공지능에서 가장 핵심적인 분야는 데이터와 경험에서 지능을 자동으로 발현할 수 있는 기계학습이다. 기계학습 분야에는 크게 감독자학습, 비감독자학습, 강화학습 등이 있다. 그중에서도 강화학습은 에이전트가 환경과 지속적으로 상호작용을 하면서 스스로 최적의 행동과 정책을 학습하는 기술이다. 따라서 일반 인공지능(general AI)의 구현에 가장 근접한 도구를 제공할 수 있다.

또한 최근에는 심층학습과 강화학습이 결합한 심층강화학습이 많은 응용분야에서 놀라운 성능을 보이고 있다. 예를 들어서 심층강화학습은 알파고(AlphaGo)나 알파크래프트(AlphaCraft) 등의 게임이나, 로봇 컨트롤이나 공정의 최적화, 자율운전 등의 산업분야, 챗GPT(ChatGPT)의 자연어질의 등에서 인간의 능력을 초월하는 성능을 보이고 있다. 본 책의 1부에서는 기존의 강화학습에 대한 내용을 설명하며, 2부에서는 심층강화학습을 포함한 최신의 기술들을 설명한다.

강화학습은 주어진 환경에서 미래의 보상값을 최대화하는 행동을 수행하는 정책을 찾는 과정이다. 즉, 미래에 발생하는 보상값을 최대화하기 위해서 현재 시점에 어떤 행동을 해야 하는지를 알려주는 학습의 방법이다. 본 책에서는 이러한 심층강화학습에 대한 기본적인 이론과 방법론들 그리고 최신에 사용되는 새로운 기술들에 대해 소개하고 있다. 그리고 강화학습의 설명에 필요한 다양한 기본 용어들을 이 장에서 설명하고 있는데 이들 용어들은 본 책의 전체에서 빈번히 사용되므로 본 책의 다른 장들을 학습하기 위해서 이해가 필요하다.

강화학습을 실제 문제에 적용하기 위해서는 적용하려는 문제에 대한 상태, 행동, 보상 등이 우선적으로 정확히 정의되어야 한다. 강화학습은 다양한 실제 문제에 적용할 수 있으며 특히 심층강화학습 기술의 발전으로 높은 복잡도의 문제에도 적용할 수 있는 가능성을 보여준다.

참고 문헌

[Sutton and Barto, 2018] Richard S. Sutton and Andrew G. Barto, Reinforcement Learning: An Introduction, MIT Press, 2018

2.1 마르코프 모델

강화학습은 **마르코프 결정 프로세스**(Markov decision process, 이하 MDP로 표시)라는 수학적 모델을 기반으로 작동한다. 이 장에서는 **마르코프 모델**(Markov model)을 먼저 설명하고, 그다음 MDP 모델에 대해 자세히 알아본다.

마르코프 모델은 시간에 따라 변화하는 시스템을 수학적으로 표현한 모델이다. 기본적으로 시스템의 상태와 이들 간의 전이(transition)와 전이확률(transition probability)을 포함하고 있다. 또한 마르코프 모델에서는 다음 단계의 상태는 오직 현재 상태에 의해서만 결정되는 특징을 가지고 있다. 이와 같은 특징을 **마르코프 특징**(Markov property)이라 한다.(식 (1.5) 참고)

마르코프 모델은 네 가지 종류가 있다. **마르코프 체인**(Markov chain, MC), **은닉마르코프 모델**(hidden Markov model, HMM), **마르코프 결정 프로세스**(Markov decision process, MDP), **부분관측 마르코프 결정 프로세스**(partially observable Markov decision process, POMDP)이다.

마르코프 체인

마르코프 체인(Markov chain)은 유한한 수의 상태(state)가 있고 이들 간의 전이(transition)는 전이확률(transition probability)에 따라서 확률적으로 시행되는 수학적 모델이다. 마르코프 체인에서의 상

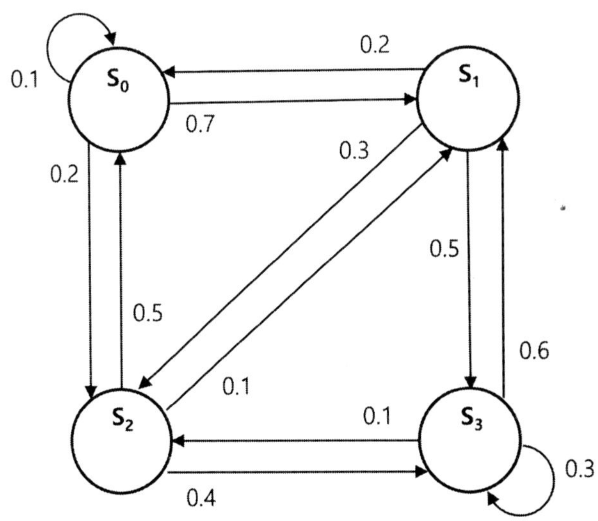

그림 2.1 마르코프 체인

태(state)는 (이름에서 유추할 수 있듯이) 당연히 마르코프 특징을 가지며, **메모리리스**(memoryless) 프로세스라고도 불린다. 마르코프 체인에서 행동은 포함되어 있지 않다. 마르코프 체인에서 연속적 시간을 처리하는 모델은 **마르코프 프로세스**(Markov process)라고도 한다. 그림 2.1은 마르코프 체인의 예시를 보여준다.

마르코프 체인에서 특정한 상태 s와 다음 전이 상태 s' 간의 전이확률은 $P_{ss'}$으로 표시되며 다음과 같이 정의된다(마르코프 특징을 가지므로 현재 상태 s 이전의 상태는 s'로의 전이에 영향을 미치지 않음. 그리고 마르코프 체인에는 행동이 고려되지 않음).

$$P_{ss'} = P[S_{t+1} = s' | S_t = s] \tag{2.1}$$

마르코프 체인에서 모든 상태들 상호 간의 전이확률을 매트릭스로 표현한 것을 **상태전이 매트릭스**(state transition matrix)라 하며, 그림 2.2와 같이 표시할 수 있다.

$$\text{from} \overset{\textbf{to}}{\begin{bmatrix} P_{11} & \cdots & P_{1n} \\ \vdots & \ddots & \vdots \\ P_{n1} & \cdots & P_{nn} \end{bmatrix}}$$

그림 2.2 상태전이 매트릭스

여기서 P_{ij}은 상태 i에서 상태 j로의 전이확률을 의미하며 각 행(row)별로 모든 전이확률의 합은 1이 되어야 한다(즉, $\Sigma_j P_{ij} = 1, \forall i$). 예를 들어서 그림 2.1의 마르코프 체인에 대한 상태전이 매트릭스는 다음과 같다. (예를 들어 S_0에서 S_1으로의 전이확률은 0.7이다.)

	S_0	S_1	S_2	S_3
S_0	0.1	0.7	0.2	
S_1	0.2		0.3	0.5
S_2	0.5	0.1		0.4
S_3		0.6	0.1	0.3

그림 2.3 상태전이 매트릭스 예시

이러한 마르코프 체인에서 에이전트는 초기상태에서 출발해 전이확률에 따라서 다음 상태로 이동을 계속한다. 에이전트가 종료상태에 도착하면 에이전트는 이동을 종료한다. 예를 들어서 그림 2.1에서 에이전트는 다음과 같은 다양한 경로(path)의 탐색이 가능하다.

$$(S_0,\ S_1,\ S_2,\ S_3),\ (S_0,\ S_0,\ S_1,\ S_3),\ (S_0,\ S_2,\ S_1,\ S_2,\ S_3) \tag{2.2}$$

2.2 마르코프 보상 프로세스(MRP)

여기서는 마르코프 체인의 확장형이며 마르코프 결정 프로세스(MDP)의 이전 단계인 **마르코프 보상 프로세스**(Markov reward process, 이하 MRP로 표시)의 내용을 설명한다. MRP 모델은 마르코프 체인에서 보상(reward)이 추가된 모델이다. MRP 모델은 $\langle S, P, R, \gamma \rangle$의 네 가지 요소로 구성되어 있다. 여기서 S는 (유한한) 상태들의 집합, P는 위에서 설명한 상태전이 매트릭스, R은 보상 함수를 의미한다. MRP 모델에서 상태 s에서 상태 s'로의 전이확률 $P_{ss'}$은 식 (2.3), 특정한 상태 s에서의 보상 R_s는 식 (2.4)와 같이 정의된다.

$$P_{ss'} = P[S_{t+1} = s' | S_t = s] \tag{2.3}$$

$$R_s = E[R_{t+1} | S_t = s] \tag{2.4}$$

γ은 할인상수(discount factor)로서 [0, 1] 사이의 값을 가진다. 할인상수가 존재하는 이유는 미래에 발생하는 보상은 현재에 발생하는 보상보다 낮은 가치를 부여하기 위함이다. 현재의 즉각적인 이익이 미래의 불확실한 이익보다 중요하다. 예를 들어서 현재의 현금 100만원은 이자를 받을 수 있기에 미래의 100만원보다 가치가 높다. γ 값이 커지면 미래의 보상에 높은 가중치를 주고 γ 값이 작아지면 현재의 보상에 높은 가중치를 준다.

그림 2.4는 그림 2.1의 마르코프 체인에 보상값을 추가한 MRP 모델의 예를 보여준다. 그림 2.4의 MRP 모델에서는 각 상태마다 보상값이 주어짐을 알 수 있다(보상값은 각 상태의 사각형 박스에 표시). 참고로 MRP 모델에서는 행동을 고려하지 않으므로 특정 상태의 보상값은 그 상태를 떠날때에 발생한다고 간주한다. 예를 들어서 그림 2.4의 상태 s_1의 보상값 −3는 상태 s_1를 떠나는 시점에 발생한다고 가정한다.

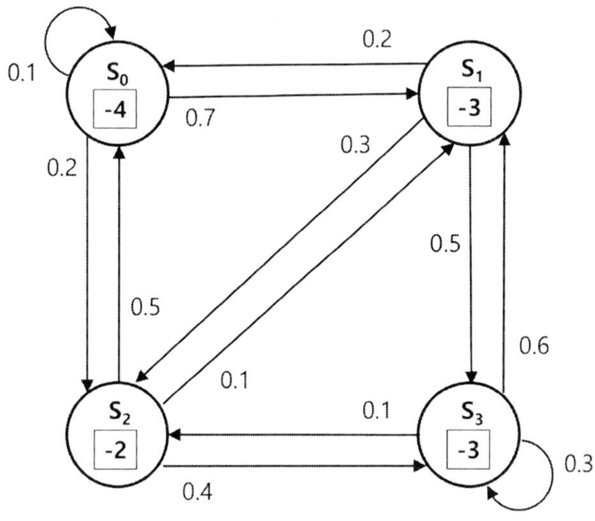

그림 2.4 마르코프 보상 프로세스

특정한 상태 s_t에서 에이전트가 획득할 수 있는 모든 보상의 (할인된) 합계를 리턴이라고 하고, 다음과 같이 정의한다. (보상값 R_{t+1}은 상태 s_t를 떠날 때의 보상값을 의미)

$$G_t = R_{t+1} + \gamma R_{t+2} + \gamma^2 R_{t+3} + \cdots = \sum_{k=0}^{\infty} \gamma^k R_{t+k+1} \tag{2.5}$$

리턴은 보상의 합을 구할 때 (할인상수의 사용으로 인해) 현재에서 $k+1$ 스텝 후의 보상 R_{t+k+1}은 γ^k의 값이 곱해져 감가상각된다. 예를 들어 식 (2.2)의 경로들에 대해 리턴을 계산하면 다음과 같다. (γ = 0.8 가정하고 마지막 상태의 보상값은 이동없이 계산함)

$$\begin{aligned}
&(S_0,\ S_1,\ S_2,\ S_3) : G_0 = -4 + 0.8 * (-3) + 0.8^2 * (-2) + 0.8^3 * (-3) = -9.2 \\
&(S_0,\ S_0,\ S_1,\ S_3) : G_0 = -4 + 0.8 * (-4) + 0.8^2 * (-3) + 0.8^3 * (-3) = -10.6 \\
&(S_0,\ S_2,\ S_1,\ S_2,\ S_3) : G_0 = -4 + 0.8 * (-2) + 0.8^2 * (-3) + 0.8^3 * (-2) + 0.8^4 * (-3) = -9.7
\end{aligned} \tag{2.6}$$

그리고 MRP에서 순환적인(cyclic) 사이클이 존재하면 할인상수의 값은 1이 될 수 없다(순환사이클은 특정 상태에서 출발해서 동일 상태로 돌아오는 경로가 존재하는 경우를 말함). 만약 할인상수의 값이 1이 되면 시스템이 이러한 순환을 무한반복할 때에 보상의 합(리턴)이 무한대에 이르게 된다. 따라서 그림 2.4의 MRP 모델의 경우에 (사이클이 존재하므로) 할인상수의 값은 1 미만을 사용해야 한다.

참고로 타임스텝 t에서의 리턴값 G_t와 타임스텝 $t+1$에서의 리턴값 G_{t+1} 간에는 다음과 같은 관계가 성립한다.

$$\begin{aligned} G_t &= R_{t+1} + \gamma R_{t+2} + \gamma^2 R_{t+3} + \cdots = R_{t+1} + \gamma (R_{t+2} + \gamma R_{t+3} + \cdots) \\ &= R_{t+1} + \gamma G_{t+1} \end{aligned} \tag{2.7}$$

2.2.1 MRP 모델의 상태가치값

MRP 모델에서는 각 상태에 대해 상태가치값을 계산할 수 있다. 상태가치값 $v(s)$는 그 상태가 얼마나 좋은지, 목적에 근접해 있는지를 수치로 표현하는 값이다. 구체적으로 $v(s)$는 상태 s에서 얻을 수 있는 리턴값의 예상치이다. MRP 모델은 행동을 포함하지 않으므로 정책이 존재하지 않는다. 따라서 MRP 모델의 상태가치값들은 정책에 관계없는 형태인 $v(s)$ 형태로 표시된다. 또한 MRP에서는 행동을 고려하지 않으므로 행동가치값($q(s, a)$로 표시)은 존재하지 않는다.

MRP 모델에서 상태 s의 가치값은 식 (2.8)과 같이 정의된다. 식 (2.8)에서 상태가치값 $v(s)$은 상태 s에서 전이확률에 따라서 전이를 하면서 (종료상태에 도달한 후에) 발생하는 리턴값(G_t)을 구하고 이들 리턴값의 평균이 상태가치값이 된다.

$$v(s) = E[G_t \mid S_t = s] \tag{2.8}$$

즉, 상태 s에서의 가치값은 종료상태(유한 경계라고 가정)들까지 발생하는 여러 경로들 각각의 리턴들에 대해서 이들의 평균값을 의미한다. 예를 들어서 그림 2.4의 MRP 모델에서 상태 s_0의 상태가치값을 계산해 보자. 식 (2.6)에서 상태 s_0에서 시작하는 3번의 경로(sample path)에 대한 리턴을 각각 구했다. 이 리턴값들의 평균이 상태 s_0에 대한 상태가치값이 된다. 따라서 상태 s_0의 상태가치값 $v(s_0)$은 다음과 같다.

$$v(s_0) = (-9.2-10.6-9.7)/3 = -9.83$$

2.2.2 MRP 모델의 벨만방정식

강화학습에서 (상태 혹은 행동) 가치값의 계산은 최적의 정책을 찾기 위한 중요한 과정이다. 따라서 거의 대부분의 강화학습에는 학습의 과정에 가치값의 계산 과정이 포함되어 있다. 하지만 앞에서 살펴본 기존의 (상태)가치값 계산 방법은 에이전트가 종료상태까지 진행한 후의 리턴값을 이용해 계산한다(식 (2.8)). 따라서 항상 종료 상태까지 진행된 다음에야 가치값을 계산할 수 있으므로 비효율적이다.

이와 같은 문제를 해결하며, 가치값의 계산에 있어 중요한 개념 중 하나가 **벨만방정식**(Bellman equation)이다. 벨만방정식은 가치값을 계산할 때에 1) 가치값을 즉각적인 보상값과 다음 단계의 가치값으로 분할해서 계산하고 2) 상태가치값 혹은 행동가치값들 간의 관계를 재귀적(recursive) 방법으로 표시한다. 이러한 벨만방정식을 이용해 가치값들을 효과적으로 구할 수 있다.

MRP 모델에서 상태가치값에 대한 벨만방정식을 구해보자(MRP 모델에서는 행동을 고려하지 않기 때문에 상태가치값에 대해서만 벨만방정식을 표현할 수 있다). MRP 모델에서의 상태가치값 벨만방정식은 간단히 식 (2.7)을 식 (2.8)에 대입하면 구할 수 있다. 식 (2.9)이 **MRP의 벨만방정식**(MRP Bellman equation)이다. (γ는 할인상수)

$$v(s) = E[G_t | S_t = s] = E[R_{t+1} + \gamma v(S_{t+1} = s') | S_t = s] \tag{2.9}$$

벨만방정식은 이와 같이 (상태)가치값을 또 다른 (상태)가치값으로 표현한 방정식이다. 이러한 벨만방정식은 가치값을 구하기 위해((식 (2.8) 경우와 같이) 종료상태까지 진행할 필요없이 현재 상태에서의 즉각적인 보상과 다음 단계의 가치값 예측치를 이용해 현재 상태의 가치값을 계산하는 장점이 있다(식 (2.9)).

식 (2.9)에서 상태 s의 가치값은 상태 s'의 가치값으로 계산되고 있다. 따라서 식 (2.9)를 계산하기 위해서는 상태 s에서 상태 s'로 전이되는 확률값을 알아야 가능하다. 따라서 상태 s에서 상태 s'으로의 전이확률을 $P_{ss'}$이라고 하면, 식 (2.9)는 식 (2.10)과 같은 형태로 표현될 수 있으며, 이는 MRP 벨만방정식의 또 다른 형식이다. (상태 s에서의 보상값이라는 의미로 R_{t+1}의 표시를 R_s의 표시로 변경사용함)

$$v(s) = R_s + \gamma \sum_{s' \in S} P_{ss'} v(s') \tag{2.10}$$

이 책에서는 벨만방정식의 이해를 돕기 위해 그림 2.5와 같은 **백업 다이어그램**(backup diagram)을 사용해 설명한다. 백업 다이어그램에서 흰색 원은 상태(state)를 의미하며, 각 상태마다 상태가치값을 가질 수 있다. 또한 → 선은 상태 간의 전이(transition)를 의미하며, 각 전이마다 전이확률(transition probability)을 표시할 수 있다.

그림 2.5는 식 (2.10)를 백업 다이어그램으로 표시한 것이다. 에이전트가 상태 s에서 다음 상태로 이동하면서 보상값 R_s가 발생하고, 전이확률 $P_{ss'}$에 따라서 다음 상태 s'로 이동한다. 상태 s의 상태가치값 $v(s)$는 보상값 R_s에 다음 상태 s' 각각의 상태가치값의 평균을 더한 값이다.

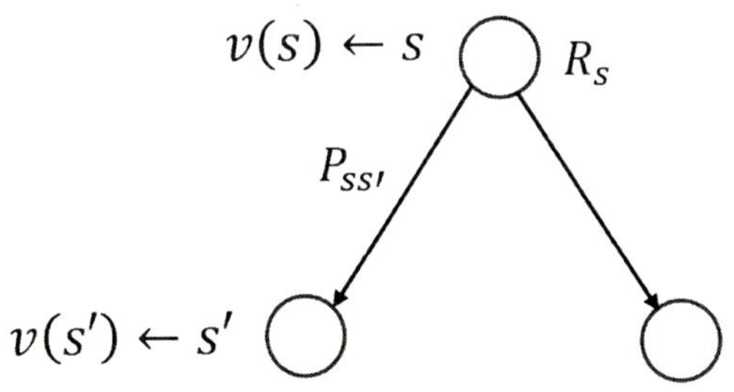

그림 2.5 MRP에서의 벨만방정식

앞에서 벨만방정식을 이용해 가치값의 계산을 용이하게 할 수 있다고 했다. 그러면 MRP 모델에서 벨만방정식을 이용해 상태가치값들을 어떻게 계산할 수 있는지 구체적으로 알아보자. 첫 번째 방법에서는 먼저 특정한 상태 s의 상태가치값 $v(s)$ 각각을 하나의 변수라고 가정하면 (식 (2.10) 벨만방정식에 의해) 각 변수 $v(s)$마다 (상태가치값 $v(s)$ 마다) 한 개의 선형 방정식이 존재한다(MRP 모델에서는 전이확률과 보상값은 이미 알고 있다고 가정한다. 즉, 식 (2.10)의 R_s와 $P_{ss'}$ 값은 알려져 있다). 그러면 MRP 모델에서 n개의 상태(n개의 상태가치값 $v(s)$)가 있다고 가정하면 식 (2.10)과 같은 선형방정식이 n개 존재하게 된다. 변수의 수와 선형방정식의 숫자가 일치하므로 $v(s)$의 값을 쉽게 구할 수 있다.

그림 2.2와 같은 상태전이 매트릭스와 보상값 벡터가 있다고 할 때 이들 방정식 전체를 매트릭스 형식으로 표시하면 다음과 같다.

$$\begin{bmatrix} v(1) \\ \vdots \\ v(n) \end{bmatrix} = \begin{bmatrix} R_1 \\ \vdots \\ R_n \end{bmatrix} + \gamma \begin{bmatrix} P_{11} & \cdots & P_{1n} \\ \vdots & \vdots & \vdots \\ P_{n1} & \cdots & P_{nn} \end{bmatrix} \begin{bmatrix} v(1) \\ \vdots \\ v(n) \end{bmatrix} \tag{2.11}$$

식 (2.11)의 매트릭스들을 순서대로 각각 $\boldsymbol{v}$, $\boldsymbol{R}$, $\boldsymbol{P}$이라고 하면, 다음과 같이 표현할 수 있다.

$$\boldsymbol{v} = \boldsymbol{R} + \gamma \boldsymbol{P} \boldsymbol{v}$$

따라서 $v(s)$ 값들은 다음과 같은 매트릭스 연산을 통해서 쉽게 구할 수 있다. (여기서 $\boldsymbol{I}$는 대각선 값이 1, 나머지가 0인 단위 매트릭스(identity matrix)를 의미한다. $(\boldsymbol{I} - \gamma \boldsymbol{P})$ 매트릭스는 가역

가능(invertible)하다고 가정한다)

$$(\boldsymbol{I} - \gamma \boldsymbol{P})\boldsymbol{v} = \boldsymbol{R}$$

$$\boldsymbol{v} = (\boldsymbol{I} - \gamma \boldsymbol{P})^{-1}\boldsymbol{R}$$

따라서 MRP 모델에서는 이와 같은 매트릭스 연산을 이용해 상태가치값들을 직접 구할 수 있으며 이때 매트릭스 연산의 계산 복잡도는 상태의 개수가 n일 때 $O(n^3)$이다. 따라서 매트릭스 연산 방법은 상태의 개수가 많지 않을 경우에 사용할 수 있다.

MRP 모델에서 상태가치값을 계산하는 또 다른 방법은 **반복적인 방법**(iterative method)이 있다. 반복적인 방법은 상태가치값을 임의의 초기값에서 시작해 반복적으로 업데이트하는 방식으로 최종값을 구한다. $v_k(s)$를 $v(s)$의 k번째 반복(iteration)에서의 값이라고 하자. ($v_0(s)$ 값은 0으로 초기화함) 반복적 방법은 식 (2.12)와 같이 벨만방정식을 반복적으로 적용해서 최종적으로 $v_k(s)$이 정확한 상태가치값 $v(s)$에 수렴하도록 한다. 이 방법은 MRP의 벨만방정식(식 (2.10))에서 오른쪽의 v 값은 이전 단계값(v_{k-1})을 사용해 계산하고 그 결과를 왼쪽 항의 다음 단계값(v_k)으로 사용한다. 즉, k번째 상태가치값 $v_k(s)$을 구할 때 $k-1$번째의 상태가치값들을 사용해 값을 수정해 나간다.

$$v_k(s) = R_s + \gamma \sum_{s' \in S} P_{ss'} v_{k-1}(s') \tag{2.12}$$

이와 같은 방법으로 상태가치값을 구하는 방법을 **동적 프로그래밍**(dynamic programming) 방법이라고 하며 이 내용은 3장에서 자세히 설명한다.

2.3 마르코프 결정 프로세스(MDP)

지금까지는 MRP 모델에 대해 설명하였다. 지금부터는 강화학습에서 가장 많이 사용되는 **마르코프 결정 프로세스**(Markov decision process, 이하 MDP) 모델에 대해 설명한다. MDP 모델과 MRP 모델의 가장 큰 차이점은 MDP 모델에는 행동이 추가가 된다는 것이다. 즉, MDP 모델은 MRP에 행동을 추가한 모델로서 $\langle S, A, P, R, \gamma \rangle$의 요소로 구성되어 있다. 여기서 S는 상태들의 집합이고, A는 행동의 집합, P는 상태전이확률 매트릭스를 말한다. R은 보상함수를 의미하고, γ는 할인상수를 의미한다($\gamma \in [0,1]$). MDP 모델에서 상태 s에서 행동 a를 수행할 때 상태 s'로의 전이확률 $P_{ss'}^{a}$은 식 (2.13), 특정한 상태 s에서 행동 a를 수행할 때 보상 R_s^a는 식 (2.14)와 같이 각각 정의된다. 이들을 MRP 모델과 비교하면 상태전이확률과 보상함수에서 행동이 추가되어 있음을 알 수 있다.

$$P_{ss'}^{a} = P[S_{t+1} = s' \mid S_t = s,\ A_t = a] \tag{2.13}$$

$$R_s^a = E[R_{t+1} \mid S_t = s,\ A_t = a] \tag{2.14}$$

MDP에서 상태들 간의 전이는 (마르코프 특징을 만족하므로 과거에 관계없이) 현재 상태에서 어떤 행동을 하는가에 따라서 다음 상태로 전이가 발생한다. 즉, 다음 상태의 결정은 현재 상태와 현재 상태에서 수행하는 행동(과 전이확률)에 의해서만 영향을 받는다. 또한 MRP 모델에서는 보상값이 특정한 상태를 기반으로 주어졌지만(식 (2.3)) MDP 모델에서는 (상태에서의) 행동에 따라서 보상값이 결정되는 점이 MRP 모델과 다르다.

그림 2.6은 이러한 MDP 모델의 예시를 보여준다. 그림 2.6에서 보는 바와 같이 MDP 모델은 각 상태마다 행동(여기서는 a_0와 a_1)이 추가가 되어 있으며, (상태에서) 행동마다 보상값이 주어진다. MDP 모델에서 특정한 상태 s에서 행동 a를 수행할 때 다음 상태 s'로의 이동 확률은 전이확률 $P_{ss'}^{a}$에 의해서 결정되며, 보상값은 R_s^a값에 의해서 결정된다. 그림 2.6에서는 이와 같은 전이확률과 보상값들을 보여준다.

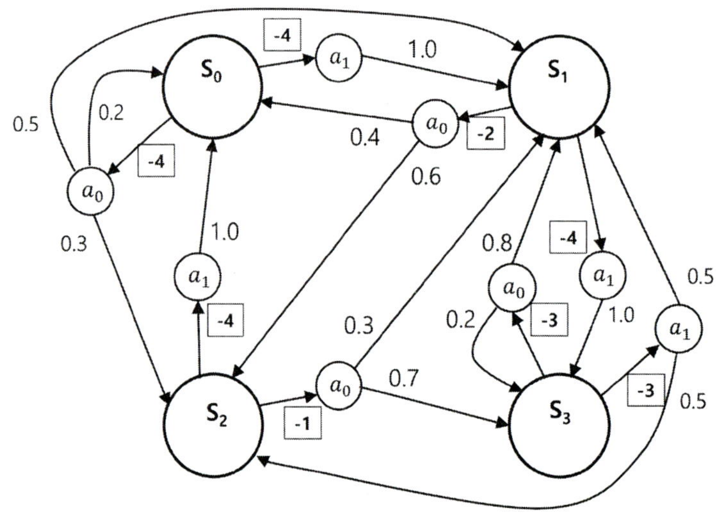

그림 2.6 MDP 모델

MDP모델은 에이전트가 현재의 상태에서 행동을 선택해 이동한다. **정책**(policy)은 에이전트가 특정한 상태에서 어떤 행동을 할지를 결정하는 법칙을 말한다. 정책은 π로 표시하며, 현재 상태에서 가능한 행동들에 대한 확률분포로 해석할 수 있다. 정책의 종류에는 **결정적 정책**(deterministic policy)과 **확률적 정책**(stochastic policy)이 있다. 결정적 정책은 특정 상태에서 한 개의 행동만을 선택할 수 있으며, 다음과 같이 표시한다. 즉, 상태 s에서는 오직 한 개의 행동 a만을 수행할 수 있는 정책을 의미한다.

$$\pi(s) = a$$

확률적 정책은 주어진 상태에서 가능한 각 행동들에 대한 확률값의 분포를 의미하며 다음과 같이 정의할 수 있다(그림 1.5 참고).

$$\pi(a \mid s) = P[A_t = a \mid S_t = s]$$

정책은 **정적인 정책**(stationary policy)과 **비정적인 정책**(non-stationary policy)으로 구분된다. 정적인 정책은 특정한 상태에서의 정책(행동선택)이 시간과는 무관하게 변화가 없는 것을 의미하고, 비정적인 정책은 특정한 상태에서 정책이 시간에 따라서 변하는 정책을 의미한다. 비정적인 정책은 현재 시점의 가장 최적 정책도 다음 시간에는 변할 수 있다. 여기서는 정적인 정책에 대해서만 고려하며, 비정적인 정책은 12.1절 다중 에이전트 강화학습에서 다룬다.

2.3.1 MDP 모델과 MRP 모델의 관계

강화학습의 기본 모델은 MDP 모델이지만 앞에서 MRP 모델을 학습한 이유는 MDP 모델 $\langle S, A, P, R, \gamma \rangle$에서 정책 π이 미리 정해진 경우, MDP 모델은 다음과 같은 특징을 가지게 되기 때문이다.

1) MDP 모델에서 (에이전트의 행동에 관계없이) 에이전트 상태(state)의 변화 $s_0, s_1, \ldots$만을 추출하면 이 상태의 변화는 **마르코프 프로세스(체인) 모델** $\langle S, P^{\pi}_{ss'} \rangle$의 특징을 가진다.
2) MDP 모델에서 에이전트의 상태의 변화와 보상값 $s_0, R_1, s_1, \ldots$만을 추출하면 **MRP 모델** $\langle S, P^{\pi}_{ss'}, R^{\pi}_{s}, \gamma \rangle$의 특징을 가지게 된다. 여기서 $P^{\pi}_{ss'}$와 R^{π}_{s}는 다음과 같이 정의된다.

$$P^{\pi}_{ss'} = \sum_{a \in A} \pi(a|s) P^{a}_{ss'} \qquad R^{\pi}_{s} = \sum_{a \in A} \pi(a|s) R^{a}_{s} \tag{2.15}$$

식 (2.15)의 $P^{\pi}_{ss'}$는 (정책 π하에서) 상태 s에서 다른 상태 s'으로 전이되는 확률을 의미한다.

MRP 모델과 MDP 모델에서는 상태의 전이과정에서 차이가 있다. MRP 모델은 행동을 포함하지 않으므로 특정 상태 s에서 다른 상태 s' 전이할 확률은 온전히 전이확률($P_{ss'}$)에 의해서만 결정된다. 하지만 MDP 모델에서는 특정 상태 s에서 다른 상태 s'으로 전이되는 경우에 두 단계를 거치게 된다. 첫 단계는 상태 s에서 정책 π에 따라 행동 a를 선택하고, 다음 단계는 행동 a를 수행한 결과로 환경에 의해서 다음 상태 s'으로 전이하게 된다. 여기서 정책 π에 따라 행동 a를 선택하게 될 확률은 $\pi(a|s)$이고 상태 s에서 행동 a를 수행할 때에 상태 s'으로 전이될 확률은 $P_{ss'}^{a}$ 이다. 따라서 특정한 상태 s에서 행동 a를 통해서 상태 s'으로 이동할 확률은 다음과 같다.

> $\pi(a|s) * P_{ss'}^{a}$ = (정책 π에 따라 상태 s에서 행동 a를 선택할 확률) * (환경에서 상태 s에서 행동 a를 선택하면 상태 s'로 전이될 확률)

여기서 s에서 s'으로 전이될 수 있는 경우는 여러 행동을 통해서 가능하므로 상태 s에서의 모든 가능한 행동에 대해 이 확률을 더하면 식 (2.15)으로 계산된다. 그림 2.7(a)는 $P_{ss'}^{\pi}$ 의 내용을 그림으로 설명하고 있다.

보상값 R_s^{π}은 (정책 π하에서) 상태 s에서 발생하는 보상값의 평균을 의미한다. 상태 s에서 행동 a를 수행할 확률은 정책 π를 따르므로 $\pi(a|s)$이며 행동 a를 수행할 때의 보상값은 R_s^a이다. 따라서 상태 s에서 모든 행동 a에 대해 보상값의 평균을 구하면 식 (2.15)이 된다. 그림 2.7(b)에 R_s^{π}의 내용을 그림으로 나타냈다.

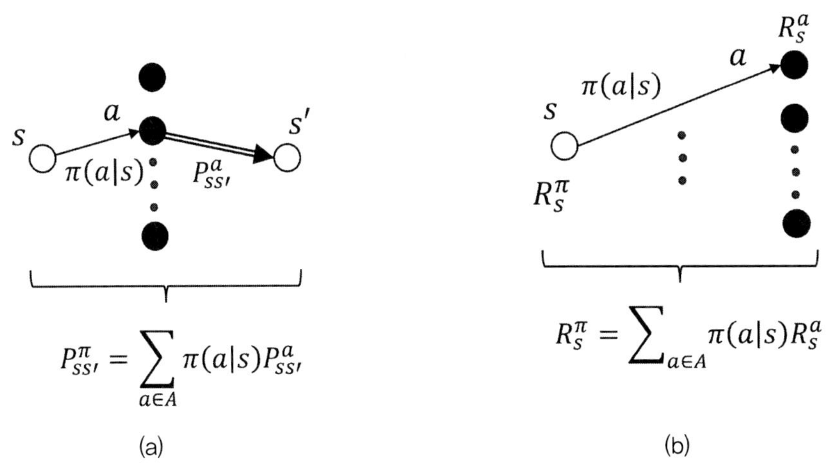

그림 2.7 MDP 에서 상태의 전이 및 보상값

MDP 모델에서 주어진 정책 π에 따라서 행동을 할 때 상태들의 전이는 전이확률을 $P_{ss'}^{\pi}$로 하고 보상값을 R_s^{π}으로 한 MRP 모델로 작동을 하게 된다는 것을 알 수 있다. 따라서 (정책이 미리 정해진) MDP 모델의 상태가치값을 구할 수 있는 한 가지 방법은 앞의 2.2.2절에서 설명한 MRP 모델의 벨만방정식(식 (2.9))을 이용해 계산하는 것이다.

2.3.2 벨만 기대방정식

MDP 모델에서 정책 π가 정해졌을 때 **상태가치값**(state value function) $v_\pi(s)$는, 상태 s에서 정책 π에 따라서 행동을 할 때 (확률적인 정책의 경우는 선택되는 행동이 매번 다를 수 있음) 획득할 수 있는 리턴값들의 평균을 의미한다. 따라서 상태가치값 $v_\pi(s)$은 다음과 같이 정의된다.

$$v_\pi(s) = E_\pi[G_t | S_t = s] \tag{2.16}$$

MDP 모델에서는 행동을 포함하므로 새로운 가치값인 **행동가치값**(action value function)을 정의할 수 있다. 행동가치값 $q_\pi(s, a)$는 상태 s에서 행동 a를 수행한 후 정책 π에 따라서 진행할 때에 획득할 수 있는 리턴값들의 평균을 의미한다.

$$q_\pi(s, a) = E_\pi[G_t | S_t = s, \ A_t = a] \tag{2.17}$$

MDP 모델에서의 상태가치값과 행동가치값은 (식 (2.16)과 식 (2.17)에서 정의된 바와 같이) 리턴값을 기준으로 정의되어 있다. 리턴값을 이용해 이 가치값들을 계산하려면 에이전트가 실제로 여러 행동을 하여 종료상태(final state)에 도달한 후, 그때의 보상합(리턴)으로 계산을 해야 한다. 즉, 에이전트가 실제 종료상태에 도달할 때까지 수행을 해 봐야만 가치값 계산이 가능하다는 의미이다. 하지만 이러한 방법은 시간이 오래 걸리며 비효율적이다.

이러한 이유로 MDP에서 가치값들을 계산할 때에 벨만방정식을 이용하여 재귀적인(recursive) 방법으로 계산을 하면 에이전트가 실제로 종료상태까지 수행을 하지 않고도 계산을 수월하게 할 수 있는 장점이 있다.

앞에서 설명한 바와 같이 벨만방정식은 이러한 가치값을 즉각보상값(immediate reward)과 다음 단계(최종 단계가 아닌)의 가치값을 이용해 재귀적으로 표현한 식이다. 이제 MDP 모델의 벨만방정식들에 대해 알아보자.

MDP 모델에서 벨만방정식의 종류에는 주어진 정책에서 가치값들의 관계를 보여주는 **벨만 기대방정식**(Bellman expectation equation)과 정책에 관계없이 최적의 가치값들의 관계를 보여주는 **벨만 최적방정식**(Bellman optimality equation)이 있다. 벨만 기대방정식은 주어진 정책에 따라 행동을 하면서 가치값들의 관계를 보여주는 식이고, 벨만 최적방정식은 최적의 정책을 수행할 때의 (즉 누적 보상의 합이 가장 높은 행동을 수행하는 경우의) 가치값들의 상호관계를 보여주는 식이다.

벨만 기대방정식에 대해 먼저 설명을 하면 다음과 같다. 상태가치값 $v_\pi(s)$은 에이전트가 정책 π에 따라서 행동을 할 때에 상태 s의 상태가치값을 말하며 행동가치값 $q_\pi(s, a)$은 상태 s에서 행동 a를 수행할 때의 (행동 a 이후는 정책 π에 따라서 행동을 함) 행동가치값을 의미한다. 따라서 (특정한 정책 π에서) 이러한 상태가치값 $v_\pi(s)$과 행동가치값 $q_\pi(s, a)$은 다음과 같은 관계를 가진다.

$$v_\pi(s) = \sum_a \pi(a|s)\, q_\pi(s, a) \tag{2.18}$$

즉, 상태 s에서 정책 $\pi(a\,|\,s)$에 따라서 행동 a를 선택한 후의 행동가치값은 $q_\pi(s, a)$이 된다. 따라서 상태 s의 상태가치값 $v_\pi(s)$는 $q_\pi(s, a)$ 값들의 (행동확률에 대한) 평균이 된다. 벨만방정식은 부트스트랩(이 책의 5.4절에서 다룸) 방법의 일종이므로 $v_\pi(s)$ 값을 계산할 때에 행동가치값 $q_\pi(s, a)$ (예측치)를 사용해 계산하고 있다. 그림 2.8은 식 (2.18)을 백업 다이어그램으로 설명한 내용이다.

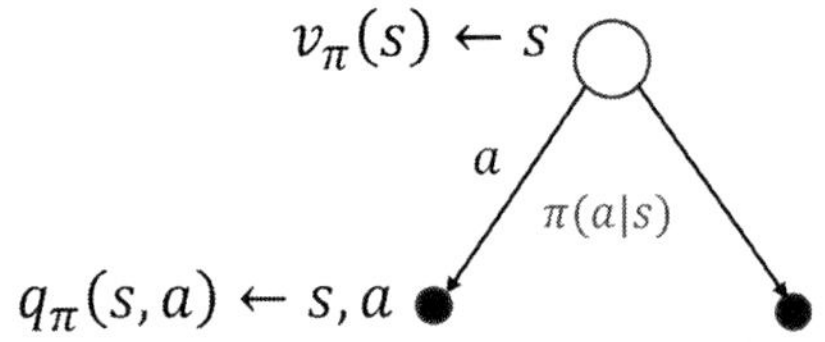

그림 2.8 상태가치값의 행동가치값과의 관계

이제는 행동가치값 $q_\pi(s, a)$을 상태가치값을 이용해 표시해보자. 행동가치값은 식 (2.19)와 같이 상태가치값으로 표시할 수 있다.

$$q_\pi(s, a) = R_s^a + \gamma \sum_{s' \in S} P_{ss'}^a\, v_\pi(s') \tag{2.19}$$

상태 s에서 (정책 $\pi(a|s)$에 따라) 행동 a를 수행하면 보상 R_s^a가 먼저 발생한다. 상태 s에서 행동 a을 할 때에 특정 상태 s'으로 전이될 확률은 $P_{ss'}^a$ 이다. 따라서 상태 s에서 행동 a를 할 때의 행동가치값 $q_\pi(s, a)$은 1) 행동 a에 대한 **즉각보상값**(immediate reward)(R_s^a)과 2) $v_\pi(s')$ 값들의 가중평균값(weighted average)($\sum_{s' \in S} P_{ss'}^a \, v_\pi(s')$)의 합으로 구성되어 있다.

그림 2.9는 식 (2.19)를 백업 다이어그램으로 나타낸 것이다. 참고로 백업 다이어그램에서 → 는 상태에서 행동에 의한 전이를($\pi(a|s)$), ⇒는 행동 후에 환경에 의해 발생하는 전이를($P_{ss'}^a$) 표시한다.

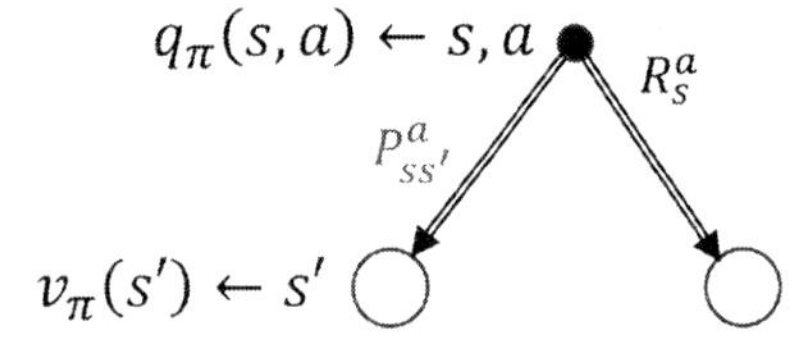

그림 2.9 행동가치값의 상태가치값과의 관계

식 (2.18)과 식 (2.19)를 통해서 상태가치값 $v_\pi(s)$와 행동가치값 $q_\pi(s, a)$의 연관관계를 알아보았다. MDP의 벨만 기대방정식은 이들 식들을 결합함으로써 쉽게 구할 수 있다. 식 (2.19)를 식 (2.18)에 대입하면 식 (2.20)을 얻게 되며, 이 식이 (정책 π가 주어졌을 때) MDP에서의 **상태가치값 벨만 기대방정식**이다.

$$v_\pi(s) = \sum_{a \in A} \pi(a|s) \left(R_s^a + \gamma \sum_{s' \in A} P_{ss'}^a \, v_\pi(s')\right) \tag{2.20}$$

모든 행동에 대한 평균값 / 정책 π에 따라 행동 a 선택 / 보상 R_s^a 발생 / $P_{ss'}^a$ 확률로 상태 s'로 전이 / 모든 다음 상태 s'의 가치값의 평균

이 식의 의미는 다음과 같다.

1) 상태 s에서 정책 π에 따라서 특정 행동 a를 수행하면(수행확률 $\pi(a|s)$), 보상 R_s^a이 발생하고, 전이확률 $P_{ss'}^a$ 에 따라서 다음 상태 s'로 전이를 하게 된다. 다음으로 모든 전이 가능한 s'에 대해 전이확률 $P_{ss'}^a$ 에 따라 상태가치값 $v_\pi(s')$의 평균을 구한다.
2) 상태 s에서의 모든 가능한 행동에 대해 $R_s^a + \gamma \sum_{s' \in S} P_{ss'}^a \, v_\pi(s')$ 값을 계산하고 이들의 (정책 π의 행동에 따른) 평균값(weighted average)이 상태 s에 대한 상태가치값이 된다.

그림 2.10은 (그림 2.8과 그림 2.9를 결합해) MDP에서의 상태가치값 벨만 기대방정식인 식 (2.20)을 백업 다이어그램으로 표시한 내용이다.

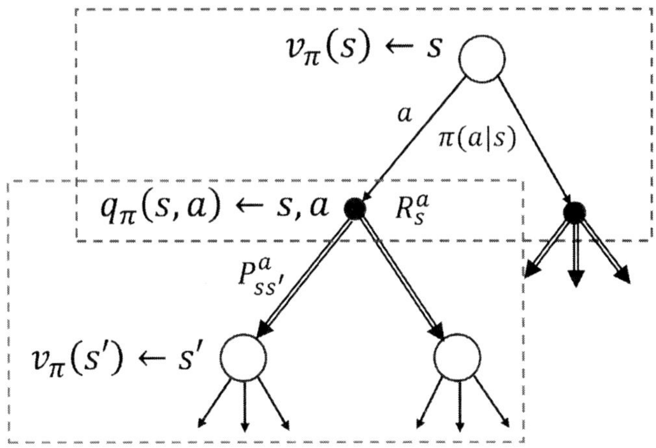

그림 2.10 상태가치값에 대한 벨만 기대방정식

식 (2.20)의 상태가치값에 대한 벨만 기대방정식은 다음과 같이 정책에 대한 평균의 형식으로 표시할 수도 있다.

$$v_\pi(s) = \sum_{s \in A} \pi(a|s)\left(R_s^a + \gamma \sum_{s' \in S} P_{ss'}^a\, v_\pi(s')\right) = E_\pi\left[R_{t+1} + \gamma v_\pi(S_{t+1} = s') \,|\, S_t = s\right]$$

이러한 MDP 모델의 벨만 기대방정식은 앞에서 다룬 MRP 모델의 벨만방정식(식 (2.9))과 거의 같은 형태임을 알 수 있다. 다만 이들의 차이점은 MRP 모델의 벨만방정식은 (정책이 없으므로) MRP 모델의 전이확률에 따른 평균을 계산하며, MDP 모델의 벨만 기대방정식은 정책과 전이확률을 같이 고려하여 평균을 구하는(E_π) 차이를 가지고 있음을 알 수 있다.

$$v(s) = E[G_t \,|\, S_t = s] = E[R_{t+1} + \gamma v(S_{t+1} = s') \,|\, S_t = s]$$

지금까지 상태가치값에 대한 벨만 기대방정식을 구했다. 행동가치값에 대한 벨만 기대방정식도 유사한 방법으로 구할 수 있다. 식 (2.18)을 식 (2.19)에 대입하면 다음과 같은 식을 얻을 수 있으며, 이 식이 MDP에서의 **행동가치값 벨만 기대방정식**이 된다.

$$q_\pi(s, a) = R_s^a + \gamma \sum_{s' \in S} P_{ss'}^a \sum_{a \in A} \pi(a'|s') q_\pi(s', a') \tag{2.21}$$

보상 R_s^a 이 발생 / 모든 다음 상태 s' 에 대하여 평균 / $P_{ss'}^a$ 확률로 상태 s'로 전이 / s'에서 모든 행동에 대한 가치값 평균

그림 2.11은 행동가치값에 대한 벨만 기대방정식의 내용을 백업 다이어그램으로 보여준다.

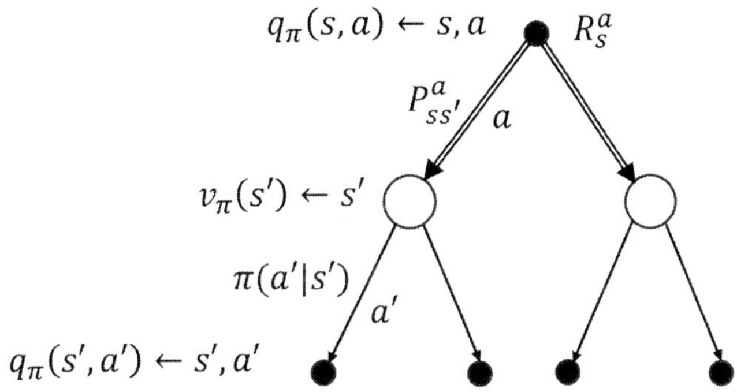

그림 2.11 행동가치값에 대한 벨만 기대방정식

2.3.3 벨만 기대방정식을 이용한 가치값 계산

여기서는 앞에서 설명한 벨만 기대방정식들을 이용해 MDP에서의 상태가치값(혹은 행동가치값)을 계산하는 방법에 대해 설명한다. MDP 모델의 벨만 기대방정식을 이용해 가치값을 계산하는 방법의 특징은 가치값의 계산을 위해 다른 가치값(예측치)을 사용하는 점이다(부트스트래핑). 그리고 이러한 과정을 순차적으로 반복하면서 예측치의 값이 점점 더 정확해지도록 한다. 이러한 **반복적인 방법**(iterative method)의 장점은 처음에는 정확하지 않은 예측치로 시작을 해 업데이트를 수행해도 대부분 정확한 값에 수렴하는 특성이 있다는 것이다. MDP 모델에서 (모델기반 학습의 경우에) 반복적인 방법으로 가치값들을 계산하는 방법을 동적 프로그래밍 방법이라고 하며 이에 대한 내용은 3장에서 자세히 설명한다.

MDP 모델에서 매트릭스 연산을 이용해 상태/행동가치값을 직접 계산하는 방법도 있다. 우리는 이미 MRP 모델에서 매트릭스 연산을 이용해 상태가치값을 계산하는 방법을 공부했다(식 (2.11)). MRP 매트릭스 형식의 벨만방정식 $\boldsymbol{v} = \boldsymbol{R} + \gamma \boldsymbol{P}\boldsymbol{v}$에서 매트릭스 연산을 통해 $\boldsymbol{v}$ =

$(\boldsymbol{I}-\gamma\boldsymbol{P})^{-1}\boldsymbol{R}$를 계산하고 상태가치값을 구한다. 여기서는 먼저 MDP 모델을 MRP 모델로 치환을 하고, 다음으로 우리가 이미 공부한 MRP 모델의 가치값 계산 방법을 이용해 MDP 의 가치값들을 계산한다. 앞에서 설명한 바와 같이 MDP 모델이 다음 두 가지 조건이 만족하는 경우에는 MRP 모델로 전환이 된다.

1) MDP 모델에 특정한 정책 π이 주어져 있고
2) MDP 모델의 전이확률(transition probability)과 보상(reward)의 값이 다음과 같이 변환된다.

$$P_{ss'}^{\pi} = \sum_{a \in A} \pi(a|s) P_{ss'}^{a} \text{ 과 } R_{s}^{\pi} = \sum_{a \in A} \pi(a|s) R_{s}^{a} \tag{2.22}$$

이 같은 방법으로 정해진 정책 π 및 수정된 $P_{ss'}^{\pi}$ 와 R_{s}^{π}를 이용해 MDP 모델을 MRP 모델로 치환하면, (MDP 모델에서 치환된) MRP 모델의 벨만방정식인 식 (2.10)은 식 (2.22)에 의해 다음과 같은 식으로 표시된다.

$$v_{\pi}(s) = \sum_{a \in A} \pi(a|s) R_{s}^{a} + \gamma \sum_{s' \in S} \sum_{a \in A} \pi(a|s) P_{ss'}^{a}\, v_{\pi}(s') \tag{2.23}$$

이들 방정식 전체를 매트릭스 형식으로 표시하면 다음과 같이 표현할 수 있다.

$$\begin{bmatrix} v_{\pi}(1) \\ \vdots \\ v_{\pi}(n) \end{bmatrix} = \begin{bmatrix} R_{1}^{\pi} \\ \vdots \\ R_{n}^{\pi} \end{bmatrix} + \gamma \begin{bmatrix} P_{11}^{\pi} & \cdots & P_{1n}^{\pi} \\ \vdots & \vdots & \vdots \\ P_{n1}^{\pi} & \cdots & P_{nn}^{\pi} \end{bmatrix} \begin{bmatrix} v_{\pi}(1) \\ \vdots \\ v_{\pi}(n) \end{bmatrix} \tag{2.24}$$

식 (2.24)의 매트릭스들을 순서대로 각각 $\boldsymbol{v}_{\pi}$, $\boldsymbol{R}_{\pi}$, $\boldsymbol{P}_{\pi}$이라고 하면 다음과 같이 표현할 수 있다.

$$\boldsymbol{v}_{\pi} = \boldsymbol{R}_{\pi} + \gamma \boldsymbol{P}_{\pi} \boldsymbol{v}_{\pi}$$

따라서 상태가치값은 다음과 같은 매트릭스 연산으로 직접 계산할 수 있다. (여기서 $\boldsymbol{I}-\gamma\boldsymbol{P}_{\pi}$는 가역가능(invertible matrix)이라고 가정)

$$\boldsymbol{v}_{\pi} = (\boldsymbol{I} - \gamma \boldsymbol{P}_{\pi})^{-1} \boldsymbol{R}_{\pi}$$

이와 같은 방법으로 상태가치값 $v_{\pi}(s)$들을 구하고 나면, 행동가치값 $q_{\pi}(s, a)$ 들은 식 (2.19)를 이용해 쉽게 구할 수 있다.

2.4 최적 가치값과 최적 정책

지금까지는 MDP 모델에서 특정한 정책이 주어진 경우의 벨만 기대방정식에 대해 설명했다. 강화학습에서 주어진 정책에 대한 가치값들을 계산하는 주된 목적은 주어진 정책의 성능을 평가(policy evaluation)하기 위함이다. 하지만 강화학습에서 궁극적인 목표는 (가치값들을 최대화할 수 있는) 최적 정책(optimal policy)을 구하는 것이다. 따라서 정책에 관계없이 획득할 수 있는 최대의 가치값을 구하는 방법이 필요하다. (그러면 최대의 가치값을 이용해 쉽게 최적의 정책을 구할 수 있다)

2.4.1 최적가치값

먼저 최적 가치값들에 대한 정의부터 살펴본다. 특정 상태 s에 대한 **최적 상태가치값**(optimal state value function)은 $v_*(s)$으로 표시하며, 이는 상태 s에서 (정책에 관계없이) 획득할 수 있는 최대 보상의 합을 의미한다. 또 다른 표현으로는 현재 상태 s에서 가장 최대의 상태가치값을 생성하는 정책의 상태가치값을 의미한다.

$$v_*(s) = \max_{\pi} v_{\pi}(s) \tag{2.25}$$

최적 행동가치값(optimal action value function)은 $q_*(s, a)$으로 표시하며, 이는 상태 s에서 행동 a를 수행할 때 (정책에 관계없이) 획득할 수 있는 최대의 보상합을 의미한다.

$$q_*(s, a) = \max_{\pi} q_{\pi}(s, a) \tag{2.26}$$

이와 같이 (상태 혹은 행동) 최적가치값들은 주어진 MDP 모델에서 에이전트가 최고의 성능을 보일 때의 가치값을 의미한다. 따라서 강화학습에서 최적가치값을 구하면 이 값들을 이용해 최적 정책(optimal policy)을 구할 수 있다.

먼저 최적 행동가치값 $q_*(s, a)$을 알고 있다면(식 (2.27)을 이용해) 최적정책을 간단히 구할 수 있다. 현재의 상태 s에서 $q_*(s, a)$ 값이 최대가 되는 행동 a를 선택하면 최적의 정책 π_*이 된다.

3.1 동적 프로그래밍의 조건

동적 프로그래밍(dynamic programming)은 최적화 문제를 풀 때 사용하는 프로그래밍 기술 중 하나이다. 동적 프로그래밍은 전체 문제를 작은 부분 문제로 분할하고 이들 부분 문제에 대한 최적의 해를 구한 후에 이들의 결합을 통해 전체적인 최적의 해를 구하는 방법이다.

다음은 이항계수(binomial coefficient)에서 조합(combination)의 값을 계산하는 예제이다. 예를 들어 n개에서 k개를 선택하는 조합의 개수를 계산하는 문제에서 조합의 정의는 다음과 같다.

$$c(n,\ k) = \frac{n!}{k!\,(n-k)!}$$

이를 n과 k의 값을 변동시키면서 각각의 값을 일일이 계산하는 것은 아주 비효율적이다. 좀 더 효율적으로 계산하려면 먼저 조합값 계산의 문제를 다음과 같은 부분문제(sub-problem)로 분할한다(파스칼의 삼각형 방법).

$$c(n,\ k) = \begin{cases} c(n-1,\ k-1) + c(n-1,\ k), & \text{if } 0 < k < n \\ 1, & \text{if } k = 0 \text{ or } k = n \end{cases}$$

다음으로 그림 3.1과 같이 이전 단계의 계산 결과를 다음 단계에 사용한다. 예를 들어 $c(1, 0) = c(1, 1) = 1$을 계산한 후에, 이 결과들을 재사용해 $c(2, 1) = c(1, 0) + c(1, 1)$ 등의 계산을 반복해 나가는 것이 훨씬 효율적이다.

	0	1	2	3	4	k
0	1					
1	1	1				
2	1	2	1			
3	1	3	3	1		
4	1	4	6	4	1	
n						

그림 3.1 이항계수의 파스칼 삼각형

이항계수 계산의 예제를 보면 $c(n, k)$ 값을 계산하는 문제는 $c(n-1, k-1)$와 $c(n-1, k)$의 두 개의 부분문제들로 분할되어 있다는 걸 알 수 있다. 그리고 이 부분문제들을 결합(이 경우는 덧셈)해 전체 문제를 효율적으로 풀고 있다.

일반적으로 동적 프로그래밍은 다음의 두 가지 조건을 만족하는 경우에 적용할 수 있다.

1) **최적화의 법칙**(principle of optimality): 최적의 해법은 최적의 부분문제(sub-problem)들을 결합해 구할 수 있다. **최적 부분구조**(optimal substructure)라고도 한다.
2) **부분문제의 재사용**: 부분문제는 여러 번 발생해 저장되며 부분문제의 계산된 결과를 재사용할 수 있다.

최적화의 법칙을 다르게 설명하면 다음과 같다. 어떤 주어진 문제에서 이 문제에 대한 최적 솔루션(optimal solution)이 있다고 가정을 하자. 그러면 이 최적 솔루션의 어떠한 부분문제(subproblem)도 항상 최적 솔루션일 때 이러한 문제를 최적화의 법칙을 따른다고 말한다. 이러한 의미로 최적화의 법칙은 최적 부분구조(optimal substructure) 법칙으로도 불린다.

그래프상에서 임의의 노드 간에 최단거리(최적의 솔루션)를 찾는 문제가 주어졌다고 하자(그림 3.2(a)). 이러한 최단거리의 문제는 최적화의 법칙을 따른다. 예를 들어 임의의 노드 A에서 다른 노드 B로 가는 최단거리가 있다고 하고, 그 최단거리의 경로상에 임의의 노드 k가 있다고 가정을 하자. 최단거리의 문제는 최적화의 법칙을 만족한다. 따라서 A에서 k로 가는 경로(A에서 k로의 최단거리 부분문제)도 최단 경로이며 k에서 B로 가는 경로(k에서 B로의 최단거리 부분문제)도 최단거리임을 알 수 있다. 즉, 전체의 최적화된 답은 최적화된 부분문제들의 결합으로 이루어져 있다.

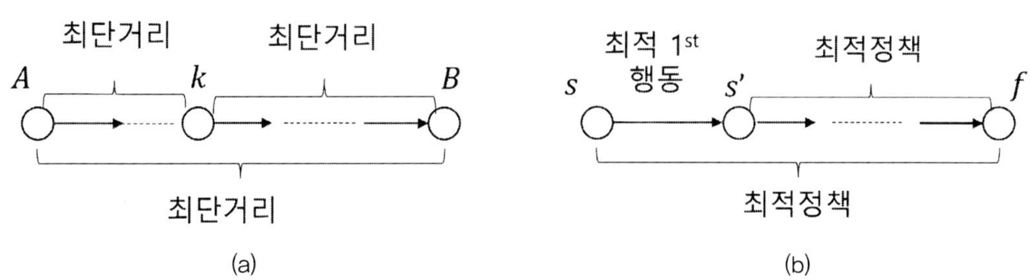

그림 3.2 최적화의 법칙

MDP 모델은 앞에서 설명한 동적 프로그래밍을 위한 두 가지 조건을 만족한다.

1) **최적화의 법칙**: MDP 모델의 벨만 방정식은 최적화의 법칙을 따른다. 최적화의 법칙은 강화학습에서 동적 프로그래밍으로 문제를 풀 때 반드시 필요한 조건이며, 강화학습의 벨만 방정식들은 최적화의 법칙에 기반을 둔 방정식들이다. 그림 3.2(b)에서 상태 s에서 종료상태(final state) f까지의 최적정책(optimal policy)이 있다고 가정해 보자. 상태 s에서 다음 전이상태(transition state)인 s'까지가 최적의 선택이고(보상이 가장 큰 행동 선택) 또한 상태 s'에서 종료상태 f까지도 최적정책이다. 벨만 방정식은 이러한 최적화의 법칙을 방정식으로 표현한 것이다.
2) **부분문제의 재사용**: MDP에서 부분문제들의 결과는 (상태 혹은 행동) 가치값으로 저장되며 재사용된다. 벨만 방정식에서는 부분적으로 계산한 상태가치값이나 행동가치값이, 부트스트랩 방법을 이용해 다음 단계의 가치값을 계산하는 데 사용된다.

따라서 MDP 모델에서는 동적 프로그래밍을 이용해 문제를 풀 수 있다. 이 장에서는 동적 프로그래밍을 이용해 강화학습의 평가와 컨트롤 학습을 하는 방법을 설명한다.

동적 프로그래밍은 문제를 부분문제로 분할한다는 점에서 컴퓨터 알고리즘 분야의 **분할정복**(divide and conquer) 방법과 유사한 면이 있다. 하지만 분할정복 방법에서는 부분 문제의 해가 다음 단계에서 재사용되지 않는다.

평가와 컨트롤

강화학습에는 **평가**(prediction)와 **컨트롤**(control)이라는 용어를 사용한다. 평가는 주어진 정책에 대해 그 정책이 얼마만큼 좋은지 성능을 평가하는 작업을 의미한다. 구체적으로 벨만 기대방정식(Bellman expectation equation) 등을 이용해 그 정책에서의 상태가치값(혹은 행동가치값)들을 계산한다. 즉, 어떠한 MDP 모델 $\langle S, A, P, R, \gamma \rangle$에서 정책 π가 주어졌을 때 이 정책에 의한 v_π 값 혹은 q_π 값을 계산하는 과정을 의미한다. 이는 그 정책이 얼마만큼 좋은지를 수치로 평가할 수 있게 해준다.

컨트롤은 최적의 정책(optimal policy)을 찾는 작업을 의미한다. 특정한 정책이 주어지는 것이 아니고 현재 주어진 MDP 모델에서 보상의 합을 최대화할 수 있는 정책을 찾는 과정이다. 강화학습에서 실제 학습은 이러한 컨트롤 작업을 목표로 삼는 경우가 많으며, 평가는 이러한 컨트롤 작업 과정의 일부분으로 포함하는 경우가 많다.

본 장에서는 동적 프로그래밍을 이용해 MDP 환경에서 특정한 정책에 대한 평가와 최적의 정책을 찾는 컨트롤 방법에 대해 설명한다. 참고로 **동적 프로그래밍을 사용하기 위해서는 환경의 다이내믹에 대한 값들(전이확률 및 보상값)을 알고 있어야** 한다. 이와 같이 환경의 다이내믹에 대한 값들을 알고 있는 경우를 **모델기반**(model-based)이라고 하며, 동적 프로그래밍은 모델기반의 환경에서만 사용할 수 있다. 이 장에서는 환경의 다이내믹에 대한 값들을 알고 있다고 가정하고 설명한다.

반대로 이러한 전이확률과 보상의 값들을 알 수 없는 경우들도 존재하는데, 이러한 경우를 **모델프리**(model-free)라고 한다. 이러한 모델프리 환경에서의 평가와 컨트롤에 대한 내용은 각각 4장 모델프리 정책평가와 5장 모델프리 컨트롤에서 따로 설명한다.

3.2 정책평가

정책의 평가는 특정한 정책에 대해 그 정책을 사용해 행동할 때의 가치값들을 계산하는 작업을 의미한다. 정책의 평가는 2장에서 설명한 벨만 기대방정식을 사용해서 가치값들을 계산한다. 특정한 정책에 대한 **벨만 기대방정식**(Bellman expectation equation)은 다음과 같다(식 (2.20)을 다시 표시함).

$$v_\pi(s) = \sum_{a \in A} \pi(a|s)\left(R_s^a + \gamma \sum_{s' \in S} P_{ss'}^a\ v_\pi(s')\right) \tag{3.1}$$

벨만 기대방정식을 이용해 가치값들을 계산하는 방법에는 크게 두 가지가 있다. 첫 번째는 매트릭스(matrix)를 이용해 직접 계산하는 방법이다. 이 방법은 지난 장에서 설명한 내용으로 MDP 모델을 MRP 모델로 변환하고 다음의 매트릭스 연산을 통해 계산한다(식 (2.11) 참고).

$$\boldsymbol{v}_\pi = \boldsymbol{R}_\pi + \gamma \boldsymbol{P}_\pi \boldsymbol{v}_\pi \Rightarrow \boldsymbol{v}_\pi = (\boldsymbol{I} - \gamma \boldsymbol{P}_\pi)^{-1} \boldsymbol{R}_\pi$$

물론 이 방법을 사용하기 위해서는 MDP 모델을 MRP 모델로 변환해야 하므로 (식 (2.22)과 식 (2.24)에서 설명한 바와 같이) $P_{ss'}^\pi = \Sigma_{a \in A} \pi(a|s) P_{ss'}^a$ 과 $R_s^\pi = \Sigma_{a \in A} \pi(a|s) R_s^a$ 를 변환해야 한다.

그런데 매트릭스 계산 방법은 상태의 숫자가 아주 많을 경우는 매트릭스의 연산이 복잡해 거의 불가능한 단점이 있다. 따라서 상태의 가치값들을 반복적으로 계산하는 반복적인 방법(iterative method)을 자주 사용한다. 이 방법은 식 (3.1)을 반복적으로 적용해 상태가치값을 구한다. 먼저 $v_k(s)$를 k번째 단계의 상태가치값이라고 하면 반복적인 방법으로 상태가치값을 구하는 방정식은 다음과 같다(s'는 s의 행동 a 후의 다음 상태를 의미함).

$$v_{k+1}(s) = \sum_{a \in A} \pi(a|s)\left(R_s^a + \gamma \sum_{s' \in S} P_{ss'}^a \, v_k(s')\right) \tag{3.2}$$

이 방법은 현재 단계의 상태가치값($v_k(s')$)을 사용해서 식 (3.2)의 오른쪽 항의 값을 계산하고, 그 결과를 새로운 단계의 상태가치값($v_{k+1}(s)$)으로 한다. 이때 $v_k(s)$ 값들의 초기값($v_0(s)$)은 0으로 주어진다. 따라서 처음 계산에 사용하는 상태가치값들은 정확한 값이 아닌 근사치이지만 알고리즘의 수행이 반복되면서 이 값들은 정확한 값에 수렴하게 된다($v_0(s) \rightarrow v_1(s) \rightarrow v_2(s) \rightarrow \cdots \rightarrow v_\pi(s)$). 그림 3.3은 이러한 반복적인 정책평가 방법의 기본코드(pseudo code)이다.

알고리즘: 반복적 방법에 의한 정책평가

주어진 π, $k = 0$, $v_0(s) = 0$, $\forall s$
do until (수렴할 때까지)
  for 모든 상태 s
    다음과 같이 $v_{k+1}(s)$ 값을 $v_k(s')$ 값을 이용해 업데이트함

$$v_{k+1}(s) = \sum_{a \in A} \pi(a|s)\left(R_s^a + \gamma \sum_{s' \in S} P_{ss'}^a \, v_k(s')\right)$$

  end for
  $k \leftarrow k + 1$
end do

그림 3.3 반복적 방법에 의한 정책평가 기본코드

그리드월드(Gridworld) 예제

다음과 같은 그리드월드(GridWorld)의 예제를 이용해 정책에 대한 평가(즉, 상태가치값)를 계산해 보자. 다음 그림에서 각 셀의 숫자는 셀의 번호이며, 이는 에이전트의 상태를 의미한다.

	1	2	3
4	5	6	7
8	9	10	11
12	13	14	

각 셀에서 에이전트는 동(e), 서(w), 남(s), 북(n)의 네 가지 방향으로 이동할 수 있다. 옆의 셀로 한 번 이동할 때마다 보상값은 −1이라고 가정하며, 행동이 그리드 밖을 벗어나게 되면 현재 셀에 머문다. 편의상 정책은 **동일분포 임의정책**(random uniform policy)을 사용한다. 즉, $\pi(n|\cdot) = \pi(e|\cdot) = \pi(s|\cdot) = \pi(w|\cdot) = 0.25$을 의미한다. 북서쪽과 남동쪽 가장 끝에 있는 모서리는 종료상태(final state)이며, 할인상수는 $\gamma = 1$로 가정한다.

이 예제는 결정적 전이(deterministic transition) 환경으로 가정할 수 있다. 결정적 전이(deterministic transition) 환경은 에이전트가 행동을 하면 다음 전이되는 상태가 단 한 개만 정의되는 환경이다. 그리드월드에 적용해 보자면, 에이전트가 왼쪽으로 행동을 하면 100% 예외없이 왼쪽으로 이동을 하는 환경을 말하는 것이다(그리드 밖으로 나가는 경우 제외).

이와 반대로 비결정적 전이(non-deterministic transition) 환경은 에이전트의 행동에 따른 다음 상태로의 전이를 100% 정확히 예측할 수 없는 경우이다. 만약 현재의 그리드월드 문제가 얼음판 위에서 에이전트가 움직인다고 하면 비결정적 전이 환경이 될 수 있다. 에이전트가 왼쪽으로 행동을 했는데, 얼음에 미끄러져서 실제로는 다른 방향으로 이동할 수도 있다. 이 경우 만약 에이전트가 자신의 정확한 상태를 모르는 경우는 POMDP 모델이라 한다. (POMDP의 설명은 2.5절 참고)

본 예제에서는 문제를 간단히 하기 위해 결정적 전이 환경을 가정한다. 이와 같은 결정적 전이 환경에서는 전이확률($P_{ss'}^{a}$)들에서 ($\pi(a|s)$에 의해서) 상태 s에서 행동 a를 수행할때에 실제 이동되는 상태 s'에서만 확률이 1이고 나머지는 0이다. 따라서 다음 식이 성립한다. (상태 s'은 $\pi(a|s)$에 의해서 이동하는 다음 상태)

$$\sum_{s' \in S} P_{ss'}^{a}\, v_k(s') = v_k(s')$$

그리고 주어진 문제에 의해서 $R_s^a = -1, \gamma = 1$이며 $\pi(a|s) = 0.25,\ \forall a$이다. 따라서 식 (3.2)는 다음과 같이 표현된다.

$$v_{k+1}(s) = \sum_{a \in A} \pi(a|s)\left(-1 + v_k(s')\right) \tag{3.3}$$

각 그리드의 현재 상태에서 (k 단계에서) 상태가치값을 다음과 같이 가정하자.

0.0	−6.1	−8.4	−9.0
−6.1	−7.7	−8.4	−8.4
−8.4	−8.4	−7.7	−6.1
−9.0	−8.4	−6.1	0.0

여기서 식 (3.3)을 이용해 그리드 번호 1과 6의 다음 단계의 (k+1 단계) 상태가치값을 각각 계산하면 다음과 같다. (그리드 1에서 북쪽의 이동은 현재 상태로 돌아온다고 가정)

$$v_{k+1}(s_1) = -1 + 0.25 * (0 + (-6.1) + (-8.4) + (-7.7)) = -6.55$$

$$v_{k+1}(s_6) = -1 + 0.25 * ((-7.7) + (-8.4) + (-8.4) + (-7.7)) = -9.05$$

3.3 컨트롤

지금까지는 주어진 어떤 정책을 평가(prediction)하는 방법에 대해 다루었다. 그런데 강화학습의 주된 목표는 최적의 정책을 찾는 것이다. 정책의 평가 작업도 최적 정책을 찾기 위한 과정의 일부분이다. 이와 같이 최적 정책을 찾는 작업을 **컨트롤**(control)이라 한다. 최적의 정책을 찾기 위해 컨트롤에서는 현재 정책을 수정해서 향상된 새로운 정책을 생성하는 과정이 필요하다. 이 과정을 정책향상(policy improvement)이라 한다. 그러면 최적의 정책은 어떻게 찾을 수 있는가?

3.3.1 정책향상

특정 정책 π에 대한 정책평가(prediction)가 완료되면, 이제 특정 상태 s에서 정책 π를 따라서 행동을 하면 얼마만큼 좋은 결과를 가져오는지 (가치값을 통해서) 알 수 있다. 컨트롤에서는 이제 이러한 가치값들을 이용해 기존의 정책 π이 아닌 새로운 정책을 생성하는 과정이 필요하며, 이 과정을 **정책향상**(policy improvement)이라고 한다. 이러한 정책향상의 방법으로는 가장 흔하게 **탐욕 정책향상**(greedy policy improvement) 방법이 사용된다.

탐욕 정책향상(greedy policy improvement) 방법은 어떤 정책을 향상시킬 때 다음과 같은 **탐욕연산**(greedy operation)을 이용해 정책을 수정한다. 탐욕연산은 특정 상태 s에서 선택할 수 있는 행동 중에서 $q_\pi(s, a)$의 값이 가장 큰 행동 a를 선택한다. 탐욕연산으로 현재 정책 π에서 새로운 정책 π'을 생성하는 방법은 다음과 같다.

$$\pi'(s) = \underset{a \in A}{\operatorname{argmax}}\ q_\pi(s, a) \tag{3.4}$$

탐욕 정책향상은 정책의 모든 상태(state)에 대해 식 (3.4)를 사용해 새로운 행동(혹은 이전과 동일한 행동)을 선택하며, 그 결과로 새로운 정책 π'를 생성한다. 참고로 탐욕연산에서는 현재 정책 π와 수정된 새로운 정책 π' 모두 결정적(deterministic) 정책만을 다룬다. 그 이유는 새로운 정책 π'는 (식 (3.4)에서) 기존 정책 π의 $q_\pi(s, a)$ 값을 이용해 $q_\pi(s, a)$ 값이 최대인 오직 한 개의 행동만을 선택하고 있기 때문이다. 따라서 탐욕연산으로 생성되는 새로운 정책 π'는 자연히 결정적 정책이 된다. (최초의 정책은 확률적(stochastic) 정책일 수도 있지만 탐욕연산으로 생성되는 다음 정책부터는 식 (3.4)에 의해서 전부 결정적 정책이 된다)

참고로 정책의 평가 과정에서는 (식 (3.1)에서와 같이) 상태가치값 v_π를 사용하고 있다. 하지만 탐욕연산에서는 (식 (3.4)와 같이) 행동가치값 q_π를 사용하고 있다. 이 문제는 (식 (3.5)에서 설명하는 바와 같이) 행동가치값과 상태가치값의 관계를 이용해 v_π 값에서 q_π 값을 계산할 수 있다(물론 이 방법은 R_s^a와 $P_{ss'}^a$ 값을 알고 있을 때만 사용할 수 있으며 이 값들을 모르는 모델프리(model-free) 환경에서는 사용할 수 없다. 동적 프로그래밍 방법은 R_s^a와 $P_{ss'}^a$ 값을 알고 있을 때만 사용 가능하다).

$$q_\pi(s, a) = R_s^a + \gamma \sum_{s' \in S} P_{ss'}^a v_\pi(s') \tag{3.5}$$

지금까지 탐욕연산 방법을 사용해 새로운 정책을 생성하는 과정을 설명했다. 하지만 여기서 중요한 점은 이와 같이 탐욕연산 방법으로 생성된 새로운 정책이 이전의 정책보다 좋아야 한다는 것이다. 탐욕연산의 방법으로 생성된 정책이 기존의 정책보다 좋지 않다면 탐욕연산을 이용해 정책을 수정하는 것은 의미가 없다. 따라서 탐욕연산 방법으로 생성된 정책이 기존의 정책보다 실제로 좋은지를 검증해야 한다.

3.3.2 정책향상 정리

먼저 강화학습에서 어떤 정책이 다른 정책보다 좋다는 정의부터 살펴보자. 강화학습에서는 어떤 정책 π'와 π를 비교할 때에 모든 상태 s에 대해 $v_{\pi'}(s) \ge v_\pi(s)$가 성립하면 정책 π'는 π보다 좋은 정책으로 정의한다. 다음의 정리를 살펴보자.

정리 **정책향상 정리**(policy improvement theorem) 임의의 정책 π에서 탐욕연산(greedy) 방법으로 생성된 정책 π'는 모든 상태 s에 대해 $v_{\pi'}(s) \ge v_\pi(s)$이 성립한다.

이 정리에 의해서 탐욕연산에 의한 새로운 정책 π'는 항상 $v_{\pi'}(s) \ge v_\pi(s)$이 성립하며 따라서 탐욕연산에 의한 새로운 정책 π'는 항상 현재 정책 π보다 좋은 정책임이 증명된다. 다음은 정책향상 정리의 증명이며, 전체적인 맥락에서 중요하지 않을 경우 생략할 수 있다.

증명 정책 π'는 상태 s에서 $q_\pi(s, a)$의 값이 가장 큰 행동 a를 선택하고 그 뒤로부터는 기존의 정책 π 를 따르는 정책이라고 하자.

$$v_{\pi'}(s) = q_\pi(s, \pi'(s)) = \max_{a \in A} q_\pi(s, a) \ge q_\pi(s, \pi(s)) = v_\pi(s) \tag{3.6}$$

상태 s에서 한 단계만의 탐욕연산을 사용하는 정책 π'는 기존 정책 π보다 좋은 정책임을 알 수 있다. 다음의 $q_\pi(s, \pi'(s))$ 정의에서부터

$$q_\pi(s, \pi'(s)) = E_{\pi'}[R_{t+1} + \gamma v_\pi(s_{t+1}) \mid S_t = s]$$

이제 상태 $s = s_t$에서 전이한 새로운 상태 s_{t+1}에서 정책 π'를 적용하면 식 (3.6)과 동일한 방법으로 $q_\pi(s_{t+1}, \pi'(s_{t+1})) \ge v_\pi(s_{t+1})$을 알 수 있다. 따라서 다음이 성립한다.

$$q_\pi(s, \pi'(s)) = E_{\pi'}[R_{t+1} + \gamma v_\pi(s_{t+1}) \mid S_t = s] \le E_{\pi'}[R_{t+1} + \gamma q_\pi(s_{t+1}, \pi'(s_{t+1})) \mid S_t = s]$$

이 과정을 반복하면

$$\begin{aligned} q_\pi(s, \pi'(s)) &\le E_{\pi'}[R_{t+1} + \gamma R_{t+2} + \gamma^2 q_\pi(s_{t+2}, \pi'(s_{t+2})) \mid S_t = s] \\ &\le E_{\pi'}[R_{t+1} + \gamma R_{t+2} + \cdots \mid S_t = s] = v_{\pi'}(s) \end{aligned}$$

따라서 다음이 성립한다.

$$v_{\pi'}(s) \geq v_\pi(s)$$

Q.E.D.

정책향상 정리로부터 정책 π에서 탐욕연산을 사용해서 생성한 새로운 정책 π'는 항상 정책 π 보다 나쁘지 않음을 알 수 있다.

그러면 이러한 작업을 반복해서 (정책의 수정을 반복해서) 더 이상 정책의 수정에 변동이 없을 때(즉, 더 이상 q_π값이나 v_π 값의 변동이 없을 때), 그때의 정책은 최적의 정책(optimal policy)인지 여부를 확인해 보자. 정책의 수정이 더 이상 없기 때문에 다음의 식이 성립한다.

$$q_\pi(s, \pi'(s)) = \max_{a \in A} q_\pi(s, a) = q_\pi(s, \pi(s)) = v_\pi(s) \tag{3.7}$$

식 (2.28)에 의해 $v_\pi(s) = \max_{a \in A} q_\pi(s, a)$이 성립하는 정책 π는 최적의 정책(optimal policy)임이 알려져 있다. 따라서 정책 수정의 변동이 더 이상 없으면 그 정책은 최적의 정책이 된다. 최적의 정책일 때 $v_*(s) = \max_{a \in A} q_*(s, a)$이 성립하는 이유는 먼저 식 (2.32)에 의해서 아래의 식이 성립함을 알 수 있다. 그리고 이 식은 $v_*(s)$에 대한 벨만 최적방정식(식 (2.33))과 동일함을 알 수 있다.

$$v_*(s) = \max_{a \in A} q_*(s, a) = \max_{a \in A} R_s^a + \gamma \sum_{s' \in S} P_{ss'}^a v_*(s')$$

즉, 탐욕연산을 이용해 정책을 수정해 나가면 항상 더 나쁘지 않는 정책을 찾으며 궁극적으로 정책에 더 이상 변화가 없을 때 최적의 정책을 찾을 수 있다.

3.4 정책반복 방법

지금까지 정책평가(policy evaluation) 방법과 정책향상(policy improvement) 방법을 알아봤다. 탐욕연산을 사용한 정책향상 방법은 항상 성능이 같거나 증가하는 정책을 생성하며 최종적으로 수렴한 정책은 최적의 정책임을 알 수 있었다.

여기서부터는 실제로 이러한 정책평가와 정책향상을 이용해 최적의 정책을 찾아가는 컨트롤 방법에 대해 설명한다. 컨트롤에서 최적의 정책을 찾아가는 방법에는 크게 나누어 정책반복(policy iteration)과 가치값 반복(value iteration) 방법이 있다.

정책반복의 방법은 다음의 두 단계를 번갈아 가면서 정책이나 가치값의 변화가 없을 때까지 수행해 최적의 정책을 구한다.

1) **정책평가**(policy evaluation): 특정 정책 π에 대해 그 정책에 기반한 상태가치값 $v_\pi(s)$들을 다음의 식을 이용해 계산한다. 이때 원칙적으로 $v_\pi(s)$의 값들이 수렴할 때까지 반복해 정책평가를 수행한다.

$$v_{k+1}(s) = \sum_{a \in A} \pi(a|s) \left(R_s^a + \gamma \sum_{s' \in S} P_{ss'}^a \, v_k(s') \right) \tag{3.8}$$

2) **정책향상**(policy improvement): 정책평가에서 계산된 $v_\pi(s)$ 값들을 이용해서 탐욕연산(greedy operation)을 이용해 정책을 향상시킨다($q_\pi(s, a)$ 값은 식 (3.5)를 사용해 $v_\pi(s)$에서 계산).

$$\pi' = \text{greedy}(v_\pi) = \text{argmax}_{a \in A} \, q_\pi(s, a)$$

정책반복의 방법은 임의정책(random policy)에서 시작해 이 정책을 기반으로 상태가치값들을 계산한 후에 (정책평가의 단계), 다음으로 (계산된 상태가치값을 사용해) 탐욕연산으로 특정 상태에서 가장 행동가치값이 높은 행동을 선택한다. 이 과정에서 (행동가치값에 따라) 이전의 정책과는 다른 행동을 선택할 수 있으며, 따라서 새로운 정책이 생성된다. 이러한 과정을 상태가치값이나 정책의 변화가 없을 때까지 계속 반복하면 최종적인 정책은 최적의 정책이 된다. 그림 3.4는 정책반복 방법의 내용을 그림으로 나타낸 것이다.

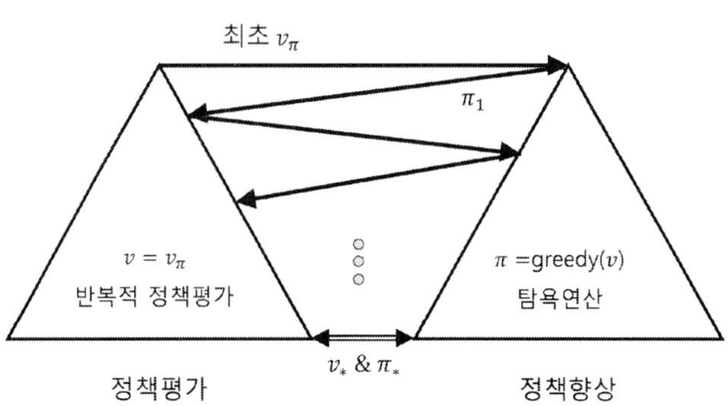

그림 3.4 정책반복의 방법

그림 3.5는 정책값 반복 방법의 기본코드를 보여준다.

알고리즘: 정책값 반복 알고리즘

$k = 1, v_0(s) = 0, \forall s$

for each iteration k

  for 모든 상태 s until (수렴할 때까지)

$$v_{k+1}(s) = \sum_{a \in A} \pi(a|s)\left(R_s^a + \gamma \sum_{s' \in S} P_{ss'}^a v_k(s')\right)$$

  end for

  for 모든 상태 s

$$\pi(s) = \underset{a \in A}{\operatorname{argmax}}\left(R_s^a + \gamma \sum_{s' \in S} P_{ss'}^a v_{k+1}(s')\right)$$

  end for

  if (정책이 수렴하였으면) return π

end for

그림 3.5 정책값 반복 알고리즘

수정된 정책반복

정책반복(policy iteration)의 정책평가(policy evaluation) 단계에서는 주어진 정책에 대한 정확한 가치값을 얻기 위해 원칙적으로 이들 가치값들이 수렴할 때까지 계산을 수행한다. 하지만 상태의 숫자가 아주 많은 경우, 정책평가에서 상태가치값을 최종 수렴할 때까지 수행하는 것은 현실적으로 거의 불가능하다.

이에 따라서 정책평가 단계에서 최종까지 수렴한 가치값을 계산하는 대신에, 수렴하기 전의 어느 정도 수준의 중간단계의 가치값으로 정책향상을 수행해도 동일한 결과를 생성함이 알려져 있다. 즉 정책평가에서 최종 수렴할 때까지가 아닌 k번 정도의 업데이트를 수행해도 최적의 정책과 최적의 가치값 들을 구할 수 있다.

이러한 방법은 정책반복 방법의 속도를 향상시키는 데 큰 도움을 준다. 즉 중간에 계산된 가치값을 사용한다는 의미는 (수렴할 때까지 계산하지 않아도 되므로) 알고리즘의 속도를 크게 향상시킬 수 있다. 따라서 실제로 정책반복을 구현할 때는 정책평가에서 가치값들의 계산을 k번 정도의 업데이트만을 수행하고 정책향상을 진행한다. 이처럼 k번 정도의 업데이트만 수행해서 최적의 정책과 최적의 가치값 들을 구하는 방법을 **수정된 정책반복**(modified policy iteration)이라 한다. 그림 3.6은 수정된 정책반복 방법의 내용을 그림으로 설명하고 있다.

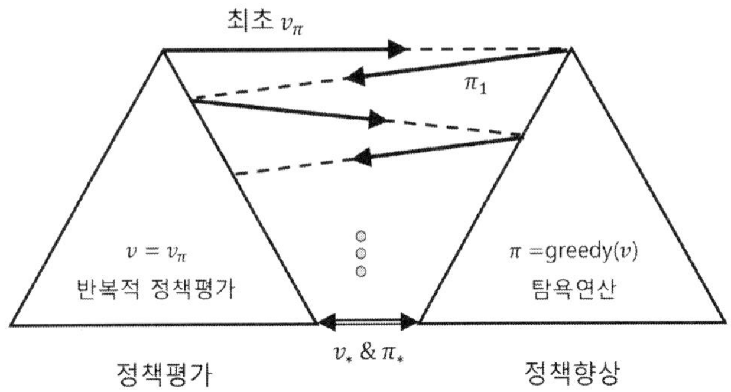

그림 3.6 수정된 정책반복

3.5 가치값 반복

최적의 정책을 찾는 두 번째 방법은 **가치값 반복**(value iteration)이다. 앞의 수정된 정책반복에서 정책평가 단계를 끝까지 수행할 필요 없이 중간단계의 값으로 수행을 해도 결과는 동일하다고 하였다.

가치값 반복은 이 방법의 아주 극단적인 경우로서 정책에 대한 상태가치값을 오직 한 번만 계산하는 방법을 말한다. 즉, 가치값 반복에서는 정책평가를 오직 한 단계만 수행을 하고 (상태가치값 계산을 한 번만 하고) 이 값을 기반으로 정책향상을 수행한다. 즉, 모든 상태(state)에 대한 가치값들의 업데이트를 한 번만 수행한다. 이런 의미에서 가치값 반복 방법은 수정된 정책반복의 방법에서 정책평가 과정은 한 단계만 수행하는 특별한 형태로 볼 수 있다.

먼저 정책반복 방법에서 정책평가 식(식 (3.8))을 보자(하단에 다시 표시함).

$$v_{k+1}(s) = \sum_{a \in A} \pi(a|s)\left(R_s^a + \gamma \sum_{s' \in S} P_{ss'}^a \, v_k(s')\right)$$

가치값 반복은 정책평가의 단계인 위의 식과 정책향상의 단계인 탐욕연산을 다음과 같은 한 개의 식으로 결합한 방법이다. 다음과 같은 식으로 상태가치값을 업데이트한다.

$$v_{k+1}(s) = \underbrace{\max_{a \in A}}_{\text{정책향상}} \underbrace{\left(R_s^a + \gamma \sum_{s' \in S} P_{ss'}^a \, v_k(s') \right)}_{\text{정책평가}} \tag{3.9}$$

식 (3.9)를 정책반복의 방법 식 (3.8)과 비교해 보자. 식 (3.9)는 정책반복의 가치값 계산 식 (3.8)에서 $\sum_{a \in A} \pi(a \mid s)$ 대신에 $\max_{a \in A}$을 사용한 형태이다. 식 (3.9)를 정책반복의 관점에서 설명하면 $R_s^a + \gamma \sum_{s' \in S} P_{ss'}^a \, v_k(s')$ 부분은 정책평가 부분에 해당하며 $\max_{a \in A}$ 부분은 정책향상 부분에 해당한다. 즉 $R_s^a + \gamma \sum_{s' \in S} P_{ss'}^a \, v_k(s')$를 이용해 행동별로 한번씩만 계산을 하고 이들 값에 대하여 $\max_{a \in A}$의 탐욕연산을 사용해 정책향상을 수행한다. 정책평가와 정책향상의 단계의 두 과정을 한 식으로 표현하고 있다.

이러한 가치값 반복 방법은 **벨만 최적방정식**(Bellman optimality equation)으로 설명할 수도 있다. 벨만 최적방정식의 식은 다음과 같다(식 (2.33)을 다시 표기함).

$$v_*(s) = \max_{a \in A} \left(R_s^a + \gamma \sum_{s' \in S} P_{ss'}^a \, v_*(s') \right) \tag{3.10}$$

이 식 오른쪽에 현재의 가치값 v_k을 사용해 계산하고, 이를 이용해 왼쪽에 새로운 가치값 v_{k+1}을 구하도록 하는 반복적인(iterative) 방법을 사용하면 다음과 같은 식이 된다. 이는 식 (3.9)와 일치함을 알 수 있다.

$$v_{k+1}(s) = \max_{a \in A} \left(R_s^a + \gamma \sum_{s' \in S} P_{ss'}^a \, v_k(s') \right) \tag{3.11}$$

가치값 반복은 이와 같이 벨만 최적방정식을 반복적으로 적용해 최적의 v 값을 구하는 방법으로 해석할 수도 있다.

가치값 반복으로 정책이나 상태가치값이 마지막까지 수렴하게 되면 최종적인 정책(최적의 정책)은 식 (3.5)를 사용해 $q_\pi(s, a)$를 최대화하는 행동을 선택해 최적의 정책을 생성한다.

$$\pi'(s) = \underset{a \in A}{\operatorname{argmax}} \; q_\pi(s, a)$$

그림 3.7은 가치값 반복 방법의 알고리즘 기본코드(pseudo code)이다.

알고리즘: 가치값 반복 알고리즘

$k = 1, v_0(s) = 0, \forall s$

for each iteration k until (수렴할 때까지)

  for 모든 상태 s

$$v_{k+1}(s) = \max_{a \in A}\left(R_s^a + \gamma \sum_{s' \in S} P_{ss'}^a v_k(s')\right)$$

  end for

end for

출력: 결정적 정책 π_*

$$\pi_*(s) = \underset{a \in A}{\operatorname{argmax}}\left(R_s^a + \gamma \sum_{s' \in S} P_{ss'}^a v_{k+1}(s')\right)$$

그림 3.7 가치값 반복 알고리즘 기본코드

이와 같은 가치값 반복의 방법은 최적의 가치값인 v_*에 수렴함이 증명되어 있다. 그리고 가치값 반복의 과정에 생성되는 중간의 정책들은 특정한 정책을 가정하지 않기 때문에 대부분 의미 있는 정책이 아니다.

비동기 동적 프로그래밍

반복적 방법에서는 계산된 v_k의 값을 저장해서 다음 단계에서 v_{k+1}의 값으로 사용한다. 이때 모든 v_k의 값들을 한꺼번에 백업(저장)하는 것을 **동기백업**(synchronous backup)이라 한다. 반복(iteration)마다 전체 v_k 값이 동시에 저장되고 업데이트된다. 하지만 이 방법은 상태의 개수가 많을 경우 계산과 시간이 많이 걸린다. 또한 어떤 상태 값은 자주 업데이트되는 방면 어떤 상태가치값은 아주 드물게 업데이트된다. 따라서 전체를 동일하게 저장하고 업데이트하는 것은 아주 비효율적이다.

전체 가치값을 백업하지 않고 선택적으로 저장하고 업데이트하는 것을 **비동기백업**(asynchronous backup)이라 한다. 이 방법은 각 가치값마다 다른 저장이나 업데이트 주기를 사용해 전체적인 계산의 효율을 증가시킨다. 이러한 백업들은 방법의 차이가 있지만 두 가지 방법 모두 알고리즘이 진행되면서 궁극적으로는 v_k의 값이 v_*의 값에 수렴하게 된다.

3.6 일반화된 정책반복

지금까지 살펴본 정책반복(policy iteration) 방법과 가치값 반복(value iteration) 방법은 공통적으로 정책평가와 정책향상의 두 과정을 반복적으로 수행하면서 최적의 정책을 찾는다. 이들 방법의 차이는 정책평가에서는 정책의 가치값을 계산하고 (최종 수렴값 혹은 중간값 사용) 이를 이용해 정책향상을 수행한다는 점이다. 반면 가치값 반복에서는 정책평가의 가치값 계산 과정을 한 단계만 수행하고 이 값을 이용해 정책향상을 수행한다. 또한 비동기 동적 프로그래밍에서는 전체 가치값이 아닌 일부에 대해서만 업데이트를 수행하기도 한다. 정책반복과 정책향상은 이러한 정책평가와 정책향상을 어떠한 수준과 어떤 주기로 수행하는지에서 차이가 있다.

이와 같은 개념을 확장해 정책평가를 어떤 임의의 수준에서 가치값들을 계산하고, 정책향상에서도 어떤 임의의 수준으로 새로운 정책을 생성할 수 있다. 즉 예를 들어서 정책평가의 과정을 1) 전체 가치값을 수렴할 때까지 계산, 2) 전체 가치값을 한 단계만 계산, 3) 전체 가치값의 일부만을 계산 등의 다양한 수준으로 계산할 수 있다.

정책향상의 경우도 여러 수준으로 수행할 수 있다. 예를 들어서 1) 전체 상태에 대해 새로운 행동을 선택(탐욕연산 등을 사용)하거나, 혹은 2) 일부 상태에 대해서만 새로운 행동을 선택할 수 있다. 이와 같이 정책평가와 정책향상에서 여러 가지 다양한 수준으로 연산을 수행하는 방법을 **일반화된 정책반복**(generalized policy iteration)이라고 한다.

대부분의 강화학습은 일반화된 정책반복의 형식으로 학습이 진행된다. 앞에서 설명한 정책반복(policy iteration) 방법은 이러한 일반화된 정책반복의 특별한 경우이다. 강화학습에서 정책과 가치값 계산은 서로 밀접한 관계를 가지고 있으며, 정책은 가치값을 기반으로 향상되고 또한 가치값은 정책에 따라서 계산되며 이러한 과정을 반복적으로 수행하면서 점차 최종적인 정책과 가치값에 접근하게 된다. 그리고 이와 같이 수렴을 하게 되면 이때의 정책과 가치값은 최적의 값을 가지게 된다. 일반화된 정책반복의 방법에서는 평가과정과 정책향상 과정을 번갈아서 충분히 수행할 경우 최적의 정책으로 수렴하는 것이 보장되어 있다. 그림 3.8은 일반화된 정책반복의 기본코드를 보여준다.

알고리즘: 일반화된 정책반복

초기화 π_0
for $k = 0, \cdots$ until (수렴할 때까지)
  임의의 정책평가 알고리즘으로 상태값 $v_k(s)$ 계산 (모든 상태 혹은 일부 상태 s)
  임의의 정책향상 알고리즘으로 $\pi_{k+1}(s) \geq \pi_k(s)$을 만족하는 정책으로 향상
    $\pi_{k+1}(s) =$ 정책향상$(v_k(s))$
end for

그림 3.8 일반화된 정책반복

3.7 요약

동적 프로그래밍 방법은 최적화의 문제를 풀 때에 효과적으로 사용할 수 있는 프로그래밍 기술의 종류이다. 따라서 어떤 문제가 최적화의 법칙과 부분문제의 재사용의 특징을 만족한다면 동적 프로그래밍을 적용하는 게 효과적이다. MDP 모델의 벨만 방정식은 이와 같은 동적 프로그램들의 조건을 만족한다. 따라서 우리는 동적 프로그래밍을 이용해 MDP 모델에서 최적의 가치값과 정책을 구할 수 있다.

강화학습에서 동적 프로그래밍의 방법은 환경의 다이내믹 변수들이 알려진 모델 기반의 환경에서만 사용할 수 있다. (모델프리 환경에서는 동적 프로그래밍의 기본 조건을 만족하지 않는다) 따라서 모델 기반의 환경에서는 동적 프로그래밍 방법을 이용해 정책평가 혹은 최적의 정책을 찾는 컨트롤 작업을 효과적으로 수행할 수 있다.

동적 프로그래밍을 이용해 특정한 정책이 주어질 때 해당 정책에 대한 정책평가(가치값들의 계산)는 두 가지의 방법으로 가능하다. 첫 번째, MDP 모델을 MRP 모델로 전환한 후에 벨만 기대 방정식을 매트릭스로 표현한 연산으로 계산할 수 있다. 두 번째, 반복적인 방법으로서 벨만 기대 방정식을 반복적으로 적용해 점진적으로 정확한 가치값을 계산할 수 있다.

모델 기반의 환경에서 최적의 정책을 찾는 컨트롤의 방법에는 벨만 최적 방정식을 사용하며 구체적으로 정책반복의 방법과 가치값반복의 두 가지가 있다. 이들은 모두 정책평가와 정책

향상의 과정을 반복적으로 수행하면서 최적의 정책을 찾는다. 여기서 정책평가의 방법은 앞에서 설명한 방법들을 사용하고 정책향상의 방법은 주로 탐욕연산 정책향상의 방법을 사용한다. 이러한 탐욕연산 정책향상은 정책향상 정리에 의해 항상 이전보다 더 나은 정책을 생성한다.

최적의 정책을 찾기 위해 정책반복을 사용하는 경우는 이와 같이 정책평가와 정책향상의 과정을 번갈아 수행하면서 최적의 정책이 생성될 때까지 반복 수행한다. 이러한 방법으로 항상 최적의 정책을 찾을 수 있다.

하지만 이러한 정책반복의 방법에서 정책평가를 할 때 가치값들을 수렴할 때까지 계산하는 것이 아니라 중간값을 사용해도 최적 정책을 구할 수 있다. 가치값반복의 방법에서는 이러한 점을 활용해 정책평가의 단계에서 가치값의 업데이트를 한 번만 수행한 후에 정책향상을 수행해 알고리즘의 속도를 향상시킨다.

그리고 여기서 설명하는 정책반복의 반복은 정책평가와 정책향상의 방법으로 좀더 다양한 알고리즘들을 사용할 수 있으며 이들의 업데이트 주기도 자유롭게 정할 수 있다. 이러한 정책반복의 방법을 일반화된 정책반복이라고 한다.

4.1 모델프리 환경

3장 동적 프로그램 방법은 에이전트가 환경에 대한 지식(구체적으로 환경의 전이확률, 보상값)을 알고 있는 경우에만 사용할 수 있다. 하지만 실제 현실의 문제에 있어서 이렇게 모든 상태 간의 전이확률, 보상값 등을 미리 알기는 거의 불가능하다. 많은 계산을 통해서만 알 수 있는 경우가 대부분이다. 또한 상태(state)를 표현하는 속성 크기가 증가하면 우리가 다루어야 하는 상태의 개수는 기하급수적으로 증가한다. 따라서 동적 프로그램은 규모가 작으면서 환경의 변수를 전부 알 수 있는 문제에만 적용할 수 있고 대규모의 상태 공간을 가지는 문제에서는 적용하기가 어렵다. 따라서 실제 문제에서 동적 프로그램으로 문제를 풀 수 있는 경우는 매우 제한적이다.

4장에서는 환경의 다이내믹(전이확률, 보상값)을 모르는 경우에 (이를 **모델프리**(model-free) 환경이라고 부름) 강화학습을 수행하는 방법에 대해 설명한다. 모델프리 환경은 강화학습을 현실 문제에 적용할 때의 실제 환경과 유사하다.

모델프리 환경에서의 학습에 대한 내용은 두 개의 장으로 나누어 설명한다. 이 장에서는 모델프리(model-free) 환경에서 특정 정책의 성능을 평가하는 **모델프리 정책평가**(model-free prediction)를 다루고, 다음 장에는 모델프리 환경에서 최적의 정책(optimal policy)을 구하는 **모델프리 컨트롤**(model-free control) 방법에 대해 설명한다.

모델프리 정책평가는 모델프리 환경에서 특정한 정책의 성능을 평가하는 것을 말한다. 구체적으로 모델프리 환경에서 특정한 정책의 상태가치값들을 계산하는 작업을 의미한다. 우선 모델프리 환경은 환경에 대한 다이내믹(R_s^a와 $P_{ss'}^a$)을 모르기 때문에 식 (4.1)과 같은 동적 프로그램 방법은 당연히 사용할 수 없다는 것을 고려해야 한다.

$$v_{k+1}(s) = \max_{a \in A}\left(R_s^a + \gamma \sum_{s' \in S} P_{ss'}^a v_k(s')\right) \tag{4.1}$$

따라서 모델프리 환경에서는 상태가치값을 예측하기 위해 에이전트가 실제로 여러 가지 행동을 수행하고 그때 환경에서 발생하는 피드백(보상값, 전이상태 등)들을 이용해 학습을 진행할 수밖에 없다. 즉, 모델프리 환경에서는 환경과의 실제 상호작용과 경험에 의해서만 학습을 진행한다. 이러한 모델프리에서의 정책평가에는 몬테카를로(Monte Carlo, MC), TD(temporal difference), TD(λ)(temporal difference λ) 방법이 대표적으로 사용된다.

4.2 몬테카를로 정책평가 방법

모델프리 정책평가의 첫 번째 방법은 **몬테카를로**(Monte Carlo, MC) 방법이다. 몬테카를로 방법에서는 에이전트가 직접 행동을 여러 번 수행하고, 그에 따른 실제 피드백(상태의 전이 및 보상값)을 수집한다. 이 과정을 반복하면서 학습을 수행한다.

몬테카를로 방법의 기본 아이디어는 어떤 상태 s_t의 상태가치값은 그 상태에서 종료상태(final state)에 도착할 때까지 발생하는 리턴값 G_t들의 평균값이라는 가정에서 출발한다. 에이전트가 상태 s_t에서 정책 π에 따라서 행동을 하면서 종료상태에 도착하고 (에피소드를 생성) 그때의 리턴값(보상값의 합)을 G_t라고 하자. 몬테카를로 방법에서 특정한 상태 s_t의 상태가치값 $v_\pi(s_t)$의 정의는 상태 s_t에서 (정책 π을 사용하면서) 생성되는 모든 에피소드들의 평균 리턴값으로 정의된다. 따라서 다음과 같이 정의할 수 있다.

$$v_\pi(s_t) = E_\pi[G_t \mid s_t] \tag{4.2}$$

몬테카를로 방법은 리턴값을 사용하기 때문에 행동을 수행할 때에 현재 상태에서 반드시 종료상태(final state)까지 진행을 시켜야 한다. 그러므로 당연하게도 몬테카를로 방법은 종료상태가 있는 MDP 모델에서만 사용이 가능하다. 그림 4.1은 몬테카를로 방법의 개요를 보여준다. 몬테카를로 방법은 상태 s_t에서 정책 π에 따라서 행동을 수행하면서 종료상태까지 도달하고 이때 이 에피소드의 리턴값을 계산한다. 그리고 상태 s_t에서 이 과정을 반복해 여러 에피소드를 생성한 후에 이들 에피소드 리턴값의 평균이 상태 s_t의 상태가치값 $v_\pi(s_t)$이 된다. 그림 4.1에서 $s_{t+1}^{[i]}$와 $G_t^{[i]}$은 각각 i-번째 에피소드에서의 t+1번째 상태와 상태 s_t에서의 리턴값을 의미한다. 종료상태[i]는 i-번째 에피소드에서의 종료상태를 의미한다.

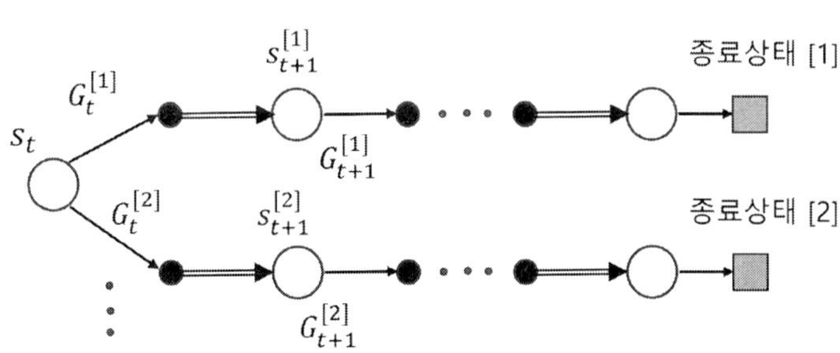

그림 4.1 몬테카를로 학습 방법

이제 몬테카를로 방법을 이용해 특정 정책 π의 상태가치값 $v_\pi(s_t)$를 계산해 보자. 몬테카를로 방법에서 상태 s_0에서 정책 π에 따라 종료상태까지 행동을 수행해 다음과 같은 에피소드가 생성되었다고 가정하자. 에피소드상의 각 단계마다 리턴값을 계산해 보자(T: 에피소드의 길이).

$$s_0,\ a_0,\ r_1,\ s_1,\ a_1,\ r_2,\ \cdots,\ r_T \tag{4.3}$$

특정 에피소드상에서 각 상태에서의 리턴값은 그 상태에서부터 종료상태까지 (할인된) 보상의 합이다. 즉, 에피소드에서 특정한 상태 s_t의 리턴값은 다음과 같다.

$$G_t = r_{t+1} + \gamma r_{t+2} + \gamma^2 r_{t+3} + \cdots + \gamma^{T_i - 1} r_{T_i} \tag{4.4}$$

하지만 현실적으로 각 상태에서 모든 가능한 에피소드를 생성할 수는 없다. 그러므로 몬테카를로 방법에서는 상태 s_t에서 에이전트가 어느 정도 개수의 에피소드를 생성한다. 그리고 이들 에피소드들의 리턴값 평균을 상태 s_t의 상태가치값 $v_\pi(s_t)$으로 정의한다. 만약 J개의 에피소드가 생성되었다면, 몬테카를로 방법으로 계산하는 상태가치값의 정의는 다음과 같다. (여기서 $G_t^{[j]}$는 에피소드 j의 상태 s_t에서의 리턴값을 의미한다)

$$v_\pi(s_t) = \frac{1}{J} \sum_{j=1}^{J} G_t^{[j]} \tag{4.5}$$

식 (4.4)를 식 (4.5)에 대입하면 몬테카를로 방법에서 특정한 상태 s_t의 상태가치값 $v_\pi(s_t)$의 예측치는 최종적으로 다음과 같이 정의된다.

$$v_\pi(s_t) = \frac{1}{J} \sum_{j=1}^{J} G_t^{[j]} = \frac{1}{J} \sum_{j=1}^{J} \sum_{i=0}^{T_j} \gamma^i r_{t+i+1}^{[j]} \tag{4.6}$$

여기서 T_j는 특정 에피소드 j의 타임스텝(time-step) 길이를 말하며, $r_{t+i+1}^{[j]}$는 에피소드 j의 타임스텝 $t+i$에서의 보상값을 의미한다. 식 (4.6)과 같이 몬테카를로 방법은 1) 특정 상태에서 시작해서 종료 상태에 도달하는 여러 개의 에피소드를 생성하고, 2) 이들 에피소드 각각의 리턴값들에 대한 평균이 상태가치값으로 정의된다. 몬테카를로는 이와 같이 실제로 획득한 리턴값들을 이용해 상태가치값을 예측하는 방법으로 계산한다.

이와 같은 몬테카를로 방법은 최초방문 몬테카를로(first-visit MC)와 매번방문 몬테카를로(every-visit MC)로 구분된다.

4.2.1 최초방문 몬테카를로 평가

최초방문 몬테카를로(first-visit Monte Carlo) 방법은 동일한 에피소드에서 특정 상태(state)가 여러 번 나타날 때, 처음 방문할 때의 상태에 대한 리턴값만을 사용해 업데이트를 수행하는 방법이다. 이 방법은 다음과 같이 동작한다. 먼저 에이전트가 특정한 상태에서 정책 π에 따라서 행동한다. 종료상태에 도달하면 한 개의 에피소드를 생성하고 이 에피소드에 대한 리턴값 G_t가 생성된다. 이제 이 에피소드상의 각 상태 s_t에 대해

1) 동일 에피소드에서 처음 방문하는 상태이면 방문횟수($N(s_t)$)를 1 증가시키고 (특정 상태가 동일한 에피소드에서 두 번 이상 방문되면 두 번째 방문부터는 무시한다)

$$n(s_t) \leftarrow n(s_t) + 1$$

2) 그 상태 s_t에서의 리턴값 G_t를 이용해 누적합 $Return(s_t)$을 증가시킨다.

$$Return(s_t) \leftarrow Return(s_t) + G_t$$

3) 이와 같은 방식으로 여러 에피소드를 생성한다. 이들 에피소드 각각에 대한 $Return(s_t)$의 평균은 상태가치값 $v(s_t)$의 예측치가 된다.

$$v(s_t) = Return(s_t)/n(s_t)$$

몬테카를로 방법은 학습 데이터의 숫자가 아주 많아지면($n(s) \rightarrow \infty$), $v(s)$ 예측치가 실제 상태가치값 $v_\pi(s)$에 수렴하는 성질을 가진다($v(s) \rightarrow v_\pi(s)$). 그림 4.2는 최초방문 몬테카를로 예측 알고리즘의 기본코드를 보여준다. 상태 s_t가 에피소드 $s_0, s_1, \ldots, s_{T-1}$에서 처음 나타날 때만 계산이 이루어짐을 알 수 있다.

알고리즘: 최초방문 몬테카를로 평가

초기화 $Return(s) = 0, n(s) = 0, \forall s \in S$

for 에피소드 $i = 1, 2, \ldots$ do

  정책 π에 따라서 에피소드 $e = s_0, a_0, r_1, s_1, a_1, r_2 \ldots, s_{T\text{-}1}, a_{T\text{-}1}, r_T$ 생성

  $G \leftarrow 0$

  for 타임스텝 $t = T-1$ to 0 (에피소드 e에서) do

    $G \leftarrow \gamma G + r_{t+1}$

    if s_t가 에피소드의 상태 $s_0, \ldots, s_{T-1}$에 없으면 then

      $Return(s_t) \leftarrow Return(s_t) + G$

      $n(s_t) \leftarrow n(s_t) + 1$

      $v(s_t) \leftarrow \dfrac{Return(s_t)}{n(s_t)}$

    end if

  end for

end for

그림 4.2 최초방문 몬테카를로 알고리즘 기본코드

4.2.2 매번방문 몬테카를로 평가

최초방문 몬테카를로는 특정 상태를 처음 방문할 때 리턴값만을 사용해 업데이트한다. 반면에 매번방문 몬테카를로(every-visit Monte Carlo)는 동일한 에피소드에서 특정 상태를 방문할 때마다 업데이트를 수행한다.

먼저 에이전트가 특정한 상태에서 정책 π에 따라서 행동을 해서 종료상태에 도달해 한 개의 에피소드를 생성하고 이 에피소드에 대한 리턴값 G_t가 생성된다. 이제 이 에피소드상의 모든 상태 s_t에 대해

1) 상태 s_t를 매번 방문할 때마다 방문횟수($n(s_t)$)를 1만큼 증가시키고

$$n(s_t) \leftarrow n(s_t) + 1$$

2) 그 상태 s_t에서의 리턴값 G_t를 이용해 누적합($Return(s_t)$)을 증가시킨다.

$$Return(s_t) \leftarrow Return(s_t) + G_t$$

3) 이와 같은 방식으로 여러 에피소드를 생성한다. 이들 에피소드 각각에 대한 $Return(s_t)$의 평균은 상태가치값 $v(s_t)$의 예측치가 된다.

$$v(s_t) = Return(s_t)/n(s_t)$$

매번방문 몬테카를로는 최초방문 몬테카를로와 달리 편향된(biased) 추정치이다. 하지만 일관적인(consistent) 추정치이므로 학습 데이터의 숫자가 아주 많으면($n(s) \rightarrow \infty$) 실제 값에 근접하게 된다($v(s) \rightarrow v_\pi(s)$). 그림 4.3은 매번방문 몬테카를로 예측 알고리즘의 기본코드를 보여준다. 에피소드 $s_0, s_1, \ldots, s_{T-1}$의 모든 상태에 대해 계산이 이루어짐을 알 수 있다.

알고리즘: 매번방문 몬테카를로 평가

초기화 $Return(s) = 0,\ n(s) = 0,\ \forall s \in S$

for 에피소드 $i = 1, 2, \ldots$ do

  정책 π에 따라서 에피소드 $e = s_0, a_0, r_1, s_1, a_1, r_2 \ldots, s_{T\text{-}1}, a_{T\text{-}1}, r_T$ 생성

  $G \leftarrow 0$

  for 타임스텝 $t = T-1$ to 0 (에피소드 e에서) do

    $G \leftarrow \gamma G + r_{t+1}$

    $Return(s_t) \leftarrow Return(s_t) + G$

    $n(s_t) \leftarrow n(s_t) + 1$

    $v(s_t) \leftarrow \dfrac{Return(s_t)}{n(s_t)}$

  end for

end for

그림 4.3 매번방문 몬테카를로 알고리즘 기본코드

4.2.3 점진적 몬테카를로 업데이트

그림 4.3의 $v(s_t) = Return(s_t)/n(s_t)$ 식에서 $v(s_t)$는 $Return(s_t)$ 값에 대한 평균값이다. 하지만 새로운 에피소드가 생성될 때마다 $Return(s_t)$과 $v(s_t)$를 다시 계산하는 방식은 비효율적이다. 예를 들어서 $k-1$개의 데이터에 대한 평균값을 구한 상태에서 새로운 k번째의 데이터가 추가되었을 때 전체 데이터에 대한 평균값을 다시 계산하기보다는 이전에 구한 $k-1$개의 데이터에 대한 평균값을 이용할 수 있으면 훨씬 편리할 것이다.

식 (4.7)은 일반적으로 데이터의 평균값을 계산할 때 이전의 평균값 μ_{k-1}을 이용해 새로운 평균값 μ_k을 계산하는 방법을 보여준다. 현재의 평균값이 μ_{k-1}이고 새로 추가된 데이터가 x_k인 경우에 새로운 평균값은 현재의 평균 μ_{k-1}에 $\frac{1}{k}(x_k-\mu_{k-1})$를 덧셈해 쉽게 구할 수 있다.

$$\mu_k=\frac{1}{k}\sum_{j=1}^{k}x_j=\frac{1}{k}\left(x_k+\sum_{j=1}^{k-1}x_j\right)=\frac{1}{k}(x_k+(k-1)\mu_{k-1})=\mu_{k-1}+\frac{1}{k}(x_k-\mu_{k-1}) \tag{4.7}$$

이와 같은 방법을 이용해 **점진적 몬테카를로 업데이트 방법**(incremental Monte Carlo update)에서는 이전 단계의 $v(s_t)$ 값을 이용해 새로운 $v(s_t)$ 값을 쉽게 계산할 수 있다. 에피소드의 생성 후에 에피소드 내의 각 상태 s_t와 리턴값 G_t에 대해 다음 식으로 업데이트를 진행한다.

$$n(s_t) \leftarrow n(s_t)+1 \tag{4.8}$$

$$v(s_t) \leftarrow v(s_t)+\frac{1}{n(s_t)}(G_t-v(s_t)) \tag{4.9}$$

식 (4.9)에서는 새로운 G_t가 추가되었다. 새로운 평균값(식의 왼쪽 $v(s_t)$ 항)을 계산할 때 기존의 평균값(식의 오른쪽 $v(s_t)$ 항)을 사용해 쉽고 효율적으로 계산할 수 있게 되었다.

그러나 식 (4.9)에서 데이터의 수($n(s_t)$)가 많아지면 $\frac{1}{n(s_t)}$ 값이 아주 작아진다. 그러면 $v(s_t)$ 값의 변동이 거의 없다. 따라서 몬테카를로 학습에서는 식 (4.9)의 $\frac{1}{n(s_t)}$ 대신에 특정한 상수 α를 사용하는 방법을 자주 사용한다. 즉 식 (4.10)를 사용해서 업데이트하는 것이다.

$$v(s_t) \leftarrow v(s_t)+\alpha(G_t-v(s_t)) \tag{4.10}$$

몬테카를로 학습의 목표는 $v(s_t)$의 정확한 값을 계산하는 것이며, $v(s_t)$ 값의 정의는 상태 s_t에서 획득할 수 있는 보상값들의 평균이다. 따라서 상태 s_t에서 실제로 행동을 통해 획득한 리턴값 G_t는 $v(s_t)$ 값에 대한 좋은 예측치가 될 수 있다. 식 (4.10)은 현재의 $v(s_t)$ 값과 리턴값 G_t의 에러 차이만큼 $v(s_t)$ 값을 수정해 나가는 방법이며, 몬테카를로 방법에서 자주 사용되는 업데이트 식이다. 이때 상수 α는 일종의 학습상수(learning rate)의 역할을 하게 된다. 이 식의 또 다른 장점은 상수 α의 값에 따라서 최근 에피소드의 중요도를 결정할 수 있다는 것이다. 즉, 높은 상수값 α의 의미는 최근의 리턴값에 높은 가중치를 부여하며 낮은 상수값 α의 의미는 최근의 리턴값에 낮은 가중치를 부여하여 $v(s_t)$ 값의 변동을 적게 한다.

4.3 TD 학습

4.3.1 TD(0) 학습

모델프리 정책평가의 두 번째 방법은 **TD 학습**(temporal difference)이다. TD 학습도 몬테카를로 방법과 같이 실제 생성되는 에피소드로부터 학습한다. 하지만 TD 학습은 몬테카를로 방법과는 몇 가지 차이가 있다. 첫 번째, 몬테카를로는 종료상태(final state)까지 도착한 에피소드만을 사용하지만 TD 학습은 종료상태까지 도착할 필요가 없으며 한 단계의 행동만을 기반으로 학습을 수행한다. 따라서 TD 학습은 무한경계(infinite horizon)의 경우나 종료상태가 없는 경우에도 사용할 수 있다. 두 번째로, TD 학습은 실제의 데이터가 아닌 예측치로부터 값을 계산하는 **부트스트랩**(bootstrap) 방법을 사용한다.

그러면 TD 학습의 내용을 살펴보자. 예를 들어서 현재 상태 s_t에서 주어진 정책 π에 따라서 행동 a_t를 수행하면 보상 R_{t+1}이 발생하고 다음 상태 s_{t+1}로 전이가 된다고 하자. 그러면 $(s_t, a_t, R_{t+1}, s_{t+1})$ 형태의 새로운 데이터가 생성된다. TD 학습에서는 이 데이터를 이용해 식 (4.11)과 같은 방식으로 상태가치값을 업데이트한다(보상값 표기 R_t와 r_t는 여기서 같은 의미를 가진다).

$$v(s_t) = v(s_t) + \alpha([R_{t+1} + \gamma v(s_{t+1})] - v(s_t)) \tag{4.11}$$

식 (4.11)은 몬테카를로 방법인 식 (4.10)에서의 G_t 부분이 $R_{t+1}+\gamma v(s_{t+1})$으로 치환된 식이다. 몬테카를로의 G_t는 실제 행동을 통해 구한 값을 사용하지만 TD 학습에서 사용하는 $R_{t+1}+\gamma v(s_{t+1})$은 즉각적인 보상값 R_{t+1}만 실제의 값이며, $v(s_{t+1})$은 정확한 값이 아닌 또 다른 예측치이다. 즉, TD 학습에서는 상태가치값을 계산할 때 또 다른 예측치를 사용해 계산한다. TD 학습은 예측치를 이용해 업데이트하므로 학습의 초기에는 예측치들이 정확하지가 않다. 하지만 학습이 점차 진행되면서 예측치는 실제값에 수렴하는 특징을 가진다.

여기서 α는 새로운 예측치에 얼마만큼의 가중치를 줄 것인지를 결정하는 비율로 생각할 수 있다. 즉, α 값이 높으면 새로운 예측치에 높은 가중치를 주면서 값의 변화가 높게 되고, α 값이 낮으면 과거의 예측치에 높은 가중치를 주면서 값의 변화가 적게 발생한다.

그리고 식 (4.11)에서 $R_{t+1}+\gamma v(s_{t+1})$ 항은 **TD 타깃**(TD target)이라고 불리며 $R_{t+1}+\gamma v(s_{t+1})-v(s_t)$는

TD 에러(TD error)로 불린다. TD 타깃과 TD 에러는 앞으로 아주 빈번히 사용되므로 내용을 인지하는 것이 중요하다. TD 에러의 표기는 다음과 같이 주로 δ_t로 표시된다.

$$\delta_t = R_{t+1} + \gamma v(s_{t+1}) - v(s_t) \tag{4.12}$$

따라서 많은 경우에 식 (4.11)은 TD 에러 δ_t로 표시해 다음 식과 같이 사용한다.

$$v(s_t) = v(s_t) + \alpha\delta_t \tag{4.13}$$

이와 같이 한 단계의 타임스텝의 데이터를 사용하는 TD 학습은 **TD(0)** 학습이라고 부른다. 그림 4.4는 TD(0) 학습 방법을 그림으로 표시한 것이다.

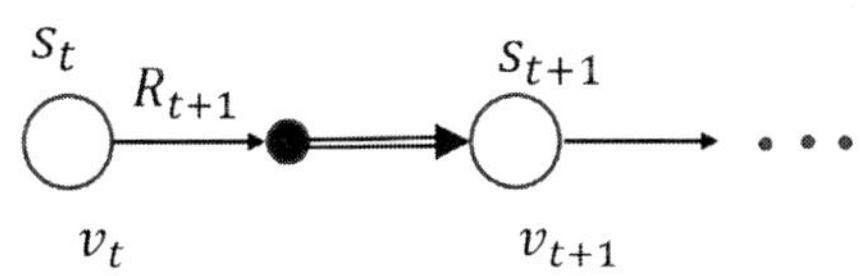

그림 4.4 TD(0) 학습 방법

TD 학습의 장점에 대해 간단히 알아보겠다. 편의상 $\xi_t = R_{t+1} + \gamma v(s_{t+1})$라고 하면 식 (4.11)의 TD 학습 식은 다음과 같이 표시할 수 있다.

$$v(s_t) = (1-\alpha)v(s_t) + \alpha(R_{t+1} + \gamma v(s_{t+1})) = (1-\alpha)v(s_t) + \alpha\xi_t \tag{4.14}$$

식 (4.14)의 오른쪽 항에서 ξ_t는 $v(s_t)$ 값에 대한 새로운 예측치이다. 따라서 이 식의 의미는 TD 학습에서는 현재의 예측치값 $v(s_t)$와 새로운 예측치 ξ_t에 각각 $(1-\alpha)$와 α의 가중치를 부여하고 이들의 합을 새로운 예측치로 계산한다. 이는 **지수가중평균**(exponentially weighted average)의 방법이며, TD 학습이 지수가중평균의 방법을 이용해 $v(s_t)$ 값을 계산한다는 것을 알 수 있다.

TD 학습에서는 이 같은 $v(s_t)$ 값이 반복적인 방법(iterative method)으로 계산이 된다. 따라서 k 단계의 $v(s_t)$ 값을 $v_k(s_t)$라고 하면 식 (4.14)를 사용하는 TD 학습에서 $v_k(s_t)$의 업데이트는 다음과 같이 반복적인 방법으로 업데이트된다.

$$v_k(s_t) = (1-\alpha)v_{k-1}(s_t) + \alpha\xi_t \tag{4.15}$$

재귀적인 식 (4.15)를 풀어서 정리하면 다음과 같다.

$$\begin{aligned} v_k(s_t) &= (1-\alpha)v_{k-1}(s_t) + \alpha\xi_k \\ &= (1-\alpha)[(1-\alpha)v_{k-2}(s_t) + \alpha\xi_{k-1}] + \alpha\xi_k \\ &= (1-\alpha)^2 v_{k-2}(s_t) + (1-\alpha)\alpha\xi_{k-1} + \alpha\xi_k \\ &\quad \dots \\ &= \alpha[(1-\alpha)^{k-1}\xi_1 + \dots + (1-\alpha)\xi_{k-1} + \xi_k] \end{aligned}$$

TD 학습을 반복적으로 수행해 계산한 상태가치값 $v_k(s_t)$은 (과거의 ξ 값을 지수항만큼 가중치를 감소시키면서) 지수가중평균의 방법으로 계산함을 알 수 있다. 따라서 TD 학습은 이 식 전체를 계산할 필요 없이 매번 식 (4.13)의 간단한 식으로 업데이트하면 궁극적으로 앞의 식과 같은 값을 구할 수 있다. 즉, 앞의 식같이 모든 단계가 종료될 때까지 (즉 모든 ξ 값들이 계산될 때까지) 기다릴 필요 없이 각 단계마다 그 단계에서 발생한 ξ 값을 이용해 업데이트를 즉각적으로 수행할 수 있다. 따라서 학습의 속도가 빨라지며, 과거의 예측치에 대해서 자연스럽게 지수항만큼의 가중치로 감소할 수 있다.

4.3.2 몬테카를로 학습과 TD 학습의 비교

몬테카를로 방법과 TD 학습의 방법은 둘 다 모델프리 환경에서 예측(주어진 정책의 성능 평가)에 사용할 수 있다. 이들의 차이점은 몬테카를로 방법은 실제 리턴값을 사용해 상태가치값을 예측하고, TD 방법은 다른 예상치(다음 상태의 상태가치값)를 사용해 예측한다는 것이다. 그리고 몬테카를로 방법은 리턴값을 사용하므로 종료 상태에 도달해야만 계산을 할 수 있다. 따라서 종료 상태가 있는 환경에서만 사용할 수 있고, TD 학습은 한 단계 수행에 의한 데이터로만 학습하므로 종료상태가 없는 환경에도 사용가능하며 연속적인 환경에서도 사용할 수 있다. 또한 종료 상태가 존재하더라도 종료 상태에 도달하는 것이 너무 많은 시간이나 계산이 필요한 경우에도 몬테카를로 학습보다는 TD 학습이 더욱 효과적이다.

몬테카를로 방법에서 사용하는 리턴값 G_t는 상태가치값 $v(s_t)$에 대한 **비편향**(unbiased) 예측값이다. 따라서 리턴값을 사용해 가치값을 업데이트하는 것은 많은 데이터를 사용하는 경우 자연스럽게 정확한 $v(s_t)$ 값에 수렴하게 된다. 반면에 TD 학습에 사용하는 TD 타깃값 $R_{t+1}+\gamma v(s_{t+1})$은 편향(biased) 예측치이다. 따라서 TD 타깃들의 이론적인 평균값은 실제값과 일치하지 않는다. TD 타깃에서 편향값(bias)이 발생하는 이유는 TD 타깃의 계산에서 정확하지 않는 예측치인 $v(s_{t+1})$를 포함하기 때문이다. 이러한 $v(s_{t+1})$ 예측값은 학습의 초기에는 특히 부정확하기 때문에 이 값을 사용하는 TD 타깃의 편향값이 높게 형성된다. 하지만 학습이 진행되면서 $v(s_{t+1})$ 값은 점점 더 정확해지며 따라서 TD 타깃의 에러도 감소한다.

TD 타깃은 몬테카를로의 리턴값에 비해 편향된 예측치라는 단점을 가지고 있지만 장점도 있다. TD 타깃은 몬테카를로의 리턴값보다 분산값(variance)이 작다. 따라서 학습이 훨씬 안정적이다. 몬테카를로 방법에서 사용하는 리턴값은 현재 상태에서 종료 상태까지의 여러 많은 행동에 따른 누적 보상값(리턴)을 이용해 업데이트를 수행하므로 값의 편차가 크게 발생한다. 하지만 TD 타깃은 오직 한 개의 행동에 따른 데이터를 사용해 업데이트를 수행하므로 훨씬 작은 분산값을 가지게 된다. 또한 몬테카를로 방법은 리턴값에 의해서 학습이 되므로 초기값에 영향을 적게 받는데 반해서 TD 학습은 예측치를 기반으로 예측을 하므로 초기값에 많은 영향을 받는다.

4.4 몬테카를로와 TD의 배치 학습

몬테카를로와 TD 학습 방법은 데이터의 개수가 무한대로 증가하면 가치값이 실제값 $v_\pi(s)$에 수렴한다. 하지만 지금까지 살펴본 몬테카를로와 TD 학습은 온라인(online) 학습 방법이다. 즉, 에이전트가 정책에 따라서 행동을 하고 데이터를 생성하면 그 데이터를 이용해 즉각적으로(online) 학습을 수행한다. 현실적으로 온라인 학습에서 무한대의 데이터를 생성하기는 쉽지 않다. 그리고 온라인 학습은 기본적으로 생성된 데이터를 다시 사용하지 않으므로 대규모의 데이터가 필요할 때는 현실적으로 적용하기가 어렵다.

이 문제를 해결하기 위해 데이터가 생성될 때마다 이들을 메모리에 저장해서 한꺼번에 학습하는 방법이 있다 이런 방법을 **배치 학습**(batch learning) 혹은 **오프라인**(offline) 학습이라고 한다. 기존의 몬테카를로와 TD 학습에서는 이들 데이터가 각각 생성될 때마다 학습이 수행된다. 하지만 배치 학습에서는 먼저 데이터가 생성될 때 즉각 학습을 수행하지 않고 어느 정도의 데이터가 수집된 후에 (이러한 데이터의 묶음을 **배치**(batch)라고 부른다) 이들 배치 데이터를 한꺼번에 읽어 학습한다.

배치 학습의 방식은 배치 데이터 전체를 여러 번 반복적(epoch)으로 읽으면서 학습을 한다. 이는 학습 데이터의 개수가 적을 때에 데이터의 숫자를 증가시키는 효과가 있어 좀 더 효과적으로 학습할 수 있는 장점이 있다. 예를 들어서 데이터의 개수가 10이고 타임스텝이 10이면 기존의 몬테카를로나 TD 방법은 대략 100회 업데이트를 수행한다. 하지만 배치 학습을 사용하면 이들 데이터의 배치를 한꺼번에 사용해 업데이트를 수행해 파라미터를 업데이트하고, 수정된 파라미터를 이용해 다시 동일한 배치 데이터를 여러 횟수(epoch)만큼 반복적으로 사용할 수 있다. 참고로 우리가 알고 있는 감독자 학습(supervised learning)은 대부분 이와 같은 배치 학습의 방법을 사용한다.

이 같은 배치 학습은 몬테카를로와 TD 학습에도 적용 가능하며, 두 학습 방법 모두 어떤 결론에 수렴하는 것이 알려져 있다. α의 값이 아주 작은 경우에는 두 방법이 같은 결론에 도달한다. 하지만 α의 값이 어느 수준 이상으로 큰 경우에는 배치 몬테카를로와 배치 TD 학습은 두 방법 모두 어떤 결론에 수렴하지만 서로 다른 결론에 수렴하는 차이가 있다.

우선 몬테카를로 학습을 배치로 수행하는 **배치 몬테카를로**(batch Monte Carlo) 방법을 살펴보자. 먼저 에이전트가 다음과 같은 K개의 에피소드를 생성했다고 하자.

$$\left(s_1^{[1]},\ a_1^{[1]},\ r_2^{[1]}, \cdots, s_{T_1}^{[1]}\right),\ \cdots,\ \left(s_1^{[K]},\ a_1^{[K]},\ r_2^{[K]},\ \cdots,\ s_{T_K}^{[K]}\right) \tag{4.16}$$

몬테카를로 학습에서는 식 (4.16)의 데이터를 이용해 배치 방법으로 학습을 하는데, 이는 식 (4.17) 같은 **평균제곱오차**(mean squared error, MSE) 에러함수를 최소화하는 감독자 학습(supervised learning) 방법과 같은 형태의 학습인 것으로 알려져 있다.

$$\sum_{k=1}^{K} \sum_{t=1}^{T_k} \left(G_t^{[k]} - v\left(s_t^{[k]}\right)\right)^2 \tag{4.17}$$

여기서 k는 에피소드 데이터의 인덱스, t는 에피소드 내의 각 타임스텝을 의미한다. 또한 $G_t^{[k]}$와 $v(s_t^{[k]})$는 에피소드 k의 타임스텝 t에서의 상태에 대한 리턴값과 상태가치값을 각각 의미한다. 배치 몬테카를로 학습은 식 (4.17)을 최소화하는 $v(s_t)$값을 구하는 감독자학습의 형태가 된다. 따라서 이러한 $v(s_t)$를 감독자 학습의 방법으로 구하려면 식 (4.17)을 에러함수로 하는 점진적 하강(gradient descent) 방법을 이용하여 구할 수 있다.

다음으로 TD 학습을 배치의 형태로 학습을 하는 **배치 TD**(batch TD) 방법에 대해 알아보자. 배치 TD 학습을 하게 되면 배치 몬테카를로와는 다르게 현재의 MDP 모델에서 **최대적합도**(maximum likelihood)를 최대화시키는 파라미터(구체적으로 전이확률과 보상값)들을 구하도록 학습이 진행된다.

최대적합도 학습(maximum likelihood learning)은 먼저 학습에 사용되는 데이터가 어떤 특정한 발생 모델에 의해서 생성이 되었다고 가정을 한다. 예를 들어 그림 4.5에서 현재 우리가 사용하는 데이터가 1-D 데이터이고, 이들 1-D 데이터들이 가우스 분포(Gaussian distribution) $N(\mu, \sigma^2)$에 의해서 생성된다고 가정하자. 현재 발생된 학습 데이터들의 발생 빈도(frequency)는 막대그래프로 표시한다. 최대적합도 학습이란 이들 발생 빈도의 분포를 가장 잘 설명하는 가우시안 분포를 찾는 과정이다. 가우시안 분포는 평균과 분산에 의해서 결정되므로 이 경우의 최대적합도 학습은 가우시안 분포의 파라미터값 μ, σ^2을 찾는 과정이다.

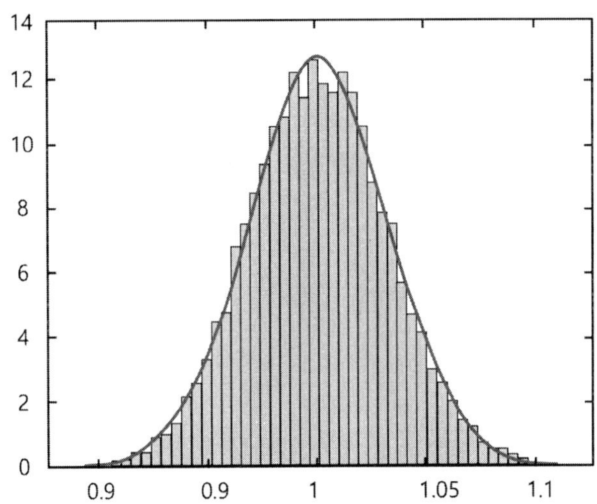

그림 4.5 가우시안 최대적합도 학습

앞에서 배치 TD 학습은 최대적합도(maximum likelihood)를 최대화시키는 파라미터들을 구하도록 학습이 진행된다고 했다. 다시 말하면 1) TD 학습에서 사용하는 데이터들은 어떤 모델에 의해서 생성된다고 가정하며, 2) 배치 TD 학습은 이러한 데이터를 생성하도록 하는 모델의 파라미터를 구하는 과정이다.

구체적으로 배치 TD 학습에서는 TD 타깃 $R_{t+1}+\gamma v(s_{t+1})$ 데이터를 이용해 학습을 한다(식 (4.11)). 그러면 이러한 TD 타깃 데이터의 생성을 결정하는 모델에 대해 알아보자. TD 타깃 데이터는 보상값 R_{t+1}과 $v(s_{t+1})$에 의해서 결정된다. (γ는 상수) 그리고 $v(s_{t+1})$ 값을 알기 위해서는 현재 상태 s_t에서 다음 상태 s_{t+1}로의 이전을 결정하는 두 가지 요소를 알아야 하며, 이는 정책과 전이확률이다(식 (2.15)와 그림 2.7 참조). (하지만 정책(행동)은 에이전트가 결정하는 것이며 모델의 일부가 아니다.)

따라서 TD 타깃 데이터의 생성을 결정하는 모델의 파라미터는 보상값 $\hat{R}$과 환경의 전이확률 $\hat{P}$이 된다. 배치 TD 학습은 이러한 보상값 $\hat{R}$ 와 전이확률 $\hat{P}$ 파라미터를 사용하는 모델이 생성하는 데이터가 실제 데이터와 가능한 일치하도록 최대적합도 학습을 수행한다.

다음 식 (4.18)과 (4.19)는 배치 TD 학습에서 각각 $\hat{P}$와 $\hat{R}$ 를 계산하는 식을 설명한다. 여기서 $\hat{P}_{ss'}^{a}$ 은 상태 s에서 행동 a를 수행할 때에 상태 s'으로 전이되는 전이확률이며, $\hat{R}_{s}^{a}$ 은 상태 s에서 행동 a를 수행할 때 발생하는 보상값을 의미한다. 즉, 배치 TD 학습은 파라미터 $\hat{P}_{ss'}^{a}$ 와 $\hat{R}_{s}^{a}$ 값에 의해서 생성되는 데이터가 실제 학습에 사용되는 TD 타깃의 데이터와 유사하도록 진행된다.

$$\hat{P}_{ss'}^{a} = \frac{1}{n(s,\ a)} \sum_{k=1}^{K} \sum_{t=1}^{T_k} \mathbb{1}(s_t^{[k]} = s,\ a_t^{[k]} = a,\ s_{t+1}^{[k]} = s') \tag{4.18}$$

$$\hat{R}_{s}^{a} = \frac{1}{n(s,\ a)} \sum_{k=1}^{K} \sum_{t=1}^{T_k} \mathbb{1}(s_t^{[k]} = s,\ a_t^{[k]} = a) r_t^{[k]} \tag{4.19}$$

배치 TD 학습에서는 이와 같이 전이확률과 보상값의 예측치에 대한 학습이 완료되면 더 이상 모델프리(model-free)가 아닌 모델기반(model-based) 학습의 형태가 된다. (전이확률과 보상값을 안다고 가정할 수 있으므로) 따라서 이제는 이들 파라미터들을 이용하는 모델기반 MDP $\langle S, A, \hat{P}, \hat{R}, \gamma \rangle$ 모델을 가정할 수 있다. 배치 TD 학습에서는 이러한 모델에서 동적 프로그램을 이용해 (전이확률과 보상값을 알 수 있으므로) 상태가치값 v_π를 계산할 수 있다.

AB 예제 [Sutton and Barto, 2018]

배치 학습에 대해 다음 예제를 이용해 설명한다. 두 개의 상태 A, B가 있고 에이전트가 다음과 같은 8개의 에피소드를 생성했다고 가정하자.

{A: 0, B: 0} {B: 1} {B: 1} {B: 1} {B: 1} {B: 1} {B: 1} {B: 0}

여기서 배치 학습을 이용해 $v(A)$와 $v(B)$의 값을 예측해 보자($\gamma = 1$ 가정). 이들은 배치 몬테카를로 방법과 배치 TD 방법에 따라서 다른 결과를 생성한다. 먼저 배치 몬테카를로 방법으로 $v(B)$의 값을 계산하면 식 (4.17)에 따라서 $v(B)$의 리턴값들과의 에러가 가장 작도록 $v(B)$ 값이 계산된다. B에서의 리턴값은 8번 존재하며({B: 0} {B: 1} {B: 1} {B: 1} {B: 1} {B: 1} {B: 1} {B: 0}), 식 (4.17)에 따라서 배치 몬테카를로에서 에러함수는 다음과 같이 된다. 이를 최소화하는 $v(B)$의 값은 B에서의 리턴값 평균인 $v(B) = 6/8 = 0.75$가 된다.

$$(0-v(B))^2 + (1-v(B))^2 + (1-v(B))^2 + \cdots + (1-v(B))^2$$

같은 방법으로 배치 몬테카를로 방법에서 $v(A)$의 값을 예측하면 마찬가지로 식 (4.17)에 따라서 $v(A)$의 리턴값들과의 에러가 가장 작도록 $v(A)$ 값이 계산된다. A에서의 리턴값은 0 하나만 존재하므로 $v(A) = 0$이 된다.

다음으로 배치 TD 방법을 사용하는 경우를 살펴보자. 배치 TD 학습은 먼저 주어진 에피소드 데이터를 기반으로 기본적인 MRP 모델을 구성한다(실제 강화학습에서는 MDP 모델을 사용하지만 여기서는 문제를 간단히 하기 위해 MRP 사용). 구체적으로 이 경우에는 상태 A에서는 전부 상태 B로 전이가 일어나며 상태 B에서는 종료상태 F_1 혹은 F_2로 전이가 생긴다. 보상은 각각 +1 혹은 0이 발생한다. 따라서 MRP 모델의 기본 구조는 그림 4.6(a)와 같은 MRP 모델의 구조를 가지게 된다. 이런 MRP 모델에서 주어진 데이터를 이용해 (식 (4.18)과 식 (4.19)에 따라서) 배치 TD 학습을 사용하면 그림 4.6(b)의 전이확률과 보상값을 계산한다. 즉, 그림 4.6(b)의 MRP 모델은 주어진 에피소드 데이터를 생성하는 가장 적합한 MRP 모델이 된다.

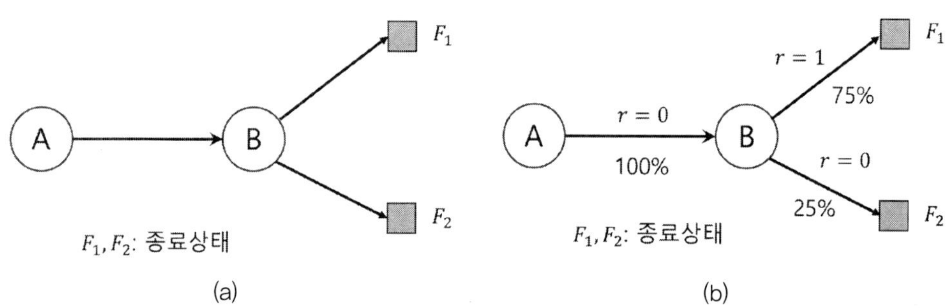

그림 4.6 AB 예제

따라서 배치 TD 방법에서 상태가치값을 계산하는 방법은 이러한 (예측된) MRP 모델(그림 4.6(b))을 기반으로 MRP 모델의 벨만 방정식(식 (2.10))에 의해서 다음과 같이 계산할 수 있다.

$$v(s) = R_s + \gamma \sum_{s' \in S} P_{ss'} v(s')$$

배치 TD 방법을 이용한 $v(B)$의 값은 이 식에 의해 다음과 같이 계산된다.

$$v(B) = 0 + (P_{BF_1}v(F_1) + P_{BF_2}v(F_2)) = 0.75 * 1 + 0.25 * 0 = 0.75$$

다음으로 $v(A)$ 값을 계산하면 $P_{AB} = 1$이므로 $v(A)$ 값은 다음과 같다.

$$v(A) = 0 + \sum_{B} P_{AB}\, v(B) = 0 + 1 * v(B) = 0.75$$

이와 같이 배치 학습을 사용하는 경우에 배치 몬테카를로 방법과 배치 TD 방법의 결과는 온라인 학습의 결과와 항상 일치하지는 않는다. 배치 TD 학습은 마르코프 특징을 가지고 있는 문제에 잘 작동하며 몬테카를로 방법은 마르코프 특징이 강하지 않는 문제에 잘 작동한다.

4.5 TD(n) 학습

지금까지의 TD 학습(TD(0))은 한 단계의 행동만을 보고 학습을 진행해 왔다. 하지만 어떤 행동의 효과가 여러 단계 이후에 발생하는 경우도 많다. 오직 한 단계만의 데이터를 이용해 학습을 진행하는 방식은 학습의 속도를 아주 느리게 한다.

이 문제를 해결하기 위해 TD 학습에서 미래의 n 스텝의 데이터를 사용하는 학습에 대해 알아보자. 이러한 스텝의 수를 증가시켜서 n 스텝까지 사용하게 되면 n 스텝 TD로 일반화할 수 있다. 만약 스텝이 무한대에 가깝게 되면 (즉 종료 상태에 도달할 때까지) 몬테카를로 학습과 동일하게 될 것이다.

2-스텝 TD에서의 업데이트 방식을 예를 들어 보자. 현재의 상태에서 두 개의 행동에 따른 데이터를 사용하므로 다음 식과 같이 첫 번째 보상 R_{t+1}과 두 번째 보상 R_{t+2} 그리고 두 번째 상태에서의 가치값 $v(s_{t+2})$ 들의 합으로 업데이트된다.

$$G_t^{(2)} = R_{t+1} + \gamma R_{t+2} + \gamma^2 v(s_{t+2})$$

이와 같이 스텝 수를 증가하면서 스텝 수에 따라 리턴값을 계산한다.

이러한 가중치의 정규화를 위해 이들 가중치의 합이 1이 되도록 하는 것이 필요하다. 먼저 이들 가중치의 전체 합을 계산하면 다음과 같다.

$$\sum_{n=1}^{\infty}\lambda^{n-1}=\sum_{n=0}^{\infty}\lambda^{n}=\frac{1}{1-\lambda}$$

따라서 이러한 가중치의 전체 합이 1이 되도록 하려면 각 가중치에 $1-\lambda$ 값을 곱해 주어야 가중치의 전체합이 1이 된다. 따라서 정규화된 n 스텝 리턴의 식은 다음과 같다.

$$(1-\lambda)\lambda^{n-1}G_t^{(n)} \tag{4.23}$$

따라서 이들 정규화된 가중치를 사용한 리턴값은 다음과 같다.

$$G_t^{\lambda}=(1-\lambda)\sum_{n=1}^{\infty}\lambda^{n-1}G_t^{(n)} \tag{4.24}$$

이와 같은 리턴값을 **λ-리턴**(λ-return)이라고 하며 λ 리턴을 이용해 상태가치값을 업데이트하는 TD 학습 방법을 **TD(λ) 학습**이라고 한다. 식 (4.24)는 스텝이 무한대에 대한 가중치의 내용을 보이고 있다. 하지만 스텝이 진행되면서 에이전트의 상태가 종료상태(terminal state) T에 도달하게 되면 그 이후의 상태들에 대한 리턴값은 동일한 리턴값 G_t를 가지게 된다(G_t는 식 (4.21)의 리턴값을 의미). 따라서 이 내용을 반영하면 식 (4.24)는 다음과 같이 수정된다.

$$G_t^{\lambda}=(1-\lambda)\sum_{n=1}^{T-t-1}\lambda^{n-1}G_t^{(n)}+(1-\lambda)\sum_{n=T-t}^{\infty}\lambda^{n-1}G_t \tag{4.25}$$

여기서 우변의 두 번째 항을 정리하면 다음과 같이 된다. (참고: $\sum_{n=0}^{\infty}\lambda^{n}=\frac{1}{1-\lambda}$)

$$(1-\lambda)\sum_{n=T-t}^{\infty}\lambda^{n-1}G_t=(1-\lambda)\sum_{n=0}^{\infty}\lambda^{n-1+T-t}G_t=(1-\lambda)\lambda^{T-t-1}\sum_{n=0}^{\infty}\lambda^{n}G_t=\lambda^{T-t-1}G_t$$

따라서 이를 반영한 G_t^{λ}(식 (4.25))값은 다음 식과 같이 정의된다.

$$G_t^{\lambda}=(1-\lambda)\sum_{n=1}^{T-t-1}\lambda^{n-1}G_t^{(n)}+\lambda^{T-t-1}G_t \tag{4.26}$$

참고로 식 (4.26)의 리턴값은 식 (4.24)의 λ-리턴값과 비교해서 **절삭된 λ-리턴**(truncated λ-return)이

라고 불린다. TD(λ) 학습에서 λ-리턴 혹은 절삭된 λ-리턴을 이용해 상태가치값을 업데이트하는 식은 다음과 같다.

$$v(s_t) \leftarrow v(s_t) + \alpha\left(G_t^{\lambda} - v(s_t)\right) \tag{4.27}$$

절삭된 λ-리턴 G_t^{λ} (식 (4.26))에서 $\lambda = 0$이면 다음과 같은 식이 된다($0^0 = 1$).

$$G_t^{\lambda} = (1-0)\sum_{n=1}^{T-t-1} 0^{n-1} G_t^{(n)} + 0^{T-t-1} G_t = G_t^{(1)} = R_{t+1} + \gamma v(s_{t+1})$$

따라서 $\lambda = 0$일 때 식 (4.27)은 TD(0) 학습의 방법이 됨을 알 수 있다. 그리고 $\lambda = 1$인 경우에 식 (4.26)은 다음과 같이 된다.

$$G_t^{\lambda} = (1-1)\sum_{n=1}^{T-t-1} 1^{n-1} G_t^{(n)} + 1^{T-t-1} G_t = G_t$$

따라서 $\lambda = 1$이면 식 (4.27)은 몬테카를로 방법이 됨을 알 수 있다. 이와 같은 TD(λ) 학습은 전체 스텝의 리턴들의 가중치 평균을 계산하므로 스텝수 n을 더 이상 결정할 필요가 없다. 하지만 미래에 발생하는 타임스텝에서의 리턴값들을 사용하므로 업데이트를 수행하기 위해 에이전트가 n번의 스텝을 수행하기를(혹은 종료상태에 도달하기를) 기다려야 한다는 단점이 있다. 이러한 TD(λ) 방법을 **전방향** TD(λ)(forward TD(λ))라 한다. 전방향 TD(λ) 학습은 현재의 타임 스텝부터 n번의 스텝(혹은 종료 상태)에 도착할 때까지 기다린 후에야 리턴값 G_t^{λ}을 계산하고 업데이트를 수행한다. 이는 몬테카를로의 방법과 유사하다. 전방향 TD(λ) 학습은 TD 학습과 몬테카를로 학습을 결합한 형태의 방법으로 생각할 수 있다.

4.6.2 후방향 TD(λ)

전방향 TD(λ) 학습은 에이전트의 행동 후에 즉각 업데이트를 할 수 없으므로 **오프라인**(offline) 학습 방법이며, **온라인**(online)으로 학습할 수 없다. 이와 같은 전방향 TD(λ) 학습 방법의 단점을 보완하기 위해 제안된 방법이 **후방향 TD(λ)**(backward TD(λ))이다. 전방향 TD(λ) 학습에서는 에이전트가 n번의 스텝 혹은 종료상태에 도착한 후에만 업데이트를 수행한다. 하지만 후방향 TD(λ) 학습은 과거 스텝에서 일어났던 일들을 기억하고 현재 스텝에서 발생한 데이터를 이용해 같은 경로상의 과거의 상태(스텝)들에 대해 가치값들을 업데이트할 수 있다. 따라서 후방향 TD(λ) 학습은 온라인 방식으로 학습할 수 있으며 에이전트의 행동이 수행될 때마다 즉각적인 업데이트가 가능하다.

그런데 후방향(backward) TD(λ) 학습을 수행하기 위해서는 과거의 특정 상태가 현재의 상태에 얼마만큼 영향을 주었는지를 측정해야 한다. 왜냐하면 과거의 상태에서는 미래에 현재의 상태가 발생할 것인지를 예측할 수 없기 때문이다. 따라서 현재의 상태에서 시작해 (역으로 추적하면서) 같은 경로상에 있는 과거 상태들 각각에 대해 이들 상태가 현재의 상태에 얼마나 영향을 끼쳤는지를 계산해야 한다. 이러한 목적을 위해 (과거의 상태가 현재의 상태에 얼만큼 영향을 미쳤는지를 측정) 고안된 방법이 **적정성추적**(eligibility trace)이다. 이 방법은 현재 발생한 보상값에 대해 과거의 어느 스텝(상태)이 어느 정도의 책임(영향)이 있는지를 식으로 측정한다. 일종의 짧은 기억을 하는 단기 메모리(short-term memory) 같은 역할을 하는 것이다.

적정성추적의 기본 아이디어는 일반적으로 어떤 사건이 발생했을 때(보상이 발생했을 때) 1) 바로 최근의 사건 혹은 2) 이전에 가장 빈번히 발생했던 사건이 현재 사건에 영향을 미칠 가능성이 높다고 가정하는 데서 시작한다. 예를 들어서 비가 오기 전에 구름이 낀 날씨가 자주 발생하거나 혹은 비가 오기 직전에 번개가 치는 사건이 발생할 수 있다.

이와 같은 아이디어를 기반으로 에피소드 내의 각 상태에 대해 앞의 조건들에 해당하는 상태의 적정성추적의 값은 증가시키고, 나머지 상태들의 적정성추적값은 감소시키는 것이 적정성추적 방법의 기본 아이디어이다. 참고로 적정성추적의 값은 모든 상태에 대해 정의되어 있다. 특정 상태 s의 타임스텝 t에서의 적정성추적을 $e_t(s)$라고 하면, 이는 식 (4.28)과 같이 정의된다. (각 상태의 초기 적정성추적값은 초기화한다: $e_0(s) \leftarrow 0,\ \forall s \in S$)

$$e_t(s) = \begin{cases} \lambda\gamma e_{t-1}(s), & \text{if } s_t \neq s \\ \lambda\gamma e_{t-1}(s) + 1, & \text{if } s_t = s \end{cases} \tag{4.28}$$

식 (4.28)의 의미를 살펴보자. 1) 에피소드의 각 단계마다 모든 상태 s에 대하여 먼저 적정성추적값 $e_{t-1}(s)$을 $\lambda\gamma$ 만큼 가중치를 감소시킨다. 현재에서 한 단계씩 과거로 갈 때마다 연관성이 감소하므로 적정성추적의 값을 감소시킨다는 뜻이다. 2) 다음으로 경로상에 있는 현재 상태 s에 대해서는 적정성추적값을 1 증가시킨다(같은 경로상에 있으므로 영향을 미치므로 1을 증가).

이와 같이 계산된 적정성추적은 TD 학습의 업데이트 식(식 (4.13))의 TD 에러(TD error) 항(식 (4.29))에 다음과 같이 곱해져서 사용된다. 따라서 적정성추적 방법을 사용하는 후방향 TD(λ) 학습의 업데이트 식은 다음과 같다.

$$\delta_t = r_{t+1} + \gamma v(s_{t+1}) - v(s_t) \tag{4.29}$$

$$v(s) \leftarrow v(s) + \alpha \delta_t e_t(s),\ \forall s \tag{4.30}$$

후방향 TD(λ) 학습에서 $\lambda = 0$일 경우에 후방향 TD(λ)은 TD(0) 학습과 동일한 학습이 된다. $\lambda = 0$일 경우에 식 (4.28)은 다음과 같이 수정된다.

$$e_t(s) = \begin{cases} 0, & \text{if } s_t \neq s \\ 1, & \text{if } s_t = s \end{cases}$$

이는 현재의 바로 직전 상태의 적정성추적값만 1이며, 나머지는 0이 된다는 뜻이다. 따라서 $\alpha\delta_t e_t(s)$ 값은 다음과 같다.

$$\alpha \delta_t e_t(s) = \begin{cases} 0, & \text{if } s_t \neq s \\ \alpha \cdot \delta_t \cdot 1, & \text{if } s_t = s \end{cases}$$

따라서 이 경우에 식 (4.30) 가치값 업데이트 식은 다음과 같으며, 이는 TD(0)의 업데이트 식(식 (4.13))과 동일하다.

$$v(s) \leftarrow v(s) + \alpha\delta_t$$

반면에 후방향 TD(λ) 학습에서 $\lambda = 1$일 때에는 식 (4.28)은 다음과 같이 수정된다.

$$e_t(s) = \begin{cases} \gamma e_{t-1}(s), & \text{if } s_t \neq s \\ \gamma e_{t-1}(s) + 1, & \text{if } s_t = s \end{cases}$$

어떤 에피소드에서 상태 s는 단계 k에서 한 번 방문을 하며, 최초방문 몬테카를로 방법을 사용한다고 가정하자. 그러면 $e_t(s)$ 값은 다음과 같다.

$$e_t(s) = \begin{cases} 0, & \text{if } t < k \\ \gamma^{t-k}, & \text{if } t \geq k \end{cases}$$

이는 이전 상태의 TD 에러가 스텝별로 γ 만큼씩 감소함을 의미한다. 즉, 현재 타임스텝에서 k 스텝 떨어진 TD 에러는 γ^k 만큼 감소한다. 따라서 k 스텝까지의 $\alpha\delta_t e_t(s)$의 값을 누적하면 다음의 값이 된다.

$$\sum_{t=1}^{T-1} \alpha\delta_t e_t(s) = \alpha \sum_{t=k}^{T-1} \gamma^{t-k} \delta_t = \alpha(G_k - v(s_k)) \tag{4.31}$$

따라서 업데이트 식은 다음과 같은 식이 되며 이는 최초방문 몬테카를로와 방법이 동일하다.

$$v(s) \leftarrow v(s) + \alpha(G_t - v(s)) \tag{4.32}$$

이와 같이 TD(λ) 학습에서 $\lambda = 1$인 경우의 학습을 **TD(1)** 학습이라 한다. $\lambda = \gamma = 1$인 경우에는 할인되지 않는 보상값을 사용하는 몬테카를로 방법이 된다. 이 방법은 최초방문 몬테카를로 방법과 같다. 모든 방문 몬테카를로 방법의 경우는 식 (4.31)의 값을 에피소드상의 모든 상태 s에 대해 합산을 한 후에 그 합산된 값을 이용해 식 (4.32)로 업데이트하면 된다.

TD(1) 학습은 몬테카를로 방법과 동일하게 작동하지만 기존의 몬테카를로 방법에 비해 몇 가지 장점을 가진다. 기존의 몬테카를로 방법은 종료상태가 존재해야만 적용할 수 있는데 비해 이 방법은 종료상태가 없는 환경에서도 적용할 수 있다. 또한 TD(1) 학습은 연속적인 행동에 대해서도 적용할 수 있는 장점이 있다. 그리고 각 단계마다 업데이트가 가능하므로 (종료상태까지 기다릴 필요없이) 온라인학습이 가능하다. 이러한 후방향 TD(λ) 학습의 기본 코드는 그림 4.8과 같다.

알고리즘: 후방향 TD(λ) 학습

```
초기화 v(s) = 0
repeat (모든 에피소드에 대해)
    e(s) = 0   ∀s∈S
    초기화 s
    repeat (에피소드의 모든 단계에 대해)
        상태 s에서 정책 π 따라 행동 a 수행
        보상값 r과 다음 상태 s′ 관찰
        δ ← r + γv(s′)−v(s)
        e(s) ← e(s) + 1
        for 모든 상태 s에 대해
            v(s) ← v(s) + αδe(s)
            e(s) ← γλe(s)
        end for
        s ← s′
    until s가 종료상태까지
end repeat
```

그림 4.8 후방향 TD(λ) 학습 기본코드

전방향 TD(λ) 학습과 후방향 TD(λ) 학습은 오프라인으로 수행할 경우 동일한 학습방법이 되는 것으로 알려져 있다. 하지만 이들을 온라인으로 학습할 때는 약간의 차이가 있다. 이에 따라 **트루 온라인 TD(λ)**(true online TD(λ)) [Seijen and Sutton, 2014] 방법에서는 기존의 적정성추적 식을 약간 수정한 새로운 형태를 제시했다. 이 방법은 온라인에서도 전방향 TD(λ) 학습과 후방향 TD(λ) 학습이 동일하게 학습됨을 보였다.

치환 추적

그리고 참고로 식 (4.28) 적정성추적의 값은 해당 상태를 방문할 때마다 그 값이 1만큼씩 증가한다. 이러한 방식은 알고리즘이 진행하면서 적정성추적의 값이 계속 증가하는 단점이 있다. 따라서 이러한 방식 대신에 상태를 방문할 때에 적정성추적의 값을 1로 리셋(reset)하는 방식을 쓰기도 한다.

$$e_t(s) = \begin{cases} \lambda\gamma e_{t-1}(s), & \text{if } s_t \neq s \\ 1, & \text{if } s_t = s \end{cases}$$

이러한 적정성추적의 방식을 **치환추적**(replacing trace)이라 하며, 이는 적정성추적의 값이 [0,1] 범위로 정규화(normalize)되는 효과가 있다. 이 방법은 경우에 따라서 기존의 방식보다 좋은 성능을 보인다고 알려져 있다.

4.7 요약

모델프리 환경은 환경의 다이내믹 변수들을 알 수 없으므로 동적 프로그래밍 방법을 사용할 수 없다. 따라서 다른 방법으로 예측이나 컨트롤 작업을 해야 한다. 모델프리에서 정책평가는 주로 몬테카를로 방법, TD 방법, TD(λ) 방법 등을 사용한다.

몬테카를로 방법은 에이전트가 실제로 특정 정책에 따라 종료상태까지 진행을 한 후에 리턴값을 이용해 가치값들을 계산한다. 몬테카를로 방법에는 방문하는 상태의 업데이트 방식에 따라서 최초방문 몬테카를로와 모든방문 몬테카를로 방법이 있다.

TD 방법은 한 단계의 행동 후에 발생하는 데이터를 이용해 가치값들을 매번 업데이트해 나간다. TD 방법은 다음 상태의 가치값 예측치를 사용해 학습을 하므로 부트스트랩 방법의 일종이다.

몬테카를로 방법과 TD 방법은 배치의 형태로 학습이 가능하며 이 경우 몬테카를로 배치 방법은 MSE 에러를 최소화시키는 학습의 방향으로 수렴한다. TD 배치 방법은 최대적합도를 최대화시키는 파라미터들(전이확률 및 보상값)을 구하도록 학습이 진행된다.

정책평가를 위한 또 다른 방법은 TD(n) 학습이며, 이는 TD 방법의 한 단계가 아닌 n단계의 행동에 따른 데이터를 이용해 업데이트해 나간다. 따라서 좀 더 많은 단계의 데이터를 사용함으로써 학습의 속도를 빠르게 할 수 있다. 이 방법에는 n의 값을 결정하기가 어려운 문제가 있으며, 이를 해결하기 위해 TD(λ) 방법을 사용할 수 있다. TD(λ) 방법은 여러 단계의 데이터들을 사용하지만 각기 다른 가중치를 주고 정규화해서 n의 값을 결정할 필요가 없다.

TD(λ) 방법에는 가치값 계산의 방향에 따라서 전방향 TD(λ) 방법과 후방향 TD(λ) 방법이 있다. 전방향 TD(λ) 학습은 현재의 단계에서 업데이트하지 못하고 미래의 데이터들이 생성될 때까지 기다려야 하므로 몬테카를로 방법과 유사하며 좀더 이론적인 TD(λ) 모델이다. 반면에 후방향 TD(λ) 방법에서는 적정성추적의 방법을 사용해 과거 데이터의 중요도를 자동으로 계산한다. 현재의 시점에 즉각적으로 업데이트할 수 있으므로 현실적으로 구현하기 적절하다.

참고문헌

[Sutton and Barto, 2018] Richard S. Sutton and Andrew G. Barto, Reinforcement Learning: An Introduction, 2nd edition, A Bradford Book, 2018

[Seijen and Sutton, 2014] Harm van Seijen and Richard S. Sutton, True Online TD(λ), International Conference on Machine learning, 2014

CHAPTER

05

모델프리 컨트롤

강화학습의 목표는 최종적인 보상값을 최대화하는 행동들을 학습하는 것이고, 이러한 행동은 정책에 의해서 선택된다. 따라서 강화학습의 궁극적인 목표는 최적의 정책을 찾는 것이다. 하지만 여기에 딜레마가 있다. 현재 평가하고자 하는 어떤 정책(target policy)이 최적의 정책인지를 알려면 이 정책을 따라서 계속 행동을 하면서 그 정책의 성능을 실험해 봐야 한다는 것이다. 또, 현재 시험하는 정책보다 더 좋은 새로운 정책이 있는지를 찾아보아야 하는 문제가 있다. 그러기 위해서는 현재의 정책이 아닌 새로운 정책에 따른 행동(behavior policy)을 시험해 봐야 한다.

결국 강화학습에서는 현재의 정책에 따라 행동을 하면서도 동시에 새로운 정책을 시도해 보아야 하는 것이다. 여기서 현재 선택해서 평가를 하고 있는 정책을 **목표정책**(target policy)이라 하고, 에이전트가 실제 행동을 하는 정책을 **행동정책**(behavior policy)이라 한다.

목표정책은 에이전트가 어떤 특정한 정책에 대해 이 정책이 얼마만큼 좋은 정책인지 그 성능을 평가한다(즉 그 정책을 이용한 가치값들의 계산). 기본적으로는 해당 목표정책에 따라서 행동을 하면서 가치값들을 계산해서 정책의 평가를 한다. 목표정책은 우리가 궁극적으로 찾는 최적정책을 말하므로 대부분 **결정적 정책**(deterministic policy)이다.

반면에 행동정책은 에이전트가 학습에서 실제로 다음 행동을 선택할 때에 사용하는 정책이다. 에이전트는 실제 행동을 선택할 때는 행동정책에 따라서 행동을 한다. 그리고 행동정책은 새로운 정책을 찾기 위한 정책이므로 대부분 **확률적 정책**(stochastic policy)이다.

온정책과 오프정책

강화학습에서는 목표정책과 행동정책이 동일한 학습 방법을 온정책(on-policy)이라고 하며(예: Sarsa), 다른 경우를 오프정책(off-policy)이라고 한다(예: Q 학습).

강화학습에서 **온정책**은 현재 평가를 하고 있는 목표정책과 실제 에이전트가 행동하는 행동정책이 동일한 경우를 말한다. 즉 에이전트는 어떠한 목표정책이 정해지면 이 목표정책에 정해진 대로 (목표정책과 행동정책이 동일하므로) 행동을 한다. 그리고 그에 따른 피드백들을 이용해 해당 정책의 평가(가치값의 계산)를 진행한다. 하지만 이 경우 이들 목표정책이 완전히 결정적 정책(deterministic policy)이면 특정한 상태에서는 항상 같은 행동을 선택하게 된다. 따라서 이런 경우에는 정책의 변동이 발생하지 않아서 새로운 정책에 대한 학습이 진행되지 않는다. 따라서 온정책에서는 완전한 결정적인 정책을 사용하지는 않으며, 어느 정도의 임의(exploration)를 허용하는 정책을 이용해 학습을 진행해야 한다.

오프정책(off-policy)은 목표정책과는 다른 행동정책이 존재하며, 이 행동정책에 따라서 행동하며 목표정책의 성능을 평가한다. 오프정책에서 에이전트는 좀 더 자유롭게 행동정책에 따라서 행동을 선택하면서 학습을 진행한다. 대부분의 오프정책에서 목표정책은 탐욕정책(greedy policy)을 사용하고, 행동정책은 좀 더 탐험적인 정책(예: ε-greedy)을 사용한다.

오프정책은 온정책에 비해 몇 가지 장점이 있다. 첫 번째, 오프정책은 **배치 학습**(batch learning)이 가능하다. 이전의 다른 데이터(다른 정책에 의해서 수행된 데이터)들을 이용해 학습을 수행할 수 있으므로 좀더 많은 학습 데이터를 용이하게 확보할 수 있다. 따라서 학습에 사용하는 데이터의 양을 쉽게 증가시킬 수 있다. 실제로 에이전트에서 직접 행동을 통해 데이터를 생성하는 것은 경우에 따라서 많은 비용과 노력이 필요하므로 이점은 오프정책의 좋은 장점이 된다.

오프정책의 두 번째 장점은 외부에서 주어지는 정보(예: 보상값)들을 학습에 활용할 수 있다는 것이다. 이는 강화학습에서 활용할 수 있는 데이터의 범위를 획기적으로 확대할 수 있는 장점이다. 예를 들어서 외부의 어떤 기계나 혹은 사람 등에 의해서 실제 실험이 진행되고 측정된 데이터들을 현재의 에이전트 학습의 데이터로 사용할 수 있다. 이는 또한 에이전트의 학습과 데이터의 생성작업을 분리해서 수행할 수 있는 추가적인 장점이 될 수 있다.

오프정책에서 한 가지 고려해야 할 사항은 오프정책의 목표정책을 π 행동정책을 b라고 할 때, 임의의 상태 s와 행동 a에 대해 $\pi(a|s) > 0$인 경우에는 항상 $b(a|s) > 0$을 만족해야 한다는 것이다. 즉, 목표정책의 특정 상태에서 특정 행동을 수행할 확률이 0이 아니면(이 행동을 수행할 가능성이 조금이라도 있으면), 실제로 행동정책에서 이 행동을 수행할 확률도 반드시 0이 아니어야 한다.

참고로 온정책 학습 방법은 항상 학습이 수렴하는 특징이 있으며, 오프정책 학습의 경우는 대부분 수렴을 하지만 제한된 경우에 수렴하지 않을 수 있다.

5.1 몬테카를로 일반화된 정책반복

5장에서는 모델프리 환경에서 최적의 정책을 찾는 컨트롤의 방법에 대해 설명한다. 먼저 3.6절에서는 모델기반의 환경에서 일반화된 정책반복을 사용해 최적의 정책을 찾을 수 있었다.

3.6절에서 이미 설명했듯이 일반화된 정책반복(generalized policy iteration)은 정책평가(policy evaluation)와 정책향상(policy improvement)의 두 단계로 구성되어 있다. 이들 각 단계들을 다양한 수준으로 번갈아 수행하면서 최적의 가치값과 정책에 수렴한다. 이러한 일반화된 정책반복 방법은 궁극적으로 최적의 정책에 수렴함이 알려져 있다. 따라서 먼저 모델프리 컨트롤에서도 일반화된 정책반복 방법을 사용해 최적 정책을 찾는다.

그러면 일반화된 정책반복 방법을 이용해 최적의 정책을 구하는 구체적인 방법에 대하여 알아보자. 먼저 여기서는 일반화된 정책반복 방법에서 (다음과 같이) 정책평가의 단계에서는 몬테카를로 정책평가의 방법을 사용하고 정책향상의 단계에서는 탐욕연산을 사용하는 방법을 설명한다.

1) 정책평가: **몬테카를로** 방법으로 상태가치값($v(s)$ 값)을 계산
2) 정책향상: **탐욕연산**(greedy)을 이용한 정책향상

그림 5.1은 이러한 일반화된 정책반복 방법의 내용을 보여준다.

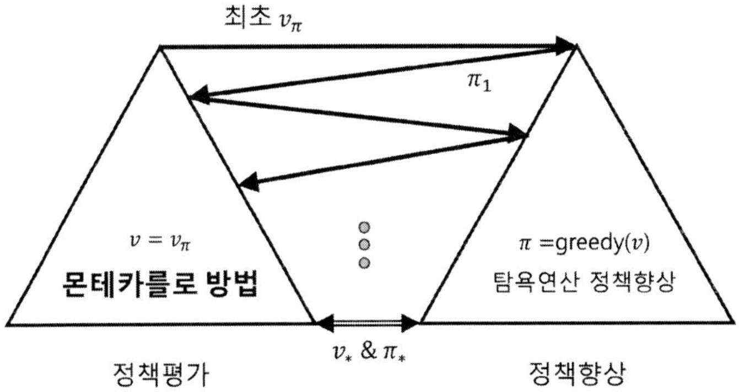

그림 5.1 몬테카를로 방법의 일반화된 정책반복

그림 5.1의 정책평가에서는 몬테카를로 방법으로 상태가치값을 계산해서 정책을 평가하고 있다. 그리고 정책향상 단계에서는 (정책평가 단계에서 계산된) 상태가치값을 이용해 탐욕 연산(greedy)으로 정책을 향상시킨다.

하지만 모델프리 환경에서는 정책향상에서 탐욕연산(greedy)으로 행동을 선택할 때 상태가치값으로는 행동을 결정할 수 없다. 그 이유는 상태가치값을 이용해 최적의 행동을 선택할 때는 다음의 식을 이용해 행동을 선택해야 하기 때문이다. 즉 (정책평가에서 계산된) 상태가치값을 환경의 변수인 보상값 R_s^a과 전이확률값 $P_{ss'}^a$ 과 결합하여 정책의 확률값 $\pi'(s)$을 계산한다.

$$\pi'(s) = \underset{a \in A}{\operatorname{argmax}}\ R_s^a + \gamma P_{ss'}^a\ v_\pi(s') \tag{5.1}$$

하지만 모델프리 환경에서는 (정책향상에서 탐욕연산으로 행동을 선택할 때) 식 (5.1)에서 $P_{ss'}^a$ 와 R_s^a 값을 모른다. 따라서 $\pi'(s)$ 값을 계산할 수 없으며 어떤 행동이 v_π 값을 최대화하는 행동인지를 알 수 없다.

이와 같은 이유로 모델프리 컨트롤의 정책향상에서는 상태가치값이 아닌 **행동가치값**을 이용해 행동을 선택해야 한다. 행동가치값을 이용하면 식 (5.2)와 같이 $q_\pi(s, a)$ 값을 최대화하는 행동을 직접 선택할 수 있다. $P_{ss'}^a$ 와 R_s^a 값을 알 필요가 없으므로 모델프리 환경에서도 사용할 수 있다.

$$\pi'(s) = \underset{a \in A}{\operatorname{argmax}}\ q_\pi(s, a) \tag{5.2}$$

이와 같이 모델프리 환경에서는 정책향상의 단계에서 행동가치값에 의해서만 작업이 가능하므로 당연히 정책평가의 단계에서도 (상태가치값 대신에) 행동가치값을 이용해 정책을 평가해야 한다. 따라서 우리는 그림 5.1의 방법을 수정해 정책평가에서 상태가치값 대신에 행동가치값을 계산해 정책을 평가하도록 수정을 해야 한다.

이와 같은 내용으로 수정된 일반화된 정책반복(generalized policy iteration)의 방법은 다음과 같다. (상태가치값이 행동가치값으로 수정됨)

1) **정책평가**: 몬테카를로 방법으로 **행동가치값**($q_\pi(s, a)$ 값)을 계산
2) **정책향상**: 탐욕연산(greedy)을 이용한 정책향상

그림 5.2는 이와 같은 정책반복 방법을 그림으로 설명한다.

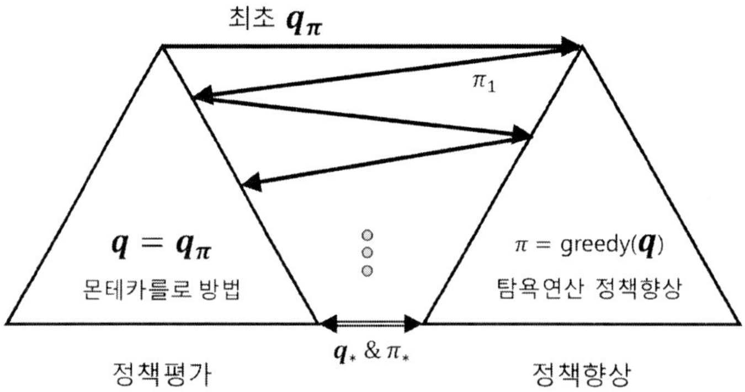

그림 5.2 행동가치값 몬테카를로 방법

5.2 ε-탐욕방법 정책향상

하지만 이러한 정책반복의 방법은 다음과 같은 문제점을 가지고 있다. 우선 정책향상 단계에서 탐욕적 방법을 사용하면 정책향상은 항상 결정적(deterministic) 정책만을 생성한다. 따라서 정책평가의 단계에서도 당연히 (정책향상에서 생성된) 결정적 정책만을 이용해 평가한다. 그러면 현재의 (결정적) 정책에서 선택하지 않는 새로운 행동은 전혀 선택할 수 없는 문제가 발생한다. 따라서 정책향상에서 탐욕적인 방법으로만 행동을 선택하면 이미 수행했던 행동들만 반복적으로 수행하게 된다. 모델프리에서 사용하는 행동가치값(q)은 실제 정확한 값이 아닌 예측치이다. 따라서 이러한 예측치를 기반으로 항상 탐욕적인 선택만을 하게 되면 우리는 새로운 행동을 찾을 수 없게 되며 따라서 최적의 행동을 찾을 수가 없다. 현재 가장 좋은 값이 미래에도 가장 좋은 값이라는 보장은 없기 때문이다.

이와 같은 이유로 정책향상에서는 기본적으로는 탐욕적인 방법을 사용하지만 어느 정도의 (새로운 행동을 선택할 수 있는) 탐험(exploration)의 요소가 포함된 새로운 정책향상 방법이 필요하다. 이러한 요구를 충족하는 정책향상의 대표적인 방법이 **ε-탐욕방법**(ε-greedy)이다. 이는 간단한 정책향상의 방법으로서 기존의 정책을 따라서 행동하지만(exploitation) 동시에 어느 정도의 새로운 행동을 탐험하는(exploration) 특징을 가졌다.

ε-탐욕방법은 $1-\varepsilon$의 확률로 기존의 탐욕방법(greedy)을 사용해 정책향상을 수행하고, ε의 확률로 전체 행동 중에서 임의로 행동을 선택하는 방법이다(ε는 아주 작은 값). 즉 ε-탐욕방법을

사용하는 정책은 다음과 같이 정의할 수 있다(m은 행동의 개수).

$$\pi(a|s) = \begin{cases} 1-\varepsilon+\dfrac{\varepsilon}{m}, & \text{if } a = \underset{a' \in A}{\operatorname{argmax}}\ q_\pi(s,\ a') \\ \dfrac{\varepsilon}{m}, & \text{otherwise} \end{cases} \tag{5.3}$$

이 식의 의미는 1) 먼저 q_π이 최대가 아닌 행동들은 임의의 행동 선택에 의해서만 선택될 수 있으며 이때 선택되는 확률은 $\frac{\varepsilon}{m}$이다(ε-탐욕방법의 정의에 의해서 ε의 확률로 임의의 행동을 선택하며 이때에 m개의 행동에서 임의로 선택한다). 2) q_π이 최대인 행동($\operatorname{argmax}_{a' \in A} q_\pi(s, a')$)은 ε-탐욕방법의 정의에 의해서 $1-\varepsilon$의 확률로 선택된다. 그리고 앞의 1)에서의 임의 행동 선택에 의해서도 선택될 수 있다. 따라서 이 행동의 선택 확률은 $1-\varepsilon + \frac{\varepsilon}{m}$이다.

그림 5.2의 일반화된 정책반복(generalized policy iteration)은 정책향상의 탐욕연산 대신에 ε-탐욕방법을 사용하여 다음과 같이 수정한다.

1) **정책평가**: 몬테카를로 방법으로 행동가치값($q_\pi(s, a)$ 값)을 계산
2) **정책향상**: ε-**탐욕방법**을 이용한 정책향상

그림 5.3은 그림 5.2의 정책반복 방법에서 정책향상을 ε-탐욕방법으로 수정한 내용을 보여준다.

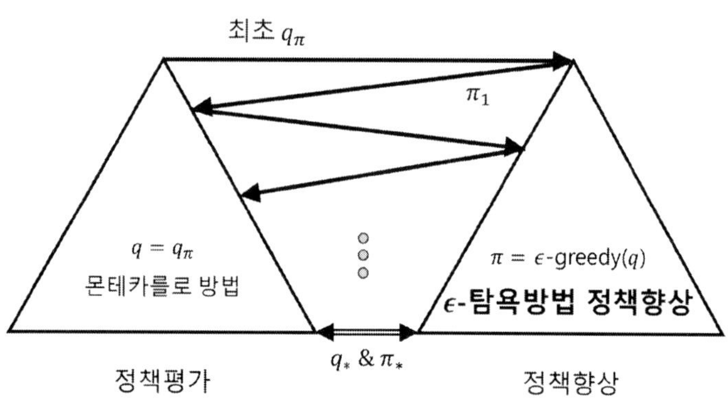

그림 5.3 몬테카를로 ε–탐욕방법 정책향상

ε-탐욕방법으로 정책향상을 하는 경우에는 항상 최적의 행동만을 선택하지는 않으며 어느 수준의 임의 행동(exploration)을 포함한다. 즉, 가끔씩 (ε의 확률로) 최적이 아닌 행동을 선택하게 된다.

모델프리 컨트롤에서 학습의 목표는 최적의 정책을 찾는 것이다. 하지만 ε-탐욕방법과 같이 가끔씩 최적이 아닌 행동을 선택하는 방법을 사용해도 최적의 정책을 찾을 수 있는지를 확인해야 한다. ε-탐욕방법으로 새로운 정책향상을 했는데 이전 정책보다도 나쁘다면 이 방법을 사용하는 의미가 없기 때문이다. 그래서 정책향상 단계에서 ε-탐욕방법으로 생성된 새로운 정책이 이전보다 항상 향상된 정책인지를 확인해 보자. 이와 관련해 다음과 같은 정리(theorem)가 있다.

정리 특정 정책 π에서 (q_π 값을 기준으로) ε-탐욕방법을 사용해 생성된 정책 π'은 이전 정책 π 보다 항상 더 좋은 정책이다. 즉, 모든 상태 s에 대해 $v_{\pi'}(s) \geq v_\pi(s)$이다.

증명 ε-탐욕방법을 사용해 생성된 정책을 π'라 하면, ε-탐욕방법의 정의(식 (5.3))에 의해 다음이 성립한다(m은 행동의 개수).

$$q_\pi(s,\ \pi'(s)) = \sum_a \pi'(a|s) q_\pi(s,\ a) = \frac{\varepsilon}{m} \sum_a q_\pi(s,\ a) + (1-\varepsilon) \max_a q_\pi(s,\ a) \tag{5.4}$$

식 (5.4)의 오른쪽 식에서 첫 번째 항은 행동의 임의 선택 부분을 의미하고, 두 번째 항은 탐욕연산(q_π 값이 최대가 되는 행동을 선택) 부분을 의미한다.

$$q_\pi(s,\ \pi'(s)) = \frac{\varepsilon}{m} \sum_a q_\pi(s,\ a) + (1-\varepsilon) \max_a q_\pi(s,\ a) \frac{1-\varepsilon}{1-\varepsilon}$$

이 식에서 오른쪽 항은 ε-탐욕방법에서 q_π 값이 최대인 행동을 선택하는 경우이다. q_π 값이 최대인 행동을 a_*라고 하자. 식 (5.3) 에 의해서 $\pi(a_*|s) = 1-\varepsilon + \frac{\varepsilon}{m}$이며 나머지 행동들 a에 대해서는 $\pi(a|s) = \frac{\varepsilon}{m}$ 이다. 따라서 다음 식이 성립한다.

$$\begin{aligned}\sum_a (\pi(a|s) - \varepsilon/m) &= \sum_{a \neq a_*} (\pi(a|s) - \varepsilon/m) + \sum_{a = a_*} (\pi(a|s) - \varepsilon/m) \\ &= (0) + (1 - \varepsilon + \frac{\varepsilon}{m} - \frac{\varepsilon}{m}) = 1 - \varepsilon\end{aligned}$$

따라서

$$q_\pi(s,\ \pi'(s)) = \frac{\varepsilon}{m} \sum_a q_\pi(s,\ a) + (1-\varepsilon) \max_a q_\pi(s,\ a) \frac{\sum_a (\pi(a|s) - \varepsilon/m)}{1-\varepsilon}$$

그리고 $\max_a q_\pi(s,\ a) \geq q_\pi(s,\ a)$이므로 위의 식은 다음의 부등식으로 표현된다.

$$q_\pi(s,\ \pi'(s)) \geq \frac{\varepsilon}{m}\sum_a q_\pi(s,\ a) + \sum_a(\pi(a|s) - \varepsilon/m)\, q_\pi(s,\ a)$$
$$= \sum_a \pi(a|s) q_\pi(s,\ a) = v_\pi(s)$$

여기서 $v_{\pi'}(s) \geq q_\pi(s, \pi'(s))$이 성립하므로, 모든 상태 s에 대해 다음 식이 성립한다.

$$v_{\pi'}(s) \geq v_\pi(s)$$

따라서 새로운 정책 π'은 기존의 정책 π 보다 항상 좋은 정책임을 알 수 있다.

5.2.1 ε–탐욕방법을 사용하는 몬테카를로 일반적 정책반복

앞의 정리에 의해 정책향상의 단계에서 ε-탐욕방법을 사용하면 항상 더 좋은 정책을 생성하는 것을 알 수 있다. 즉, 정책평가의 단계는 몬테카를로 방법을 사용해 행동가치값들을 계산하고 (이때 행동가치값들은 값이 최종 수렴할 때까지 계산을 진행) 정책향상에서는 ε-탐욕방법을 사용해 정책을 수정(향상)시킨다. 이러한 일반화된 정책반복(generalized policy iteration) 방법을 이용해 모델프리 환경에서도 계속적으로 정책을 향상시킬 수 있으며, 궁극적으로 최적의 정책을 찾을 수 있다.

하지만 이 방법에 단점이 하나 있는데, 정책평가의 단계에서 행동가치값(q_π)을 계산할 때 수렴할 때까지 계산을 계속한다는 것이다. 이는 많은 계산을 필요로 하며, 비효율적이다. 무엇보다도 정책향상 단계에서는 최종 수렴된 정확한 q_π을 필요로 하지 않으며, 수렴의 중간단계 값을 사용해서 정책향상을 수행해도 문제가 없다. 따라서 정책평가의 단계에서는 미리 정해진 횟수만큼의 정책평가작업만을 하고 이 중간값을 정책향상에 전달해도 최적의 정책

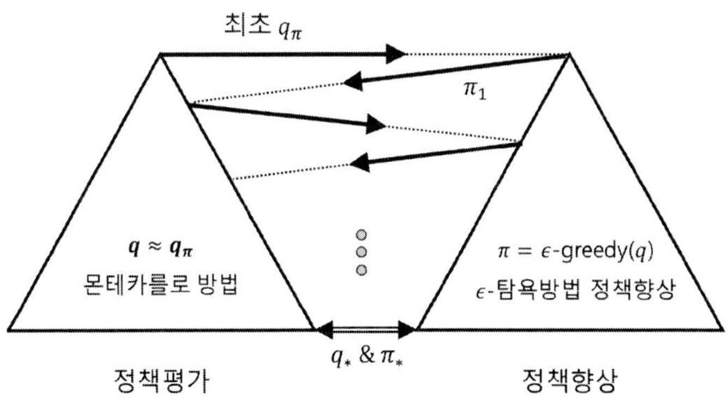

그림 5.4 중간값 사용 몬테카를로 ε–탐욕방법 정책향상

을 찾을 수 있다.

그림 5.4는 그림 5.3의 정책반복 방법을 수정해서 정책평가 단계에서 수렴하지 않은 중간값을 사용하는 정책반복 방법을 보여준다. 그림 5.4에서의 점선은 정책평가의 몬테카를로 방법에서 (행동가치값들을 수렴할 때까지 계산하지 않고) 일정 부분만 계산한 중간값을 정책향상 부분에 전달함을 의미한다.

5.2.2 GLIE

ε-탐욕방법으로 정책향상을 하면 항상 이전보다 좋은 정책으로 생성할 수 있음을 알 수 있었다. 여기서는 ε-탐욕방법의 좀더 일반화된 형태인 **GLIE**(greedy in the limit with infinite exploration) 학습방법에 대해 알아보자. 먼저 GLIE 학습방법을 정의하면 다음과 같다.

정의 정책 π는 다음의 두 가지 조건을 만족하면 GLIE 정책으로 정의된다.

1) 모든 상태-행동의 짝이 충분한 숫자로 많이 수행된다. 즉, $n_k(s, a)$를 상태 s에서 행동 a를 수행한 횟수라고 하면 다음 조건이 만족해야 한다(k는 반복의 수를 의미한다).

$$\lim_{k \to \infty} n_k(s, a) = \infty \tag{5.5}$$

2) 정책 π는 횟수가 진행하면서($k \to \infty$) 탐욕 정책에 수렴한다. 즉, 정책향상의 횟수가 증가할수록 정책향상이 탐욕연산에 수렴해야 한다.

$$\lim_{k \to \infty} \pi_k(a|s) \to \operatorname*{argmax}_{a'} q_k(s, a') \tag{5.6}$$

예를 들어서 ε-탐욕방법의 경우에 ε의 값을 $\varepsilon_k = \frac{1}{k}$와 같이 정의하면 ε-탐욕방법은 GLIE 정책에 속한다. 따라서 ε-탐욕방법에서 $\varepsilon_k = \frac{1}{k}$의 방법으로 정책향상을 하면 항상 더 좋은 정책을 생성함을 알 수 있다.

GLIE를 사용하는 몬테카를로 컨트롤

정책평가는 몬테카를로를 사용하고 정책향상은 GLIE를 사용하는 **일반화된 정책반복**(generalized policy iteration) 방법은 다음과 같다.

1) 정책 π를 사용해 k개의 에피소드 $\{s_1, a_1, r_2, \ldots s_T\} \sim \pi$를 생성한다.

2) 에피소드 내의 각 상태 s_t 행동 a_t에 대해 다음을 계산해 Q 값을 업데이트한다.

$$n(s_t, a_t) \leftarrow n(s_t, a_t)+1$$
$$q(s_t, a_t) \leftarrow q(s_t, a_t) + \alpha_t(G_t - q(s_t, a_t))$$

여기서 $\alpha_t = \frac{1}{n(s_t, a_t)}$ 혹은 $\alpha_t = \frac{1}{k}$를 사용해 GLIE 조건을 만족시킨다.

3) 아래의 ε값을 사용하는 ε-탐욕방법을 사용해 새로운 정책을 생성한다.

$$\varepsilon \leftarrow 1/k$$
$$\pi \leftarrow \varepsilon\text{-탐욕방법}(q)$$

이와 같이 GLIE 방법을 사용해 몬테카를로 컨트롤을 수행하면 항상 최적의 행동가치값을 구할 수 있음을 다음 정리에서 알 수 있다.

정리 GLIE 몬테카를로 컨트롤은 최적의 행동가치값에 수렴한다. 즉, $q(s, a) \rightarrow q_*(s, a)$

5.3 TD 학습

지금까지 모델프리의 정책평가에 있어서 몬테카를로 방법을 사용하는 경우를 살펴봤다. 몬테카를로 방법을 이용한 모델프리 컨트롤 작업은 1) 정책평가에서는 몬테카를로 방법으로 q 값을 계산하고, 2) 정책향상에서는 (GLIE 방법의 일종인) ε-탐욕방법을 사용했다. 모델프리 정책평가에서 사용할 수 있는 또 다른 방법은 **TD 학습**(temporal difference learning, TD learning) 방법이다. 여기서는 정책평가 과정의 몬테카를로 방법 대신에 TD 방법을 사용하는 모델프리 컨트롤 방법을 설명한다.

TD 학습은 몬테카를로에 비해 몇 가지 장점이 있다. 첫 번째, TD 학습은 몬테카를로보다도 낮은 분산값(variance)을 가진다. 점진적 학습에서 분산값이 크면 수렴하기보다는 진동(fluctuate)하는 현상이 발생하기 쉬우며 따라서 학습이 비효율적이다. 이와 같이 점진적 학습에서 분산의 값을 줄이는 것은 중요한 문제이다. 두 번째, TD 학습은 몬테카를로 방법과 달리 종료 상태가 없는 환경에서도 수행할 수 있다. 한 단계의 행동에 대한 데이터를 이용해 학습을 하므로 종료 상태까지 기다릴 필요가 없다.

Sarsa 알고리즘은 아래의 두 조건을 만족하면 최적의 행동가치값에 수렴한다는 것이 알려져 있다:

1) 정책 $\pi_t(a\,|\,s)$가 GLIE 조건을 만족함.
2) 스텝간격(step size) α_t가 다음의 조건(Robbins-Monro sequence)를 만족함.

$$\sum_{t=1}^{\infty}\alpha_t=\infty \qquad \sum_{t=1}^{\infty}\alpha_t^2<\infty \tag{5.8}$$

예를 들어서 α_t = $1/t$의 경우는 위의 조건들을 만족한다. 따라서 α_t = $1/t$인 Sarsa 알고리즘은 항상 최적의 행동가치값에 수렴한다.

기댓값 Sarsa

앞에서 설명한 바와 같이 $q(s_{t+1}, a_{t+1})$의 값은 (특히 학습의 초기에) 정확한 값이 아니고 예측치이다. 따라서 Sarsa의 방법 중에는 $q(s_{t+1}, a_{t+1})$ 값 대신에 상태 s_{t+1}에서 가능한 모든 행동에 대한 q 값들의 평균값을 사용하는 Sarsa 방법이 있다. 이와 같이 각 q 값에 대한 평균값을 사용해 업데이트하는 Sarsa 방법을 **기댓값 Sarsa**(expected Sarsa)라 한다. 기댓값 Sarsa의 업데이트 식은 다음과 같다.

$$q(s_t,\ a_t)\leftarrow q(s_t,\ a_t)+\alpha\Big(r_{t+1}+\gamma\underbrace{\sum_{a'}\pi(a'|s_{t+1})q(s_{t+1},\ a')}-q(s_t,\ q_t)\Big) \tag{5.9}$$

상태 s_{t+1}에서 모든 행동 a'에 대한 q값의 평균

기본 Sarsa의 식 (5.7)에서는 상태 s_{t+1}에서 (정책 π에 의해서 선택된) 한 개의 행동 a_{t+1}에 대한 행동가치값 $q(s_{t+1}, a_{t+1})$ 을 사용하고 있다. 하지만 이 값은 예측치이므로 오류를 포함할 가능성이 높다. 따라서 기댓값 Sarsa에서는 기본 Sarsa의 식 (5.7)에서 $q(s_{t+1}, a_{t+1})$ 항 대신에 $\Sigma_{a'}\pi(a'\,|\,s_{t+1})q(s_{t+1}, a')$ 항을 사용한다. 이는 $q(s_{t+1}, a_{t+1})$를 사용하기보다는 상태 s_{t+1}에서 가능한 모든 행동에 대해 q의 평균 $\Sigma_{a'}\pi(a'\,|\,s_{t+1})q(s_{t+1}, a')$을 사용해 오차를 줄이기 위해서다. (한 개보다는 여러 개의 값으로 구한 평균이 오차가 작을 확률이 높다) 그림 5.8은 기댓값 Sarsa 방법을 그림으로 표현했다.

기본적인 Sarsa 방법은 온정책 알고리즘이지만 기댓값 Sarsa는 여러 행동을 수행한 후에 업

데이트를 하므로 오프정책 알고리즘이다.

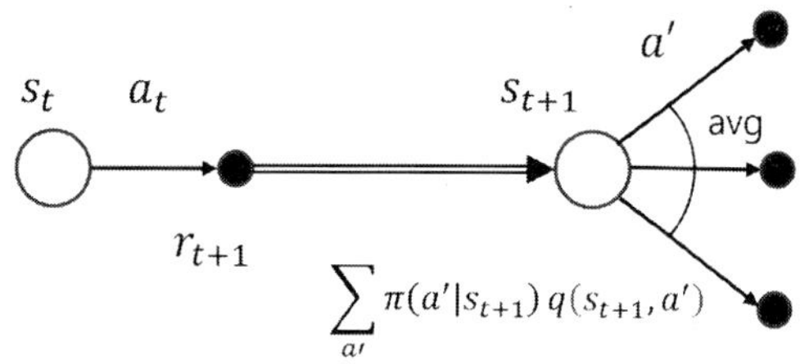

그림 5.8 기댓값 Sarsa

5.5 Sarsa(λ) 학습

5.5.1 전방향 Sarsa(λ)

TD(λ) 학습과 마찬가지로 Sarsa에서도 n 스텝 리턴값과 λ 리턴값을 계산할 수 있으며 이를 이용한 Sarsa(λ) 학습 방법을 사용할 수 있다. 먼저 TD(λ) 학습과 마찬가지로 스텝 수 n에 따라 행동값 기반 리턴값을 계산해 보자. (q_t는 $q_t(s_t, a_t)$를 의미함)

$$
\begin{aligned}
&n = 1 \quad \text{(Sarsa)} \quad && q_t^{(1)} = R_{t+1} + \gamma q(s_{t+1}, a_{t+1}) \\
&n = 2 && q_t^{(2)} = R_{t+1} + \gamma R_{t+2} + \gamma^2 q(s_{t+2}, a_{t+2}) \\
&\quad\vdots
\end{aligned}
$$

이러한 방법으로 구한 (스텝의 수가 n인) 행동값 n 스텝 리턴값은 다음과 같다.

$$q_t^{(n)} = R_{t+1} + \gamma R_{t+2} + \cdots + \gamma^{n-1} R_{t+n} + \gamma^n q(s_{t+n}, a_{t+n})$$

이처럼 행동값 n 스텝 리턴을 사용해 업데이트하는 Sarsa 학습을 ***n* 스텝 Sarsa 학습**(n step Sarsa)이라 한다. n 스텝 Sarsa 학습을 수행하는 식은 TD 학습의 업데이트 식 (4.22)에서 $G_t^{(n)}$ 대신에 $q_t^{(n)}$를 사용한다.

$$q(s_t, a_t) \leftarrow q(s_t, a_t) + \alpha\left(q_t^{(n)} - q(s_t, a_t)\right) \tag{5.10}$$

앞에서 설명한 TD(λ) 학습과 마찬가지로 Sarsa에서도 특정한 스텝의 숫자 n을 정할 필요 없이 전체 스텝의 리턴을 구해 이들의 가중 평균을 사용하는 행동값 λ-리턴(λ-return)을 구할 수 있다. (TD(λ)에서 계산한 식 (4.24) 방법과 동일한 방법으로) Sarsa에서 정규화된 가중치의 평균값을 구하면 다음과 같다.

$$q_t^{\lambda} = (1-\lambda)\sum_{n=1}^{\infty}\lambda^{n-1}q_t^{(n)} \tag{5.11}$$

이와 같은 행동값 λ-리턴을 사용하는 Sarsa 학습 방법을 Sarsa(λ)라 한다. Sarsa(λ)의 업데이트 식은 식 (5.10)에서 $q_t^{(n)}$ 대신에 q_t^{λ}를 사용한다.

$$q(s_t, a_t) \leftarrow q(s_t, a_t) + \alpha\left(q_t^{\lambda} - q(s_t, a_t)\right) \tag{5.12}$$

TD(λ) 학습과 동일한 방법으로 Sarsa에서도 행동값 기반의 절삭된 λ 리턴값을 계산하면 다음과 같다(계산 과정은 TD(λ) 학습의 식 (4.26) 방법을 참고).

$$q_t^{\lambda} = (1-\lambda)\sum_{n=1}^{T-t-1}\lambda^{n-1}q_t^{(n)} + \lambda^{T-t-1}G_t \approx \left((1-\lambda)\sum_{n=1}^{T-t-1}\lambda^{n-1}q_t^{(n)}\right) \tag{5.13}$$

5.5.2 후방향 Sarsa(λ)

지금까지 설명한 Sarsa(λ)는 **전방향 Sarsa(λ)**(forward Sarsa(λ)) 방법이며, TD(λ)와 마찬가지로 후방향(backward) Sarsa(λ) 방법도 존재한다. **후방향 Sarsa(λ)**(backward Sarsa(λ)) 방법에서는 후방향 TD(λ)와 마찬가지로 적정성추적(eligibility trace)의 방법이 사용된다. 다만 후방향 TD(λ)에서는 적정성추적값이 각 상태(state)에 대해 정의되지만 후방향 Sarsa(λ) 방법은 모델프리 환경에서 작동하므로 행동가치값을 사용해야 한다는 차이가 있다. 따라서 적정성추적값도 상태-행동(state-action) 결합에 대해 정의된다. 후방향 Sarsa(λ)의 적정성추적은 후방향 TD(λ)의 방법과 유사하며 다음과 같이 정의된다. ($e_t(s, a)$는 상태 s, 행동 a의 타임스텝 t에서 적정성추적값을 의미한다.)

$$\begin{aligned} &e_0(s, a) \leftarrow 0, \qquad \forall s \in S \\ &e_t(s, a) = \begin{cases} \lambda\gamma e_{t-1}(s, a), & \text{if } s_t \neq s \text{ or } a_t \neq a \\ \lambda\gamma e_{t-1}(s, a) + 1, & \text{if } s_t = s \text{ and } a_t = a \end{cases} \end{aligned} \tag{5.14}$$

식 (5.14)는 식 (4.28)과 거의 같은 형식을 보인다. 식 (5.14)의 의미는 먼저 에피소드의 단계마다 모든 적정성추적값 $e_{t-1}(s)$을 $\lambda\gamma$ 만큼 감소시킨다. 한 단계씩 과거로 갈 때마다 연관성이 감소하므로 적정성추적의 값을 감소시킨다는 뜻이다. 그리고 현재 상태 s, 행동 a의 적정성추적값을 1 증가시킨다.

이같은 적정성추적 방법을 사용하는 후방향 Sarsa(λ) 학습의 업데이트 식은 다음과 같다.

$$\delta_t = r_{t+1} + \gamma q(s_{t+1}, a_{t+1}) - q(s_t, a_t) \tag{5.15}$$

$$q(s, a) \leftarrow q(s, a) + \alpha\delta_t e_t(s, a) \tag{5.16}$$

그림 5.9는 후방향 Sarsa(λ) 학습의 기본코드를 보여준다.

알고리즘: 후방향 Sarsa(λ)

```
초기화 q(s, a) = 0 ∀s ∈ S, ∀a ∈ A
repeat (모든 에피소드에 대해)
   e(s, a) = 0, ∀s ∈ S, ∀a ∈ A
   초기화 s, a
   repeat (에피소드의 모든 단계에 대해)
      행동 a 수행 후에 보상값 r과 다음 상태 s′ 관찰
      상태 s′에서 q 값 기반 ε-탐욕방법을 이용해 행동 a′ 선택
      δ ← r + γq(s′, a′) − q(s, a)
      e(s, a) ← e(s, a) + 1
      for 모든 상태 s, 행동 a에 대해
         q(s, a) ← q(s, a) + αδe(s, a)
         e(s, a) ← γλe(s, a)
      end for
      s ← s′; a ← a′
   until s가 종료상태까지
end repeat
```

그림 5.9 후방향 Sarsa(λ)의 기본코드

5.6 오프정책

Sarsa를 사용한 정책평가는 **온정책**(on-policy)이다. 온정책에서는 목표정책과 행동정책이 같은 정책이므로 행동정책에서 생성된 데이터를 목표정책의 평가에 사용할 수 있다. 여기서부터는 모델프리 컨트롤 방법으로 **오프정책**(off-policy)을 이용하는 방법을 설명한다. 오프정책은 에이전트가 평가하는 정책(목표정책(target policy))과 실제로 행동하는 정책(행동정책(behavior policy))이 서로 다른 경우를 말한다. 오프정책에서는 행동정책에 의해 생성된 데이터는 목표정책과는 다른 정책의 데이터다. 따라서 목표정책의 평가에 직접 사용할 수 없다. 오프정책에서는 행동정책에서 생성된 데이터들을 목표정책의 평가에 사용할 수 있도록 하는 다른 방법이 필요하다. 이러한 오프정책의 대표적인 방법으로는 **중요도 샘플링**(importance sampling) 혹은 **Q 학습**(Q learning)을 사용한다.

5.6.1 중요도 샘플링

오프정책(off-policy)의 첫 번째 방법은 중요도 샘플링(importance sampling)이다. 목표정책을 평가하기 위해서는 목표정책에 따라 생성된 데이터를 사용해 가치값들을 계산해야 한다. 하지만 오프정책에서는 목표정책과는 다른 정책에 의해 데이터들이 생성된다.

중요도 샘플링 방법을 이용하면 (행동정책에 의해서 생성된 리턴값들을) 목표정책에 의해서 생성되었다고 가정할 경우, 기존의 리턴값들이 어떻게 수정되는지를 예측할 수 있다. 예를 들어서 몬테카를로 방법에서 어떤 행동정책으로 (목표정책과는 다른) 에피소드 데이터들을 먼저 생성한다. 하지만 이러한 데이터는 목표정책과 행동정책이 다르므로 목표정책의 평가에는 사용할 수 없다. 따라서 이러한 (행동정책에 의해 생성된) 데이터를 만약 (에이전트가) 목표정책에 따라서 생성했다고 가정했을 때 이들 데이터의 리턴값이 어떻게 수정될 수 있는지를 예측할 수 있으면 유용할 것이다. 이 경우에는 이들 행동정책에 의해서 생성된 데이터를 목표정책의 평가에 사용할 수 있을 것다. 이와 같이 특정한 확률분포에 의해서 생성된 데이터값을 다른 확률분포를 기반으로 값을 계산하는 방법을 중요도 샘플링 방법이라고 한다.

먼저 중요도 샘플링에 대한 이론적인 배경을 살펴보자. 특정한 확률분포 P에 따라서 함수의 값 $f(X)$가 분포한다고 하자. 그러면 이들의 평균값을 (P가 아닌) 다른 확률분포 Q를 기반으로 구한다.

$$E_{X\sim P}[f(X)]=\sum P(X)f(X)=\sum Q(X)\frac{P(X)}{Q(X)}f(X)=E_{X\sim Q}\left[\frac{P(X)}{Q(X)}f(X)\right] \quad (5.17)$$

여기서 $\frac{P(X)}{Q(X)}$ 는 샘플링 비율(sampling ratio) 혹은 샘플링 가중치(sampling ratio)로 불린다.

5.6.2 몬테카를로 방법에서의 중요도 샘플링

이와 같은 중요도 샘플링을 이용해 몬테카를로 방법에서 정책 A(예: 행동정책)에서 생성된 데이터를 정책 B(예: 목표정책)의 평가에 활용하는 방법에 대해서 살펴보자. 예를 들어 몬테카를로 방법으로 상태 s_t에서 (목표정책 π에 따라서) 행동들을 선택해 다음과 같은 에피소드 τ가 생성된다고 하자.

$$\tau = s_t,\ a_t,\ s_{t+1},\ a_{t+1},\ \cdots,\ s_T \quad (5.18)$$

강화학습은 MDP 모델을 따르므로 마르코프 특징(Markov property)을 가진다. 따라서 상태 s_t에서 다음 상태 s_{t+1}로의 전이는 현재 상태 s_t와 행동 a_t에 의해서만 (전이확률과 같이) 결정된다. 따라서 식 (5.18) 에피소드 τ가 생성될 확률은 마르코프 특징에 의해 다음과 같다.

$$P[\tau|s_t,\ \pi]=P[s_t,\ a_t,\ s_{t+1},\ a_{t+1},\ \cdots,\ s_T|s_t,\ \pi]=\prod_{t}^{T-1}\pi(a_t|s_t)P(s_{t+1}|s_t,\ a_t) \quad (5.19)$$

여기서 $P[s_t, a_t, s_{t+1}, a_{t+1}, \ldots, s_T|s_t, \pi]$는 상태 s_t에서 정책 π에 따라서 행동할 때에 에피소드 (5.18)이 생성될 확률을 의미한다. 그리고 $P(s_{t+1}|s_t, a_t)$는 상태 s_t에서 행동 a_t를 수행할 때 상태 s_{t+1}로 전이될 확률을 의미하고, $\pi(a_t|s_t)$는 상태 s_t에서 (목표정책 π에 따라서) 행동 a_t를 수행할 확률을 의미한다.

몬테카를로 방법에서 이와 같은 목표정책 π에 따라서 특정한 상태 s_t에서 에피소드 τ를 생성할 때 그 에피소드의 리턴값이 G_t^π이라고 하자. 그러면 동일한 상태 s_t에서 생성된 여러 에피소드 리턴값의 평균이 상태가치값의 예측치가 된다. 즉, 몬테카를로 방법에서 목표정책 π에 의한 상태 s_t의 상태가치값 예측치는 다음과 같이 정의된다.

$$v_\pi(s_t)=E_\pi[G_t^\pi]=\sum_{\tau}P(\tau|s_t,\ \pi)G_t^\pi \quad (5.20)$$

다음으로 몬테카를로에서 (목표정책과는 다른) 어떤 행동정책을 b를 사용해서 행동을 선택한다고 가정하자. 그러면 행동정책 b에 의해서 동일한 에피소드 τ(식 (5.18))가 생성될 확률은 다음과 같다.

$$P[\tau|s_t, b] = P[s_t, a_t, s_{t+1}, a_{t+1}, \cdots s_T|s_t, b] = \prod_{t}^{T-1} b(a_t|s_t)P(s_{t+1}|s_t, a_t) \tag{5.21}$$

하지만 오프정책에서는 목표정책과 다른 행동정책을 사용한다. 따라서 몬테카를로 방법에서 (목표정책 π과 다른) 목표정책 b에 따라서 특정한 상태 s_t에서 에피소드 τ를 생성할 때 그 에피소드의 리턴값이 G_t^b이라고 하자. 그러면 몬테카를로 방법에서 목표정책 b에 의한 상태 가치값 s_t의 예측치는 다음과 같이 정의된다.

$$v_b(s_t) = E_b[G_t^b] = \sum_{\tau} P(\tau|s_t, b)G_t^b \tag{5.22}$$

여기서 우리가 어떤 목표정책 π 의 성능을 평가한다고 하자. (다시 말하면 상태가치값 $v_\pi(s_t)$의 계산) 식 (5.20)을 이용해서 상태가치값 $v_\pi(s_t)$을 계산하기 위해서는 G_t^π 값을 알아야 한다. 하지만 에이전트는 (목표정책에 따라서 행동을 하지 않고) 행동정책 b에 따라서 행동을 하면서 리턴값 G_t^b을 생성했다. 결국은 G_t^b 값을 이용해서 G_t^π 값을 예측할 수 있는가의 문제이며, 이 문제를 위해 중요도 샘플링을 사용한다.

따라서 앞에서 설명한 중요도 샘플링의 식 (5.17)을 이용해 계산한다. 식 (5.17)에서 $P(X)$와 $Q(X)$를 각각 식 (5.19)와 식 (5.21)로 치환하면 다음과 같다.

$$\rho_{t:T} = \frac{\prod_{t}^{T-1} \pi(a_t|s_t)p(s_{t+1}|s_t, a_t)}{\prod_{t}^{T-1} b(a_t|s_t)p(s_{t+1}|s_t, a_t)} = \frac{\prod_{t}^{T-1} \pi(a_t|s_t)}{\prod_{t}^{T-1} b(a_t|s_t)} \tag{5.23}$$

이 식 $\rho_{t:T}$은 동일한 에피소드가 타임스텝 t에서 T(종료상태)까지에 대해 생성될 때 목표정책(π)으로 생성될 확률과 행동정책(b)으로 생성될 확률 간의 비율을 의미한다. 이러한 비율의 값은 **중요도 샘플링 비율**(importance sampling ratio)이라 한다. 식 (5.17)에서 $f(X)$는 G_t^b를 의미하므로 행동정책 b를 수행했을 때 리턴값 G_t^b의 예상 리턴값 $G_t^{\pi/b}$은 다음과 같이 정의된다.

$$G_t^{\pi/b} = \frac{\pi(a_t|s_t)\pi(a_{t+1}|s_{t+1})}{b(a_t|s_t)b(a_{t+1}|s_{t+1})} \cdots \frac{\pi(a_T|s_T)}{b(a_T|s_T)} G_t^b \tag{5.24}$$

따라서 몬테카를로에서 중요도 샘플링 방법을 사용해서 상태가치값을 업데이트할 때는 다음과 같이 $G_t^{\pi/b}$ 값을 사용한다.

$$v(s_t) \leftarrow v(s_t) + \alpha(G_t^{\pi/b} - v(s_t)) \tag{5.25}$$

지금까지 살펴본 바와 같이 중요도 샘플링 방법은 행동정책과 목표정책을 분리함으로써 데이터의 생성이 용이하게 하는 장점이 있다. 하지만 이 방법은 업데이트에 사용하는 $G_t^{\pi/b}$의 분산값이 아주 큰 단점이 있다. 그 이유를 살펴보기 위해 먼저 분산의 정의를 살펴보자.

$$Var[X] = E[X^2] - E[X]^2$$

중요도 샘플링 방법에서는 $G_t^{\pi/b}$이 위 식 X의 값이 되며 따라서 π/b의 비율값이 큰 경우에 중요도 샘플링의 분산값은 크게 증가한다(여기서 π/b의 비율값이 큰 경우는 두 개의 정책 π와 b가 서로 많이 다른 경우를 의미한다). 이러한 이유로 중요도 샘플링 방법은 실제로 많이 사용하지는 않으며, 대신에 다음에 설명하는 (행동정책과 목표정책이 완전히 분리된 학습 방법인) Q 학습(Q learning) 방법을 많이 사용한다.

5.7 Q 학습

앞에서는 오프정책 학습을 위해 중요도 샘플링을 사용하는 방법을 설명했다. 여기서부터는 대표적인 오프정책(off-policy) 방법이며 강화학습에서 가장 중요한 학습 방법 중 하나인 **Q 학습**(Q learning)에 대해 설명한다. Q 학습은 목표정책과 행동정책을 따로 유지하면서도 중요도 샘플링이 필요 없다. 이름에서도 알 수 있듯이 행동가치값인 $Q(s_t, a_t)$를 기반으로 학습한다.

여기서는 Q 학습의 일반적인 형태에 대한 내용을 먼저 살펴보고, 구체적으로 사용되는 실제 Q 학습의 내용을 설명한다. Q 학습의 일반적인 형태는 식 (5.26)과 같다.

$$q(s_t, a_t) \leftarrow q(s_t, a_t) + \alpha(r_{t+1} + \gamma q(s_{t+1}, a') - q(s_t, a_t)) \tag{5.26}$$

식 (5.26)에서는 상태 s_t에서 먼저 어떤 행동정책 b으로 행동 a_t를 수행한다($a_t \sim b(\cdot | s_t)$). 그러면 에이전트는 다음 상태 s_{t+1}에 도달한다. 그리고 상태 s_{t+1}에서 (행동정책과는 다른) 목표정

책 π에 따라 어떤 행동 a'를 수행한다(즉 $a' \sim \pi(\cdot|s_{t+1})$). 그 다음에는 $q(s_{t+1}, a')$ 값을 이용해 Q 값을 식 (5.26)과 같이 업데이트한다(그림 5.10 참고).

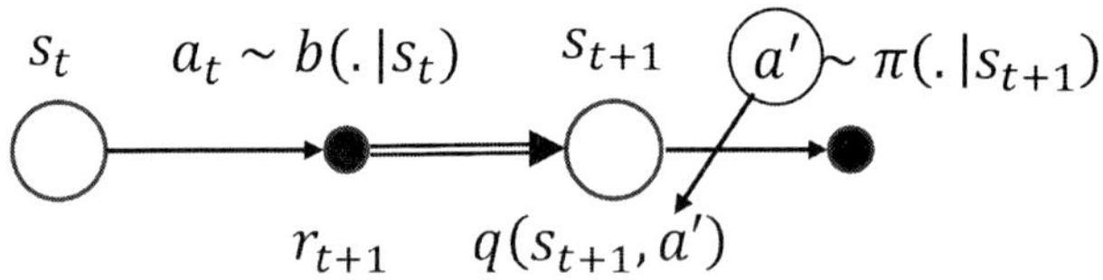

그림 5.10 일반적인 Q 학습

위의 식에서 행동 a_t는 행동정책에 따라서 선택되지만, 행동 a'는 목표정책에 따라서 선택되는 점이라는 것에 유의하자. 즉, 데이터를 선택할 때는 행동정책으로 행동을 하지만 정책을 평가할 때는 목표정책으로 평가한다. 이와 같이 한 개의 업데이트 식에서 행동정책과 목표정책이 분리되는 점이 Q 학습의 핵심이다. 만약 식 (5.26)에서 행동 a_t와 a'가 같은 정책을 사용한다면($b = \pi$) 식 (5.26)은 Sarsa와 같은 식이 된다.

식 (5.26)은 Q 학습의 기본적인 틀을 보여준 것이다. 여기에 구체적인 목표정책과 행동정책을 결정해서 이 식에 적용하면 Q 학습 알고리즘의 실제 식이 된다. 실제 Q 학습에서는 목표정책 π는 $q(s, a)$을 기반으로 한 탐욕(greedy) 정책을 사용하고, 행동정책 b는 $q(s, a)$을 기반으로 한 ε-탐욕방법을 사용한다. 목표정책 π는 탐욕(greedy) 정책을 사용하므로 목표정책 π에 따라 선택되는 행동 a'는 다음과 같이 표현된다.

$$a' = \pi(s_{t+1}) = \underset{a'}{\operatorname{argmax}}\ q(s_{t+1}, a') \tag{5.27}$$

이와 같은 목표정책 내용을 식 (5.26)에 대입하면 TD 타깃(target) 부분은 다음과 같이 된다.

$$r_{t+1} + \gamma q(s_{t+1}, a') = r_{t+1} + \gamma q(s_{t+1}, \underset{a'}{\operatorname{argmax}}\ q(s_{t+1}, a')) = r_{t+1} + \gamma \max_{a'} q(s_{t+1}, a') \tag{5.28}$$

식 (5.28)을 식 (5.26)에 대입하면 Q 학습의 최종적인 업데이트 식이 다음과 같아진다.

$$q(s_t, a_t) \leftarrow q(s_t, a_t) + \alpha(r_{t+1} + \gamma \max_{a'} q(s_{t+t}, a') - q(s_t, a_t)) \tag{5.29}$$

그림 5.11은 Q 학습 방법을 그림으로 표시한 것이다.

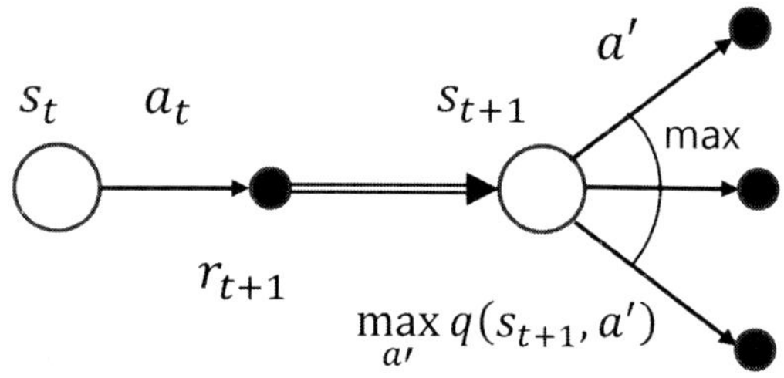

그림 5.11 Q 학습 방법

Q 학습에서 행동 a_t를 선택하는 행동정책은 ε-탐욕방법을 사용해 다음 행동을 선택한다. 즉 1-ε의 확률로 Q 값이 가장 높은 행동을 선택하고 ε의 확률로 임의의 행동을 선택한다.

Q 학습에서는 학습을 반복하면 $q(s, a)$ 값이 최적의 값 $q(s, a) \rightarrow q_*(s, a)$에 수렴하는 것으로 알려져 있다. 식 (5.29)에서 $\max_{a'}q(s_{t+1}, a')$을 $q(s_{t+1}, a')$으로 치환하면 알고리즘은 Sarsa 알고리즘이 된다. 그림 5.12는 Q 학습 알고리즘의 기본코드를 보여준다. 기본코드의 6번째 줄에서 $\max_{a'}q(s_{t+1}, a')$는 탐욕연산을 나타내며, 4번째 줄은 ε-탐욕방법을 나타낸다.

알고리즘: Q 학습

---

1) 초기화 $q(s, a)$, $\forall s \in S$, $\forall a \in A$
2) 초기화 $t = 0$, $s_t = s_0$ 하면서 아래의 loop를 반복 수행
3) loop
4) 　　행동정책 ε-탐욕방법에 따라 상태 s_t에서 행동 a_t 수행
5) 　　보상값 r_{t+1}와 다음 상태 s_{t+1} 관측
6) 　　$q(s_t, a_t) \leftarrow q(s_t, a_t) + \alpha(r_{t+1} + \gamma \max_{a'} q(s_{t+1}, a') - q(s_t, a_t))$
7) 　　$t = t + 1$
8) end loop

그림 5.12 Q 학습의 기본코드

5.8 더블 Q 학습

Q 학습은 전이 가능한 다음 상태 중에서 가장 높은 Q 값을 가지는 행동을 선택한다. 즉, 좋은 행동은 높은 Q 값을 가지고 있다는 가정하에서 학습을 한다. 하지만 에이전트는 환경에 대해 지식이 없으며 따라서 특히 학습의 초기에 Q 값은 많은 오류를 가지고 있다. 따라서 단지 Q 값이 높은 이유로 이에 따라 행동하는 것은 많은 경우에 좋지 않은 행동을 선택하는 오류를 발생시킬 수 있다. 실제로 Q 학습의 식 (5.29)를 보면 현재의 상태를 평가할 때와 다음 행동을 선택할 때에 모두 $\max_{a'} q(s_{t+1}, a')$ 기준으로 선택한다. 그런데 이런 경우에 $\max_{a'} q(s_{t+1}, a')$로 선택된 Q 값을 과대 평가하는 문제(overestimation of Q value)가 발생한다.

Q 값의 과대 평가문제를 다루기 위해 그림 5.13을 살펴보겠다. 그림 5.13에서는 현재 상태 C에서 행동 a를 수행하면 보상값 0 발생하고 종료상태에 도달해 종료한다. 즉, $Q(C, a)$의 값은 0이 된다. 상태 C에서 행동 b를 수행하면 보상값 0이 발생하고 새로운 상태 D에 도달한다. 상태 D에서는 세 가지의 행동 c_1, c_2, c_3가 가능한데 이들 각각의 보상값은 $N(-0.1, 1)$이 발생한다고 가정하자. $N(-0.1, 1)$의 의미는 평균은 -0.1이고 분산값은 1인 정규분포이다. 상태 D에서는 어떤 행동에 관계없이 전부 종료상태에 도달한다고 하자.

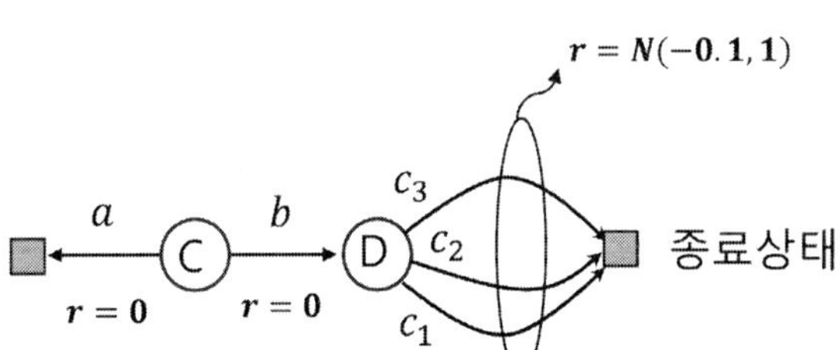

그림 5.13 Q 값의 과대 평가 모델 예시

이 경우 상태 C에서는 행동 a를 선택하면 항상 보상이 0 발생하고, 행동 b를 선택하면 평균적으로 -0.1의 보상이 발생한다. 따라서 상태 C에서는 행동 a를 선택하는 것이 일반적으로 옳다. 하지만 Q 값의 과대 평가 문제로 인해 이때 행동 b를 선택하는 경우가 발생을 한다.

예를 들어서 상태 D에서 행동 c_1, c_2, c_3를 수행할 때의 구체적인 보상값이 각 스텝별로 그림 5.14와 같이 발생한다고 가정하자.

스텝	c_1	c_2	c_3	$\text{Avg}(c_i)$	$\text{Max}(c_i)$
1	−0.4	0.2	−0.2	−0.13	0.2
2	0.1	−0.3	0	−0.06	0.1

그림 5.14 Q 값의 과대평가

Q 학습의 업데이트 식(식 (5.29))에 의한 $q(C, b)$의 업데이트 식은 다음과 같다.

$$q(C, b) \leftarrow q(C, b) + \alpha\left(r + \gamma \max_{c_i} q(D, c_i) - q(C, b)\right)$$

상태 D에서는 행동 $c_1, \ldots, c_3$에 관계없이 종료상태에 도달하므로 $q(D, c_1) = -0.4$, $q(D, c_2) = 0.2$, $q(D, c_3) = -0.2$로 계산된다. 따라서 그림 5.14의 스텝 1 데이터를 이용해 $q(C, b)$를 업데이트하면 다음과 같다($\alpha = \gamma = 1$로 가정).

$$q(C, b) \leftarrow q(C, b) + (0 + \max\{-0.4, 0.2, -0.2\} - q(C, b)) = q(C, b) + (0.2 - q(C, b))$$

$q(C, b)$ 업데이트를 위한 TD 타깃의 값은 $q(D, c_i)$의 값 중에서 최대값을 사용하므로 0.2가 된다. 이는 행동 c_i들의 평균 보상인 −0.1보다도 높은 값이다. 따라서 이 경우에 $q(C, b)$의 TD 타깃값은 0.2이므로 상태 C에서 행동 b를 선택하게 된다. (Q 학습은 행동을 선택할 때에 ε-탐욕방법을 사용하므로 항상 행동 b를 선택하지는 않지만 대부분 행동 b를 선택하게 된다.)

마찬가지로 스텝 2에서도 동일한 방식으로 $q(D, c_i)$의 최대값을 선택하면 TD 타깃값은 0.1이 된다. 같은 현상이 발생한 것이다. ($q(C, b)$ 타깃 평균값을 사용해 업데이트해도 동일하다) 이와 같이 기존 Q 학습에서 사용하는 예측치는 항상 최대를 선택해서 사용하기 때문에 실제의 값보다도 높은 예측치를 가지게 되며 과대평가(overestimate)되고 있다.

Q 값의 과대평가 현상이 생기는 이유는 행동을 평가할 때와 행동을 결정할 때에 같은 값을 사용하기 때문이다. 행동을 결정할 때에 사용한 데이터가 최대치를 선택하기 때문에 이미 Q 값이 과대평가되어 있을 확률이 높다. 그리고 이 같이 과대평가된 값을 행동가치값을 평가할 때에도 동일하게 사용한다(참고로 만약 Q 값의 노이즈가 균일분포(uniform distribution)라면, 즉 Q 값들이 동일하게 과대평가되었다면 Q 값의 노이즈는 문제가 되지 않는다. 왜냐하면 노이즈가 골고루 분포되어서 행동에 영향을 주지 않기 때문이다).

이러한 문제를 해결하기 위해 제안된 방법이 **더블 Q 학습**(double Q learning)이다. 더블 Q 학습에서는 두 개의 서로 독립된 행동가치값 예측치 Q와 Q'를 사용한다. 더블 Q 학습은 기존의 Q 학습 식 (5.29)를 다음과 같이 수정해 업데이트를 수행한다.

$$q(s_t, a_t) \leftarrow q(s_t, a_t) + \alpha(r_{t+1} + \gamma q'(s_{t+1}, a_*) - q(s_t, a_t)) \tag{5.30}$$

여기서 $a_* = \text{argmax}_a q(s_{t+1}, a)$를 의미한다. 이 식의 의미는 다음과 같다. 상태 s_{t+1}에서 Q 값을 최대화하는 행동 a_*를 선택할 때는 Q 값을 이용한다(즉 $a_* = \text{argmax}_a q(s_{t+1}, a)$). 하지만 Q 값을 업데이트할 때는 방금 선택한 행동 a_*의 Q 값(즉, $q(s_{t+1}, a_*)$)을 사용하지 않고 독립된 다른 Q' 값(즉 $q'(s_{t+1}, a_*)$)을 사용한다. 즉, 행동을 선택할 때의 Q 값과 업데이트할 때의 Q' 값을 다르게 유지하고 있다. 식 (5.30)에서 Q 값은 최선의 행동을 선택할 때에 사용하고, Q 값을 업데이트할 때는 또 다른 Q' 값을 사용한다. 참고로 임의의 두 변수 X_1과 X_2가 있을 때 다음은 항상 성립한다.

$$E[\max(X_1, X_2)] \geq \max(E[X_1], E[X_2]) \tag{5.31}$$

기존의 Q 학습에서는 식 (5.31)의 왼쪽 값을 이용해 Q 값을 수정하며, 더블 Q 학습에서는 오른쪽 값을 이용해 Q 값을 수정한다. 식 (5.31)은 더블 Q 러닝에서 사용하는 Q 값의 예측치가 기존 Q 학습의 예측치 보다도 (평균적으로) 작음을 보여준다. 즉, 더블 Q 학습은 Q 값이 과대평가되는 문제를 어느 정도 해결하고 있음을 알 수 있다.

그림 5.15는 더블 Q 학습의 기본코드를 보여준다. 앞에서 설명한 대로 더블 Q 학습은 두 개의 Q 값 q_A와 q_B를 유지한다. 그리고 이들 값은 학습에서 서로를 업데이트하는 데 사용한다. 현재의 상태 s_t에서 다음 행동 a_t를 선택할 때는 $q_A(s_t, a_t) + q_B(s_t, a_t)$를 기준으로 선택해 수행을 한다. 이에 따라 다음 상태 s_{t+1}으로 이동하고 보상값 r_{t+1}이 생성이 되면 식 (5.30)을 이용해 업데이트한다. q_A을 업데이트하는 식은 다음과 같다($a_* = \text{argmax}_a q_A(s_{t+1}, a)$).

$$q_A(s_t, a_t) \leftarrow q_A(s_t, a_t) + \alpha(r_{t+1} + \gamma q_B(s_{t+1}, a_*) - q_A(s_t, a_t)) \tag{5.32}$$

q_B의 값도 위와 동일한 방식으로 업데이트를 수행한다. 이때 q_A 값과 q_B의 값은 각각 0.5의 확률로 선택되어서 업데이트된다. 그림 5.15는 더블 Q 학습의 기본코드를 보여주고 있다.

알고리즘: 더블 Q 학습

초기화 $q_A(s, a)$와 $q_B(s, a)$ $\forall s \in S, \forall a \in A$

초기화 $t = 0, s_t = s_0$ 하면서 아래의 loop를 반복 수행

loop

  ε-탐욕방법으로 $\underset{a}{\operatorname{argmax}}\, q_A(s_t, a) + q_B(s_t, a)$에 의해서 행동 a_t 선택

  보상값 r_{t+1}와 다음 상태 s_{t+1} 관측

  if (0.5 확률) then

    $a_* = \underset{a}{\operatorname{argmax}}\, q_A(s_{t+1}, a)$

    $q_A(s_t, a_t) \leftarrow q_A(s_t, a_t) + \alpha(r_{t+1} + \gamma q_B(s_{t+1}, a_*) - q_A(s_t, a_t))$

  else

    $a_* = \underset{a}{\operatorname{argmax}}\, q_B(s_{t+1}, a)$

    $q_B(s_t, a_t) \leftarrow q_B(s_t, a_t) + \alpha(r_{t+1} + \gamma q_A(s_{t+1}, a_*) - q_B(s_t, a_t))$

  end if

  $t \leftarrow t + 1$

end loop

그림 5.15 더블 Q 학습의 기본코드

5.9 요약

모델프리 환경에서 최적의 정책을 찾는 컨트롤 작업은 기본적으로 3장에서 설명한 일반적 정책반복의 방법을 사용한다. 즉, 정책평가와 정책향상의 두 단계를 반복적으로 수행하면서 최적의 정책을 찾아나간다.

하지만 모델프리 환경에서의 컨트롤 방법은 3장의 모델기반 컨트롤 방법과는 몇 가지 차이가 있다. 첫 번째, 정책평가와 정책향상에서 상태가치값을 사용할 수 없으며 행동가치값을 사용해야 한다. (모델프리에서는 상태가치값으로는 최적의 행동을 알 수 없다) 두 번째, 정책향상에 있어서 모델프리 환경에서는 탐욕연산의 방법을 사용하면 새로운 정책을 찾을 수 없다. 따라서 정책향상에 어느 정도의 탐험(exploration)을 허용하는 ε-탐욕방법을 사용한다.

CHAPTER

06

가치값 근사함수

6.1 가치값 표시방법

지금까지의 강화학습 방법에서는 상태(혹은 행동) 가치값들이 테이블(lookup table)에 저장되어 표현되고 있다는 가정에서 학습을 수행했다. 즉, 모든 상태 s에 대한 $V(s)$ 혹은 모든 상태-행동(s, a)에 대한 $Q(s, a)$ 값을 독립된 테이블에 저장해서 작업을 했다. 이러한 테이블 저장 방법은 우리가 필요한 가치값들을 언제든지 1) 즉시 사용할 수 있고 2) 즉시 값들을 수정할 수 있는 장점이 있다. 하지만 이 방법은 상태의 공간이 아주 큰 범위의 문제를 풀 때 대규모의 테이블을 유지해야 하므로 비효율적이다. 그리고 상태나 행동이 연속적인(continuous) 경우이거나 혹은 상태의 숫자가 무한대인 경우는 이와 같은 테이블 저장 방식은 원천적으로 학습이 불가능해진다.

이와 같은 문제를 해결하기 위하여 최근 들어서 상태가치값이나 행동가치값을 테이블에 저장하지 않고 함수(예: 신경망)로 표현하는 방법이 많이 사용되고 있다. 가치값을 함수를 이용해 표현하는 방법에는 몇 가지 장점이 있다.

첫 번째, 테이블의 전체 내용을 함수로 표현함으로써 가치값들의 저장에 필요한 공간을 대폭 절약할 수 있다. 즉 가치값을 함수로 표현하게 되면 가치값 테이블의 전체 내용을 표현할 필요가 없이 가치값을 표현하는 함수의 파라미터만큼만 저장하면 된다(대부분 상태의 수가 파라미터의 수보다 많음).

두 번째, 가치값 테이블의 크기가 아주 큰 경우에는 특정 가치값을 테이블에서 찾을 때 최적 탐색(search) 알고리즘을 사용해도 상당한 시간이 걸린다. 하지만 가치값 함수에서는 현재의 상태(혹은 상태-행동)값을 함수의 입력으로 제공하면 가치값을 출력으로 빠른 시간에 생성한다. 따라서 상태나 행동의 크기가 큰 경우에는 테이블 방식보다도 함수의 방식이 가치값의 계산 속도가 빨라진다.

세 번째, 연속적인(continuous) 상태나 행동에 대한 표현도 가능하게 한다. 상태가 연속적인 경우에는 근본적으로 이들 가치값들을 테이블의 형식으로 표현하기가 불가능하다. 하지만 가치값 함수의 형태는 현재의 상태나 행동의 값이 이산적이든(discrete) 연속적이든(continuous) 관계가 없이 표현을 할 수가 있다. 즉, 상태나 행동을 표현하는 변수의 값을 함수의 입력으로 제공하면 그에 대한 가치값을 쉽게 계산할 수 있다.

마지막 네 번째, 지금까지 관찰되지 않은 새로운 상태나 행동에 대한 가치값의 예측을 가능하게 한다. 강화학습은 실험을 진행하면서 생성되는 새로운 데이터를 이용해 학습을 진행하는 학습 방법이다. 따라서 강화학습의 수행 중에는 이전에 경험해 보지 못했던 새로운 상태에 도달할 수도 있다. 이 경우에 테이블 저장방식은 현재 테이블에 저장되지 않은 상태나 상태-행동에 대해서는 원칙적으로 작업이 불가능하다. 하지만 이와 반대로 가치값 함수의 방식은 이 새로운 상태에 대한 변수값을 알게 되면 새로운 상태(혹은 상태-행동)의 가치값을 함수의 출력값으로 예측할 수 있다.

따라서 이 장에서부터는 가치값들을 (지금까지의 테이블에 저장하는 방법이 아닌) 파라미터를 가진 함수의 방식으로 표현하는 방법에 대해 설명한다. 최근에는 심층학습 신경망 기술의 발전으로 심층신경망을 가치값 근사함수로 사용하는 방법이 많이 사용된다. 따라서 이 장에서는 가치값을 근사함수로 표현하는 방법의 일반적인 내용을 설명하고, 8장에서는 행동가치값을 심층학습의 신경망으로 표현하는 방법에 대한 내용을 좀 더 구체적으로 설명한다.

본 장에서는 가치값들을 함수로 표현하는 방법에 대한 내용을 설명하지만 강화학습에서는 (가치값 이외에도) 여러 가지 부분들이 함수 혹은 심층신경망으로 구현될 수 있다. 먼저 강화학습에서 (가치값을 심층신경망으로 표현하는 방법 외에) 정책(policy)을 함수로(심층신경망으로) 표현하는 방법이 있다. 이와 같이 정책을 표현하는 근사함수(혹은 심층신경망)을 **정책 근사함수(정책 신경망)**라고 한다. 그리고 이들 정책 근사함수를 학습하는 방법을 **정책 그레디언트**라고 부른다. 이와 같이 정책을 함수 혹은 심층신경망으로 구현하는 방법에 대해서는 9장에서 자세히 설명한다.

또한 강화학습의 모델(model)에 대한 부분도 함수로 구현되는 경우도 있다. 구체적으로 모델의 보상값(reward) 부분을 함수로 구현하는 방법을 **역강화학습**(inverse reinforcement learning)이라고 하며 이 내용은 11장에서 설명한다. 그리고 모델의 전이확률(transition probability)을 함수로 표현하는 방법을 모델기반 학습(model-based learning)이라고 한다.

먼저 이 장에서는 가치값들을 함수로 표현하는 방법을 설명한다. 이 방법은 **가치값 근사함수 방법**(value function approximation)이라고 불린다. 예를 들어서 $s_0, \ldots, s_m$의 상태(state)가 있고 $a_0, \ldots, a_3$ 네 개의 행동(action)이 있는 MDP 모델에서 이들의 가치값들을 테이블로 표현하는 방법은 그림 6.1과 같다.

상태(s)

	$V(s)$
s_0	1.2
s_1	0.4
…	
s_m	2.3

(a)

행동(a)

상태(s)

$Q(s,a)$	a_0	a_1	a_2	a_3
s_0	0.5	0.3	0.2	0.4
s_1	1.5	1.0	0.6	0.8
…				
s_m	0.6	0.5	1.1	0.4

(b)

그림 6.1 가치값 테이블의 종류

그림 6.1(a)는 상태가치값을 테이블로 표현한 방법이며 특정한 상태 s에 대해 그 상태의 상태가치값 $V(s)$를 테이블로 표현하고 있다. 그림 6.1(b)는 행동가치값을 테이블로 표현하는 방법이며 특정한 상태-행동 (s, a)에 대해 행동가치값 $Q(s, a)$을 테이블로 저장한다.

가치값은 이와 같은 테이블 방법 외에 근사함수의 방법으로 표현할 수 있으며, 그림 6.2는 가치값을 신경망 근사함수로 표현하는 방법들을 보여준다.

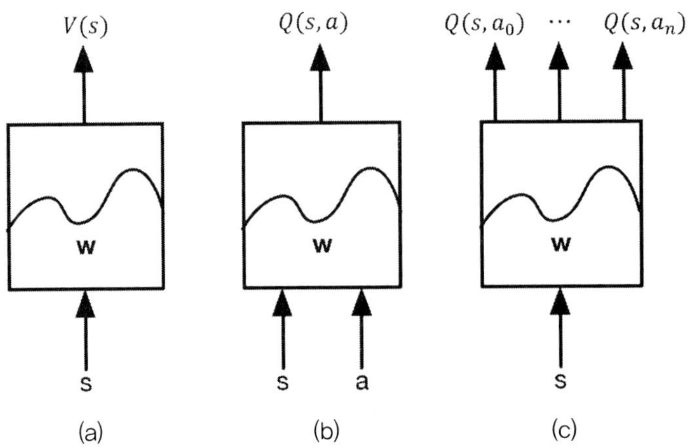

그림 6.2 가치값 근사함수

그림 6.2(a)는 가치값 근사함수의 입력으로 상태 s가 (구체적으로는 상태 s의 속성값) 들어오면 이에 대한 상태가치값 $V(s)$을 출력하는 신경망 근사함수를 보여준다. 그림 6.2(b)는 상태-행동에 대한 행동가치값을 가치값 근사함수로 표현하는 방법이다. 즉, 근사함수에 상태 s와 행동 a를 입력하면 이에 대한 행동가치값 $Q(s, a)$을 출력하는 가치값 근사함수의 방법이다.

그림 6.2(c)는 가치값 근사함수는 특정 상태 s를 입력으로 하고, 각 행동 a마다 그에 대한 행동가치값 $Q(s, a)$을 출력하는 가치값 근사함수의 표현방법이다. 이 경우에 근사함수는 행동의 개수만큼 출력을 가져야 하므로 대부분 신경망을 근사함수로 사용한다.

6.2 가치값 근사함수방법

가치값을 함수로 표현하게 되면 강화학습의 학습방법에도 변화를 주게 된다. 가장 큰 변화를 꼽자면, 지금까지의 방법에서는 학습의 과정에서 V 값이나 Q 값을 직접 업데이트했다. 예를 들어서 Q 학습(Q learning)의 방법에서는 다음과 같은 식으로 Q 값들을 직접 업데이트하고 있다.

$$Q(s, a) \leftarrow Q(s, a) + \alpha(R + \gamma \max_{a'} Q(s', a') - Q(s, a))$$

하지만 가치값 근사함수의 방법을 사용하게 되면 위와 같이 가치값을 직접 업데이트하는 방법은 더 이상 불가능하다. 이는 가치값들이 테이블에 따로 저장되어 있지 않고 입력에 대한 함수값으로만 표현되기 때문이다. 대신에 가치값을 업데이트하기 위해서는 이들 가치값을 표현하고 있는 근사함수(예: 심층신경망)의 파라미터들을 업데이트해서 간접적으로 가치값을 업데이트해야 한다.

그림 6.3은 그림 6.2에서 가치값 근사함수로 신경망을 사용할 때의 근사함수의 형태를 표현하고 있으며 w는 이들 신경망 근사함수의 파라미터들을 의미한다. 그림 6.3에서 신경망의 출력 $\hat{v}(s, w)$ (혹은 $\hat{v}_w(s)$)는 상태가치값 $V(s)$을 신경망 근사함수로 표현한 근사치(즉 상태가치값을 근사함수로 표현한 출력값)를 의미한다. 그리고 $\hat{q}(s, a, w)$ (혹은 $\hat{q}_w(s, a)$)는 행동가치값 $Q(s, a)$을 신경망으로 표현한 근사치를 의미한다.

그리고 가치값을 근사함수로 표현할 때는 (신경망 포함) 입력으로는 상태의 속성값 $\phi(s)$ 혹은 상태-행동의 속성값 $\phi(s, a)$들을 입력으로 사용한다. 상태의 속성값은 상태를 설명할 수 있는 속성을 의미하며 예를 들어서 바둑의 경우에 각 상태를 표시할 때에 현재의 바둑판 모습을 입력의 속성으로 사용할 수 있다(물론 MDP 모델을 사용하므로 상태들은 마르코프 특성을 만족해야 한다). 가치값 근사함수방법에서는 이러한 근사함수로 표현된 근사치들이 실제 가치값들을 정확하게 표현할 수 있도록 이러한 파라미터 w들의 정확한 값을 구하는 과정이 가치값 근사함수 학습의 목적이다.

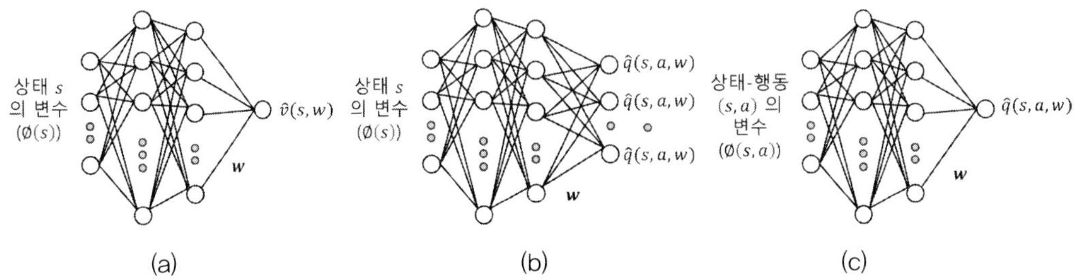

그림 6.3 신경망 가치값 근사함수의 종류

그림 6.3에서는 가치값 근사함수로 신경망을 사용했다. 가치값 근사함수로 사용할 수 있는 함수들은 여러 가지가 있을 수 있으며, 다음과 같은 조건을 만족해야 한다. 첫 번째, 근사함수는 비정적인(non-stationary) 데이터를 처리할 수 있어야 한다. 정적인(stationary) 데이터는 학습에 사용하는 데이터의 발생확률 분포가 시간이 흘러도 변하지 않는다. 반면에 비정적(stationary) 데이터는 학습 데이터의 발생 확률이 시간에 따라서 변한다. 강화학습에서는 에이전트가 수행하는 정책에 따라서 행동이 정해지며 수행하는 행동에 따라서 학습 데이터가 생성된다. 하지만 강화학습의 목표가 최적의 정책을 찾는 것이 목표이므로 학습의 과정에서 에이전트가 현재 수행하는 정책은 당연히 시간이 지나면서 (학습이 진행되면서) 계속 변하게 된다. 따라서 강화학습의 학습 데이터는 비정적인 특징을 가지고 있으며 따라서 가치값 근사함수도 이러한 비정적인 데이터를 처리할 수 있어야 한다.

두 번째, 근사함수는 IID(independent and identically distributed)의 특징을 가지지 않는 데이터의 처리가 가능해야 한다. 일반적인 기계학습의 감독자 학습(supervised learning)에서 사용하는 데이터들은 IID 특징을 가지고 있다고 가정하고 있다. IID 데이터의 특징은 다음과 같다.

1) 데이터들이 서로 독립적(independent)이다.
2) 데이터들이 동일한 확률분포(identically distributed)에서 생성되었다.

하지만 강화학습에서 사용하는 데이터들에서는 이러한 IID 가정이 성립하지 않는 경우가 많다. 그 이유는 다음과 같다. 1) 강화학습에 사용되는 데이터들은 서로 독립적이지 않다. 강화학습의 데이터들은 에이전트의 행동에 따라서 생성된다. 또한 에이전트의 현재 행동에 따라서 에이전트의 다음 상태와 보상, 다음 행동 등에 영향을 준다. 예를 들어서 자동차 운전의 경우에 자동차가 다음에 어떤 상태에 도달하는지는 현재의 상태에서의 행동에 따라서 결정된다. (예를 들어서 방향을 우회전하면 그에 따라서 오른쪽의 새로운 길로 이동하게 된다) 따라서 강화학습의 데이터들은 서로 독립적이지 않다. 2) 강화학습에서 행동을 선택할 때는 특정 정책에 따라서 행동을 생성하는데, 이 정책은 학습이 진행되면서 변하게 된다. 따라서 데이터를 생성하는 정책, 즉 특정한 상태에서 (데이터를 생성하는) 행동에 대한 확률 분포가 계속 변경될 수 있다.

가치값 근사함수가 만족해야 할 세 번째 조건은 가치값 근사함수들이 미분 가능한(differentiable) 함수여야 한다는 것이다. 근사함수는 함수가 상태 혹은 행동가치값들을 정확하게 예측하도록 (뒤에서 설명하는) 점진적인 방법(gradient method)으로 함수를 학습시킨다. 그리고 점진적인 방법에서는 근사함수의 미분값을 기반으로 학습하므로 근사함수는 미분 가능한 함수여야 한다.

가치값 근사함수를 구현할 때에 우리는 다음과 같은 함수들을 고려할 수 있다: 1) 속성값의 선형 함수(linear function), 2) 신경망(neural network) 혹은 심층신경망(deep neural network), 3) 결정트리(decision tree), 4) 최근접 이웃(nearest neighbor) 등. 하지만 이들 중에서 결정 트리(decision tree)나 최근접 이웃(nearest neighbor) 등의 함수(알고리즘)는 함수의 미분값을 구하기 어려우므로 사용할 수 없다. 따라서 강화학습에서 실제로 가장 많이 사용하는 가치값 근사함수로는 (복잡한 문제를 효과적으로 표현할 수 있는) 신경망을 가장 많이 사용한다.

또한 최근 신경망의 기술이 심층학습 기술의 발달로 획기적으로 발전하면서 근사함수로서 심층신경망(deep neural network)을 사용하는 경우가 많아졌다. 이와 같이 심층학습 기술과 강화학습의 기술을 결합하는 학습의 형태를 **심층강화학습**(deep reinforcement learning)이라고 한다. 본 장에서 설명하는 가치값의 신경망 근사함수 형태도 심층강화학습의 한 종류가 된다.

이 장에서는 이들 가치값 근사함수를 표현하는 방법 중에서 1) 속성에 대한 선형 함수의 방법과 2) 신경망(심층학습)을 사용하는 두 가지의 방법에 대해 설명한다. 선형 가치값 근사함수는 가장 간단한 형태의 함수이므로 근사함수의 학습 방법을 이해하기 쉬운 장점이 있다. 따라서 간단한 형태인 선형 가치값 근사함수를 이용한 방법을 먼저 설명하고 다음으로 실제 문제에 가장 많이 사용하는 신경망(심층학습) 근사함수를 사용하는 방법에 대해 설명한다.

6.3 점진적 하강 방법

앞에서 언급한 바와 같이 가치값 근사함수는 점진적 하강(gradient descent) 방법을 이용하여 학습한다. 이와 같은 점진적 하강 방법은 **최적화**(optimization) 학습의 한 종류로서 기계학습의 방법론 중에서 가장 중요하게 사용되는 방법 중의 하나이다. 따라서 이 절에서는 먼저 점진적 하강 방법의 기본 개념을 간단히 설명한다.

점진적 하강 학습 방법은 기본적으로 다음과 같은 순서로 학습을 수행한다.

1) 에러함수(error function)의 정의: 먼저 학습에 사용하는 데이터 각각에 대해 목적값(정답) t_i와 이에 대한 근사함수의 예측값 y_i이 있다고 가정하자. 학습의 목표는 예측값이 목적값에 일치하도록(혹은 가장 근접하도록) 하는 근사함수의 파라미터 값을 구하는 것이다. 그래서 점진적 하강 방법의 첫 번째 단계는 이러한 목적값과 예측치간의 에러의 크기를 정의하는 에러함수 $J(w)$를 정의하는 것으로 시작한다. 이러한 함수를 에러함수(error function, 혹은 loss function)라고 하며 w는 이 에러함수의 파라미터들을 말한다. 에러를 정의하는 방법으로 여러 가지의 에러함수가 사용되고 있다. 예를 들어서 에러함수의 가장 간단한 형태 중의 하나는 MSE(mean squared error) 에러함수이며, MSE 에러함수의 정의는 다음과 같다.

$$J(w)=\frac{1}{n}\sum_{i}(t_i-y_i)^2 \tag{6.1}$$

이 식은 이해하기 쉽다. 즉, 정답 t_i와 예측값 y_i의 차이를 구하고 이들을 제곱한 값의 평균값을 구한 것이 에러함수이다(제곱하지 않으면 음수/양수가 서로 상쇄된다). 기계학습에서는 MSE 함수 외에도 크로스 엔트로피(cross-entropy), 쿨백-라이블러 변량(Kullback-Leibler divergence, KL 변량) 등 많은 에러함수를 사용하고 있다(에러함수의 종류에 대해서는 7.2.1절에서 자세히 설명함). 가치값의 근사함수 학습에는 주로 MSE 에러함수를 사용하여 학습을 진행한다. 따라서 가치값 근사함수의 점진적 하강 학습의 목표는 이러한 에러함수의 값을 최소화하는 파라미터 w의 값을 구하는 것이다.

2) 에러함수의 기울기 계산: 점진적 하강 학습의 목표는 앞에서 정의한 에러함수를 최소화하는 함수의 파라미터 w를 구하는 것이다. 이를 위하여 점진적 하강 방법에서는 파

라미터의 임의의 초기값 w에서 시작해서 에러함수의 기울기를 따라서 하강하면서 $J(w)$의 값을 최소화시키는 w 값을 구하는 것이다.

점진적 하강 방법을 사용하기 위해서는 먼저 에러함수의 기울기를 구해야 한다. 이는 에러함수 $J(w)$의 파라미터 w에 대한 미분값 $\nabla_w J(w)$를 이용하여 계산한다. 따라서 에러함수는 미분 가능한 함수여야 한다. (좀더 정확히 표현하면 에러함수보다는 가치값 근사함수가 미분 가능해야 한다) 에러함수의 미분값 $\nabla_w J(w)$는 식 (6.2)와 같이 각 파라미터의 편미분값의 벡터들로 이루어져 있다. (여기서 식 (6.2)의 w는 파라미터 벡터를 의미하며 $w_1, \ldots, w_n$은 w의 파라미터 요소들을 의미한다.)

$$\nabla_w J(w) = \begin{pmatrix} \nabla_{w_1} J(w) \\ \vdots \\ \nabla_{w_n} J(w) \end{pmatrix} \tag{6.2}$$

그림 6.4는 파라미터가 w_1인 1차원 환경에서 점진적 하강 학습 방법을 설명하고 있다. 여기서 $w_{1,0}$, $w_{1,1}$, ⋯은 파라미터 w_1의 값이 시간에 따라서 변하는 내용을 의미한다)

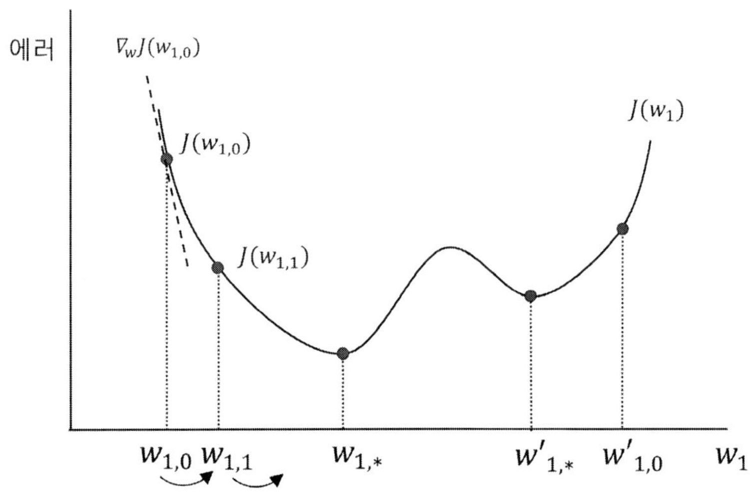

그림 6.4 점진적 하강 학습 방법

그림 6.4에서는 w_1의 초기값은 $w_{1,0}$으로 주어지고, $J(w_1)$ 함수의 $w_{1,0}$에서의 기울기 $\nabla_w J(w_{1,0})$를 계산한다. 그리고 (식 (6.3)과 식 (6.4)를 이용하여) 계산된 기울기의 반대방향으로 파라미터값을 이동하고 그림 6.4의 $w_{1,1}$ 값으로 이동한다. 그리고 $w_{1,1}$의 값에서 이와

같은 과정을 반복한다.

3) **에러함수의 파라미터 업데이트**: 앞의 2)에서 기울기를 계산한 다음으로 특정 파라미터 w_i 값을 얼마만큼 변경할지는 식 (6.3)과 같이 학습상수(learning rate) α 만큼 변경을 한다. $-\alpha \nabla_w J(w)$ 항은 현재의 w 값을 업데이트할 때 $\nabla_w J(w)$의 반대 방향으로(마이너스 방향) α 만큼 변경한다는 의미이다. 점진적 하강 방법이므로 기울기의 반대방향으로 업데이트를 한다. (참고로 점진적 상승 방법에서는 기울기와 동일한 방향으로 업데이트를 수행한다.)

$$\Delta w = -\alpha \nabla_w J(w) \tag{6.3}$$

위 식의 $\alpha\,(0 \le \alpha \le 1)$는 학습상수(learning rate) 혹은 스텝사이즈(step size)라고 불리며 파라미터가 업데이트되는 양을 결정한다. 학습상수의 값이 크면 파라미터 업데이트의 변화가 크며, 학습상수가 작은 경우에는 업데이트의 변화가 작게 된다. 참고로 학습상수는 여기서는 상수(constant)로 취급을 하지만 최근의 점진적 하강 방법에서는 이를 학습의 진행에 따라서 상수가 아닌 다양한 값(예: AdaGrad, RMSProp, AdaDelta, Adam 등)을 사용할 수 있다. 따라서 가치값 근사함수의 파라미터 w의 값은 다음의 식 (6.4)을 이용하여 반복적으로 업데이트한다(파라미터 업데이트의 다양한 방법에 대한 내용은 7.2.3절에서 자세히 설명함).

$$w \leftarrow w + \Delta w \tag{6.4}$$

4) **2~3단계 반복**: 3단계에서 새로 수정된 w 값을 이용하여 2~3단계의 과정을 파라미터 값의 변동이 없을 때까지 (수렴할 때까지) 반복 수행한다.

이와 같은 점진적 하강 방법을 이용하여 반복적으로 학습해 나가면 궁극적으로 파라미터들이 변화가 없는 상태로 수렴하게 된다. 이 수렴한 상태에서의 파라미터 값들이 에러함수를 최소화하는 파라미터값들이 된다.

하지만 점진적 하강 방법의 문제점 중의 하나는 이 방법으로 찾은 파라미터값이 항상 글로벌 최적(global optimum)은 아니라는 것이다. 예를 들어 그림 6.4에서 w_1의 초기값이 $w_{1,0}$이면 점진적 하강 방법으로 에러함수의 값을 최소화하는 w_1 값인 $w_{1,*}$에 도달할 수 있다. 하지만 초기값이 $w'_{1,0}$이라면 점진적 하강 방법은 $w_{1,*}$ 값이 아닌 $w'_{1,*}$ 값에 도달하게 된다.

점진적 하강 방법이 항상 최적의 파라미터 값에 도달하는지 아닌지의 여부는 에러함수의 특징에 따라서 결정이 된다. 구체적으로 에러함수가 컨벡스(convex) 함수이면 점진적 하강 방법은 (적절한 스텝사이즈를 사용하여) 항상 글로벌 최적(global optimum)의 파라미터값을 찾는 것이 보장되어 있다. 하지만 에러함수가 컨벡스 함수가 아니면 점진적 하강 방법으로 수렴한 파라미터의 값은 글로벌 최적(global optimum)의 파라미터가 아닌 지역 최적(local optimum)인 경우도 있다. 참고로 컨벡스 함수의 정의는 다음과 같다.

> **정의** 임의의 두 점 x_1, x_2와 [0,1]의 임의의 값 λ에 대해 다음이 항상 성립하는 함수 f를 **컨벡스 함수**(convex function)라고 한다.
>
> $$f[\lambda x_1 + (1-\lambda)x_2] \leq \lambda f(x_1) + (1-\lambda)f(x_2)$$

그림 6.5는 컨벡스 함수의 예시를 보여주고 있다. 즉, 함수 f 위의 두 점 $(x_1, f(x_1))$과 $(x_2, f(x_2))$를 연결하는 직선상의 모든 점들이 f 그래프의 값들보다 큰 값임을 알 수 있다.

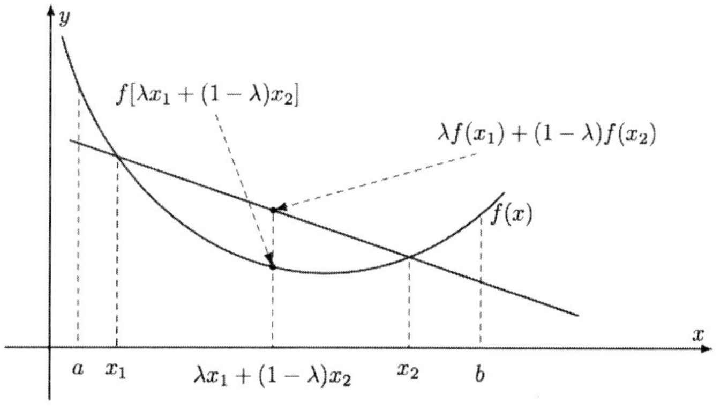

그림 6.5 컨벡스 함수

6.4 목적값이 주어진 가치값 근사함수 학습

가치값 근사함수의 목적은 주어진 상태 혹은 상태-행동 가치값에 대한 가장 정확한 예측치를 출력하도록 하는 것이다. 그런데 이러한 근사함수의 출력값은 함수의 파라미터에 의해서 결정되므로 근사함수 학습의 목적은 결과적으로 근사함수가 정확한 예측치를 출력하도록

습 문제의 상태(state)들을 속성(feature)들로 표현할 수 있어야 한다는 것이다. 근사함수를 사용하지 않는 일반적인 강화학습에서는 상태가치값 자체를 테이블에 직접 저장하고 업데이트하므로 상태들을 속성들의 값으로 표현할 필요는 없다. 하지만 가치값 근사함수에서는 상태(state)가 근사함수의 입력으로 사용되며 상태의 가치값은 이 입력에 따른 출력의 값으로만 알 수 있다. 따라서 상태(state)를 잘 설명할 수 있는 (구분할 수 있는) 속성들을 미리 정의해서 이들을 근사함수에 대한 입력으로 사용해야 한다. 예를 들어서 바둑의 경우 현재의 바둑판 모습이 상태에 대한 속성값들이 될 수 있고, 로봇팔의 조절에서는 현재 팔의 속도나, 위치, 거리 등이 상태에 대한 속성의 예가 될 것이다. 그리고 강화학습에서 상태를 속성으로 표현할 때는 (MDP 모델을 사용하므로) 당연히 이러한 상태들이 마르코프 특징(Markov property)을 만족해야 한다. 특정 상태 s의 속성을 $\phi(s)$라고 하면 $\phi(s)$는 다음 식과 같이 $\phi_i(s)$들로 구성된 벡터로 표현된다($\phi_i(s)$는 상태 s 에 대한 i번째 속성).

$$\phi(s) = \begin{pmatrix} \phi_1(s) \\ \vdots \\ \phi_n(s) \end{pmatrix} \tag{6.9}$$

6.4.2 선형 가치값 근사함수

지금부터는 특정한 형태의 가치값 근사함수를 이용하여 $\nabla_w \hat{v}(s, w)$ 값을 계산하는 방법을 알아보자. 실제 강화학습의 가치값 근사함수로서 최근에 가장 많이 사용되는 함수는 심층학습(deep learning)을 포함한 신경망(neural network) 함수이다. 이러한 신경망을 이용한 근사함수의 방법은 DQN(deep Q network)의 장에서 자세히 설명한다. 여기서는 아주 간단한 형태의 근사함수인 '상태의 속성에 대한 선형함수(linear combination of features)'를 근사함수로 사용하는 방법에 대해서 먼저 설명한다. 상태의 속성에 대한 선형함수(linear function)를 상태가치값의 근사함수로 사용하는 경우에 상태가치값의 예측치는 다음과 같이 표현할 수 있다.

$$\hat{v}(s, w) = \phi(s)^T w = \sum_{j=1}^{n} \phi_j(s) w_j \tag{6.10}$$

여기서 $\phi(s)$는 식 (6.9)에서 설명한 상태 s의 속성벡터을 의미하고, w는 이들 속성에 대한 가중치벡터를 의미한다. 이제 이 근사함수의 그레디언트(미분값)를 계산한다. 식 (6.10)에서 정의한 바와 같이 $\hat{v}(s, w)$ 함수를 선형함수로 가정했으므로 이를 w를 기준으로 미분하면 다음과 같다.

$$\nabla_w \hat{v}(s, w) = \phi(s) \tag{6.11}$$

따라서 파라미터 w의 변량 Δw을 구하기 위하여 식 (6.11)을 식 (6.8)에 대입하면 (선형함수를 사용하는 가치값 근사함수에서) 파라미터 업데이트 Δw 값은 다음과 같다.

$$\Delta w = \alpha(v_\pi(s) - \hat{v}(s, w))\phi(s) \tag{6.12}$$

이 식을 보면 (선형함수의 경우에) 파라미터의 업데이트 변량은 다음과 같이 구성되어 있음을 알 수 있다.

파라미터 업데이트 변량 = (업데이트 상수 α) * (예측값의 오류) * (속성값)

즉, 예측값의 오류가 많은 속성들에 대해 그에 해당하는 파라미터의 값을 더욱 많이 수정함을 알 수 있다. 참고로 이와 같이 선형근사함수를 사용하는 스토캐스틱 점진적 하강 방법은 항상 전역 최적값(global optimum)을 생성함이 알려져 있다. 즉 근사함수를 속성값에 대한 선형함수로 사용하고 이를 점진적 하강 방법으로 학습을 하면 우리는 식 (6.5)를 최소화하는 근사함수의 최적의 파라미터 값을 항상 구할 수 있다. 이와 같이 선형함수는 좋은 장점을 제공하지만 현실적으로 가치값의 근사함수를 선형함수로 효과적으로 표현하는 것은 어려우며 많은 제약이 따르기 때문에 현실적인 방법은 아니다.

지금까지는 (어떤 절대자에 의해서) 근사함수의 학습에서 정확한 $v_\pi(s)$의 값이 알려져 있다고 가정했다. 즉, 식 (6.12)에서 $v_\pi(s)$의 값을 알고 있는 경우이다. 하지만 실제 환경에서는 대부분 근사함수의 실제값(즉, 상태의 정확한 가치값)을 알지 못한다. 따라서 이제부터는 정확한 $v_\pi(s)$ 값 대신에 그 값의 예측치를 사용하여 학습해야 한다. 다음 절부터는 좀 더 현실적인 경우 즉, 정확한 $v_\pi(s)$ 값을 알 수 없는 경우의 가치값 근사함수 학습방법에 대해 알아본다.

이러한 $v_\pi(s)$의 예측을 위하여 가치값 근사함수에서는 크게 세 가지의 방법 1) **몬테카를로 방법**, 2) **TD 방법**(temporal difference), 그리고 3) **TD(λ) 방법**을 사용한다.

6.5 몬테카를로 근사함수방법

가치값 근사함수 학습의 목표는 다음의 식과 같은 에러함수(식 (6.5)를 아래에 다시 표시함)를 최소화하는 w 값을 구하는 것이다. 지금까지는 에러함수에서 목적값인 $v_\pi(s)$ 값이 정확히 알려진 상황을 가정했다. 하지만 이는 비현실적 가정이므로 목적값 $v_\pi(s)$을 다른 값으로 대체해서 학습해야 한다. 이때 목적값 $v_\pi(s)$의 대체로 사용하는 값은 당연히 정확한 $v_\pi(s)$ 값에 근접한 예측치를 사용해야 한다.

$$J(w)=\frac{1}{2}E_\pi\left[(v_\pi(s)-\hat{v}(s,\ w))^2\right]$$

정확한 상태가치값 $v_\pi(s)$을 예측하기 위한 첫 번째 방법으로서 **몬테카를로 방법**(Monte Carlo method)에 대해 알아보자. 몬테카를로 방법의 기본적인 아이디어는 다음과 같다. 먼저 에이전트가 현재 상태 s_t에서 정책 π에 따라서 행동을 하면서 종료상태(final state)에 도달할 때까지 에피소드(episode)를 생성한다. (에피소드는 현재의 상태에서 종료상태까지 이르는 한 개의 경로(path)를 의미한다) 그리고 각 에피소드마다 해당 에피소드상의 특정 상태 s_t에서의 보상값 합인 리턴값 G_t를 계산할 수 있다. 이 G_t 값은 에이전트가 실제로 행동하면서 획득한 보상값의 합계이므로 상태 s_t의 실제 상태가치값 $v_\pi(s_t)$에 대한 훌륭한 예측치로 사용할 수 있다. 따라서 몬테카를로 방법에서는 특정 상태 s_t의 상태가치값 $v_\pi(s_t)$에 대한 예측치를 상태 s_t에서의 리턴값 G_t 값으로 표현해 사용한다.

$$v_\pi(s_t) \Rightarrow G_t$$

이전 장에서 학습한 대로 상태 s_t에서부터의 리턴값의 정의는 다음과 같다(T는 종료상태까지의 단계).

$$G_t=r_{t+1}+\gamma r_{t+2}+\gamma^2 r_{t+3}+\gamma^3 r_{t+4}+\cdots+\gamma^T r_{t+T+1}=\sum_{i=0}^{T}\gamma^i r_{t+i+1} \tag{6.13}$$

이와 같이 $v_\pi(s_t)$ 대신에 G_t를 사용하는 경우에 몬테카를로 방법의 에러함수(식 (6.5))는 다음과 같이 정의된다.

$$J(w)=\frac{1}{2}E_\pi\left[(G_t-\hat{v}(s_t,\ w))^2\right] \tag{6.14}$$

가치값 근사함수 학습은 점진적 하강 방법을 사용하므로 위의 에러함수에 대한 그레디언트와 변량(Δw)을 구하게 되면 다음과 같이 된다(스토캐스틱 점진적 하강).

$$\Delta w = \alpha(G_t - \hat{v}(s_t, w))\nabla_w \hat{v}(s_t, w) \quad (6.15)$$

참고로 만약에 $\hat{v}(s_t, w)$를 속성에 대한 선형 근사함수(식 (6.10))를 사용한다고 가정하면 위의 변량은 다음과 같은 형태가 된다.

$$\Delta w = \alpha(G_t - \hat{v}(s_t, w))\phi(s_t) \quad (6.16)$$

이러한 Δw 값을 이용하여 다음과 같이 파라미터 w값을 업데이트하면서 파라미터의 값이 수렴할 때까지 학습을 진행한다.

$$w \leftarrow w + \Delta \mathrm{w}$$

몬테카를로 방법에서 실제값 $v_\pi(s_t)$의 근사값으로 사용되는 리턴값 G_t는 무편향(unbiased) 근사값인 장점을 가지고 있다. 그 이유는 리턴값 G_t는 특정 상태에서 실제로 실험을 진행하면서 획득한 값들이므로 데이터의 숫자가 많아지면 실제의 값과 동일해지는 특징이 있기 때문이다. 즉, 샘플의 숫자가 많아지면 예측치(리턴값) G_t는 원래의 정확한 가치값 $v_\pi(s_t)$과 일치하게 되는 장점을 가지고 있다.

그리고 이와 같은 몬테카를로 근사함수 방법은 일반적으로 글로벌 최적(global optimum)이 아닌 지역 최적화(local optimum) 답을 제공할 수도 있다. 즉, 몬테카를로 방법에 의해서 계산되는 파라미터의 값은 최적의 파라미터의 값이 아닌 경우도 존재한다.

6.5.1 몬테카를로 방법과 감독자학습

여기서는 지금 설명한 몬테카를로 방법을 이용한 근사함수의 학습을 기존의 감독자 학습(supervised learning) 방법과 비교하고자 한다. 몬테카를로 방법은 특정한 상태 s_t에서 정책 π에 따라서 종료상태에 도달할 때까지 행동을 계속하면서 에피소드를 생성한다. 그리고 이 에피소드의 리턴값 G_t를 사용하여 근사함수를 학습하였다. 여기서 $\langle s_t, G_t \rangle$를 이와 같이 생성된 s_t와 G_t로 구성된 데이터들의 집합이라고 하자. 몬테카를로 방법에서 이와 같은 과정을 반복하면 다음과 같은 데이터 집합을 생성하게 된다. (s_T: 종료상태)

$$< s_0, G_0 >, < s_1, G_1 >, \cdots, < s_T, G_T > \quad (6.17)$$

여기서 G_t는 상태 s_t에서 실제로 행동하면서 획득한 보상값들이므로 $v_\pi(s_t)$에 대한 무편향(unbiased) 근사값이다. 따라서 이를 감독자학습의 관점에서 해석해 보면 G_t 값은 상태 s_t에 대한 목적값(target value)의 역할을 한다고 생각할 수 있다. 따라서 G_t를 $\hat{v}(s_t, w)$의 목적값으로 간주하고 이를 감독자 학습을 통하여 학습을 한다고 생각하자. 그러면 이때의 에러함수는 다음과 같이 정의된다(MSE 에러함수를 사용).

$$J(w) = E_\pi\left[(G_t - \hat{v}(s_t, w))^2\right] \tag{6.18}$$

이는 식 (6.14)와 동일한 에러함수가 된다. 따라서 몬테카를로 방법을 사용하고 이를 점진적 하강 방법으로 학습하는 근사함수 방법은 식 (6.18)과 같은 에러함수를 가지는 감독자학습(supervised learning)의 방법과 동일한 학습 방법임을 알 수 있다.

6.6 TD 학습 근사함수방법

근사함수 학습 방법의 두 번째 방법은 **TD 학습**(temporal difference learning, TD learning)이다. TD 학습 방법은 몬테카를로 근사함수 방법과 마찬가지로 점진적 하강방법의 에러함수(식 (6.5))에서 목적값 $v_\pi(s_t)$ 값 대신에 예측치를 사용한다. 차이점은 몬테카를로 방법은 $v_\pi(s_t)$의 예측치로서 리턴값 G_t를 사용하는데 반해, TD 학습에서는 앞의 TD 학습에서 설명한 **TD 타깃**(TD target) 값 $r_{t+1} + \gamma\hat{v}(s_{t+1}, w)$ 값을 사용한다는 것이다.

$$v_\pi(s_t) \Rightarrow r_{t+1} + \gamma\hat{v}(s_{t+1}, w)$$

따라서 TD 학습을 이용한 근사함수방법에서 에러함수는 다음과 같이 정의된다(이 식은 식 (6.5)에서 $v_\pi(s_t)$ 대신에 TD 타깃 $r_{t+1}+\gamma\hat{v}(s_{t+1}, w)$을 사용했다).

$$J(w) = E_\pi\left[(r_{t+1} + \gamma\,\hat{v}(s_{t+1}, w) - \hat{v}(s_t, w))^2\right] \tag{6.19}$$

TD 학습에서도 (몬테카를로 방법과 마찬가지로) 점진적 하강 방법을 사용하므로 이 에러함수에 대한 그레디언트와 변량(Δw)은 다음과 같이 된다(스토캐스틱 점진적 하강 방법).

$$\Delta w = \alpha(r_{t+1} + \gamma \hat{v}(s_{t+1}, w) - \hat{v}(s_t, w)) \nabla_w \hat{v}(s_t, w) \tag{6.20}$$

여기서 (TD 방법과 같이 부트스트랩 방법을 사용할 때) 식 (6.19)를 파라미터 w 기준으로 미분할 때에 $\hat{v}(s_t, w)$만을 미분하며 $\hat{v}(s_{t+1}, w)$은 미분을 하지 않는다는 점에 유의하자. 그 이유는 ($\hat{v}(s_{t+1}, w)$는 목적값의 역할을 하고 있으므로) $\hat{v}(s_{t+1}, w)$ 항도 같이 미분을 하게 되면 에러함수의 목적값 자체가 변동이 생기므로 학습이 진행되지 않는다(우리가 예측하려는 값과 목적값이 같이 움직이게 됨). 따라서 $\hat{v}(s_t, w)$에 대해서만 미분을 수행한다. 이와 같은 방법을 **준점진적 미분방법**(semi-gradient method)이라고 부른다. TD 학습 방법은 준점진적 미분방법을 사용한다.

TD 학습에서는 이러한 Δw 값을 이용하여 다음과 같이 파라미터 w 값을 업데이트하면서 파라미터의 값이 수렴할 때까지 학습을 진행한다.

$$w \leftarrow w + \Delta w$$

앞에서 몬테카를로 방법에서 사용하는 리턴값은 무편향(unbiased) 예측치라고 했는데, 반대로 TD 학습 방법에서 사용하는 예측치인 TD 타깃 $r_{t+1} + \gamma \hat{v}(s_{t+1}, w)$는 **편향**(biased) 근사값이다. 그 이유는 TD 타깃에서 사용하는 $\hat{v}(s_{t+1}, w)$ 값은 (정확한 값이 아니고) 또 다른 예측치이므로 오류를 포함하고 있기 때문이다. 즉, 예측치를 계산하기 위하여 또 다른 예측치를 사용하고 있다(부트스트랩 방법). 따라서 TD 타깃의 값은 편향 근사값이다. $\hat{v}(s_{t+1}, w)$ 값은 초기에 임의의 초기값을 사용한다. 그러므로 TD 타깃의 값은 특히 초기에 오차가 많다. 하지만 업데이트가 진행될수록 오류는 점점 줄어들며 따라서 궁극적으로 정확한 값에 수렴하는 성질을 가지고 있다.

그리고 몬테카를로 방법과 마찬가지로 이러한 TD 방법의 근사함수 학습은 다음과 같은 학습 데이터를 사용하는 감독자학습과 같은 학습 방법이 된다.

$$< s_0, r_1 + \gamma \hat{v}(s_1, w) >, < s_1, r_2 + \gamma \hat{v}(s_2, w) >, \cdots, < s_{T-1}, r_T > \tag{6.21}$$

참고로 TD 학습 근사함수방법에서 근사함수로 속성 간의 선형함수를 사용하는 경우에는 전역 최적치(global optimum)를 생성함이 알려져 있다.

6.7 TD(λ) 근사함수방법

근사함수 학습의 세 번째 방법은 앞에서 설명한 TD 학습 방법을 좀더 일반화시킨 **TD(λ)** 학습이다. 이 방법에서는 기존 TD 학습 방법의 에러함수(식 (6.19))에서 TD 타깃 값 $r_{t+1}+\gamma\hat{v}(s_{t+1}, w)$ 대신에 4장에서 설명한 λ-리턴(λ-return)값인 G_t^λ 값을 예측치로 사용하여 학습을 한다. λ-리턴값 G_t^λ의 정의는 다음과 같다(G_t^λ의 자세한 설명은 4장의 TD(λ) 설명 부분을 참고하기 바람).

$$G_t^\lambda=(1-\lambda)\sum_{n=1}^{\infty}\lambda^{n-1}G_t^{(n)} \tag{6.22}$$

만약 절삭된 λ-리턴(truncated λ-return)을 사용한다면 G_t^λ의 정의는 다음과 같다.

$$G_t^\lambda=(1-\lambda)\sum_{n=1}^{T-t-1}\lambda^{n-1}G_t^{(n)}+\lambda^{T-t-1}G_t \tag{6.23}$$

TD(λ) 학습에서는 TD 학습 방법의 에러함수(식 (6.19))에서 TD 타깃 값 $r_{t+1}+\gamma\hat{v}(s_{t+1}, w)$ 대신에 G_t^λ를 사용하며 (식 (6.22) 혹은 식 (6.23)) 따라서 TD(λ) 학습에서의 에러함수는 다음과 같이 정의된다.

$$J(w)=E_\pi\left[(G_t^\lambda-\hat{v}(s_t, w))^2\right]$$

그리고 지금까지 했던 방법과 마찬가지로 점진적 하강 방법을 사용하여 에러함수의 미분값과 파라미터의 변량을 구하면 다음과 같다.

$$\Delta w=\alpha\left(G_t^\lambda-\hat{v}(s_t, w)\right)\nabla_w\hat{v}(s_t, w) \tag{6.24}$$

이는 TD 학습 방법의 식 (6.20)에서 TD 타깃의 값 $r_{t+1}+\gamma\hat{v}(s_{t+1}, w)$ 대신에 λ-리턴(λ-return)값인 G_t^λ로 치환한 식임을 알 수 있다. 따라서 TD(λ) 학습에서는 이와 같은 Δw 값을 이용하여 w 값을 반복적으로 업데이트한다.

그리고 TD(λ) 학습 근사함수방법도 (몬테카를로 방법이나 TD 학습의 근사함수 방법과 마찬가지로) 아래와 같은 데이터를 학습 데이터로 사용하는 감독자학습의 학습방법이 된다.

$$< s_1,\ G_1^{\lambda} >,\ < s_2,\ G_2^{\lambda} >,\ \cdots,\ < s_{T-1},\ G_{T-1}^{\lambda} > \tag{6.25}$$

6.8 적정성추적

앞에서 설명한 TD(λ) 학습은 **전방향 TD(λ)**(forward TD(λ)) 학습의 방법이다. 따라서 현재 상태에서 행동을 수행할 때에 바로 업데이트를 수행할 수 없으며 에이전트가 종료상태에 도달한 후에만 (혹은 특정한 횟수 이상의 수행) 경로상의 모든 상태에 대해 한꺼번에 업데이트를 수행한다. 따라서 이와 같은 전방향 학습은 (종료상태에 도달할 때까지 기다려야 하므로) 온라인 학습이 불가능하고 또한 종료상태에 도달할 때까지의 데이터들을 저장하는 추가 메모리도 필요하다.

이러한 단점을 보완하기 위하여 **후방향 TD(λ)**(backward TD(λ)) 학습을 사용할 수 있다. 후방향 TD(λ)은 현재의 상태에서 행동이 수행되면 현재 경로에서 과거의 상태들에 대해 역으로 추적하면서 업데이트를 수행하는 방법이다. 전방향 TD(λ)에서는 현재 단계에서는 업데이트하지 않고 (λ 리턴값을 알 수 없으므로) 미래의 TD 에러값들을 본 이후에 다시 현재 단계로 돌아와 업데이트를 진행한다. 하지만 후방향 TD(λ)에서는 과거 단계의 TD 에러값들을 저장해 두었다가, 현재 데이터 발생의 시점에서 과거의 값들을 업데이트해 준다. 따라서 온라인 학습이 가능한 장점이 있다.

하지만 이러한 후방향(backward) TD(λ) 학습을 수행하기 위해서는 과거의 상태가 현재의 상태에 얼마만큼 영향을 주었는지를 측정하는 방법이 필요하다. 이를 위해서 후방향(backward) TD(λ)에서는 4장에서 설명한 **적정성추적**(eligibility trace)이라는 방법을 다시 사용한다.

먼저 4장의 기존의 (가치값을 테이블에 저장하는 방식의) 후방향 TD(λ) 학습에서 각 상태 s의 타임스텝 t에서 적정성추적값 $e_t(s)$는 다음과 같이 정의하였다.

$$e_t(s) = \begin{cases} \lambda\gamma e_{t-1}(s), & \text{if } s_t \neq s \\ \lambda\gamma e_{t-1}(s) + 1, & \text{if } s_t = s \end{cases} \tag{6.26}$$

이 방법에서는 에피소드의 각 단계마다 이전 단계의 적정성추적값 $e_{t-1}(s)$을 $\lambda\gamma$ 만큼 가중치를 감소시키고 현재 상태 s의 적정성추적값을 1 증가시킨다. 그리고 이 같은 적정성추적은 다음 식과 같이 TD 에러(TD error)의 항에 곱해져서 사용된다.

$$\delta_t = r_{t+1} + \gamma \hat{v}(s_{t+1}) - \hat{v}(s_t) \tag{6.27}$$

$$\hat{v}(s) = \hat{v}(s) + \alpha \delta_t e_t(s) \tag{6.28}$$

근사함수의 파라미터가 알고리즘 전반에 걸쳐 결정되는 장기(long-term) 메모리라면, 적정성추적값은 한 에피소드 내에서만 작용하는 단기(short-term) 메모리로 생각할 수 있다.

하지만 식 (6.26)과 같은 기존의 적정성추적값은 (가치값 테이블 저장 방식) 가치값이 근사함수의 형식으로 표현되는 방식에서는 적용할 수 없다. 따라서 (가치값을 테이블에 저장할 때는 각 상태마다 적정성추적값을 정의했지만) 근사함수 방식을 사용할 때 적정성추적값은 (상태에 대해서가 아닌) 근사함수의 파라미터 각각에 대해 정의된다. 따라서 근사함수의 형식에서의 (타임스텝 t에서) 적정성추적값을 e_t라고 하면 e_t는 근사함수 파라미터의 개수만큼의 요소를 가지는 벡터로 표현되며 다음과 같이 정의된다. (e_0은 0으로 정의됨)

$$e_t = \lambda \gamma e_{t-1} + \nabla_w \hat{v}(s_t, w) \tag{6.29}$$

여기서 $\nabla_w \hat{v}(s_t, w)$ 항은 (상태 s_t에서) 가치값 근사함수 $\hat{v}$를 w 기준으로 미분한 그레디언트값이다. 이 항은 w 값의 변화가 특정상태 s_t에서 상태가치값 $\hat{v}$의 변화에 얼마만큼 영향을 주는지를 나타낸다. 따라서 e_t는 (현재의 에피소드 내에서) 각 파라미터에 대해 그 파라미터가 현재 상태 s_t의 가치값에 얼마만큼 영향을 미치는지를 알려주는 값으로 사용할 수 있다.

식 (6.29)는 기존의 테이블 저장 방식 적정성추적값(식 (6.26))의 일반화된 형식이다. 예를 들어 파라미터 w가 근사함수에 영향이 전혀 없는 경우에는 근사함수의 기울기, 즉 미분값이 0이 된다. 반대로 파라미터 w가 근사함수에 높은 영향을 미친다면 근사함수 $\hat{v}$의 (상태 s_t에서) 기울기가 아주 높은 값으로 증가할 것이다.

식 (6.29) 를 보면 e_t는 한 타임스텝을 지날때 마다 이전 상태의 e_{t-1} 값보다 $\lambda\gamma$ 만큼 감소한다. 그리고 각 파라미터마다 현재 상태의 가치값에 미친 영향력의 정도를 측정한 $\nabla_w \hat{v}(s_t, w)$ 값을 e_t에 추가한다.

따라서 이와 같은 적정성추적값을 이용하는 (가치값 근사함수 환경에서) 후방향 TD(λ)의 파라미터의 업데이트 식은 다음과 같다.

$$\delta_t = r_{t+1} + \gamma \hat{v}(s_{t+1}, w) - \hat{v}(s_t, w) \tag{6.30}$$

$$w \leftarrow w + \alpha \delta_t e_t \tag{6.31}$$

참고로 가치값 근사함수로 심층신경망을 사용하는 경우에 8장에서 설명하는 경험 재사용(experience replay)이나 목표 네트워크(target network) 등을 사용하면 이러한 TD(λ) 학습 방법들은 원칙적으로 사용할 수 없다. 그림 6.6은 후방향 TD(λ) 학습의 기본코드를 보여준다.

알고리즘: 근사함수 기반 후방향 TD(λ) 학습

근사함수 파라미터 w 초기화
repeat (모든 에피소드에 대해)
  $e \leftarrow 0$
  초기화 s
  repeat (에피소드의 모든 단계에 대해)
    상태 s에서 정책 π 따라 행동 a 수행
    보상값 r과 다음 상태 s' 관찰
    $\delta \leftarrow r + \gamma \hat{v}(s', w) - \hat{v}(s, w)$
    $e \leftarrow \gamma\lambda e + \nabla_w \hat{v}(s, w)$
    $w \leftarrow w + \alpha\delta e$
    $s \leftarrow s'$
  until s'가 종료상태까지
end repeat

그림 6.6 후방향 TD(λ) 학습

6.9 모델프리 환경의 가치값 근사함수

지금까지는 상태가치값을 예측하는 근사함수를 (특정한 정책에서) 학습하는 방법들에 대해 설명하였다. 특정한 정책이 주어졌을 때에 이 정책에 대한 가치값을 계산하는 문제는 예측(prediction)문제이다. 반면에 최적의 정책을 찾는 문제를 **컨트롤**(control) 문제라고 하며, 이는 정책에 대한 가치값 근사함수를 계산하고 이를 이용하여 최적의 정책을 발견해 나가는 과정이다.

이 절에서는 모델프리(model-free)의 환경에서 근사함수를 이용하여 최적의 정책을 찾는 컨트롤 문제에 대해 설명한다. (5장 모델프리 컨트롤에서 설명한 바와 같이) 우리가 상태가치값($v(s)$)을 이용하여 이를 최대화시키는 행동을 선택할 때는 다음의 식을 이용해야 한다.

$$\pi(s) = \underset{a \in A}{\operatorname{argmax}}\ R_s^a + \gamma P_{ss'}^a\ v(s') \tag{6.32}$$

하지만 이는 모델기반 환경에서만 가능하다. 모델프리 환경에서는 (식 (6.32)에서) 보상값(R_s^a)과 전이확률($P_{ss'}^a$)의 값을 모르기 때문에 상태가치값을 시용해서는 최적의 행동 a 값(즉 최적의 정책)을 구할 수 없다. 대신에 모델프리 컨트롤에서는 다음 식에서 보는 바와 같이 상태가치값이 아닌 행동가치값 q을 사용하여 정책을 찾아야 한다. 즉, 상태가치값이 아닌 행동가치값을 구하게 되면 모델프리의 환경에서도 최적의 행동을 선택할 수 있다.

$$\pi(s) = \underset{a \in A}{\operatorname{argmax}}\ q(s,\ a) \tag{6.33}$$

따라서 모델프리 환경에서 가치값 근사함수를 학습할 때는 상태가치값이 아닌 행동가치값 $q_\pi(s, a)$를 학습하는 방법을 사용한다. 먼저 행동가치값 $q_\pi(s, a)$를 근사함수로 예측한 값을 $\hat{q}_\pi(s, a, w)$라고 가정하자. 여기서 w는 행동가치값 근사함수의 파라미터를 의미한다.

$$\hat{q}_\pi(s,\ a,\ w) \approx q_\pi(s,\ a) \tag{6.34}$$

상태가치값의 근사함수에서와 마찬가지로 행동가치값의 근사함수에서도 근사함수의 입력으로 사용되는 상태-행동은 속성으로 표현되어야 한다. 즉 특정한 (상태 s, 행동 a)은 다음과 같은 속성의 벡터 $\phi(s, a)$로 구성되어 있다고 가정한다.

$$\phi(s,\ a)=\begin{pmatrix}\phi_1(s,\ a)\\ \vdots \\ \phi_n(s,\ a)\end{pmatrix} \tag{6.35}$$

6.9.1 행동가치값 근사함수

앞에서 말한 바와 같이 모델프리의 컨트롤에서는 행동가치값을 예측하는 근사함수가 필요하다. 먼저 (어떤 절대자에 의해서) 특정한 상태 s_t와 행동 a_t에 대해 정확한 $q_\pi(s_t, a_t)$ 값을 알고 있다고 가정을 하고 근사함수에 대한 에러함수를 정의하면 다음과 같다. 이 에러함수는 상태가치값 근사함수의 에러함수(식 (6.5))에서 상태가치값 대신에 행동가치값을 사용한 형태임을 알 수 있다.

$$J(w)=E_\pi\left[(q_\pi(s_t,\ a_t)-\hat{q}(s_t,\ a_t,\ w))^2\right] \tag{6.36}$$

점진적 하강 방법을 사용하기 위하여 에러함수에 대한 그레디언트와 변량 Δw를 구하면 다음과 같다. (상수 2는 생략)

$$\Delta w=\alpha E_\pi\left[q_\pi(s_t,\ a_t)-\hat{q}(s_t,\ a_t,\ w)\right]\nabla_w\hat{q}(s_t,\ a_t,\ w) \tag{6.37}$$

만약에 행동가치값 근사함수를 상태 s와 행동 a에 대한 속성의 선형(linear) 함수라고 가정하면 행동가치값 근사함수의 정의는 다음과 같다.

$$\hat{q}(s_t,\ a_t,\ w)=\phi(s_t,\ a_t)^T w=\sum_{j=1}^{n}\phi_j(s_t,\ a_t)w_j \tag{6.38}$$

따라서 $\nabla_w\hat{q}(s_t, a_t, w) = \phi(s_t, a_t)$이므로 이를 식 (6.37)에 대입하면 근사함수가 선형함수일 때의 파라미터 변량은 다음과 같다(스토캐스틱의 경우).

$$\Delta w=\alpha(q_\pi(s_t,\ a_t)-\hat{q}(s_t,\ a_t,\ w))\phi(s_t,\ a_t) \tag{6.39}$$

지금까지 식 (6.36)에서 $q_\pi(s_t, a_t)$의 값을 알고 있다고 가정했다. 하지만 실제 학습에서는 $q_\pi(s_t, a_t)$ 값을 알 수 없으며 따라서 (몬테카를로 방법, TD 방법, 혹은 TD(λ) 학습 등의 방법을 이용하여) $q_\pi(s_t, a_t)$의 예측치를 사용해서 학습해야 한다. 이 방법들은 앞에서 설명한 상태가치값 근사함수학습의 내용과 거의 유사한 방법을 사용하여 학습을 한다. 따라서 여기서는 행동가치값 근사함수에서의 방법과 상태가치값 근사함수의 학습에서의 차이점만을 간단히 설명한다.

첫 번째, 몬테카를로 방법으로 행동가치값 근사함수를 학습할 경우는 식 (6.37)에서 $q_\pi(s_t, a_t)$ 대신에 상태 s_t 행동 a_t에서의 리턴값 G_t를 사용한다. 따라서 업데이트에 사용하는 Δw 값은 다음과 같다(스토캐스틱 학습).

$$\Delta w = \alpha(G_t - \hat{q}(s_t,\ a_t,\ w))\nabla_w \hat{q}(s_t,\ a_t,\ w) \tag{6.40}$$

두 번째, TD 학습(Sarsa)을 사용하는 경우는 식 (6.37)에서 $q_\pi(s, a)$ 대신에 TD 타깃 $r_{t+1}+\gamma\hat{q}$ (s_{t+1}, a_{t+1}, w)를 사용한다. 따라서 업데이트에 사용하는 Δw 값은 다음과 같다.

$$\Delta w = \alpha(r_{t+1} + \gamma\hat{q}(s_{t+1},\ a_{t+1},\ w) - \hat{q}(s_t,\ a_t,\ w))\nabla_w \hat{q}(s_t,\ a_t,\ w) \tag{6.41}$$

세 번째, TD(λ) 학습(Sarsa(λ))을 사용하는 경우는 식 (6.37)에서 $q_\pi(s_t, a_t)$ 대신에 행동값 λ-리턴(λ-return)값인 q_t^λ를 사용한다. 따라서 업데이트에 사용하는 Δw 값은 다음과 같다.

$$\Delta w = \alpha(q_t^\lambda - \hat{q}(s_t,\ a_t,\ w))\nabla_w \hat{q}(s_t,\ a_t,\ w) \tag{6.42}$$

6.9.2 Sarsa(λ)

식 (6.42)의 Sarsa(λ)는 전방향 Sarsa(λ)의 방법이다. 따라서 **후방향 Sarsa(λ)**(backward Sarsa(λ)) 방법을 사용하려면 기존의 후방향 TD(λ)와 마찬가지로 적정성추적(eligibility trace)의 방법을 사용한다. 후방향 Sarsa(λ) 방법도 모델프리 환경에서 작동하므로 행동가치값을 사용해야 하며 따라서 적정성추적값도 상태-행동(state-action) 결합에 대해 정의된다. 후방향 Sarsa(λ)의 적정성추적값은 6.8절의 후방향 TD(λ) 방법과 유사하다. 다만 적정성추적값이 상태가 아닌 상태-행동의 결합에 따라서 정의된다는 차이가 있다. 후방향 Sarsa(λ)의 적정성추적값을 e_t라고 하면 이는 (6.8절에서와 마찬가지로) 근사함수 파라미터의 개수만큼 요소를 가지는 벡터로 표현되며 다음과 같이 정의된다.

$$e_t = \lambda\gamma e_{t-1} + \nabla_w \hat{q}(s_t,\ a_t,\ w) \tag{6.43}$$

식 (6.43)은 식 (6.29)와 거의 유사한 형태이며, 상태가치값 대신에 행동가치값을 사용한다.

따라서 이 같은 적정성추적 방법을 사용하는 후방향 Sarsa(λ) 학습의 업데이트 식도 TD(λ)의 방법과 유사하게 다음과 같이 정의된다.

$$\delta_t = r_{t+1} + \gamma q(s_{t+1}, a_{t+1}) - q(s_t, a_t) \tag{6.44}$$

$$w \leftarrow w + \alpha \delta_t e_t \tag{6.45}$$

6.9.3 가치값 근사함수를 이용한 모델프리 컨트롤

앞에서 설명한 행동가치값의 근사함수를 이용하여 정책에 대한 행동가치값을 계산하는 것은 정책의 평가하는 과정이며, 이를 **예측**(prediction) 과정이라고 부른다. 모델프리 환경에서 최적의 정책을 찾는 과정인 **모델프리 컨트롤**(model-free control)은 이와 같은 정책평가 단계와 정책향상 단계를 반복 수행하면서 최적의 정책에 수렴하게 된다. 즉, 특정한 정책에 대해 정책평가의 단계에서는 이 정책을 이용한 행동가치값들을 근사함수를 이용하여 (수렴할 때까지) 계산하고, 이들 행동가치값들을 이용해 정책향상의 단계에서는 기존의 정책보다 좋은 성능의 새로운 정책을 생성한다.

1) **정책평가**: 정책평가 단계에서는 모델프리의 환경이므로 주어진 정책에 대한 행동가치값 $\hat{q}$들을 근사함수를 이용하여 예측한다. 하지만 일반적으로 정책평가의 단계에서 근사함수의 행동가치값이 최종 수렴할 때까지 학습을 진행하지 않아도 된다. 중간 단계의 (수렴하지 않은) 행동가치값을 사용하여 학습을 수행해도 학습이 가능하다.
2) **정책향상**: 정책평가에서 계산된 $\hat{q}$ 값을 기반으로 새로운 정책을 찾게 되는데 여기서는 ε-탐욕방법(ε-greedy) 방법을 이용하여 새로운 향상된 정책을 생성한다.

그림 6.7에서는 행동가치값을 사용하는 모델프리 컨트롤의 학습 과정을 그림으로 표시했다. 정책평가의 단계에서는 행동가치값 근사함수를 이용하여 $\hat{q}$를 계산하고 (수렴할 필요없이 중간값을 사용) 이를 정책향상의 단계에 전달한다. 그러면 정책향상의 단계에서는 $\hat{q}$ 값을 기반으로 ε-탐욕방법을 이용하여 새로운 정책 π_i를 생성하고 이를 정책평가의 단계에 전달한다. 그러면 정책평가의 단계는 새로운 정책 π_i을 기반으로 행동가치값 근사함수를 이용해 새로운 $\hat{q}$ 값을 계산한다. 이러한 과정을 $\hat{q}$ 값과 π_i이 수렴할 때까지 진행한다.

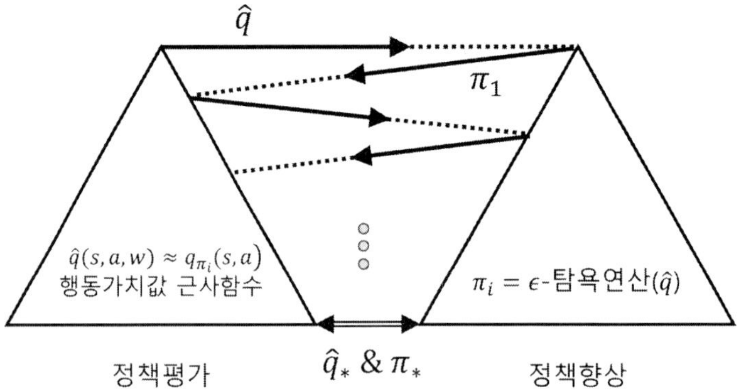

그림 6.7 행동가치값 기반 모델 컨트롤의 학습

6.10 요약

지금까지의 강화학습에서는 가치값들이 테이블 등에 저장된 형태의 학습을 설명하였다. 하지만 상태의 수가 너무 많거나 연속적인 행동 등의 경우는 이와 같은 테이블 저장방법을 사용할 수 없다. 따라서 최근에는 가치값들을 테이블 대신에 근사함수의 형태로 표현하는 방법을 사용하고 있다. 가치값을 근사함수의 형태로 표현하면 앞의 문제를 해결함과 동시에 새로운 상태나 행동에 대한 가치값을 계산할 수 있는 장점들이 있다.

특히 최근에는 심층학습 기술의 발전으로 이러한 가치값을 심층신경망으로 표현하는 방법을 널리 사용한다. 이와 같이 강화학습의 일부분을 (심층학습과 같은) 감독자학습과 결합하는 방법을 심층강화학습이라고 하며, 이는 최근 강화학습의 가장 큰 기술적인 진보 중의 하나이다.

가치값 근사함수의 학습방법은 에러함수를 정의한 후 점진적 하강의 방법을 이용하여 파라미터를 업데이트하면서 학습한다. 파라미터의 업데이트할 때는 전체의 학습 데이터를 읽어서 업데이트하는 배치 학습, 한 개의 데이터만 읽고 업데이트하는 스토캐스틱학습, 정해진 숫자만큼을 읽고 업데이트하는 미니배치 학습 등이 있다.

가치값 근사함수의 에러함수에서 목적값을 결정하기 위하여 주로 몬테카를로 방법 혹은 TD

방법을 사용한다. 몬테카를로 방법에서는 종료상태까지의 리턴값을 사용하며 TD 학습은 한 단계의 전이에 따른 데이터를 사용한다. TD 학습에서는 한 단계 데이터가 가진 오류를 감소시키기 위하여 여러 단계의 데이터를 가중치로 결합하는 TD(λ) 방법을 사용하기도 한다. 4장에서 설명한 바와 같이 후방향 TD(λ) 방법을 사용하기 위해서는 적정성추적값을 사용한다. 다만 가치값을 테이블에 저장하는 경우에는 적정성추적값은 각 상태마다 정의가 되어 있지만, 가치값을 근사함수로 표현하는 경우에는 적정성추적값은 근사함수의 파라미터별로 정의되어 있다. 따라서 이에 따라 적정성추적의 계산방법도 수정된다.

모델프리 환경에서 가치값 근사함수를 사용해 컨트롤 작업을 하는 경우에는 근사함수가 상태가치값이 아닌 행동가치값에 대한 근사함수를 사용해야 한다. 따라서 파라미터와 적정성추적값들의 업데이트도 행동가치값을 기반으로 수행한다. 그리고 이러한 모델프리 컨트롤 작은 정책평가와 정책향상의 작업을 번갈아 수행하면서 정책이나 가치값이 수렴할 때까지 반복한다.

CHAPTER

07

심층신경망과 최적화 학습

신경망은 활성함수가 비선형인 경우에만 비선형함수를 효과적으로 표현할 수 있다. 또한 은닉 계층의 개수를 증가하면서 복잡한 함수를 효과적으로 표현할 수 있는 장점이 있다. 심층 신경망의 경우는 은닉 계층이 증가하면서 (은닉 계층의 개수가 작은 얕은(shallow) 신경망보다도) 같은 함수를 표현하는 데 필요한 파라미터의 숫자를 감소시킴이 알려져 있다. 따라서 신경망은 복잡한 함수와 개념을 효과적으로 표현할 수 있고 또한 미분(differentiate)이 가능한 수학적 모델이다. 이러한 신경망 기술의 발전은 인공지능, 머신러닝, 심층학습에서 중대한 발전을 이뤄낼 수 있었던 큰 원인 중 하나이다.

7.2 신경망의 학습방법

신경망의 학습은 6장에서 설명한 가치값 근사함수와 마찬가지로 점진적 하강법(gradient descent)을 이용한다. 다음과 같은 학습 데이터가 있다고 가정하자.

$$X = \{(x_1, t_1), (x_2, t_2), \cdots (x_n, t_n)\}$$

여기서 x_i는 입력값(input feature), t_i는 목적값(target value)이다. 신경망의 학습을 위하여 먼저 신경망 함수의 에러함수 $J(w)$를 정의하며 여기서 w는 신경망의 파라미터 벡터를 의미한다. 신경망에서 사용할 수 있는 대표적인 에러함수는 7.2.1절에서 소개한다.

신경망 학습은 신경망에서 사용하는 에러함수, 활성함수 등에 따라서 다양한 방법이 존재한다. 그 중에서 신경망의 가장 전통적인 학습은 **역전파방법**(backpropagation)을 사용한다. 이는 에러함수의 그레디언트(gradient)를 구하고 점진적 하강방법으로 신경망의 파라미터를 구하는 방법이다. 점진적 하강법에 따라서 파라미터 w를 업데이트하는 식은 다음과 같이 정의된다. (식 (6.3)과 (6.4)에 의해서)

$$w \leftarrow w - \eta \frac{\partial}{\partial w} J(w) \tag{7.2}$$

이 식에서 $\frac{\partial}{\partial w} J(w)$는 에러함수의 미분값으로 에러함수 표면상에서의 파라미터가 업데이트되는 방향을 의미하며, η는 학습상수(learning rate)로서 파라미터 업데이트의 정도를 결정한다.

7.2.1 에러함수

신경망에서 혹은 기계학습의 알고리즘에서 사용할 수 있는 대표적인 에러함수들을 설명하면 다음과 같다.

평균제곱에러(MSE)

평균제곱에러(mean squared error, 이하 MSE) 함수는 목적값과 예측값 차이의 제곱값에 대한 평균을 의미하며, 다음 식과 같이 정의된다.

$$\frac{1}{n}\sum_{j}^{n}\sum_{i}^{C}(t_{ji}-y_{ji})^2 \tag{7.3}$$

여기서 t_{ji}는 j번째 데이터의 i번째 목적값이고, y_{ji}는 t_{ji}에 대한 신경망의 예측값을 의미한다. 그리고 n는 데이터의 개수, C는 목적값의 개수다. 예를 들어 $C = 2$이면 이진분류(binary classification)를 의미한다. MSE는 기계학습에서 가장 많이 사용되는 에러함수 중의 하나로서 분류(classification)학습과 회귀(regression)학습에 모두 사용할 수 있다.

식 (7.3)은 MSE의 배치 학습(전체 데이터를 읽고 업데이트)의 에러함수 형태이다. 스토캐스틱 학습(한 개의 데이터를 읽고 업데이트)인 경우에 에러함수는 다음과 같이 정의된다.

$$\sum_{i}^{C}(t_i-y_i)^2 \tag{7.4}$$

크로스 엔트로피

크로스 엔트로피(cross entropy) 함수를 설명하기에 앞서 먼저 어떤 확률의 자체정보(self-information)에 대한 정의를 설명한다. 예를 들어서 어떤 사건의 발생확률이 p_i라고 할 때 이 사건이 실제 발생했을 때 우리가 얻을 수 있는 정보의 양을 **자체정보**(self-information)라 하며, 이는 $-\log p_i$로 정의한다.

예를 들어서 해가 동쪽에서 뜨는 사건의 확률을 p_1, 해가 서쪽에서 뜨는 확률을 p_2라고 하자. 그러면 $p_1 \approx 1$이고 $p_2 \approx 0$이다. 따라서 실제로 p_1의 사건(해가 동쪽에서 뜨는 사건)이 발생하면 그 사건이 우리에게 제공하는 정보의 양은 거의 $0(\approx -\log p_1)$이다. 아침에 해가 동쪽에서 뜨는 사건은 아무런 정보가 되지 않는다(우리 모두가 100% 알고 있으므로 새로운 정보를 주지 않는다).

하지만 만약 p_2의 사건(해가 서쪽에서 뜨는 사건)이 실제로 발생하면 그 사건의 정보의 양은 거의 $\infty(\approx -\log p_2)$이다. 해가 서쪽에서 뜬 것은 우리 태양계와 지구에 큰 변화가 생긴 것을 의미한다. 따라서 이 사건은 우리에게 엄청난 정보를 제공한다. 이와 같이 $-\log p_i$는 확률 p_i가 제공하는 정보의 양을 의미하며 이를 자체정보라고 부른다.

크로스 엔트로피 함수는 이와 같은 예측치의 자체정보($-\log y_i$)들의 (목적값을 기준으로) 평균을 구한 값을 의미하며, 다음과 같이 정의된다. (n은 데이터의 개수이며 편의상 t_{ji}와 y_{ji}는 [0,1] 사이의 값으로 가정함)

$$H(t, y) = -\frac{1}{n}\sum_j \sum_i t_{ji} \log y_{ji} \tag{7.5}$$

스토캐스틱 학습의 경우에는 다음과 같이 정의된다. (편의상 j 인덱스를 생략함)

$$-\sum_i t_i \log y_i$$

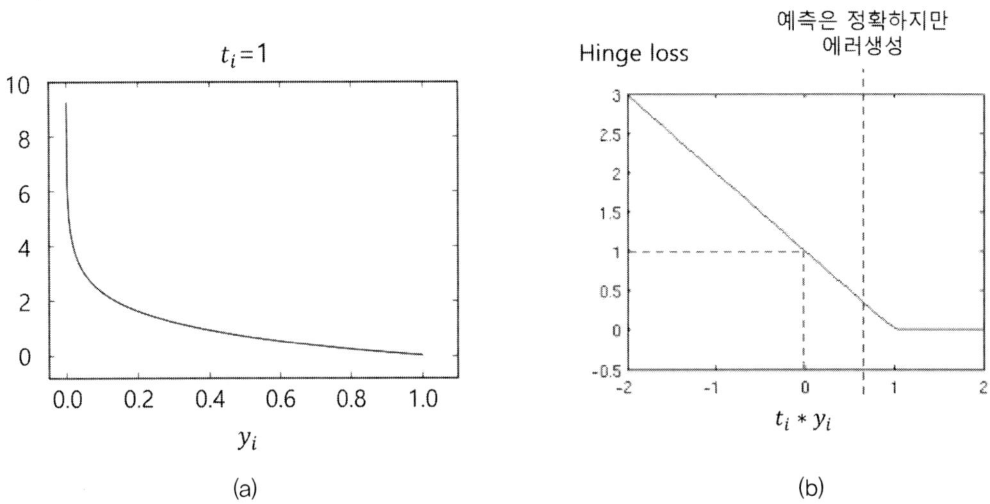

그림 7.3 크로스 엔트로피 에러함수와 Hinge 에러함수

크로스 엔트로피 함수는 높은 확률로 잘못된 예측하는 경우에 높은 에러를 발생시킨다. 그림 7.3(a)는 크로스 엔트로피 에러함수에서 목적값 $t_i = 1$일 때 예측치 y_i 값의 변화에 따라서 계산되는 에러의 양을 보여준다. 즉 $y_i = 1$에 근접할수록 (목적값과 동일해지므로) 에러가

점진적으로 감소하지만 $y_i = 0$에 근접할수록 (목적값과 차이가 클수록) 에러가 기하급수적으로 증가함을 알 수 있다.

크로스 엔트로피는 분류학습에서 가장 많이 사용되는 에러함수 중의 하나이며, 목적값이 이진인 경우(binary classification)와 다중 클래스(multi-class classification) 모두에 사용할 수 있다. 크로스 엔트로피 에러함수는 목적값의 개수가 많지 않을 때에 더욱 효과적으로 학습할 수 있으며 사용하는 활성함수에 관계없이 분류 성능이 좋다. 그리고 MSE 에러함수와 비교해서 계산의 속도가 빠른 장점도 있다.

쿨백-라이블러

쿨백-라이블러(Kullback-Leibler, KL) 에러함수는 특정한 확률분포가 다른 확률분포와 얼마만큼 다른지를 측정하는 함수이며, 다음과 같이 정의된다. (스토케스틱 학습의 경우)

$$\sum_i t_i \log\left(\frac{t_i}{y_i}\right) = H(t,\ y) - H(t) \tag{7.6}$$

즉, 목적값의 확률분포와 신경망 예측치의 확률분포가 서로 다른 정도가 에러함수로 정의된 형태이다.

참고로 식 (7.6)의 $H(t)$ 항은 목적값의 확률분포 t_i에 대한 엔트로피(entropy)를 의미하며 엔트로피 $H(t)$ 항은 다음과 같이 정의된다.

$$H(t) = -\sum_i t_i \log t_i$$

식 (7.6)에 의해서 쿨백-라이블러 에러함수는 크로스 엔트로피 함수와 목적값의 엔트로피 값의 차이를 나타낸다. 그리고 일반적으로 목적값의 확률분포(다시 말하면 목적값의 엔트로피)는 (학습 데이터가 정해지면) 미리 정해져 있는 경우가 많다. 따라서 이 경우에 쿨백-라이블러 에러함수를 최소화시키는 학습은 크로스 엔트로피 에러함수를 최소화시키는 학습과 동일한 학습임을 알 수 있다.

힌지로스

힌지로스(Hinge Loss) 함수는 다음과 같이 정의된다.

$$\max\{0,\ (1 - t_i * y_i)\} \tag{7.7}$$

힌지로스 함수는 목적값이 {−1, 1}로 구성되는 이진값인 경우에 주로 사용한다. 힌지로스 함수의 기본적인 개념은 정확한 예측일 때의 성능(score)은 부정확한 예측일 때의 성능보다도 최소한 특정한 마진값(margin)(예: 1) 이상으로 좋아야 한다는 가정에서 시작한다.

이 문장의 의미를 설명하면 다음과 같다. 먼저 그림 7.3(b)는 힌지로스(Hinge) 에러함수 그래프의 모습을 보여준다. 여기서 X 축은 $t_i * y_i$ 값을 Y 축은 힌지로스의 값을 나타낸다. 이때 t_i와 y_i가 다른 부호를 가진다면 이는 예측값이 부정확하다는 의미이다. 따라서 에러의 크기는 y_i 값에 비례해서 증가함을 알 수 있다(학습 데이터에 의해 $t_i * y_i$에서 t_i 값은 고정되어 있음).

반면에 t_i와 y_i가 같은 부호를 가진다면 이는 예측값이 정확하다는 의미이다. 하지만 $|y_i| \geq 1$인 경우에는 예측치가 (이미 정확하지만) 충분히 정확하다는 의미이다. 예를 들어서 목적값은 1인데 예측값은 1 이상이거나, 목적값은 −1인데 예측값이 −1 이하이거나 등의 경우를 말한다. 이 경우는 충분히 정확하다는 의미이다. 하지만 t_i와 y_i가 같은 부호를 가지지만 (즉, 예측은 정확하지만) $|y_i| < 1$인 경우에는 (예측치의 절대값이 작은 경우) 예측이 정확하지만, 그 예측이 충분히 정확하지는 못하다는 의미이다. 예를 들어서 목적값은 1인데 예측값은 0.5이거나 목적값은 −1인데 예측값이 −0.5 등을 의미한다. 그림 7.3(b)에서 $t_i * y_i$ 값이 0과 1 사이일 때에 에러가 발생하고 있음을 확인할 수 있다.

힌지로스 함수는 최대마진(maximum margin) 분류학습에 주로 사용되며 대표적으로 SVM(support vector machine)에서 자주 사용되고 있다. 힌지로스 함수는 컨벡스(convex)의 형태를 가지므로 학습 시에 최적값을 생성할 수 있는 장점이 있다.

7.2.2 활성함수

활성함수(activation function)는 신경망의 각 노드에서 입력 * 가중치의 합($\Sigma_i x_i w_i$)을 사용하여 식 (7.1)의 함수 σ와 같이 어떠한 계산을 하는 함수를 의미한다. 신경망에서 자주 사용하는 활성함수는 다음과 같다.

시그모이드

시그모이드(sigmoid) 활성함수는 다층 신경망이 제안되었을 때 초기에 가장 많이 사용되었던 활성함수이다. x_i를 함수에 대한 입력값, w_i를 입력 x_i에 대한 가중치라고 하면 시그모이드 함수의 식은 다음과 같다($x = \Sigma_i x_i w_i$를 의미하며 λ는 시그모이드 그래프의 기울기를 결정한다).

$$\text{sigmoid}(x) = \frac{1}{1+e^{-\lambda x}}$$

시그모이드 함수를 그래프로 표현하면 그림 7.4(a)와 같다.

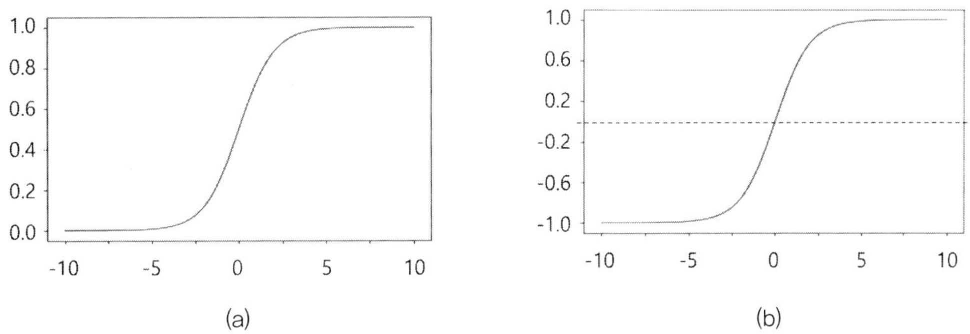

그림 7.4 시그모이드 함수와 하이퍼탄젠트 함수

시그모이드 함수는 입력 데이터를 (0, 1) 값으로 압축하는 의미를 가진다. 이 함수는 초기의 신경망에 대표적으로 사용되는 활성함수였다. 하지만 시그모이드 함수는 그레디언트 소멸(vanishing gradient)의 현상을 발생시키는 단점이 있다. 그림 7.4(a) 그래프를 보면 이 함수의 그레디언트(기울기)는 출력값이 0.5 부근일 때의 일부분을 제외하고 (양쪽 끝 즉 0과 1에 근접할수록) 기울기가 0으로 근접한다는 것을 알 수 있다. 이와 같이 그레디언트가 0에 근접함으로써 점진적 하강 방법에서 시그모이드 함수를 사용하는 경우에 그레디언트 소멸의 문제가 발생한다. 그리고 $\lambda = 1$인 시그모이드인 경우도 전체 미분값의 범위는 [0, 0.25]로 작으므로 그레디언트 소멸 문제에 취약하다. 특히 은닉 계층의 수가 많은 경우에는 그레디언트를 여러 번 곱셈을 하므로 이런 문제에 훨씬 취약해진다.

신경망에서는 입력값 x에서 여러 개의 은닉계층(hidden layer)을 거쳐서 최종 출력값 y가 계산된다. 그림 7.5는 이러한 출력값 y을 이용하여 에러함수 $J(w)$를 계산하는 과정을 단계별로 보여준다. (z_i는 은닉 계층 노드의 출력값을 의미한다)

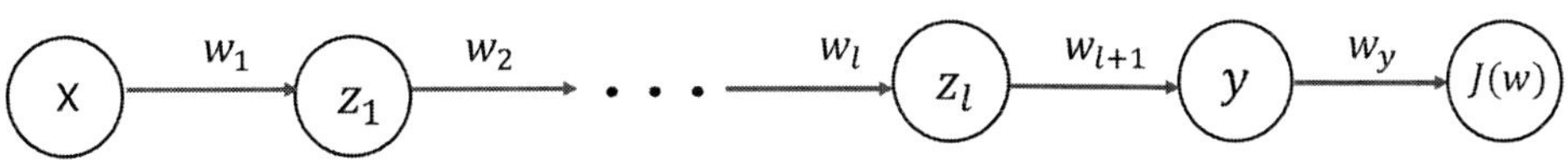

그림 7.5 그레디언트 소멸 현상

여기서 파라미터 w_1를 기반으로 에러함수를 미분하는 경우에 그 미분값은 체인룰(chain rule)에 의하여 다음과 같이 계산된다.

$$\frac{\partial J(w)}{\partial w_1} = \frac{\partial J(w)}{\partial y} * \frac{\partial y}{\partial z_l} * \frac{\partial z_l}{\partial z_{l-1}} * \cdots * \frac{\partial z_1}{\partial w_1}$$

각 노드들이 활성함수로서 시그모이드를 사용하게 되면 앞에서 말한 이유로 $\frac{\partial y}{\partial z_l}$ 혹은 $\frac{\partial z_l}{\partial z_{l-1}}$ 등의 값이 0에 근접하는 경우가 많다. 그리고 이 값들은 연속적으로 곱셈을 하게 되므로 최종적인 값 $\frac{\partial J(w)}{\partial w_1}$ 은 거의 0 이 된다. 그레디언트의 값이 0이 되므로 파라미터의 업데이트가 발생하지 않는다. 이러한 현상을 **그레디언트 소멸**(vanishing gradient) 현상이라고 한다.

시그모이드 함수를 사용하면 그레디언트 소멸 현상이 자주 발생하므로 출력계층(output layer)을 제외한 계층에서는 시그모이드 함수를 거의 사용하지 않고 있다. 대신에 출력값이 (0, 1) 값이므로 (정규화되었으므로) (0, 1)의 확률값이 필요할 때 출력계층에서 사용할 수 있다.

시그모이드 함수는 함수값의 계산이 복잡함으로써 대규모의 신경망인 경우에 학습시간이 오래 걸리는 단점이 있다. 그리고 출력값과 그레디언트의 값이 항상 양수의 값을 가지므로 한쪽의 방향(양수 혹은 음수)으로만 업데이트하는 현상이 발생할 수도 있다.

하이퍼탄젠트

하이퍼탄젠트(tanh) 함수는 시그모이드와 거의 같은 함수다. 차이점은 시그모이드 함수의 출력값 범위는 (0, 1)이지만 하이퍼탄젠트 함수는 (−1, 1)의 출력값을 가진다는 것이다. 하이퍼탄젠트 함수의 식은 다음과 같고, 이 식을 그래프로 표현하면 그림 7.4(b)와 같다.

$$\tanh(x) = \frac{2}{1+e^{-2\lambda x}} - 1$$

하이퍼탄젠트는 (다음 식에서 보는 바와 같이) 시그모이드 함수의 변형된 형태이다(출력값이 (0, 1) 에서 (−1, 1)로 변형된 형태).

$$\tanh(x) = 2 * \text{sigmoid}(2x) - 1$$

따라서 함수의 특징도 시그모이드와 거의 동일하다. 즉, 그레디언트의 값이 0에 근접하는 경우가 많고 계산이 오래 걸린다. 하지만 시그모이드에서는 함수의 출력이 양수이므로 (항상 양수) 한쪽의 방향(양수 혹은 음수)으로만 업데이트하는 현상이 발생할 수 있는데, 하이퍼탄젠트는 이러한 문제가 발생하지 않는 장점이 있다. 그리고 출력의 값을 (0, 1) 아닌 (−1, 1)을 원할 때에 출력계층(output layer)에 사용할 수 있다.

하이퍼탄젠트 함수는 미분의 값이 (0, 1)의 범위를 가진다, 이는 시그모이드 함수보다도 높은 값을 가져서 그레디언트 소멸의 문제가 덜 발생할 수 있다. 하지만 여전히 출력값이 1 혹은 −1에 근접할 때는 기울기의 값이 0 에 근접한다.

ReLU

ReLU(Rectified Linear Unit) 함수는 시그모이드의 이러한 문제점을 개선하기 위하여 제안된 활성함수이며, 그 정의는 다음과 같다.

$$f(x) = \max(0, x)$$

ReLU 함수는 아주 간단한 형태의 함수이며 입력 x가 음수이면 0을 출력하고 양수이면 x 값 자체를 출력한다. 그림 7.6(a)는 ReLU 함수의 그래프를 보여준다.

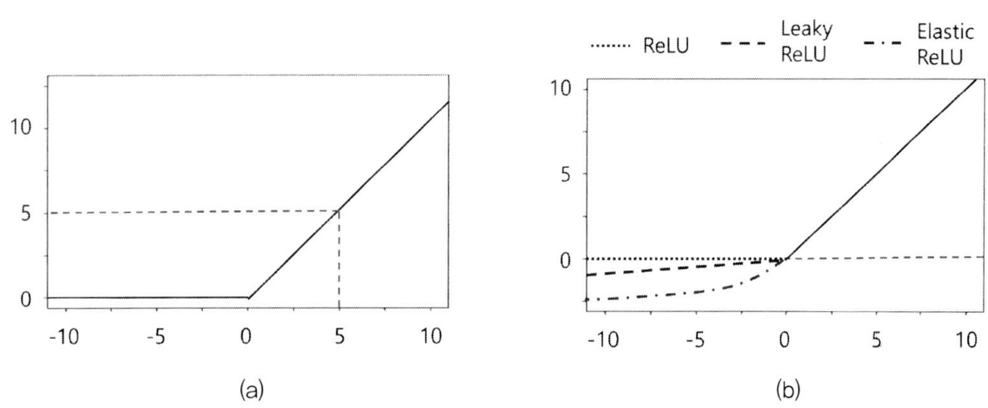

그림 7.6 ReLU 활성함수의 종류

이와 같은 ReLU 함수는 시그모드 함수에 비해 몇 가지 장점이 있다. 첫 번째, ReLU 함수의 그레디언트 값은 입력 x가 음수이면 0이고 양수이면 1이 된다. 따라서 ReLU에서는 그레디언트 소멸의 현상이 발생하지 않는다. 그러므로 ReLU 함수는 은닉 계층에 많이 사용하며 출력계층에서는 (ReLU는 출력값으로 0 혹은 x만 생성하므로) 시그모이드 혹은 하이퍼탄젠트(tanh) 함수를 많이 사용한다.

그리고 ReLU는 시그모이드에 비해 계산이 간단하므로 학습이 훨씬 빠르다(스토캐스틱 업데이트에서 대략 6배 정도 빠른 것으로 알려짐). 이러한 장점들로 인하여 ReLU 함수는 현재 심층신경망에서 가장 많이 사용되는 활성함수 중의 하나이다.

그러나 ReLU는 x가 음수이면 그레디언트값이 0이 되고 그 이후 모든 입력값에 관계없이 출력값이 (따라서 그레디언트도) 0이 되는 현상이 발생할 수 있다. 이러한 현상을 **삭제 ReLU**(dying ReLU)이라고 부르는데, 이는 전체 신경망 네트워크를 간단하게 만드는 긍정적인 효과를 가져오기도 하지만 삭제 ReLU 노드가 너무 많아질 경우 신경망이 학습을 할 수 없게 된다.

이러한 삭제 ReLU가 발생하는 이유는 입력 $\Sigma_i x_i w_i$에서 가중치 w_i의 값이 음수의 큰값들을 가지는 경우 주로 발생을 한다. 이 경우에 $\Sigma_i x_i w_i$ 값이 음수가 되어서 ReLU의 출력값이 (그리고 그레디언트가) 0이 된다.

가중치가 큰 값의 음수는 주로 다음의 경우에 발생한다. 첫 번째, 학습상수(learning rate)의 값이 큰 경우이다. 그레디언트 하강 방법에서는 다음과 같은 식으로 가중치를 업데이트한다.

$$w \leftarrow w - \eta \frac{\partial}{\partial w} J(w)$$

따라서 업데이트에서 η 값이 아주 큰 경우에는 가중치 w의 값이 음수를 가질 확률이 높아진다(ReLU에서 $\frac{\partial}{\partial w} J(w)$는 0 혹은 1인 경우가 자주 발생).

두 번째, 먼저 $\Sigma_i x_i w_i$ 식은 실제로 $w_i x_i + w_i x_i + \ldots + w_0$와 같이 표현된다. 여기서 w_0 값은 입력값 x_i와는 관계없이 추가되는 상수이다. 따라서 이 w_0 값이 큰 음수이면 $\Sigma_i x_i w_i$ 값도 음수가 될 확률이 높아진다.

리키 ReLU

리키 ReLU(leaky ReLU) 함수는 ReLU 함수의 단점인 삭제 ReLU 문제를 보완하기 위해 사용한다. 다음은 리키 ReLU 함수의 정의를 표시한다(여기서 α는 작은 양수를 의미하며 0.01을 주로 사용한다).

$$f(x) = \max(\alpha x, x)$$

그림 7.6(b)는 리키 ReLU 함수의 그래프를 보여 준다. 그림에서 볼 수 있듯이 리키 ReLU 함

수는 x의 음수값에서는 출력이 0 대신에 아주 작은 음수값을 출력하도록 해서 이 문제를 해결한다. 이러한 리키 ReLU는 삭제 ReLU 문제는 예방하지만 실제 응용에서 ReLU 함수보다 성능이 좋은지는 명확하지 않다. 다만 신경망에서 ReLU에 의해서 삭제되는 노드가 많으면 리키 ReLU 함수를 사용하여 이 문제를 해결할 수 있다.

맥스아웃

맥스아웃(maxout) 활성함수는 ReLU 함수와 리키 ReLU 함수의 좀 더 일반화된 형태이며, 다음과 같은 식으로 표현할 수 있다.

$$f(x) = \max(w_1x + b_1, w_2x + b_2, \ldots, w_nx + b_n)$$

맥스아웃 함수는 여러 개의 직선들의 분할을 조합해서 컨벡스 함수의 형태로 표현할 수 있도록 한다. 그림 7.7은 맥스아웃 함수의 $n = 2$인 경우의 예시를 보여 준다.

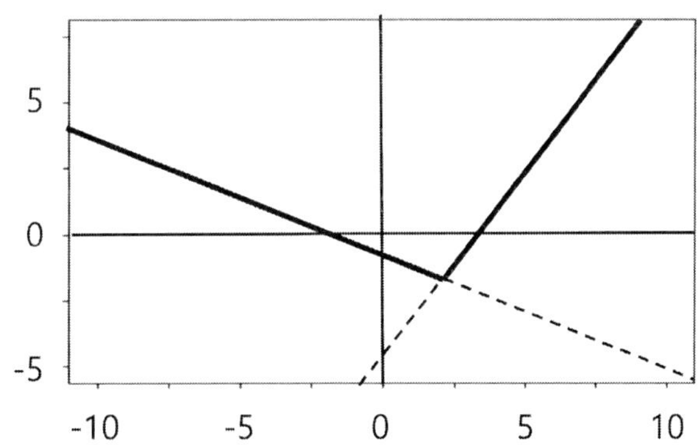

그림 7.7 맥스아웃 함수의 예시

이러한 맥스아웃 함수의 장점은 n의 개수를 변경하면서 어떠한 형태의 컨벡스함수도 근사치로 표현할 수 있는 장점을 가지고 있다. 예를 들어서 ReLU 함수는 다음과 같은 맥스아웃의 형태로 표현될 수 있다.

$$f(x) = \max(0 * x + 0, 1 * x + 0)$$

리키 ReLU 함수는 다음과 같이 표현할 수 있다.

$$f(x) = \max(0.01 * x + 0, 1 * x + 0)$$

맥스아웃 함수는 ReLU 함수의 장점을 가지고 있으며 또한 삭제 ReLU의 현상도 발생하지 않는 장점이 있다. 다만 ReLU 함수보다는 파라미터가 많으므로 좀더 많은 계산이 필요한 단점이 있다.

소프트맥스

소프트맥스(softmax) 함수는 일련의 여러 y_i 값들이 있을 때 이들을 다음과 같이 [0, 1]의 값을 가지는 확률값으로 전환한다. 따라서 소프트맥스 활성함수는 다음과 같은 함수로 표현할 수 있다(확률값이므로 e^{y_i}의 합은 1이 된다).

$$\text{softmax}(y_i) = \frac{e^{y_i}}{\sum_j e^{y_j}}$$

소프트맥스 함수는 신경망에서 생성하는 출력값 y_i들을 [0, 1]의 확률값으로 전환하므로 신경망의 마지막 출력계층(output layer)에 자주 사용된다. 출력계층에 소프트맥스 함수를 사용하면 각 출력노드 마다 해당 노드의 확률값을 계산해 줄 수 있다. 따라서 목적값의 개수만큼 출력노드 개수를 구성하여 **다중클래스**(multi-class)의 분류학습에 효과적으로 사용될 수 있다. 다중클래스 분류학습은 데이터를 3개 이상의 목적값 중에서 하나로 분류하는 학습을 의미한다.

신경망에서 출력계층을 선택할 때에 신경망이 이진분류(목적값이 2개)학습에 사용되는 경우에는 시그모이드나 하이퍼탄젠트의 함수를 주로 사용하고, 다중클래스(목적값이 3개 이상) 분류학습에 사용되는 경우는 소프트맥스 함수를 주로 사용한다. 그리고 신경망이 회귀(regression)학습에 사용되는 경우에는 선형함수를 출력계층에 자주 사용한다.

참고로 다중클래스 학습과 유사한 문제로 **다중레이블**(multi-label) 학습이 있다. 이들은 데이터의 목적값이 3개 이상 존재할 수 있다는 공통점이 있다. 하지만 다중클래스 학습은 데이터가 오직 한 개의 목적값을 가질 수 있으며 다중레이블 학습은 데이터의 목적값이 여러 개 존재할 수 있는 경우를 말한다. 예를 들어서 특정한 풍경 이미지를 분류학습할 때에 다중클래스의 학습에서는 목적값이 '산' 혹은 '숲' 오직 한 개의 목적값을 가질 수 있다. 하지만 다중레이블 학습에서는 이미지의 목적값이 '산', '숲', '강' 등 여러 목적값으로 동시에 분류할 수 있다.

다중레이블 문제에 신경망을 적용할 때는 목적값 각각의 출력값을 계산할 때에 소프트맥스를 적용하면 안되며 시그모이드함수를 적용해야 한다. 그 이유는 시그모이드 함수는 각 레이블의 값에 대하여 독립적으로 확률을 계산해서 각 계산이 다른 레이블의 값 계산에 영향을 주지 않기 때문이다. 하지만 소프트맥스는 목적값 전체 계산의 합이 1이어야 하므로 한 개의 레이블값 계산이 다른 레이블의 값 계산에 영향을 주게 된다.

7.2.3 점진적 최적화 방법

신경망 방법은 점진적 하강(gradient descent)의 최적화방법을 사용한다. 다음은 (스토캐스틱) 점진적 하강 방법의 파라미터 업데이트의 기본 식을 보여 준다. (식 (7.2)를 타임스텝 t 기준으로 표시한 내용)

$$w_{t+1} = w_t - \eta \nabla_w J(w_t) \tag{7.8}$$

신경망의 학습에서는 점진적 하강 방법의 기본 식인 식 (7.8)을 다양한 방법으로 향상시킨 방법들이 사용되고 있다. 지금부터는 이와 같이 다양하게 향상된 점진적 하강 방법의 종류들을 알아본다.

AdaGrad

식 (7.8)에서 η는 학습상수(learning rate)로서 상수(constant)로 표현된다. 이러한 학습상수는 파라미터를 얼마만큼 업데이트할 것인지를 결정하는 스텝사이즈(step size) 역할을 한다. 하지만 식 (7.8)에서 η는 상수를 사용하기 때문에 모든 파라미터들이 동일한 학습상수를 가지게 된다. 하지만 파라미터를 업데이트할 때에 아주 빈번하게 업데이트되는 파라미터의 경우는 (이미 많이 업데이트가 되었기 때문에 좀더 조심스럽게) 스텝사이즈를 작게 하는 것이 필요하다. 반면에 거의 업데이트되지 않았던 파라미터는 스텝사이즈를 크게 하여 초기에 업데이트를 많이 하는 것이 필요하다.

AdaGrad 방법은 이러한 문제를 해결하기 위하여 식 (7.8)에서 η를 $\sqrt{G_t + \varepsilon}$의 값으로 나눈 값으로 사용한다. 즉, 식 (7.8)은 다음과 같이 수정된다. (ε는 분모가 0이 됨을 예방하는 상수(smoothing constant)이다)

$$w_{t+1} = w_t - \frac{\eta}{\sqrt{G_t + \varepsilon}} \nabla_w J(w_t) \tag{7.9}$$

여기서 G_t 값은 다음과 같이 정의된다. (여기서 G_t는 리턴값을 의미하지 않음)

$$G_t = G_{t-1} + (\nabla_w J(w_t))^2 \tag{7.10}$$

이 식의 의미는 지금까지 계산된 $(\nabla_w J(w_t))^2$의 합계를 말한다. 따라서 파라미터 w_t가 이전에 업데이트가 많이 되었으면 G_t 값이 증가하게 된다. 그리고 G_t 값이 증가하면 (파라미터의 업데이트가 많으면) 그에 따라서 식 (7.9)의 $\frac{\eta}{\sqrt{G_t+\varepsilon}}$ 값이 감소하여 학습상수값이 감소하게 된다. 따라서 이 경우에 w_t 값의 업데이트는 소량으로 진행된다. 반대로 업데이트가 거의 되지 않은 파라미터는 G_t 값이 감소하여 $\frac{\eta}{\sqrt{G_t+\varepsilon}}$ 값이 증가하고, 따라서 파라미터의 업데이트가 크게 진행된다.

RMSProp

AdaGrad 방법에는 한 가지 문제점이 있다. G_t 값이 학습이 진행되면서 계속 증가만 하게 되며 따라서 궁극적으로는 학습 상수 $\frac{\eta}{\sqrt{G_t+\varepsilon}}$의 값이 거의 0에 접근한다. (따라서 식 (7.9)의 업데이트가 거의 진행되지 않음) RMSProp 방법은 이를 해결하기 위하여 G_t 값의 계산을 계속 누적으로 덧셈하는 대신에 지수가중평균(exponentially weighted average) 방법을 사용하여 계산함으로써 G_t 값이 무한으로 증가하는 것을 방지해 준다. 다음 식은 G_t 값을 지수가중평균을 이용하여 수정하는 방법의 정의이다. (식 (4.15) 참고)

$$G_t = \gamma G_{t-1} + (1-\gamma)(\nabla_w J(w_t))^2 \tag{7.11}$$

RMSProp 방법에서는 (AdaGrad 방법과 비교할 때) G_t 값을 식 (7.11)과 같이 수정하여 사용하며 파라미터 업데이트 식은 AdaGrad 방법(식 (7.9))과 동일하게 사용한다(그리고 $\gamma = 0.9$를 일반적으로 사용한다). 참고로 식 (7.11)의 지수가중평균값은 대략 $1/(1-\gamma)$ 만큼의 과거 데이터를 사용하여 계산된 평균이다.

AdaDelta

RMSProp 방법에서는 η 값을 사용자가 정해 줘야 하는 단점이 있다. 이러한 단점을 해결하기 위해 AdaDelta 방법에서는 G_t에서 사용한 방법과 유사한 방법을 η 값의 계산에 사용한다. η 대신에 S라는 값을 사용하며, S 값은 식 (7.12)와 같이 Δw_t 값의 지수가중평균을 의미한다.

AdaDelta 방법의 학습 방법은 다음과 같다. 먼저 RMSProp 방법의 식 (7.11)을 이용하여 G_t 값을 계산한다. 다음으로 아래의 식을 이용하여 Δw_t를 계산한다. (여기서 S_t는 식 (7.12)에 정의되어 있는데 Δw_t 계산 시에는 이전 단계의 S_{t-1}를 사용한다.)

$$\Delta w_t = \frac{\sqrt{S_{t-1} + \varepsilon}}{\sqrt{G_t + \varepsilon}} \nabla_w J(w_t)$$

그리고 위의 Δw_t 값을 이용하여 새로운 S_t 값을 지수가중평균방법으로 계산한다.

$$S_t = \gamma S_{t-1} + (1-\gamma)(\Delta w_t)^2 \tag{7.12}$$

그리고 이러한 Δw_t 값을 이용하여 파라미터를 업데이트한다.

$$w_{t+1} = w_t - \Delta w_t$$

Adam

Adam은 RMSProp 방법과 모멘텀의 방법을 결합한 형태의 방법이다. Adam은 파라미터에 대한 그레디언트의 지수가중평균값 m_t와 그레디언트의 제곱에 대한 지수가중평균 v_t을 구한다. 이들의 정의는 다음과 같으며 β_1와 β_2의 값은 각각 이들의 감속상수(decay rate)를 의미한다. 여기서 m_t는 모멘텀을 의미하며 v_t는 RMSProp에서의 G_t 항을 의미한다.

$$m_t = \beta_1 m_{t-1} + (1-\beta_1) \nabla_w J(w_t)$$
$$v_t = \beta_2 v_{t-1} + (1-\beta_2)(\nabla_w J(w_t))^2$$

그리고 m_t와 v_t 값의 초기값을 0 벡터로 주면, 학습 초기에 가중치들이 0 으로 편향되는 경향이 있다. 특히 감속상수가 작으면, 즉 β_1과 β_2가 1에 가까울 경우 편향(bias)이 더 심해진다. 이러한 편향을 바로 잡아주기 위해 다음과 같이 $\hat{m}_t$와 $\hat{v}_t$을 계산한다.

$$\hat{m}_t = \frac{m_t}{1-\beta_1^t} \qquad \hat{v}_t = \frac{v_t}{1-\beta_2^t}$$

이러한 $\hat{m}_t$와 $\hat{v}_t$ 값을 이용하면 파라미터의 업데이트 식은 다음과 같다.

$$w_{t+1} = w_t - \frac{\eta}{\sqrt{\hat{v}_t + \varepsilon}} \hat{m}_t$$

일반적으로 위의 식에서 $\beta_1 = 0.9$, $\beta_2 = 0.999$ 등의 값을 사용한다. Adam은 심층학습에서 가장 많이 사용되는 점진적 최적화 방법의 하나이다.

참고로 Adam에서 모멘텀의 계산시에 아래에서 설명하는 NAG 방법을 사용하는 경우도 있다. 이와 같이 NAG를 사용하는 Adam 방법을 **NAdam**(Adam with Nesterov momentum) 방법이라고 한다.

모멘텀

점진적 하강 방법의 식 (7.8)에서 업데이트 수식은 다음과 같이 표현된다.

$$w_{t+1} = w_t - \eta \nabla_w J(w_t) \tag{7.13}$$

하지만 위의 수식에서 $\nabla_w J(w_t)$의 값이 큰 경우에는 파라미터 값의 급격한 변화가 발생하게 되며 이는 학습에서 좋은 성능을 기대할 수 없다. 이와 같은 문제를 해결하기 위하여 모멘텀(momentum) 방법에서는 위의 수식에서 이전 단계의 파라미터 변량을 추가로 고려하여 업데이트를 진행한다.

모멘텀의 업데이트 식은 다음과 같이 정의된다. (α는 모멘텀 상수(momentum constant)로서 [0,1]의 값을 가진다)

$$\begin{aligned} w_{t+1} &= w_t + m_t \\ m_t &= \alpha m_{t-1} - \eta \nabla_w J(w_t) \end{aligned} \tag{7.14}$$

식 (7.14)를 식 (7.13)과 비교하면 업데이트시에 (현재 단계의 기울기 변량 $\nabla_w J(w_t)$과 더불어) 이전 단계의 파라미터의 업데이트 변량 m_{t-1}을 같이 고려하고 있다. 따라서 모멘텀 방법은 파라미터의 업데이트 시 이전 단계 파라미터의 값을 α만큼 고려하면서 파라미터 값의 급격

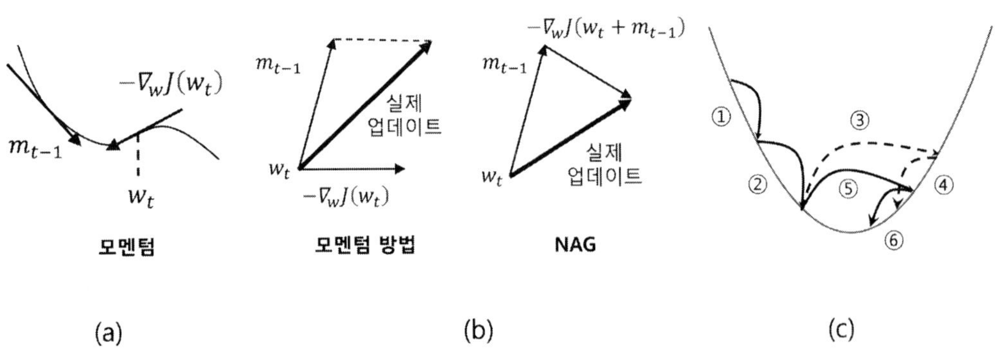

그림 7.8 모멘텀 방법과 NAG 방법

한 변화를 방지하고 학습의 효율을 증가시킨다.

그리고 모멘텀 방법은 지역 최적(local optimum)의 지역을 벗어날 수 있는 효과도 가지고 있다. 그림 7.8(a)에서 기존의 점진적 하강의 방법으로 w_t에서 업데이트를 하게 되면 $-\nabla_w J(w_t)$ 방향으로 업데이트를 하여 지역 최적의 영역에 머물게 된다. 하지만 모멘텀 방법을 사용하면 이전 단계의 업데이트 방향인 m_{t-1}을 같이 고려하여 벡터의 합계를 구하므로 지역 최적의 영역에서 벗어나게 된다.

NAG

이러한 기존의 모멘텀 방법은 학습 시에 탐험할 에러함수의 표면이 급격한 변화가 있을 때 효과적이지 않다. 예를 들어서 평평한 지역에서 앞으로 직진을 하고 있었는데, 우리 바로 앞의 지형은 평평하지 않고 갑자기 왼쪽으로 경사가 심하다고 하자. 이때는 (평평한) 현재의 위치에서 앞으로 나아갈 방향을 계산하기보다, 조금 더 앞으로 나아간 후에 (왼쪽으로 경사진 지역으로 먼저 가서) 나아갈 방향을 계산하는 것이 훨씬 효과적이다.

하지만 기존의 모멘텀 방법에서는 현재의 위치에서 에러함수의 미분값 $\nabla_w J(w_t)$을 구하고, 이를 이전의 파라미터 변량 m_{t-1}과 같이 합산하여 새로운 파라미터 변량을 구한다. 이는 현재의 위치에서 (즉 평평한 현재 지역에서) 다음에 이동할 위치를 계산하는 방법과 마찬가지이다. 기존의 모멘텀 방법은 그림 7.8(b) 왼쪽 그림에서 설명하고 있다.

따라서 NAG(Nesterov accelerated gradient) 방법에서는 일단 이전의 파라미터 변량만큼 진행해 보고 (현재의 평평한 지역에서 현재 방향대로 조금만 앞으로 가서) 그 다음 (지형이 바뀌어 왼쪽으로 경사진 지역이 된 곳에서) 에러함수의 미분값을 계산한다. 이는 기존의 이동 방향으로 조금 진행해 보고, 이동한 위치에서 새롭게 진행 방향(에러함수의 미분값)을 계산하는 방식이다. NAG 방법은 그림 7.8(b)의 오른쪽 그림에서 설명하고 있다. 이와 같이 NAG 방법은 에러함수의 지형(surface) 변화가 빈번할 때 효과적이다.

NAG 방법은 모멘텀 수식을 다음과 같이 수정하여 업데이트한다. 이를 모멘텀 방법과 비교하면 에러함수를 미분하는 시점이 w_t가 아닌 $w_t + \alpha m_{t-1}$으로 변경되어 있음을 알 수 있다.

$$w_{t+1} = w_t + m_t$$
$$m_t = \alpha m_{t-1} - \eta \nabla_w J(w_t + \alpha m_{t-1})$$

그림 7.8(c)는 기존 모멘텀 방법과 NAG 방법을 비교한 그림이다. 기존의 모멘텀 방법과 비

슷하게 파라미터값이 스텝 ①과 ②까지 이동할 때는 업데이트의 방향이 동일하다. 기존의 모멘텀과 NAG 방법이 큰 차이를 보이지 않는 것이다. 하지만 스텝 ②에서 다음으로 이동할 때에 기존의 모멘텀 방법에서는 m_{t-1} 항과 $\nabla_w J(w_t)$ 항이 같은 방향을 가리킨다. 이들의 덧셈으로 인하여 파라미터 업데이트는 큰 값이 되므로 스텝 ③과 같이 오버슈팅(overshooting)이 발생한다.

하지만 NAG 방법에서는 스텝 ⑤와 같이 αm_{t-1}의 작은 스텝만큼만 추가로 위치를 먼저 이동한다. 다음으로 스텝 ⑤의 결과 지점에 도착한 후 (달라진 지형에서) 미분값 $\nabla_w J(w_t + \alpha m_{t-1})$을 계산하게 된다(스텝 ⑥). 따라서 NAG 방법은 이전의 방향으로 일단 진행해 보고 바뀐 새로운 지점에서 그레디언트를 계산하여 에러함수의 지형변화에 훨씬 효과적으로 탐색할 수 있음을 알 수 있다.

7.2.4 배치 학습과 스토캐스틱 학습

점진적 하강 학습에서는 업데이트에 사용하는 데이터의 수에 따라서 다음 세 가지의 학습 방법이 있다.

1) **배치 학습**(batch learning): 배치 학습은 학습 데이터 전체를 읽고 나서 그레디언트를 계산하고 업데이트를 수행한다. 업데이트의 분산값도 작으며 안정되게 학습할 수 있는 장점이 있지만 데이터의 수가 많으면 학습의 속도가 너무 느려지는 단점이 있다.
2) **스토캐스틱 학습**(stochastic learning): 스토캐스틱 학습은 배치 학습과는 정반대의 경우로서 오직 한 개의 데이터만을 읽은 후에 업데이트를 수행한다. 이는 한 개의 데이터만 읽기 때문에 학습의 속도는 빠르지만 업데이트의 분산값이 크며 따라서 학습이 파라미터가 수렴하지 않고 진동(oscillate)할 가능성도 있다.
3) **미니배치 학습**(mini-batch learning): 미니배치는 배치와 스토캐스틱 방법의 중간 수준의 학습 방법으로서 주어진 배치 사이즈(예: 100개) 개수만큼의 데이터를 읽은 후에 업데이트를 수행한다. 이는 학습의 분산값도 줄이면서 속도도 비교적 빠르게 학습할 수 있어서 실제 가장 많이 사용하는 방법이다. 배치 크기는 일반적으로 50-256개 정도의 데이터를 사용하지만 사용자의 필요에 따라서 변경해서 사용한다.

7.2.5 파라미터의 초기화

신경망의 학습에서 파라미터값들의 초기화는 생각보다 학습 알고리즘의 성능에 많은 영향

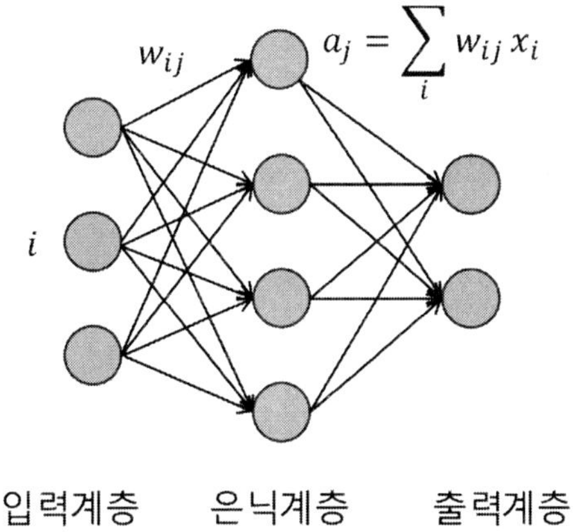

그림 7.9 신경망 초기화

을 미친다. 이 절에서는 신경망 파라미터들의 초기화 방법들에 대해 설명한다. 신경망 초기화의 가장 간단한 첫 번째 방법은 모든 파라미터 값을 0으로 초기화하는 것이다. 하지만 신경망에서는 파라미터 전부를 0(혹은 다른 동일한 값으로)으로 초기화하면 전체 신경망은 선형분류기가 되며 따라서 제대로 학습할 수 없다. 그림 7.9의 신경망을 예를 들어서 설명해 보자.

은닉계층의 각 노드들은 입력값이 다음과 같이 계산된다(x_i는 입력 노드 i를 의미하고 w_{ij}는 입력 노드 i와 은닉 노드 j 간의 가중치를 의미한다).

$$a_j = \sum_i w_{ij} x_i$$

여기서 모든 가중치가 동일한 값으로 초기화되었다고 가정하자. 이 경우 앞의 식에 의해서 은닉 계층의 모든 노드는 같은 입력값을 가지게 된다. 그리고 입력값이 같으므로 은닉 계층의 모든 노드는 출력값도 같아진다. 이러한 은닉 노드의 출력값은 다음 은닉 노드의 입력값으로 사용되며 따라서 다음 은닉 계층의 노드들도 같은 입력값을 가지게 된다. 이와 같이 전체 네트워크는 한 개의 선형 분류기(linear classifier)로서 동작하게 된다.

두 번째 방법은 가중치를 정규분포(normal distribution) 혹은 균일분포(uniform distribution)에 따라서 임의로 초기화하는 방법이다. 이 방법은 앞의 방법(전체를 같은 값으로 초기화)보다는 성능이 좋지만 초기값의 절대값이 아주 큰 경우에 (특히 시그모이드나 tanh 활성함수 등을 사용하는 경우에) 활성함수의 그레디언트가 0에 근접하는 문제가 발생한다. 따라서 정규분포의 경우에는 분산값이 작은 정규분포를 사용해야 하고 균일분포에서는 절대값이 작은 최대/최소 값들을 사용해야 한다.

이러한 문제들로 인해 최근에는 다음과 같은 몇 가지의 초기화 방법들을 사용한다. 이들 방법들은 초기화하는 값의 분산값을 줄이기 위한 것들이 주된 내용이다. 일반적으로 노드에 연결된 가중치의 개수가 증가할수록 분산값이 증가한다. (항이 추가되어 값이 증가함) 따라서 노드에 연결된 가중치의 개수를 n이라고 할 때에 분산값을 $1/n$으로 제한하는 방법을 기본적으로 사용한다.

n_{in}은 이전 계층(previous layer)에서 현재 노드에 연결된 가중치의 개수를, n_{out}은 현재 노드에서 다음 계층으로 연결된 가중치의 개수를 말할 때, 구체적인 파라미터 초기화의 방법들은 다음과 같다.

LeCun

LeCun 초기화는 정규분포를 사용하는 방법과 균일분포를 사용하는 방법이 있다. 정규분포 초기화 방법을 사용하는 경우는 다음과 같은 정규분포를 이용하여 w 값들을 초기화한다.

$$w \sim N(0, Var(w)), \quad Var(w) = \sqrt{1/n_{in}}$$

균일분포(uniform distribution)를 이용하여 초기화하는 경우에는 다음과 같은 균일분포를 이용한다.

$$w \sim U(-\sqrt{1/n_{in}} + \sqrt{1/n_{in}})$$

Xavier(Glorot)

Xavier 초기화는 LeCun 방법과 달리 분산의 합을 2로 하고 n_{in}과 n_{out}을 동시에 고려한 방법이다. Xavier 방법에서 정규분포로 초기화하는 방법은 다음의 정규분포를 이용하여 w 값들을 초기화한다.

$$w \sim N(0, Var(w)), \quad Var(w) = \sqrt{2/(n_{in}+n_{out})}$$

그리고 균일분포를 이용하여 초기화하는 경우에는 다음과 같은 균일분포를 이용한다.

$$w \sim U\left(-\sqrt{6/(n_{in}+n_{out})} + \sqrt{6/(n_{in}+n_{out})}\right)$$

Xaiver 방법은 비선형함수(예: 시그모이드, 하이퍼탄젠트)에서 효과적인 결과를 보여준다. 하지만 ReLU 함수에서 사용 시 출력 값이 0으로 수렴하게 되는 현상이 자주 발생할 수 있다. 따라서 ReLU 함수에는 주로 다른 초기화 방법을 사용한다.

He

ReLU를 활성함수로 사용시 Xavier 초기값 설정이 비효율적인 결과를 보이는 것을 확인했다. 이런 경우 사용하는 초기화 방법을 He 초기화 방법이라고 한다. 이 방법도 LeCun의 초기화 방법과 유사하며 다음의 정규분포를 이용하여 w 값들을 초기화한다.

$$w \sim N(0, Var(w)),\quad Var(w) = \sqrt{2/n_{in}}$$

균일분포를 이용하여 초기화하는 경우에는 다음 식을 이용한다.

$$w \sim U\left(-\sqrt{6/(n_{in}+n_{out})} + \sqrt{6/(n_{in}+n_{out})}\right)$$

지금까지 대부분의 초기화 방법이 정규분포 방법 혹은 균일분포를 따르는 두 가지 방법을 사용한다. 그런데 이에 대한 어느 쪽을 선택하는 게 좋을지에 대해서는 명확한 기준이 없다. 최근에는 심층 CNN 모델들이 주로 정규분포를 따르는 가중치 초기화 방법을 사용한다. 따라서 기본적으로는 정규분포 초기화 방법을 사용해 볼 수 있다.

7.2.6 모델 정규화

기계학습의 방법에서 학습데이터(training data)에는 좋은 성능을 보이지만 실제 테스트 데이터(test data)에는 좋지 않은 성능을 보이는 현상이 자주 발생한다. 이를 **과적합**(overfitting)이라고 한다. 과적합의 문제는 대부분 알고리즘의 모델이 복잡도가 너무 높아서 이를 학습하기에 충분한 데이터가 부족하여 발생한다. 알고리즘이 데이터를 학습(learning)하는 것이 아니고 데이터를 기억하는(memorize) 현상이 발생함을 의미한다. (데이터를 학습한다는 것은 이전의 데이터들에서 어떤 패턴을 탐지하여 미래의 새로운 데이터에 대하여 예측을 잘 할 수 있는 것을 말하며, 데이터를 기억한다는 것은 과거의 데이터 이외의 새로운 데이터에 대해서는 예측을 할 수 없는 것을 말한다) 신경망도 다른 기계학습의 방법들과 마찬가지로 과적합(overfitting) 문제가 발생할 수 있다. 따라서 이러한 문제를 해결하기 위하여 신경망에서는 다음과 같은 방법을 사용한다.

모델 정규화

신경망의 과적합 문제를 해결하기 위하여 가장 널리 사용하는 방법 중 하나는 모델의 복잡도를 감소시키는 것이다. 이와 같이 모델의 복잡도를 감소시키는 방법 중의 하나가 **모델 정규화**(model regularization) 방법이다. 모델 정규화 방법은 에러함수에 다음과 같이 **정규항**(regularizer) $R(w)$을 추가하여 이들의 합을 동시에 최소화시키는 파라미터를 구한다. 여기서 $R(w)$은 모델의 복잡도를 측정하는 항이고 α는 정규항의 가중치를 결정하는 상수이다. $(0 < \alpha < 1)$

$$J(w)+\alpha R(w) \tag{7.15}$$

모델 정규화 방법에서는 식 (7.15)를 최소화함으로써 에러의 합을 최소화하고, 동시에 모델의 복잡도도 최소화시키는 효과를 발생시킨다. 따라서 식 (7.15)를 에러함수로 사용하여 점진적 하강 방법을 사용하면 업데이트 식은 다음과 같아진다.

$$w \leftarrow w-\eta\frac{\partial}{\partial w}(J(w)+\alpha R(w))$$

모델 정규화에서 모델의 복잡도를 표현하는 이론적으로 가장 훌륭한 정규항은 VC-차원값(VC dimension)이다. 하지만 특정 모델의 VC-차원값은 현실적으로 계산하기가 어려운 경우가 많다. 따라서 대부분의 경우에 모델 정규항 $R(w)$는 다음의 정규항들을 사용한다.

1) **L1(Lasso) 정규화**: L1 정규화(혹은 Lasso 정규화)에서 $R(w)$ 항은 각 파라미터의 절대값의 합을 의미한다.

$$R(w)=\sum_i |w_i|$$

L1 정규화 학습을 사용하면 중요하지 않은 파라미터 w_i들의 값이 0이 되는 현상이 발생한다. 따라서 L1 정규화 학습은 중요한 속성들만 자동으로 선택하는 속성선택(feature selection)의 목적으로 사용할 수도 있다.

2) **L2(Ridge) 정규화**: L2 정규화(혹은 Ridge 정규화)에서는 $R(w)$ 항은 각 파라미터의 제곱의 합을 의미한다.

$$R(w)=\sum_i w_i^2$$

L2 정규화의 경우는 L1 정규화와 같이 일부의 파라미터값을 0으로 하는 현상은 발생하지 않으며 파라미터들의 값을 전체적으로 작게 하도록 학습이 된다.

드롭아웃

드롭아웃(dropout) 방법은 신경망의 학습 과정에서 일부 노드들의 출력값을 강제로 0으로 만드는 작업을 말한다. 즉, 노드가 존재할 확률을 p라고 하면 네트워크의 모든 노드에 대하여 $1-p$의 확률로 해당 노드의 출력을 0으로 만든다. 이러한 드롭아웃의 작업은 미니배치마다 독립적으로 수행한다. 즉, 드롭아웃을 사용하면 실질적으로는 각 미니배치마다 다른 네트워크를 사용하는 것과 같은 형태가 되며, 이는 일종의 앙상블(ensemble) 학습의 효과를 가지게 된다. 또한 드롭아웃은 특정 노드의 입력에서 (드롭아웃에 의해서) 일부 노드가 기능을 하지 않고 나머지 입력만을 사용하여 학습해야 하므로 이러한 나머지 노드들의 학습 능력이 향상된다. 예를 들어서 만약 5개의 입력으로 학습을 하는 노드에서 1개의 입력이 드롭아웃으로 삭제가 되면 (5개의 입력을 사용하여 문제를 풀다가) 나머지 4개의 입력으로만 문제를 풀어야 하므로 이들 4개의 입력들의 학습 능력이 향상된다. 즉, 이들 4개 입력들에 대한 파라미터의 값들이 (5개를 사용할 때보다) 더욱 정확해진다.

그리고 일부 드롭아웃 방법에서는 각 계층마다 다른 확률 p를 사용하여 네트워크에 변화를 주기도 한다. 그림 7.10은 드롭아웃의 예시를 보여준다.

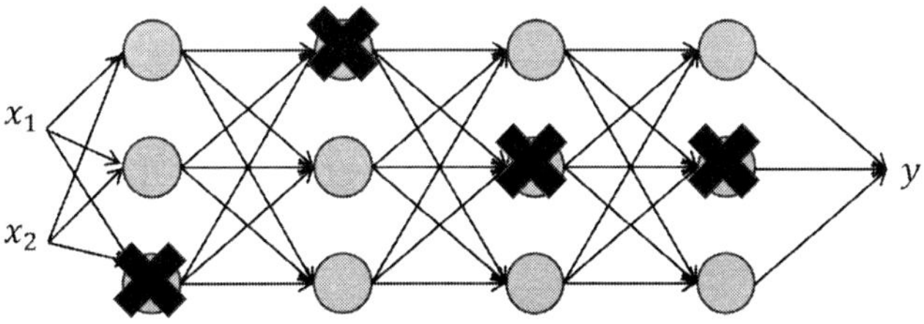

그림 7.10 드롭아웃

7.2.7 배치 정규화

일반적으로 기계학습에서는 입력 데이터가 평균이 0이고 분산이 1인 정규분포 $N(0, 1)$의 형태로 변환되는 과정을 정규화(normalization) 혹은 표준화(standardization)라고 한다(여기서 말하는 정규화와 앞에서 설명한 모델정규화(regularization)는 다른 의미를 가짐). 그리고 이러한 정규화를 거친 입력 데이터는 학습의 속도를 빠르게 하고 성능을 향상시킴이 알려져 있다.

여기서는 이러한 정규화 방법의 일종인 배치 정규화(batch normalization)에 대하여 설명한다. 배치 정규화를 설명하기에 앞서 먼저 공변량변화(covariate shift)에 대하여 알아보자. 공변량변화는 다음과 같은 기계학습의 기본 가정과 관련이 있다.

기계학습의 기본 가정 중의 하나는 학습에 사용된 데이터의 분포와 테스트에 사용되는 데이터는 같은 데이터 분포라는 것이다. 이들 분포가 서로 다르면 학습을 제대로 할 수가 없다. 즉, 입력 X에서 출력 Y를 예측하는 함수가 학습되었을 때, 입력 X의 데이터 분포가 바뀌면 (바뀐 데이터를 이용하여) 함수를 다시 학습해야 한다.

일반적으로 공변량변화는 학습에 사용한 입력 데이터의 분포와 테스트 예측 시점의 데이터 분포가 달라서 학습의 성능을 떨어뜨리는 문제를 말한다. 그리고 **내부 공변량변화**(internal covariate shift)는 이러한 공변량변화가 신경망의 은닉 계층에서 일어나는 현상(특정 은닉 계층이 학습이 되었는데 이전 은닉 계층의 파라미터 변화로 인해 현재 은닉 계층의 입력 분포가 바뀌는 현상)을 말한다. 즉, 심층신경망에서 계층(layer)을 통과할 때마다 공변량변화가 일어나면서 입력의 분포가 약간씩 변하는 현상이 발생하고, 따라서 은닉 계층이 이전에 학습했던 데이터의 분포와 새로운 데이터의 분포가 달라지는 현상이 발생한다.

신경망에서는 입력 데이터가 첫 번째 은닉 계층 노드에 의해서 출력이 계산되고 첫 번째 은닉 계층의 출력은 두 번째 은닉 계층의 입력이 된다. 그리고 이와 같은 과정은 출력 계층까지 진행되어 최종적인 신경망의 출력이 계산된다. 다음 식에서 입력 데이터를 X, 각 은닉 계층의 활성함수를 σ라고 하면, 은닉 계층 노드의 출력은 다음과 같이 여러 개의 활성함수를 거치게 된다.

$$h_1 = \sigma(w_1 X), \quad h_2 = \sigma(w_2 h_1) = \sigma(w_2 \sigma(w_1 X)), \quad h_3 = \cdots$$

따라서 각 노드에서 출력값의 분포는 은닉 계층이 진행되면서 점점 서로 다르게 변화하게 된다. 이전 계층의 조그만 변화가 계층이 증가하면서 큰 폭으로 그 변화가 증가하게 된다. (내부 공변량변화) 특히 은닉 계층의 개수가 많은 심층신경망에서 이러한 현상은 더욱 큰 문제가 될 수 있다.

이러한 문제를 해결하기 위해서 배치 정규화의 방법을 사용한다. 배치 정규화는 이전 계층의 출력값이 계산되고 난후 현재 계층의 입력으로 사용되기전에 적용된다. 배치 정규화의 첫 번째 단계는 은닉 계층의 출력 데이터값들을 계층별로 정규분포값으로 변환함으로써 이러한 데이터값의 변화를 최소화하는 것이다. 즉, 이전 계층의 데이터값들의 데이터 분포를 고르게 하기 위해 다음의 방법을 사용하여 평균 0, 표준편차 1의 값을 갖도록 정규화하는 방법을 사용한다. 먼저 해당 미니배치에서 (7.2.4의 미니배치 학습 방법을 사용한다고 가정) 데이터값들의 평균 μ_B와 분산 $\sigma_B{}^2$을 다음과 같이 구한다.

$$\mu_B \leftarrow \frac{1}{m}\sum_{i=1}^{m} x_i, \ \ \sigma_B^2 \leftarrow \frac{1}{m}\sum_{i=1}^{m}(x_i - \mu_B)^2$$

그리고 이들 평균과 분산값을 이용하여 원래 데이터 x_i는 다음과 같이 정규분포 $N(0, 1)$의 값으로 변환된다.

$$\hat{x}_i \leftarrow \frac{x_i - \mu_B}{\sqrt{\sigma_B^2 + \varepsilon}}$$

이렇게 모든 데이터들을 평균 0, 표준편차 1이 되도록 변형시키는 방법을 **화이트닝**(whitening)이라고 한다. 하지만 화이트닝방법은 이전 계층에서 학습한 일부 파라미터의 영향을 무시해 버리기 때문에 제대로 학습하지 못한다. 다음의 예를 보자. 현재 은닉 계층의 입력 데이터 x'은 (이전 계층의 출력값인) 데이터 x로부터 (학습 가능한) 파라미터(weight, bias)들과의 계산을 통해 나온다. 즉, $x' = weight * x + bias$이다. 만약 화이트닝 방법으로 정규화 과정에서 입력 데이터 x'의 평균 $E[x']$를 위의 식과 같이 입력 데이터에서 뺄셈해 주면 $x'' = x' - E[x']$가 된다. 여기서 $E[x'] = weight * E[x] + bias$이므로 식을 정리하면 $x'' = x' - E[x'] = weight * (x - E[x])$가 된다. 이 과정에서 학습 가능한 파라미터 $bias$가 없어지므로 제대로 된 학습이 불가능해진다.

이러한 화이트닝 방법의 또 다른 문제는 평균 0, 표준편차 1로 데이터의 분포를 변환하게 될 경우 활성함수로 시그모이드를 사용하게 되면 신경망이 비선형성(non-linearity)의 특징을 잃어버리게 된다는 것이다. 그림 7.11에서 보는 바와 같이 시그모이드 활성함수의 입력 값이 평균 0, 분산 1이라면 입력 값의 범위는 대부분 [−1, 1]이 되고, 이 범위에서의 시그모이드 함수 값은 0.5를 중심으로 0.26~0.73 사이의 값을 가지는 거의 직선인 선형 영역이다.

이와 같이 입력값을 정규화를 통해 평균 0, 분산 1로 고정시키는 것은 활성함수의 가장 중요한 역할인 비선형성(non-linearity)을 사라지게 할 수 있다. 네트워크는 비선형성을 가지고 있어야 복잡한 함수를 표현할 수 있는데 이 능력이 사라질 수 있는 것이다.

따라서 입력값을 정규화하더라도 그 값의 분포가 평균 0, 분산 1이 아닌 (그림 7.11에서의) 다른 영역의 값을 가지도록 정규화를 하여야 비선형성을 유지할 수 있다(즉 정규화된 값들이 그림 7.11의 선형구간이 아닌 영역의 값들을 가지면서 정규화하도록 하여야 한다). 따라

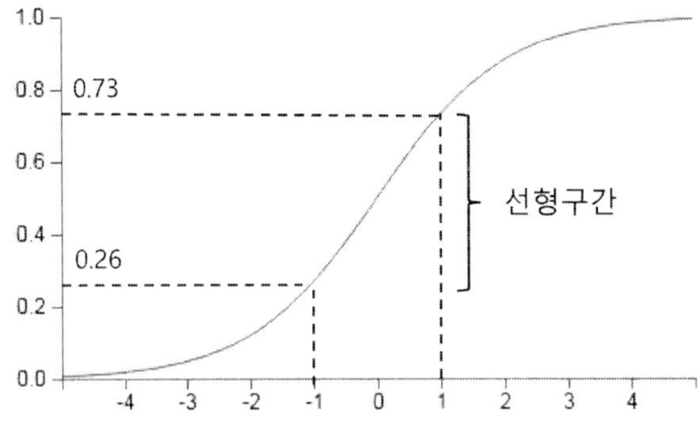

그림 7.11 시그모이드 함수의 선형구간

서 입력값을 정규화하더라도 그 값의 분포가 평균 0, 분산 1이 아닌 하지만 성능을 떨어뜨리지 않는 영역의 값을 가지도록 정규화를 하여야 비선형성을 유지할 수 있다.

그러면 구체적으로 새롭게 정규화되는 값의 범위(그리고 분산)는 그림 7.11의 어느 영역을 중심으로 데이터가 정규화 되어야 하는지를 결정하여야 한다. 이 문제를 해결하기 위하여 배치 정규화에서는 $\hat{x}_i$에 아래와 같이 스케일변수(γ)를 곱하고 전이변수(β)를 더한 새로운 값을 정규화된 값으로 사용한다.

$$y_i \leftarrow \gamma \hat{x}_i + \beta$$

이 식의 의미는 수정된 정규화 값 y는 $\hat{x}_i$에서 1) 전이변수의 값만큼 평균값이 이동하고 2) 스케일변수 값만큼 분산값도 변화시킨다. 이를 통하여 (활성함수에 사용되는) 정규화된 입력값의 범위를 바꿈으로써 비선형성(non-linearity)을 부여할 수 있다.

마지막으로 배치 정규화에서 스케일변수와 전이변수 파라미터는 (사람이 정하지 않고) 학습의 과정에서 자동으로 학습하도록 하여 효과적인 파라미터의 값을 결정할 수 있도록 하였다.

예측(추론)과정(학습 종료 후 테스트 데이터로 예측하는 과정)에서의 배치 정규화는 학습에서의 과정과 조금 다르다. 예측에서는 한 개의 데이터만을 사용하므로 평균과 분산을 계산할 수 없다. 따라서 이전 학습 과정에서의 평균과 분산값을 저장하고 이를 사용하여 정규화를 수행한다. 각 배치의 평균과 분산값을 각각 μ_B, σ_B^2라 하면, 전체 데이터의 평균 $E[x]$와 분산 $Var[x]$은 다음과 같이 정의된다. (m은 각 배치의 크기)

$$E[x] \leftarrow E_B[\mu_B], \quad Var[x] \leftarrow \frac{m}{m-1} E_B[\sigma_B^2]$$

이것을 이용하여 다음과 같이 예측과정을 수행한다.

$$\hat{x}_i \leftarrow \frac{x_i - E[x]}{\sqrt{Var[x] + \varepsilon}}$$
$$y_i \leftarrow \gamma \hat{x}_i + \beta$$

이같은 방법은 모든 미니배치의 평균과 분산값을 따로 저장하고 있어야 하기 때문에 비효율적일 수 있다. 따라서 또 다른 방법은 이들 값을 이동 평균을 사용하여 점차적(incremental) 방법으로 계산할 수도 있다. 예를 들어서 현재 미니배치 i에서의 평균과 분산을 각각 $\mu_{B,(i)}$와 $\sigma^2_{B,(i)}$라 하면 이동평균 방법을 이용하여 다음과 같이 전체 평균과 분산의 값을 업데이트하면서 계산해 나간다.

$$\hat{\mu} \leftarrow \alpha \hat{\mu} + (1-\alpha) \mu_{B,(i)}$$
$$\hat{\sigma} \leftarrow \alpha \hat{\sigma} + (1-\alpha) \sigma^2_{B,(i)}$$

배치 정규화는 다른 배치 간에 다른 평균과 분산값을 사용하므로 모델 정규화(model regularization)의 효과를 가지고 있다. 그리고 배치정규화는 드롭아웃과 같이 사용할 수 없다.

배치 정규화는 이러한 장점에도 불구하고 몇 가지 단점이 있다: 1) 배치의 크기가 작은 경우에는 효율적인 계산이 어렵다. 2) 시계열 데이터를 처리하는 RNN 계열에는 적합하지 않으며, 3) 병렬처리를 하기가 어렵다. 따라서 시계열의 데이터를 처리할 때는 배치 정규화 대신에 **계층 정규화**(layer normalization) 방법을 주로 사용한다. 계층 정규화는 배치 정규화와 유사한 방법이지만 평균과 분산의 값을 구할 때에 (배치 내의 동일속성들에 대한 값들이 아닌) 특정한 데이터의 여러 속성 값들에 대한 평균과 분산값을 사용하는 점이 다르다.

7.3 심층신경망

최근에는 신경망 네트워크의 은닉 계층의 수를 대폭 증가시킨 심층신경망(deep neural network)을 강화학습에 사용하며, 이를 심층강화학습이라고 한다. 이와 같이 심층신경망은 기존 신경망에서 많은 은닉 계층(hidden layer)을 추가한 심층학습의 네트워크로서 강화학습에 사용할 수 있는 몇 가지 장점을 가지고 있다.

첫 번째, 여러 은닉 계층을 사용함으로써 거의 모든 형태의 함수를 표현할 수 있다. 따라서 복잡하고 다양한 강화학습의 함수들을 표현하기에 적합하다. 두 번째, 여러 층의 심층 은닉 계층(deep hidden layer)를 구축함으로써 얕은 은닉 계층(shallow layers)에 비해 훨씬 적은 수의 파라미터로 함수를 구현할 수 있다. 즉, 근사함수의 파라미터 수를 줄임으로써 근사함수의 학습을 더욱 효율적으로 할 수 있게 한다. 세 번째, 심층신경망을 포함한 신경망들은 미분 가능한 함수이므로 심층신경망을 근사함수로 사용하면 점진적 하강 방법을 사용할 수 있다. 많은 경우에 TensorFlow, PyTorch 등의 기계학습 패키지에서는 신경망의 미분을 자동으로 하는 기능을 제공함으로써 작업을 쉽게 하는 장점이 있다. 이와 같은 이유들로 최근에는 심층신경망을 이용해 강화학습의 여러 함수값을 표현하는 심층강화학습이 널리 사용된다.

이와 같은 심층신경망에 대하여 이 절에서는 먼저 기존 신경망의 문제점에 대해서 설명을 하고 다음으로 심층신경망의 장점에 대하여 설명한다.

7.3.1 기존 신경망의 문제점

기존의 역전파(backpropagation) 방법을 사용하는 일반적인 신경망에서 많은 수의 은닉 계층을 추가할 때에 발생하는 문제들은 다음과 같다.

첫 번째는 **그레디언트 소멸**(vanishing gradient) 현상이 발생하는 문제이다. 신경망에서 은닉 계층이 증가하면 7.2.2절의 시그모이드 함수에서 설명한대로 신경망 전체 그레디언트는 (체인법칙에 의해서) 각 은닉 계층마다의 그레디언트의 곱셈으로 구성되어 있다. 따라서 함수의 그레디언트값은 출력계층의 일부에서만 발생되며 점점 입력 계층 쪽으로 진행하면서 그레디언트의 값이 0으로 수렴한다. 이러한 현상은 활성함수를 시그모이드나 하이퍼탄젠트(tanh)를 사용할 때 더욱 잘 발생한다.

두 번째 문제는 은닉 계층의 수가 증가하면서 네트워크의 파라미터 숫자가 기하급수적으로 증가하는 것이다. 따라서 네트워크의 **과적합 문제**가 발생할 확률이 높아진다. 또한 네트워크의 학습에도 많은 시간이 소요가 된다.

7.3.2 심층신경망의 사용

기존 신경망의 이러한 문제점을 보완하기 위하여 심층신경망에서는 다음의 방법들을 사용하고 있다.

첫 번째, 심층신경망에서는 은닉 계층에서 활성함수로서 시그모이드나 하이퍼탄젠트(tanh) 대신에 **ReLU**의 함수를 사용한다. 앞에서 설명한 바와 같이 시그모이드나 하이퍼탄젠트 함수는 입력값의 절대값이 클 때 그레디언트값이 0 에 근접해서 그레디언트 소멸의 현상을 발생시킨다. 따라서 심층신경망에서는 활성함수로서 ReLU 함수 등을 사용하여 이러한 문제를 해결한다.

두 번째, 은닉 계층 간의 **희소연결**(sparse connectivity)을 사용하여 파라미터의 개수를 줄인다. 기존의 신경망에서는 계층 간의 연결을 할 때는 모든 노드가 다른 모든 노드와 연결되는(fully connected) 방법을 사용한다. 하지만 CNN 네트워크의 경우에 은닉 계층의 연결에는 이전 계층(혹은 입력 데이터)의 일부분만을 연결하여 파라미터의 개수를 대폭 감소시킨다.

세 번째, 희소연결 시 현재 계층 내의 노드가 이전 계층 노드와 연결된 가중치는 현재 계층의 모든 노드들에게 동일하다. 이를 **가중치공유**(weight sharing)라고 하며, 이 방법은 희소연결 방법과 결합하여 파라미터의 수를 대폭 감소시킬 수 있다.

네 번째, 기존의 역전파 알고리즘은 네트워크 전체에 대한 가중치 업데이트 학습을 수행하는데 반해 전체 네트워크가 아닌 각 계층별로 학습을 진행하여 그레디언트 소멸의 현상이 발생하지 않도록 하는 방법이다. 이를 **계층별 학습**(layerwise learnig)이라고 하며, 심층신경망의 종류 중에서 RBM(Restricted Boltzmann Machine)과 오토인코더(autoencoder) 등에서 이러한 방법을 사용하여 학습한다.

7.4 심층신경망의 종류

심층학습 기술의 발달로 최근에 많은 종류의 심층신경망의 종류가 개발되었고, 널리 사용되고 있다. 본 절에는 이들 중에서 가장 많이 사용되는 CNN과 RNN, 그리고 RNN의 이후 모델인 LSTM과 GRU에 대해 설명한다. 이들 심층신경망들은 심층강화학습에서 활발히 사용되고 있다.

CNN

CNN(convolutional neural network)을 소개하기에 앞서 먼저 기존 신경망의 또 다른 문제점에 대하여 알아보자. 그림 7.12에서 알파벳 문자를 신경망을 이용하여 분류한다고 하자. 하지만 이들을 신경망의 입력으로 사용하여 학습할 때에 그림 7.12의 이미지에 약간의 변화를 주어도 신경망의 입력 노드들의 값의 분포에서 엄청난 차이를 보이게 된다. 예를 들어서 이미지를 2 픽셀(pixel) 정도만 이동(shift)해도 (이미지의 종류에 따라서) 신경망의 입력노드 값에는 (같은 이미지이지만) 전체 입력노드 값의 20~30% 정도가 수정되는 경우도 발생한다. 따라서 이러한 (다양하게 변형된) 이미지 데이터들은 기존의 신경망에서 처리하기가 아주 어렵다. 이와 같이 기존의 신경망은 입력 이미지의 변환이나 노이즈에 취약하며 학습의 성능이 떨어지게 된다.

기존 신경망의 두 번째 문제는 서로 이웃한 계층 간에는 전부 완전연결(fully connected)의 형태로 연결된다는 것이다. 따라서 은닉 계층의 숫자가 증가하면 네트워크의 파라미터가 기하급수적으로 증가하며 이는 신경망에서 과적합(overfitting) 문제를 발생할 확률이 높다. 이러한 문제들을 보완하기 위하여 사용하는 방법이 CNN이다. CNN은 이미지의 분류학습에 효과적인 네트워크이지만 최근에는 이미지 외의 다른 영역에도 널리 사용되고 있는 심층신경망의 종류이다.

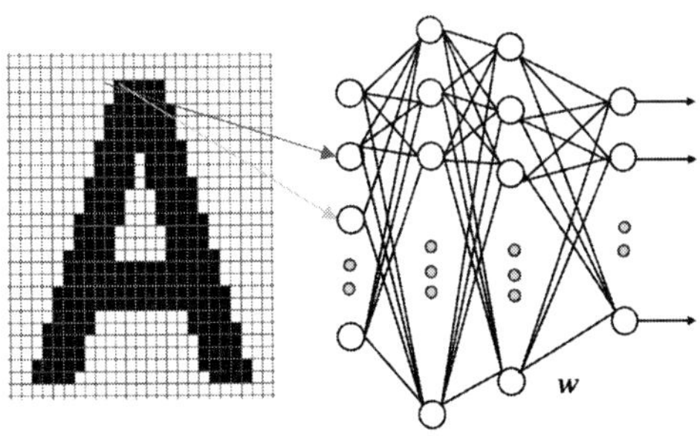

그림 7.12 신경망의 이미지 분류

CNN(convolutional neural network)에서는 기존의 신경망과는 다른 형태의 은닉 계층들을 사용한다. CNN에서는 두 종류의 은닉 계층이 존재하는데, 첫 번째는 컨볼루션 계층(convolutional layer)이고 두 번째는 풀링 계층(pooling layer)이다.

첫 번째 계층인 **컨볼루션 계층**은 우선 여러 개의 **피처맵**(feature map)으로 구성되어 있다. 그리고 한 개의 피처맵은 이전 계층(previous layer)과 (이전 계층의 종류에 따라서 입력 이미지, 다른 컨볼루션 계층의 피처맵이나 풀링 계층이 될 수도 있다) 연결이 되어 있는데, 이 연결 방법이 기존 신경망의 연결 방법과 다르다. 기존 신경망에서는 완전연결(fully connected)의 방식으로 연결되지만 피처맵의 한 노드는 이전 계층의 (전체 노드와 연결되어 있지를 않고) 일정 부분과만 연결되어 있다. 그림 7.13(a)는 컨볼루션 계층과 피처맵의 구성 방법을 보여준다. 이는 피처맵의 각 노드가 입력 데이터에 대하여 (전체가 아닌) 각자 맡은 구역이 있으며 그 구역에 대해서만 신경을 쓰는 방식이다(일반 신경망에서는 은닉 계층 간에는 완전연결 방식으로 연결되어 있으며 이러한 방법은 모든 노드가 입력 데이터의 모든 구역을 동시에 담당하는 방식이다).

그리고 피처맵의 한 노드가 입력 데이터의 한 구역의 노드들과 연결되며 각각에는 가중치가 부여된다. 예를 들어서 (그림 7.13(a)와 같이) 피처맵의 한 노드가 입력 데이터의 9개 노드와 연결되었으면 9개의 가중치값을 가진다. 그리고 피처맵의 모든 노드에 대하여 이들 가중치의 값은 동일하다. 즉, 한 개의 피처맵 내에 있는 각 노드들은 입력 데이터의 다른 구역과 연결되지만 연결의 수와 가중치는 전부 동일하다. 그리고 이러한 가중치값들을 **컨볼루션 필터**(convolution filter) 혹은 **커널**(kernel)이라고 부른다.

마지막으로 피처맵 노드의 값은 (그림 7.13(a)의 예시와 같이) '입력데이터의 값 * 필터의 가중치 들의 합'으로 계산된다. 피처맵의 노드값들의 의미는 각 노드가 해당하는 영역에 어떤 패턴이 존재하는지의 여부를 수치로 표현한 것이다.

예를 들어 그림 7.13(a)에서 피처맵 1의 왼쪽위(값이 4인) 노드는 이전 계층(이 경우는 입력 이미지)의 노드 중에서 전체가 아닌 왼쪽 위의 9개 노드와만 연결되어 있다. 그리고 이들 연결 각각에 대하여 가중치가 정의되어 있으며(따라서 9개의 가중치), 피처맵 1의 왼쪽 위(값이 4인) 노드의 값은 가중치와 이전 계층의 노드와의 각각의 곱의 합으로 계산되어 [1, 0, 1,

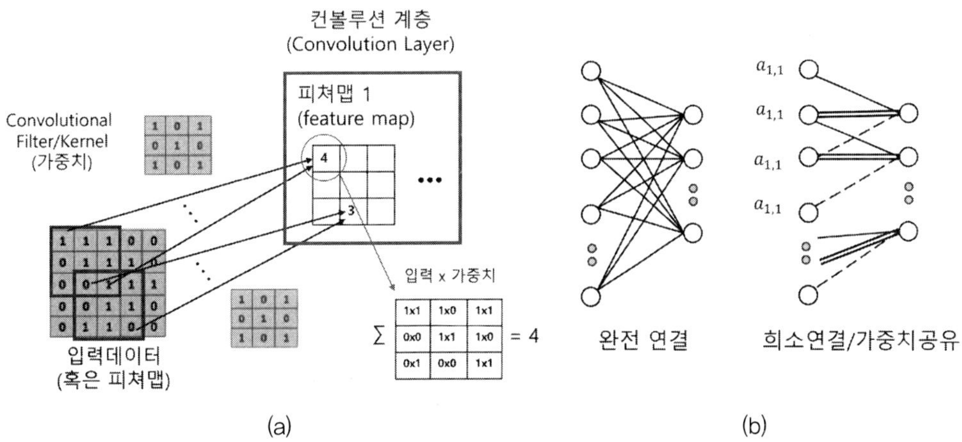

그림 7.13 컨볼루션 계층

0, 1, 0, 1, 0, 0]^T [1, 1, 1, 0, 1, 1, 0, 0, 1] = 4의 값을 가진다.

컨볼루션 계층에는 여러 개의 피처맵이 존재하며, 특정한 피처맵 내의 모든 노드들은 동일한 가중치값들(필터)을 가진다. 하지만 다른 피처맵 간의 노드와는 가중치가 같을 필요가 없다.

CNN의 초기 목적은 이미지 분류를 효과적으로 하기 위한 것이었다. 따라서 특정한 한 개의 피처맵은 입력 이미지에서 어떤 특정한 패턴을 찾는 것을 목표로 했다. 예를 들어서 피처맵 1은 '수평직선', 피처맵 2는 '원'을 탐지하는 피처맵이라고 하면, (이러한 피처맵의 목적을 사용자가 지정할 필요는 없다) 피처맵 1 내의 각 노드는 자기가 맡은 영역(원래 데이터의 일부분)에서 수평직선이 있는지를 탐지하는 역할을 하는 것이고, 피처맵 2의 각 노드들은 자기가 맡은 영역에서 원을 찾는 역할을 하는 노드라고 생각할 수 있다. CNN의 장점은 사용자가 컨볼루션 계층과 여러 피처맵들을 구성하고 학습을 하면, 각각의 피처맵에서 학습에서 중요한 의미를 가지는 속성들을 알고리즘이 스스로 찾아서 피처맵의 값으로 생성한다. 따라서 CNN의 피처맵값은 이미지 분류학습에서 중요한 의미를 가지는 속성들을 자동으로 생성해 주는 역할을 한다. CNN에서는 이러한 기능을 **속성학습**(feature learning)이라고 한다.

그림 7.13(b)의 왼쪽 그림은 기존 신경망의 완전연결(fully connected)의 연결을, 그림 7.13(b)의 오른쪽은 희소연결과 가중치공유의 예시를 보여준다. 그림 7.13(b)의 오른쪽 그림에서는 오른쪽 계층의 노드는 왼쪽 계층 전부가 아닌 3개의 노드와만 연결되어 있으며, 각 노드의 가중치값 벡터도 동일함을 알 수 있다.

CNN의 두 번째 은닉 계층은 **풀링 계층**(pooling layer)이다. 풀링 계층은 이전 단계의 값(컨볼루션 계층이거나 다른 풀링 계층의 값)들을 요약하는 기능을 한다. 이러한 풀링 계층을 통해 파라미터의 값을 더욱 감소시킨다. 그림 7.14는 풀링 계층의 예시를 보여주고 있다. 풀링 계층

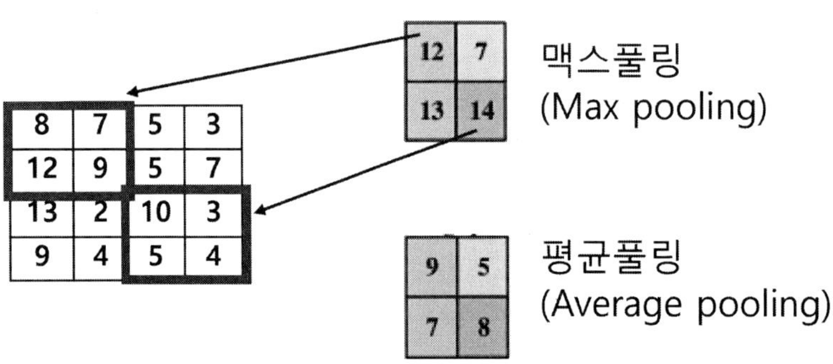

그림 7.14 풀링 계층

의 각 노드는 (앞의 피처맵과 비슷하게) 이전 계층의 일부분의 값만을 사용하여 이들을 풀링 연산을 통해 풀링 계층 노드의 값을 계산한다. 풀링 연산의 종류는 풀링 노드가 읽는 영역의 값들에 대한 최대값을 출력하는 **맥스풀링**(max pooling) 연산과, 평균값을 계산하는 **평균풀링**(average pooling) 연산, 그리고 영역의 값들에 대한 합을 계산하는 **합계풀링**(sum pooling) 등이 있다. 그림 7.14는 맥스풀링을 사용하는 예를 보여준다. 왼쪽의 입력에서 해당하는 영역의 값들의 최대값을 선택하여 풀링 계층의 노드값이 된다. 예를 들어 맥스풀링 계층의 12는 이전 계층의 값 {8, 7, 12, 9}에서 선택한 최대값이다.

풀링 계층은 피처맵과 목적이 유사하다. 피처맵에서 노드값의 의미는 각 노드가 담당하고 있는 영역에 어떤 패턴이 (해당 피처맵이 찾고자 하는 패턴) 존재하는지 여부를 수치로 표현한 것이다. 풀링 계층의 노드들도 마찬가지로 이전 데이터의 특정한 영역에서 어떤 특정한 패턴을 찾았는지 여부를 수치로 계산하는 역할을 한다. CNN에서 풀링 계층은 필요하면 생략이 가능하지만 컨볼루션 계층은 최소한 한 개 이상이 존재해야 한다.

CNN은 이러한 컨볼루션 계층과 풀링 계층이 반복적으로 사용된다. (같은 계층이 반복 사용되어도 무방함) 하지만 CNN 네트워크의 맨 마지막 부분의 계층들은 기존의 신경망과 마찬가지로 완전연결(fully connected) 계층으로 구성되어 있다. 그리고 이러한 네트워크의 구조를 이용해 기존의 역전파(backpropagation) 알고리즘을 사용한 학습을 진행한다. 역전파 알고리즘을 수행할 때는 (CNN은 가중치공유 등의 네트워크 구조를 가지므로) 기존의 역전파 알고리즘을 CNN의 특징에 맞게 수정한 형태의 알고리즘으로 학습해야 한다.

RNN

우리가 지금까지 학습에 사용한 데이터들은 6장에서 설명한 **IID**(independent and identically distributed) 특징을 가진다고 가정하고 있다. 하지만 현실에는 이러한 IID 특징을 가지지 않는 데이터들이 존재한다. 대표적인 경우가 시간에 따라서 발생하는 시간 데이터(temporal data)들이다. 시간 데이터에서는 이전 데이터가 다음 데이터에 영향을 주므로 더 이상 IID 데이터가 아니다. 예를 들어서 문장에서 앞 단어는 다음 단어의 생성에 영향을 주며 영상에서 특정 프레임은 다음 프레임의 생성에 영향을 준다.

우리가 지금까지 신경망이나 CNN 등에서 사용한 데이터들은 시간을 고려하지 않았다. 하지만 많은 데이터들은 시간에 따라서 발생하며, 따라서 학습에서 시간의 요소를 고려하여 학습을 해야 한다. 예를 들어 X_i를 시간 i에서의 입력이라고 하고 t_i를 해당 데이터에 대한 목적값이라고 하자. $\{(X_1, t_1), (X_2, t_2), \ldots, (X_t, t_t)\}$의 순서를 가진 데이터에서부터 X_{t+1} 입력에 대한 목적값 t_{t+1}을 예측하는 문제에 대하여 생각해 보자.

이 문제를 아래 그림과 같은 기존의 신경망(혹은 CNN)을 사용하여 학습하는 경우에 신경망의 입력은 X_i 목적값은 t_i로 학습하게 된다. 하지만 이 경우에 데이터들 간의 시간에 따른 상호 관계는 고려되지 않는다. 즉, 이전 데이터의 학습 내용이 다음 데이터의 학습 내용에 전달되지 않는다.

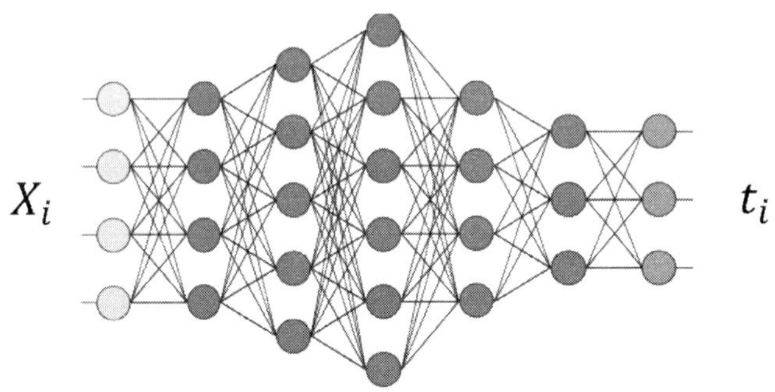

그림 7.15 시계열 데이터의 신경망 학습

따라서 이러한 시간요소 데이터를 학습할 수 있는 신경망이 필요하다. 이러한 목적으로 사용할 수 있는 신경망이 **RNN**(recurrent neural network)이다. RNN과 기존 신경망의 차이점 첫 번째는 각 노드의 입력으로 해당 노드의 이전 상태의 값이 입력으로 사용된다는 것이다. 두 번째는 각 타임스텝마다 노드의 출력이 가능하다는 점이다.

기존의 신경망 노드는 다음과 같이 출력값을 계산한다. 여기서 σ는 활성함수, x_t는 입력, w_{hx}는 입력에 대한 가중치, h_t는 노드의 출력, 그리고 b_h는 상수항을 의미한다. 다음은 식 (7.1)에서 $w_i = w_{hx}$, $w_0 = b_h$, $x_0 = 1$의 형태로 표현된 식이다.

$$h_t = \sigma(w_{hx} x_t + b_h)$$

하지만 RNN의 노드에서는 기존의 입력 외에 노드의 이전 상태의 값 h_{t-1}을 추가 입력으로 사용한다. h_{t-1}에 대한 가중치를 w_{hh}라고 하면 $w_{hh}h_{t-1}$ 값을 추가로 사용하므로 RNN 노드에서는 다음과 같이 출력값을 계산한다.

$$h_t = \sigma(\boldsymbol{w_{hh} h_{t-1}} + w_{hx} x_t + b_h) \tag{7.16}$$

그림 7.16은 이러한 RNN 노드의 동작을 그림으로 표시하고 있다. 그림 7.16의 등호(=) 왼쪽

부분은 RNN 노드의 입력에 이전 상태의 값이 입력으로 사용됨을 보여주며, 오른쪽 부분은 왼쪽의 그림을 시간 단계별로 확장하여 보여준다.

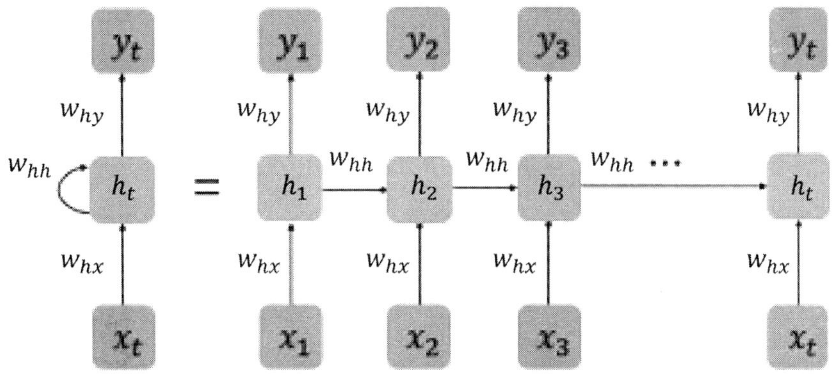

그림 7.16 RNN 노드의 구조

입력 가중치인 w_{hx}, 이전상태의 값에 대한 가중치인 w_{hh}, 출력 가중치인 w_{hy} 등은 각각 시간에 관계없이 동일한 가중치를 가진다(즉 시간별로 서로 다른 가중치를 가지지 않는다). 이는 RNN에서의 **가중치공유**(weight sharing) 방법이다. 이를 CNN과 비교해 보자. CNN에서는 서로 다른 영역을 담당하는 노드끼리 같은 가중치를 공유하며 RNN에서는 서로 다른 시간스텝에서 같은 가중치를 사용한다. 참고로 RNN에서는 CNN과 같은 희소결합(sparse connectivity) 방법은 사용하지 않는다. 즉, 이전 상태값 y_{t-1}과 현재 상태값 y_t는 완전연결(fully connected)의 형태로 연결되어 있다.

RNN에서는 각 타임스텝별로 출력값을 생성할 수 있으므로 **Seq2Seq**(sequence-to-sequence) 학습이 가능해진다. Seq2Seq 학습은 주어진 입력에 대하여 연속된 타임스텝별로 출력을 생성하는 학습의 방법을 말한다.

그리고 RNN의 학습은 기존의 신경망과 동일하게 역전파(backpropagation) 알고리즘을 사용해 학습한다. 다만 RNN에서 사용하는 역전파 알고리즘은 RNN의 특징에 따라서 기존의 역전파 알고리즘에 몇 가지 수정을 했다. 이러한 RNN에서의 역전파 알고리즘을 **BPTT**(backpropagation through time)라고 부른다. 먼저 BPTT에서의 에러함수를 정의하면 다음과 같다.

$$J(T,\ Y) = \sum_{t=1}^{T} l(t_t,\ y_t) \tag{7.17}$$

여기서 $l(t_t, y_t)$는 타임스텝 t에서의 에러함수를 의미하며 앞의 7.2.1절에서 설명한 에러함수들에서 선택하여 사용한다. (예를 들어서 응용 분야에 따라서 MSE나 크로스-엔트로피 등의 에러함수 사용) 그리고 타임스텝마다의 이들 $l(t_t, y_t)$ 합계가 BPTT 알고리즘에서의 에러함수이다. 식 (7.17)에서 T는 현재의 스텝에서 얼마만큼의 과거스텝을 고려할 것인지를 의미하며, 이는 무한대로 계산할 수가 없으므로 T 의 값에 제한을 둔다. 예를 들어 $T = 5$ 라면, 5단계까지의 과거에 대해서만 에러를 고려한다. 그림 7.17은 BPTT에서 에러함수의 내용을 설명한다.

대부분의 일반 심층신경망에서는 (은닉 계층의) 활성함수로서 ReLU 활성함수를 사용하는데 반해 RNN의 노드에서는 **하이퍼탄젠트**(tanh) 함수를 주로 사용한다. 그 이유는 ReLU 함수의 경우는 (이전 입력이 양수인 경우) 이전의 값 자체를 출력하기 때문이다. RNN에서는 이전 값을 반복적으로 사용하므로 ReLU가 1보다 큰 값을 생성하면 곱셈으로 인해 증폭되어 **그레디언트값 폭발**(exploding gradient) 현상이 발생하는 것이다. 따라서 출력의 값이 (−1, 1)로 제한되는 하이퍼탄젠트(tanh)를 많이 사용한다. 그리고 하이퍼탄젠트(tanh)는 시그모이드에 비해 그레디언트도 좀더 높은 값을 가지므로 그레디언트 소멸 문제의 가능성도 줄인다.

RNN에서도 일반 신경망과 마찬가지로 그레디언트 소멸의 문제가 발생할 수 있다. 식 (7.17)의 에러함수는 특정한 타임스텝 t에서의 에러함수 $l(t_t, y_t)$들의 합으로 구성되어 있다. 타임

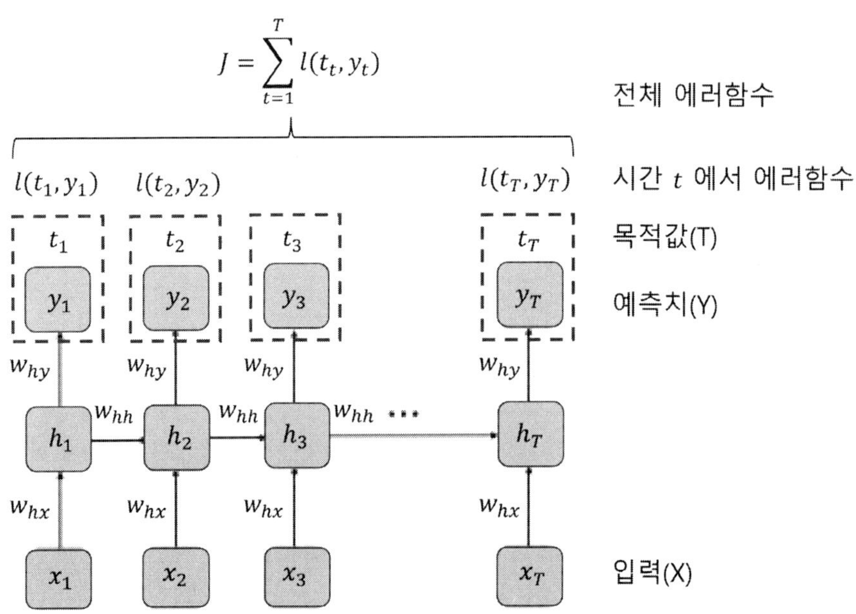

그림 7.17 BPTT 의 에러함수

스텝 t에서의 에러함수 $l(t_t, y_t)$를 구하면 (체인룰에 의하여) 다음과 같이 정의된다.

$$\frac{\partial l(t_t, y_t)}{\partial w_{hh}} = \frac{\partial l(t_t, y_t)}{\partial y_t}\frac{\partial y_t}{\partial h_t}\left(\frac{\partial h_t}{\partial h_{t-1}}\cdots\frac{\partial h_2}{\partial h_1}\right)\frac{\partial h_1}{\partial w_{hh}} = \frac{\partial l(t_t, y_t)}{\partial y_t}\frac{\partial y_t}{\partial h_t}\left(\prod_{i=2}^{t}\frac{\partial h_i}{\partial h_{i-1}}\right)\frac{\partial h_1}{\partial w_{hh}} \quad (7.18)$$

그리고 식 (7.16)에 의해서 $h_t = \sigma(w_{hh}h_{t-1} + w_{hx}x_t)$가 되므로 다음이 성립한다($\sigma$은 활성함수이며 b_h는 편의상 생략).

$$\frac{\partial h_i}{\partial h_{i-1}} = \sigma'(w_{hh}h_{t-1} + w_{hx}x_t)w_{hh}$$

따라서 식 (7.18)의 곱셈 부분은 다음과 같이된다.

$$\prod_{i=2}^{t}\frac{\partial h_i}{\partial h_{i-1}} = (w_{hh})^{t-1}\prod_{i=2}^{t}\sigma'(w_{hh}h_{t-1} + w_{hx}x_t) \quad (7.19)$$

식 (7.19)의 절대값이 아주 작아지면(0에 근접하게 되면) 식 (7.18)의 그레디언트값이 0에 근접하게 되며 따라서 그레디언트 소멸 현상이 발생하게된다. 식 (7.19)의 절대값이 아주 작아지는 경우를 살펴보면 먼저 식 (7.19)는 여러 개의 곱셈으로 구성되어 있다. 따라서 가중치의 값이 $|w_{hh}| < 1$이거나 활성함수의 미분값 σ'이 $|\sigma'| < 1$인 경우에 발생하게 된다(실제로 활성함수의 미분값은 시그모이드 함수를 사용하면 $|\sigma'| \leq 0.25$이며 하이퍼탄젠트(tanh)를 사용하면 $|\sigma'| \leq 1$이다). 따라서 RNN에서 고려하는 과거 스텝의 수가 증가할수록 그레디언트 소멸 현상이 발생할 확률은 증가한다. 따라서 RNN에서는 오래 전 과거의 내용을 기억하기란 거의 불가능하다.

RNN에서는 그레디언트 소멸의 문제 외에 추가로 **그레디언트 폭발**(exploding gradient)의 문제도 발생할 수 있다. 식 (7.19)에서 $\left|\frac{\partial h_i}{\partial h_{i-1}}\right| \gg 1$이 성립하는 경우에는 연속적인 곱셈에 의해서 식 (7.19)의 값이 무한대로 커질 수 있다. 이러한 경우에 식 (7.18)의 그레디언트값이 아주 커져 그레디언트 폭발의 현상이 발생하게 된다. 그리고 식 (7.19)에 의해서 $|w_{hh}|$ gg 1인 경우에도 그레디언트 폭발의 현상이 발생할 수 있다. 특히 RNN에서 ReLU 활성함수를 사용하는 경우에 (입력값 자체가 출력값이 되는 경우가 많으므로) 그레디언트 폭발의 현상이 발생하기 쉽다. 따라서 RNN 에서는 출력값이 (−1, 1)로 제한되는 tanh 함수를 활성함수로 사용하는 경우가 많다.

그레디언트 폭발의 현상을 방지하기 위해서는 **그레디언트 절삭**(gradient clipping) 방법을 사용할 수 있다. 그레디언트 절삭은 그레디언트의 값이 특정한 임계치(threshold)를 넘으면 임계치 이하로 감소시키는 방법이다. 예를 들어서 그레디언트의 값을 g라고 하고 g 값이 어떤 임계치 η 보다 크면 ($g > \eta$), g 값을 다음과 같이 수정해 그레디언트의 값이 임계치를 초과하지 않게 한다.

$$g \leftarrow \frac{\eta}{|g|} g$$

참고로 RNN에서는 타임스텝 간에 동일한 가중치(w_{hh})를 사용하므로 기본적인 RNN(vanilla RNN) 구조에서는 배치정규화(batch normalization) 방법을 사용할 수 없다.

LSTM

최근에는 RNN의 단점을 보완한 다양한 모델들이 사용되고 있다. 이들 중 LSTM(long-term short memory) 모델과 GRU 모델(7.4.4절)에 대해 알아본다.

LSTM 모델은 RNN에서 몇 가지 기능을 추가했다. 첫 번째, RNN에서 발생하는 그레디언트 소멸 현상으로 인해 과거의 정보를 잘 기억하지 못하므로 과거 정보를 저장하기 위한 **메모리셀**(memory cell)을 추가했다. 따라서 LSTM 모델은 기존의 노드에 추가로 셀의 상태값을 가지고 있다. LSTM 모델의 셀은 컴퓨터의 메모리와 같은 역할을 하며 정보를 읽고 지우거나, 수정할 수 있다.

LSTM에는 세 가지의 게이트(gate)가 존재한다. 이 게이트들은 LSTM이 셀의 정보를 읽거나 입력의 정보를 읽거나, 혹은 계산된 결과를 생성하는 단계마다 얼마만큼의 정보를 흐르게 할지를 결정하는 역할을 한다(게이트는 우리가 건물 등에 들어갈 때 검사하는 게이트와 같은 의미이다). 게이트들은 모두 크기 n의 벡터로 구성되어 있으며, 게이트 내 값 요소들은 0과 1사이의 값을 가진다. 예를 들어서 게이트의 값이 1이면, 이는 완전히 개방됨(모든 정보가 100% 통과)을 의미하고, 0이면 완전히 닫힘(정보가 통과할 수 없음)을 의미한다. 이러한 게이트의 값은 학습이 진행되면서 계속 수정되고 최적의 값을 찾는다.

LSTM에서 존재하는 게이트 세 가지는 **망각 게이트**(forget gate), **입력 게이트**(input gate), **출력 게이트**(output gate)이다. 그림 7.18(a)는 LSTM의 구조를 보여주며, 그림 7.18(b)는 게이트와 셀값(c_t) 출력값(h_t)들의 계산 식을 보여준다. 각 게이트의 함수 σ는 시그모이드 함수를 사용하므로 0과 1 사이의 값이 생성되도록 한다. 그리고 $\otimes$는 행렬의 **하다마르 곱셈**(Hadamard product)을 의미하며 같은 크기의 두 행렬의 각 성분을 곱하는 연산이다(그리고 원래 식은 $w_{hx}x_t + b_h$와 같이 편차항(bias)을 포함하는 식이지만 설명의 편의를 위하여 b_h의 표시는 생략함).

LSTM의 망각 게이트는 이전 단계의 메모리셀 값에서 얼마만큼의 정보를 이번 단계에 사용할 것인지를 결정한다. 그림 7.18(b)의 식 5)를 보면 이전 단계 메모리셀의 값(c_{t-1})이 망각 게이트(f_t)의 값에 의하여 일부분만 전달되고 있다($c_{t-1} \otimes f_t$).

입력 게이트는 입력 데이터에서 얼마만큼의 정보를 읽을 것인지를 결정한다. 먼저 그림 7.18(b)의 식 4)의 g_t 값 계산 식은 기존의 RNN 출력값 계산식(식 (7.16))과 동일함을 알 수 있다. 하지만 LSTM에서는 g_t 값의 전부를 사용하지 않고 입력 게이트(i_t)값에 의하여 일부분만 전달됨을 알 수 있다. 따라서 LSTM의 다음 단계 셀의 값(c_t) 이전의 셀값(c_{t-1})과 LSTM의 출력값(g_t)을 결합하여 계산하는데, c_{t-1}과 g_t 값은 각각 망각 게이트 f_t와 입력 게이트 i_t에 의해 정의된 만큼만 사용하게 된다(그림 7.18(b)의 식 5)와 같이).

마지막으로 출력 게이트는 LSTM이 계산한 출력값에서 어느 정도를 실제 출력값으로 생성할 것인지를 결정한다. 그림 7.18(b)의 식 6)을 보면 최종적으로 계산된 셀값($\tanh(c_t)$)이 출력 게이트(o_t)에 의해 일부분만 출력됨을 알 수 있다.

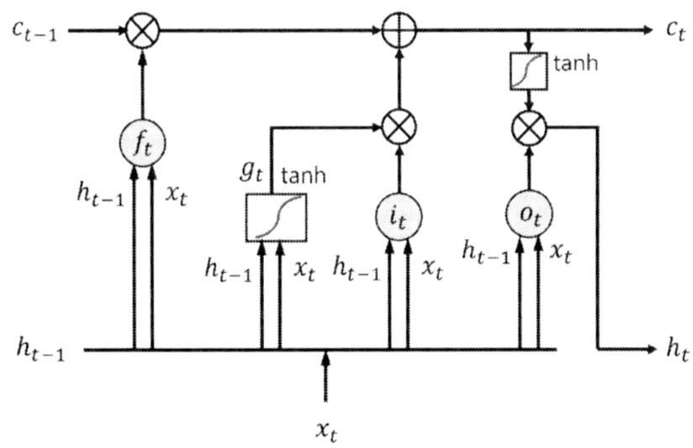

(a)

1) $f_t = \sigma(W_{xf}x_t + W_{hf}h_{t-1} + b_f)$

2) $i_t = \sigma(W_{xi}x_t + W_{hi}h_{t-1} + b_i)$

3) $o_t = \sigma(W_{xo}x_t + W_{ho}h_{t-1} + b_o)$

4) $g_t = \tanh(W_{xg}x_t + W_{hg}h_{t-1} + b_g)$

5) $c_t = c_{t-1} \otimes f_t + g_t \otimes i_t$

6) $h_t = \tanh(c_t) \otimes o_t$

(b)

그림 7.18 LSTM의 구조와 식

LSTM은 이와 같이 메모리셀과 게이트들을 이용해 과거의 정보를 오랫동안 기억할 수 있다. 실제로 망각 게이트를 1에 가까운 값으로 유지할수록 LSTM은 과거의 데이터를 오래 기억할 수 있는 것으로 알려져 있다. 만약에 망각 게이트의 값은 1, 입력 게이트는 0으로 하면 과거의 데이터를 영원히 셀에 기억된다. 기존의 RNN은 이러한 LSTM의 특별한 경우이다. 만약 LSTM에서 모든 게이트를 1로 하면 이는 RNN의 동작과 동일해진다.

GRU

GRU(gated recurrent unit)는 LSTM을 간략화한(simplified) 모델이다. GRU 모델은 LSTM과는 달리 **업데이트 게이트**(update gate)(r_t)와 **리셋 게이트**(reset gate)(z_t) 두 개가 존재한다. 그림 7.19는 GRU의 구조와 각 게이트와 출력값들의 식을 보여준다.

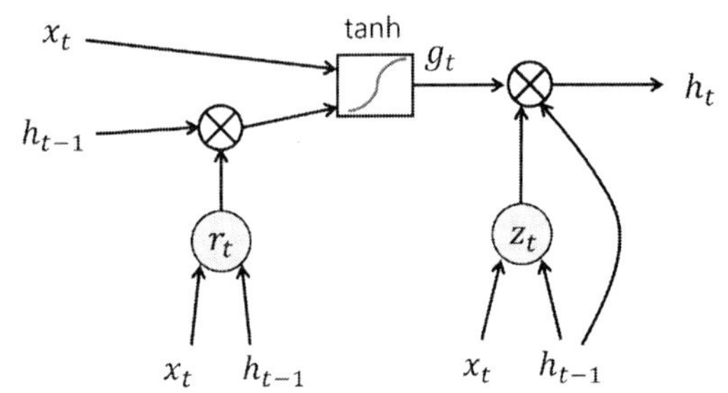

(a)

1) $r_t = \sigma(W_{xr}x_t + W_{hr}h_{t-1} + b_r)$

2) $z_t = \sigma(W_{xz}x_t + W_{hz}h_{t-1} + b_z)$

3) $g_t = \tanh\big(W_{hg}(r_t \otimes h_{t-1}) + W_{xg}x_t + b_g\big)$

4) $h_t = h_{t-1} \otimes z_t + g_t \otimes (1 - z_t)$

(b)

그림 7.19 GRU의 구조와 식

이들 두 게이트는 그림 7.19(b)와 같은 식으로 정의되어 있다. 이 게이트들은 사용되는 형태가 다르다. 먼저 (그림 7.19(a)를 보면) 업데이트 게이트 r_t는 이전 단계의 출력값 h_{t-1}에서 얼마만큼의 정보를 이번 단계에 사용할 것인지를 결정한다(그림 7.19(b)의 식 3) $r_t \otimes h_{t-1}$ 부분).

리셋 게이트는 이와 같이 출력된 값 g_t에 대하여 이 출력값을 얼마만큼 다음 단계에 전달할 것인지를 결정한다. 업데이트 게이트가 1이면 g_t의 계산값(그림 7.19(b)의 식 3) 참고)은 기존의 RNN에서의 출력값 계산식(식 (7.16))과 동일함을 알 수 있다.

따라서 GRU에서 최종 출력값 h_t는 이전 상태의 GRU 출력값 h_{t-1}과 앞에서 계산된 g_t 값을 결합하여 계산하는데 h_{t-1}과 g_t 값은 각각 업데이트 게이트 r_t와 리셋 게이트 z_t에 의해서 정의된 만큼만 사용하게 된다(그림 7.19(b)의 식 4) 참고).

GRU는 RNN의 장기 의존성 문제에 대한 해결책을 유지하면서, 동시에 파라미터의 숫자를 줄인 모델로서 LSTM의 구조를 간단화시켰다. GRU는 LSTM보다 학습 속도가 빠르며, 여러 평가에서 LSTM과 비슷한 성능을 보인다고 알려져 있다.

LSTM이나 GRU 모델의 한 가지 단점은 타임스텝별로 데이터가 처리된다는 점이다. 타임스텝 t의 데이터 처리는 이전 단계인 타임스텝 $t-1$의 데이터가 처리된 후에만 가능하다. 따라서 병렬처리가 어려우며 타임스텝이 긴 데이터를 처리하면 학습시간이 오래 걸린다. 이러한 이유로 최근에는 LSTM과 GRU 대신에 **트랜스포머**(transformer) 모델을 사용하기도 한다. 트랜스포머에서는 입력 데이터를 시간별로 순서대로 입력할 필요없이 위치임베딩(positional embedding)을 사용하여 순서를 유지하면서 병렬로 처리할 수 있게 한다. 최근의 GPU(graphic processing unit) 기술의 발달로 병렬 계산이 용이해지면서 트랜스포머 모델의 이러한 특징이 LSTM이나 GRU보다 훨씬 계산 속도를 빠르게 하는 장점으로 여겨지고 있다.

7.5 요약

심층강화학습에서는 가치값을 근사함수로 표현할 때에 심층신경망을 사용한다. 심층신경망은 인공신경망의 종류이며, 이를 다양한 방법으로 성능을 향상시킨 신경망의 종류이다. 이러한 심층신경망의 학습은 에러함수 (혹은 목적함수)를 정의하고 이들을 최소화 (혹은 최대화)하도록 하는 파라미터를 구하는 과정이다.

본 장에서는 이러한 심층신경망의 학습에 사용할 수 있는 대표적인 에러함수들의 종류에 대해 설명했다. 그리고 신경망의 노드에서 출력값을 계산하는 활성함수의 종류에 대해서도 소개했다. 심층신경망은 항상 전역최적치를 생성하지는 않기 때문에 파라미터의 초기값에 영향을 받는다. 그래서 널리 사용되는 신경망 파라미터의 초기화 방법에 대해서 설명했다. 그리고 심층신경망의 학습은 점진적 하강(혹은 상승)의 방법을 사용하므로 다양한 종류의 점진적 업데이트방법들을 알아봤다. 신경망의 과적합(overfitting) 문제를 해결하기 위한 정규화와 드롭아웃 등의 방법과, 배치 정규화의 방법에 대해서도 소개했다.

이와 같은 심층신경망중에서 심층강화학습에서 널리 사용되는 대표적인 종류인 CNN, RNN, LSTM, GRU에 대하여 간단히 소개를 했다. CNN 네트워크는 가중치 공유와 희소연결을 이용하여 파라미터의 개수를 대폭 감소했으며, RNN 네트워크는 시간에 따라 생성되는 데이터를 효과적으로 처리할 수 있는 장점이 있다. LSTM은 RNN에서 과거의 사건을 잘 기억하지 못하는 문제를 해결하기 위하여 셀에 메모리를 추가했다. LSTM은 이들을 세 개의 게이트를 이용하여 효과적으로 통제하고 과거를 효과적으로 기억하도록 한 네트워크이다.

8.1 심층강화학습

최근 심층신경망은 강화학습과 결합해 많이 사용된다. 강화학습과 심층신경망을 결합하는 방법을 **심층강화학습**(deep reinforcement learning)이라고 한다. 심층강화학습에서 감독자학습(주로 심층신경망을 이용한 감독자학습)은 가치값 근사함수의 학습 등과 같이 강화학습의 한 구성 요소의 역할을 맡아서 수행한다. 구체적으로 감독자학습이 강화학습과 결합하는 형태는 일반적으로 다음과 같은 형태로 이루어져 있다.

1) **가치 네트워크**(value network): 강화학습의 (상태 혹은 행동) 가치값을 표현하는 근사함수로 신경망(혹은 다른 감독자 학습 알고리즘)을 사용하는 방식이다. 강화학습에서 상태 혹은 행동가치값을 표현하는 네트워크이기 때문에 가치 네트워크(value network)라고도 불린다. 대표적으로 행동가치값을 심층신경망으로 표현하는 **DQN**(deep Q network) 가치 네트워크가 있다. 이 장에서는 DQN 방법에 대한 내용을 설명한다.

2) **정책 네트워크**(policy network): 강화학습의 정책(policy)을 표현하는 근사함수로 신경망을 사용하는 방식이다. 상태값을 네트워크의 입력으로 받아들이고 그 상태에서 각 행동의 확률값들(즉 정책값)을 출력으로 생성한다. 심층 네트워크가 강화학습의 정책을 근사하는 방법으로 사용되는 내용은 9장에서 자세히 설명한다.

3) **액터-크리틱**(actor-critic network): 액터-크리틱 방법은 가치 네트워크와 정책 네트워크 모두를 사용하는 방식이다. 가치값과 정책 모두를 근사함수를 사용하여 표현하고 이들 간의 상호 작용으로 학습을 진행한다. 이에 대한 내용도 9장에서 자세히 설명한다.

4) **역강화학습**(inverse reinforcement learning): 강화학습의 기본목표는 에이전트의 행동에 따른 보상값들을 이용하여 최적의 정책을 발견하는 것이다. 하지만 보상값을 계산하기가 어려우며 대신에 전문가의 시범 데이터만 존재하는 경우도 다수 존재한다. 이런 경우에 전문가의 시범 데이터를 이용하여 보상값을 예측하면서 학습을 수행한다. 이러한 방법을 **역강화학습**이라고 한다. 따라서 역강화학습에서는 모델의 보상값을 신경망으로 표현하는 방법을 사용한다. 이에 대한 내용은 11장 모방학습(imitation learning)의 장에서 따로 설명한다.

> 강화학습에서는 또한 모델의 전이확률을 신경망 (혹은 다른 방법의) 함수로 예측하는 방법도 있으며 이러한 방법은 **모델기반 강화학습**(model-based reinforcement learning)이라고 부르며 모델기반 강화학습의 내용은 이 책에서 다루지 않는다.

6장에서는 가치값에 대한 근사함수를 표현할 때 주로 속성에 대한 선형함수를 사용하여 근사함수를 구현하는 방법을 설명했다. 근사함수로서 선형함수를 사용하는 것은 몇 가지 장점이 있다. 선형 근사함수를 사용하는 가치값 근사함수의 학습은 대부분 전역최적값(global optimum)에 수렴한다. 또한 선형 근사함수는 계산의 속도가 빠르고 계산에 필요한 메모리의 크기도 작다.

하지만 이와 같은 장점들에도 불구하고 근사함수를 선형함수로 표현하는 것은 기본적으로 실제 문제의 복잡한 비선형(non-linear) 문제를 풀기가 어렵다. 이러한 선형함수의 가장 큰 문제점은 선택하는 속성들의 상관관계를 효과적으로 표현하기 힘들다는 것이다. 예를 들어서 자동차 운전에서 속도의 가속 여부는 다른 속성들의 값에 따라서 효과적인 값이 결정되는 경우가 많다. 따라서 선형 함수로 비선형의 문제를 풀기 위해서는 문제의 풀이에 중요한 의미를 가지는 속성들을 잘 선택해야 하고 또한 이들을 가공하는 **속성공학**(feature engineering)에 많은 노력을 들여야 한다.

효과적인 선형 속성들을 찾기 위하여 사용할 수 있는 방법으로는 조잡코딩(coarse coding), 타일코딩(tile coding) [Sutton and Barto, 2020] 등의 방법을 사용할 수 있다. 하지만 이러한 방법도 비선형 문제를 효과적으로 해결하기는 어렵다. 따라서 가치값을 예측하는 근사함수는 비선형 함수를 사용하는 것이 더욱 현실적이다.

이러한 비선형 근사함수에는 수많은 종류가 있는데, 최근에는 (심층학습 기술의 발달로) 비선형 함수이면서 복잡한 함수를 표현할 수 있는 심층신경망을 대부분 사용한다. 그중에서도 이 장에서는 행동가치값(Q 값)을 심층신경망(deep neural network)을 사용해 표현하고 학습하는 방법을 설명한다. 이러한 행동가치값 심층신경망을 **DQN**(deep Q network)이라고 한다. DQN 네트워크가 상태가치값이 아닌 행동가치값을 예측하는 이유는 앞 장에서 설명한 바와 같이 현실의 대부분 강화학습 문제가 모델프리(model-free)인 경우가 많으며, 모델프리의 환경에서는 (상태가치값이 아닌) 행동가치값을 사용해야만 행동을 학습할 수 있기 때문이다.

DQN = 모델프리 환경에서 행동가치값을 예측하는 심층신경망

8.2 심층 Q 네트워크

심층 Q 네트워크(deep Q neural network, 이하 DQN으로 표시)는 행동가치값 Q 값을 심층신경망으로 표현하고 예측하는 네트워크이다 [Mnih et al., 2015]. 즉, DQN은 심층신경망을 가치값 근사함수로 사용해서 다음과 같이 행동가치값 $q(s, a)$ 를 표현하고 예측한다(w는 심층신경망의 파라미터).

$$\hat{q}(s, a, w) \approx q(s, a)$$

DQN은 그림 8.1 중의 한 가지 형태를 가진다. 그림 8.1(a)는 상태 s와 행동 a를 입력으로 받고 행동가치값의 예측치로서 $\hat{q}(s, a, w)$을 출력하는 DQN의 형태이다. 그림 8.1(b)에서는 상태 s 입력에 대하여 각 행동 a마다 하나의 출력노드로 구성되어 있다. 즉, 상태 s에 대한 행동 a마다 행동가치값의 예측치로서 $\hat{q}(s, a, w)$을 출력한다.

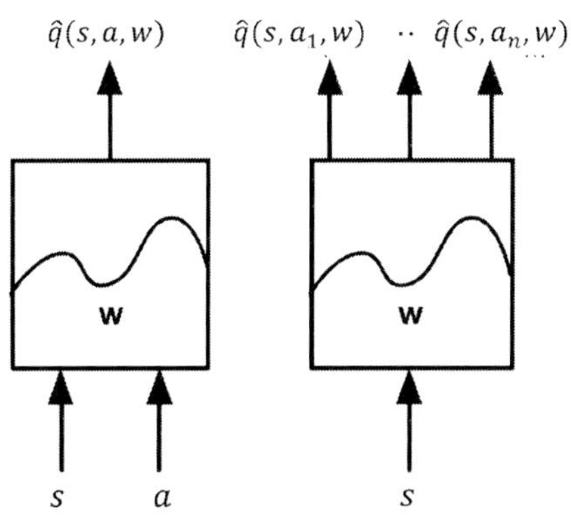

그림 8.1 DQN의 형태

또한 DQN의 학습은 5장에서 설명한 Q 학습(Q learning)을 심층네트워크상에서 구현한 네트워크이다. 하지만 기존의 Q 학습은 Q 값을 테이블에 저장하고 직접 업데이트하면서 학습을 수행했다. 하지만 DQN의 학습은 DQN이 신경망 네트워크이므로 Q 값을 직접 업데이트할 수 없다. 따라서 Q 값을 업데이트하기 위해서는 DQN의 파라미터 w를 업데이트해서 간접적으로 Q 값을 업데이트해야 한다. 따라서 DQN 학습의 목표는 DQN이 가장 정확한 Q 값을 예측할 수 있도록 신경망의 파라미터 w를 계산하는 것이다. DQN은 이러한 목표를 위하여 앞의 근사함수 방법과 마찬가지로 점진적 하강 방법을 사용하여 학습한다. 그림 8.2는 기존의 Q 학습과 DQN 학습의 차이를 그림으로 보여준다.

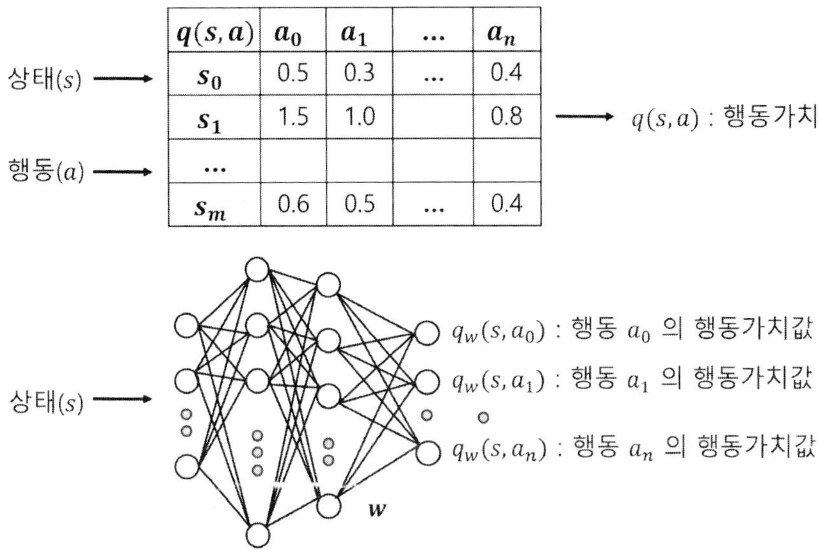

그림 8.2 기존 Q 학습과 DQN 학습

앞에서 설명한 대로 DQN 학습은 점진적 하강 방법을 사용하며 점진적 하강 방법을 사용하기 위해서는 먼저 에러함수(error function)를 정의해야 한다. 따라서 DQN 학습에서의 에러함수를 정의해 본다.

DQN은 기본적으로 (테이블 방식의) Q 학습 방법을 행동가치값 네트워크로 구현한 것이다. 우선 기존의 Q 학습에서 Q 값을 업데이트하는 방법을 살펴보자. 다음은 기존의 Q 학습 방식(즉 Q 값을 테이블에 저장하는 방식)에서 Q 값을 업데이트하는 기본 식이다.

$$q(s,\ a) \leftarrow q(s,\ a) + \alpha\left(r + \gamma \max_{a'} q(s',\ a') - q(s,\ a)\right) \tag{8.1}$$

이 식에서 기존의 테이블 방식 Q 학습에서는 ($q(s,\ a)$ 값을 업데이트할 때에) 아래와 같은 다음 상태 s'의 TD 타깃(TD target)값이 $q(s,\ a)$ 값에 대한 목적값으로서 사용되고 있음을 알 수 있다.

$$r + \gamma \max_{a'} q(s',\ a')$$

즉, $q(s, a)$ 값이 $r + \gamma \max_{a'} q(s', a')$ 값과 유사해지도록 학습을 진행한다. 따라서 DQN에서도 이와 같은 방법을 사용해서 TD 타깃 $r + \gamma \max_{a'} q(s', a')$을 목적값으로 사용하여 MSE 방식으로 에러함수를 정의한다.

먼저 DQN 학습의 Q 값들은 테이블에 저장된 값이 아닌 (파라미터가 w인) DQN 네트워크의 출력값(예측치)이므로 식 (8.1)의 항들은 다음과 같이 표기한다($\hat{q}(s, a, w)$는 $\hat{q}_w(s, a)$ 표기와 같은 의미이다).

$$q(s, a) \Rightarrow \hat{q}(s, a, w)$$
$$\max_{a'} q(s', a') \Rightarrow \max_{a'} \hat{q}(s', a', w)$$

따라서 우리가 예측하고자 하는 Q 값은 $\hat{q}(s, a, w)$이며 이 값의 목적값이 되는 TD 타깃의 항은 $r + \gamma \max_{a'} \hat{q}(s', a', w)$이 된다. 따라서 MSE(mean squared error)를 사용하여 DQN의 에러함수를 정의하면 다음과 같이 된다.

$$J(w) = E_{s, a, r, s'}\left[r + \gamma \max_{a'} \hat{q}(s', a', w) - \hat{q}(s, a, w)\right]^2 \tag{8.2}$$

그리고 점진적 하강 방법으로 학습하므로 앞의 에러함수를 파라미터 w에 대해 그레디언트를 구하면 다음과 같다. (편의상 상수 2는 생략함)

$$\frac{\partial J(w)}{\partial w} = E_{s, a, r, s'}\left[\left(r + \gamma \max_{a'} \hat{q}(s', a', w) - \hat{q}(s, a, w)\right)\left(-\frac{\partial \hat{q}(s, a, w)}{\partial w}\right)\right] \tag{8.3}$$

따라서 최종적으로 DQN 네트워크의 파라미터 w는 다음의 변량을 이용하여 업데이트를 수행한다.

$$\Delta w = -\alpha \frac{\partial J(w)}{\partial w} = \alpha E_{s, a, r, s'}\left[\left(r + \gamma \max_{a'} \hat{q}(s', a', w) - \hat{q}(s, a, w)\right)\frac{\partial \hat{q}(s, a, w)}{\partial w}\right] \tag{8.4}$$

위의 식 (8.4)에서 스토케스틱 방법으로 파라미터 업데이트를 하는 경우는 $E_{s, a, r, s'}$ 부분을 생략하면 된다.

하지만 이러한 방식으로 DQN을 학습하면 분산값이 높으므로 학습이 비효율적이다. 이와 같은 DQN 학습 방법에서 분산값이 높은 이유를 설명하면 다음과 같다.

일반적인 (신경망을 포함한) 감독자 학습에서는 학습에 사용하는 데이터들이 다음과 같은 특징을 가진다고 가정한다: 1) 데이터들이 서로 독립적이다 2) 데이터들이 동일한 확률분포에서 생성되었다. 이러한 데이터들은 IID(independent and identically distributed) 특징을 가진다고 한다. 하지만 DQN 학습을 포함한 강화학습의 학습 데이터들에서는 이러한 IID 가정이 성립하지 않는다.

그 이유는 첫 번째, 강화학습에 사용되는 데이터들은 서로 독립적이지 않기 때문이다. 강화학습의 데이터들은 특정 상태의 행동에 따라서 다음 데이터가 생성된다. 즉, 현재의 행동은 다음 상태와 연속되는 상태에서의 행동에 영향을 준다. 따라서 강화학습의 데이터들은 서로 독립적이지 않다. 두 번째, 강화학습에서 행동을 선택할 때는 특정 정책에 따라서 행동을 생성하는데 이 정책은 학습이 진행되면서 변한다. 따라서 특정한 상태에서 행동을 선택하는 방법(즉 정책)이 시간에 따라 동일하지 않다. 결국 특정한 상태에서의 데이터를 생성하는 확률 분포(정책)가 일정하지가 않다.

결국 일반적인 DQN을 식 (8.4)를 이용해 업데이트를 수행하면 높은 분산값으로 인해 네트워크가 수렴하지 않고 발산(diverge) 혹은 진동(oscillate)하게 된다. 구체적으로 DQN의 학습에서 1) 네트워크를 비선형 신경망이 아닌 선형함수를 사용하고 2) 스텝사이즈 α 값이 $\alpha = 1/t$인 경우는 DQN의 학습은 수렴을 한다. 하지만 비선형의 네트워크를 사용하는 경우에는 (일반적으로 DQN은 심층신경망을 사용하며 따라서 대부분 비선형의 네트워크임) 스텝사이즈(stepsize) α 값에 관계없이 DQN 학습은 수렴하지 않고 발산(diverge)하게 된다.

DQN의 학습에서는 이러한 분산값을 줄이고 네트워크 학습을 안정화하고 수렴하게 하기 위해 여러 방법들을 사용한다. 대표적으로 **경험 재사용**(experience replay)과 **목표 Q 네트워크** 사용(target Q network)이 있다.

8.2.1 경험 재사용

온라인 학습은 현재 단계에서 생성한 데이터를 학습에 사용한 후 재사용하지 않는다. 데이터의 생성과 사용이 비효율적인 것이다. DQN에서 이 문제를 보완하기 위하여 사용하는 방법이 **경험 재사용**(experience replay)이다. 경험 재사용 방법은 지금까지 생성한 데이터들을 버리지 않고 저장공간에 저장하여 다음 학습에 재사용한다. 에이전트가 특정 상태 s_t에서 행동 a_t를 수행한 후에 보상 r_{t+1}가 발생하고 다음 상태 s_{t+1}로 전이를 하면 $(s_t, a_t, r_{t+1}, s_{t+1})$의 데이터가 생성된다. 경험 재사용 방법은 이러한 데이터들을 재사용 메모리에 저장한 후 다음 학습 단계에서 이들 데이터 중에서 임의로 샘플하여(random sampling) 학습에 사용한다. 그림 8.3은 경험 재사용의 경험 메모리의 예시를 보여 준다.

s_0, a_0, r_1, s_1
s_1, a_1, r_2, s_2
s_2, a_2, r_3, s_3
○○○
$s_t, a_t, r_{t+1}, s_{t+1}$

그림 8.3 경험 재사용

이러한 경험 재사용의 방법은 앞에서 언급한 DQN 방법에서의 높은 분산값 문제점을 상당 부분 해소할 수 있다. DQN 학습이 높은 분산값을 가지는 첫 번째 이유는 학습 데이터들이 서로 독립적이지 않기 때문이다. 하지만 경험 재사용 메모리에 누적되는 데이터들은 특정한 한 개의 정책이 아닌 여러 다양한 정책으로부터 생성된 데이터들로 구성되어 있다. 따라서 이렇게 수집된 데이터 들에서 임의 샘플링으로 선택된 데이터들은 거의 상호 의존성이 없다고 생각할 수 있다. 따라서 데이터 간의 독립성을 어느 수준 유지시켜 준다.

DQN 학습이 높은 분산값을 가지는 두 번째 이유는 데이터들이 더 이상 IID 환경에서 생성되지 않고 변화하는 확률 분포에서 생성되기 때문이다. 하지만 경험 재사용을 사용하면 현재 메모리에 있는 전체 데이터에서 임의로 데이터를 선택하기 때문에 현재 메모리 전체가 하나의 확률 분포로 가정할 수 있다. 따라서 데이터들이 서로 다른 분포에서 생성되는 문제점도 어느 정도 감소할 수 있다.

이러한 경험 재사용의 방법은 여러 가지 형태로 구현된다. 전체 데이터를 저장하는 대신에 가장 최신의 N개 데이터를 저장하거나, 데이터를 샘플링할 때에 우선순위를 부여해서 선택적으로 샘플링하는 방법 등이 그 예이다. 이러한 경험 재사용 방법을 사용하려면 DQN의 학습 방법도 이를 반영하여 수정해야 한다.

식 (8.2)에서는 일반적인 DQN 에러함수를 정의했다. D를 경험 저장 메모리라고 하자. 경험 재사용 방법을 사용하면 이 식에서 다른 부분은 동일하고 $E_{s,a,r,s'}$ 부분이 $E_{s,a,r,s' \sim D}$으로 바뀐다. $E_{s,\,a,\,r,\,s'\sim D}$ 평균의 의미는 D라는 메모리 저장 공간에서 임의로 샘플을 하여 (경험 재사용) 그 샘플들을 이용하여 평균을 구한다는 뜻이다. 즉, 경험 재사용 방법을 사용하는 DQN의 에러함수는 다음과 같이 수정되어 정의된다.

$$J(w) = E_{s,\,a,\,r,\,s'\sim D}\left[\left(r + \gamma \max_{a'} \hat{q}(s',\, a',\, w) - \hat{q}(s,\, a,\, w)\right)^2\right] \tag{8.5}$$

이 식의 그레디언트를 구하면 다음과 같다. (상수 2는 생략함)

$$\frac{\partial J(w)}{\partial w} = E_{s,\,a,\,r,\,s'\sim D}\left[\left(r + \gamma \max_{a'} \hat{q}(s',\, a',\, w) - \hat{q}(s,\, a,\, w)\right)\left(-\frac{\partial \hat{q}(s,\, a,\, w)}{\partial w}\right)\right] \tag{8.6}$$

따라서 점진적 하강 방법으로 파라미터 w를 업데이트하는 변량은 다음과 같다. (스토케스틱의 경우는 $E_{s,\,a,\,r,\,s'\sim D}$를 생략함)

$$\Delta w = \alpha E_{s,\,a,\,r,\,s'\sim D}\left[\left(r + \gamma \max_{a'} \hat{q}(s',\, a',\, w) - \hat{q}(s,\, a,\, w)\right)\frac{\partial \hat{q}(s,\, a,\, w)}{\partial w}\right] \tag{8.7}$$

8.2.2 우선순위 경험 재사용

경험 재사용에서 어떤 데이터를 사용하여 학습에 사용하는지는 성능에 많은 영향을 미친다. 기존의 경험 재사용 방법에서는 메모리에 있는 데이터들을 **임의샘플**(random sampling) 방법을 사용하여 데이터를 선택한다. 그런데 어떤 데이터는 학습에 좀 더 중요한 의미가 있고, 어떤 데이터는 중요하지 않은 경우도 있다. 이들을 임의로 선택하게 되면 각 데이터는 선택될 확률이 같으므로 좀 더 중요한 데이터를 선택할 수 있는 방법이 없다.

그래서 사용하는 방법이 각 데이터에 대해 서로 다른 가중치를 부여하고, 이 가중치의 값에 따라서 데이터를 선택하는 것이다. 이러한 방법을 **우선순위 경험 재사용**(prioritized experience replay)이라고 한다 [Schaul et al., 2016].

그러면 각 데이터에 어떤 방식으로 가중치를 부여할 것인가를 결정해야 한다. 데이터에 대한 가중치를 계산할 때 가장 이상적인 상황은 전체 에러함수값(global loss)을 최소화할 수 있는 데이터에 높은 가중치를 부여하는 것이다.

그래서 우선순위 경험 재사용 방법에서는 어떤 데이터에 대한 TD 에러가 클수록 가중치가 높아지도록 한다. 예를 들어 데이터 메모리에서 i번째 데이터를 $(s_i, a_i, r_{i+1}, s_{i+1})$라고 하자. 이 데이터에 대하여 다음과 같은 **우선순위 함수**(priority function) p_i를 정의한다. 이러한 우선순위 함수는 DQN 학습에서의 TD 에러(error)의 양에 비례하도록 정의되어 있다.

$$p_i = \left| r_{i+1} + \gamma \max_{a'} \hat{q}(s_{i+1},\ a',\ w) - \hat{q}(s_i,\ a_i,\ w) \right| \tag{8.8}$$

그리고 이러한 p_i의 값은 데이터가 업데이트할 때마다 수정한다. p_i 값이 0인 경우도 존재할 수 있기 때문에 (이 경우에 데이터 i는 앞으로 선택되지 못한다) 실제 p_i의 값은 (아주 작은 값 ε을 추가하여) 다음 식을 사용하기도 한다.

$$p_i = \left| r_{i+1} + \gamma \max_{a'} \hat{q}(s_{i+1},\ a',\ w) - \hat{q}(s_i,\ a_i,\ w) \right| + \varepsilon \tag{8.9}$$

마지막으로 실제 특정 데이터 i의 선택될 확률을 $P(i)$라고 하면 $P(i)$는 p_i 값을 파워분포(power-law distribution)로 변환하여 다음과 같이 정의된다.

$$P(i) = \frac{p_i^{\alpha}}{\sum_k p_k^{\alpha}}$$

우선순위 함수 p_i를 선택확률로 직접 사용하지 않고 $P(i)$의 형태를 사용하는 이유는 $P(i)$의 값이 p_i에 비해 데이터의 이상치(outlier) 데이터에 훨씬 덜 민감하게 반응하기 때문이며, 따라서 알고리즘이 더욱 견고해(robust)진다. DQN 학습에서 우선순위 경험 재사용의 방법을 사용하면 알고리즘의 수렴 속도가 기하급수적으로 빨라지는 장점이 있음이 알려져 있다.

8.2.3 목표 Q 네트워크 사용

식 (8.6)은 파라미터 w를 기준으로 DQN의 에러함수(식 (8.5))를 미분한 것이었다. 하지만 식 (8.5)에는 $\hat{q}(s, a, w)$ 외에 $\hat{q}(s', a', w)$도 w의 항을 포함하고 있다. 하지만 식 (8.6)의 내용을 보면 $\hat{q}(s, a, w)$에 대해서만 미분을 했으며 $\hat{q}(s', a', w)$ 부분은 (미리 값이 정해진 상수(literal)로 취급하여) 미분을 하지 않는다는 걸 알 수 있다. (이러한 미분 방법을 준점진적 미분방법(semi-gradient method)이라고 한다) $\hat{q}(s', a', w)$ 항을 미분하지 않는 이유는 이 항이 우리가 예측하는 값 $\hat{q}(s, a, w)$의 목적값(target value) 역할을 하고 있기 때문이다. 따라서 만약 우리가 이들 두 항을 동시에 미분해 업데이트하면 우리가 예측하고자 하는 값과 목표값이 같이 수정이 되며 따라서 학습이 진행이 되지 않는다. 따라서 DQN에서는 기본 에러함수 식 (8.5)에서 w 기준으로 미분할 때 $\hat{q}(s, a, w)$에 대해서만 했으며 $\hat{q}(s', a', w)$ 항목은 미분하지 않았다.

하지만 궁극적으로는 이와 같은 $\hat{q}(s', a', w)$ 값들도 주기적으로 변경해 주어야 학습이 진행된다. 따라서 DQN에서는 $\hat{q}(s', a', w)$ 값들을 $\hat{q}(s, a, w)$과는 다른 독립적인 DQN을 유지하고 있으며 이 DQN 네트워크를 **목표 Q 네트워크**(target Q Network)라고 부른다 [Mnih et al., 2015]. 목표 Q 네트워크는 원래의 DQN과 네트워크 구조가 완전히 동일하다. 다만 이들의 파라미터 값은 서로 다르게 유지한다. 일반적으로 원래의 예측 네트워크의 파라미터는 w로 표시하고 목표 Q 네트워크의 파라미터들은 w^-로 표시해 구분한다. 이와 같은 방법으로 목표 Q 네트워크의 값인 $\hat{q}(s, a, w^-)$ 은 일종의 목표값으로 간주하면서 학습을 진행할 수 있다.

이러한 목표 Q 네트워크를 이용하는 경우에 이에 따라서 DQN의 에러함수를 변경 수정해야 한다. DQN에서 목표 네트워크를 사용하는 경우 에러함수의 변경 내용은 다음과 같다. w^-를 목표 Q 네트워크에서 사용되는 파라미터들이라 하고 w를 원래 DQN 네트워크의 파라미터들이라 하면, 목표 Q 네트워크를 사용하는 DQN의 에러 함수는 다음과 같다(경험 재사용도 포함).

$$J(w) = E_{s, a, r, s' \sim D}\left[\left(r + \gamma \max_{a'} \hat{q}(s', a', w^-) - \hat{q}(s, a, w)\right)^2\right] \tag{8.10}$$

따라서 다음과 같은 w 변량값을 이용하여 파라미터를 업데이트한다.

$$\Delta w = -\alpha \frac{\partial J(w)}{\partial w} = \alpha E_{s, a, r, s' \sim D}\left[\left(r + \gamma \max_{a'} \hat{q}(s', a', w^-) - \hat{q}(s, a, w)\right)\frac{\partial \hat{q}(s, a, w)}{\partial w}\right] \tag{8.11}$$

그림 8.4는 이와 같은 (경험 재사용과 목표 네트워크를 사용하는) DQN 학습의 기본코드를 보여준다.

알고리즘: DQN 학습(경험 재사용과 목표 네트워크)

파라미터 w와 w^-를 초기화함
상태 s_t 초기화 하면서 아래의 loop를 반복 수행함
loop (수렴할 때까지)
  상태 s_t 에서 ε-탐욕방법에 따라서 행동 a_t 수행
  보상값 r_{t+1}와 다음 상태 s_{t+1} 생성
  $(s_t, a_t, r_{t+1}, s_{t+1})$을 재사용 메모리 D에 저장
  재사용 메모리 D에서 미니배치 데이터 샘플링
  for $(s, a, r, s') \in$ 미니배치 do
    예측 네트워크에서 $\hat{q}(s, a, w)$ 계산
    목표 네트워크 이용 $y_s = r + \gamma \max_{a'} \hat{q}(s', a', w^-)$ 계산
      (만약 s'가 종료상태이면 $y_s = r$)
    $w \leftarrow w + \alpha (y_s - \hat{q}(s, a, w)) \frac{\partial \hat{q}(s, a, w)}{\partial w}$ (스토캐스틱)
  end for
  $t \leftarrow t + 1$
  파라미터 w를 이용하여 주기적으로 w^-를 업데이트함
end loop

그림 8.4 DQN 학습의 기본코드

목표 네트워크의 $\hat{q}(s, a, w^-)$ 값들은 예측치이므로 정확하지 않다. 따라서 예측 네트워크 파라미터 w 값들을 목표 Q 네트워크의 파라미터값 w^- 값에서 주기적으로(예를 들어서 매 n번째 마다) 복사해서 목표 Q 네트워크를 업데이트한다. 이러한 목표 네트워크를 사용하는 것은 학습의 초기 단계에 오류가 클 수 있다. 하지만 이와 같은 방법으로 주기적으로 업데이트하면 목표 Q 네트워크의 값도 점점 정확해진다. 이러한 목표 Q 네트워크의 사용으로 목표 네트워크와 예측 네트워크의 상호 의존을 감소시킬 수 있다.

목표 네트워크의 파라미터 업데이트 주기는 결정하기가 어려운 경우가 많다. 예를 들어 10번마다 목표 네트워크를 업데이트해야 할지, 아니면 100번마다 업데이트해야 하는지 정확한 주기를 결정하기 어렵다. 이런 경우에 **폴리악 평균**(Polyak averaging) 방법을 사용하면 매번 목표 네트워크의 파라미터를 업데이트할 수 있다. 폴리악 평균 방법은 다음의 식을 이용하여 목표 네트워크의 파라미터를 업데이트한다.

$$w^{-} \leftarrow \kappa w + (1-\kappa) w^{-} \tag{8.12}$$

이 식에서 κ은 새로운 파라미터값에 얼마만큼의 가중치를 부여할 것인지를 결정하는 폴리악 상수(Polyak constant)이다. 폴리악 상수가 클수록 목표 네트워크 파라미터의 변화가 많으며, 폴리악 상수가 작으면 목표 네트워크의 파라미터는 적게 변화한다. 일반적으로 폴리악 상수는 1에 근접한 값을 사용한다. 이와 같은 폴리악 평균방법은 예측 파라미터의 값이 업데이트 될 때마다 식 (8.12)를 이용해 목표 네트워크의 파라미터를 업데이트한다.

8.3 Atari 게임에서의 DQN

그림 8.5는 딥마인드(DeepMind)가 Atari 게임에서 사용한 DQN의 예시를 보여준다 [Minh et al., 2015]. DQN은 CNN(convolutional neural network) 네트워크를 사용했으며, 2개 층의 컨볼루션 계층(convolutional layer)과 2개의 완전연결(fully connected) 층으로 구성되어 있다. 이 DQN에서는 네트워크의 입력으로 현재부터 과거 4개의 게임 이미지를 사용했다. 현재의 이미지 한 개만 사용하면 게임에서 공의 속도 및 방향 등을 파악할 수 없으므로 과거의 이미지 4개를 상태값으

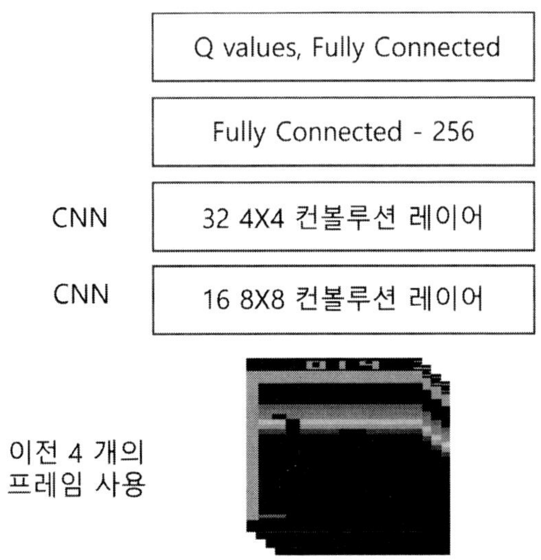

그림 8.5 Atari 게임의 DQN

8.5 듀얼 DQN

현재의 DQN은 모든 상태에서 가능한 모든 행동 a에 대하여 행동가치값 $q(s, a)$을 계산하고 있다. 하지만 특정한 상태에서는 그 상태에서의 행동가치값들이 거의 같은 값을 가지거나 중요하지 않은 경우도 자주 발생한다. 예를 들어서 아주 복잡한 도로에서 운전할 때는 행동 하나하나가 아주 중요한 의미를 가진다. 하지만 아무도 없는 사막 한복판에서 운전하고 있다면 차의 방향을 어느 정도 바꾸는 것 정도는 중요하지 않다. 이미 승부가 결정된 상황에서의 바둑에서도 그 후 어떤 행동도 승부에 영향을 미치지 않는다. CartPole의 예제에서도 막대가 정중앙에 수직으로 서 있는 상태이면 어떤 행동(왼쪽 혹은 오른쪽)을 하든 별로 중요하지가 않다. 하지만 막대가 한 방향으로 기울고 있는 상태에서는 반대방향으로 움직이는 행동이 다른 행동보다 훨씬 중요하게 된다. 그리고 막대가 바닥에 닫기 직전의 상태에서는 어떤 행동도 중요하지 않을 것이다.

즉, 강화학습에서 특정한 상태에서는 어떤 행동을 해도 결과에 영향을 주지 않는 경우들이 자주 발생한다. 따라서 에이전트가 이러한 상태에 있을 때는 모든 행동에 대하여 일일이 행동가치값을 계산할 필요가 없다. 하지만 기존의 DQN은 (현재 어떤 상태에 있던 관계없이) 모든 상태에서 모든 행동에 대하여 행동가치값을 계산하고 있다. 이런 문제를 해결하기 위하여 사용하는 방법이 **듀얼 DQN**(dueling DQN)이다 [Wang et al., 2016].

듀얼 DQN을 이해하기 위해서는 먼저 어드밴티지(advantage)값에 대하여 알아야 한다. 어드밴티지값의 정의는 (식 (9.45)에서 다시 설명함) 행동가치값과 상태가치값의 차이를 의미하며 다음과 같이 정의된다.

$$A(s, a) = Q(s, a) - V(s) \tag{8.16}$$

이 어드밴티지 식의 의미는 상태 s에서 행동 a를 수행할 때에 그 행동의 행동가치값 $Q(s, a)$이 현재 상태 s의 상태가치값 $V(s)$ 보다도 상대적으로 얼마나 좋은지를 나타낸다. $V(s)$는 현재 상태 s의 가치를 의미하고 $Q(s, a)$는 상태 s에서 행동 a를 수행할 때의 가치를 의미한다. 즉 어드밴티지 값이 양수이면 현재 상태에서 행동 a는 가치값을 향상시키는 좋은 행동이라는 의미이고, 음수이면 행동 a는 가치값을 감소시키는 행동이라는 의미이다. 식 (8.16)을 $Q(s, a)$을 기준으로 정리하면 식 (8.17)과 같이 된다.

$$Q(s,\ a) = V(s) + A(s,\ a) \tag{8.17}$$

행동가치값은 상태가치값과 어드밴티지 값으로 구성되어 있다. 상태가치값은 행동과는 관계가 없고 어드밴티지값은 행동과 관계가 있는 부분이다. 즉, 행동가치값 $Q(s, a)$은 현재 상태 s가 얼마만큼 중요한지를 보여주는 항 $V(s)$와 현재 상태에서 행동 a를 수행하는 것이 얼마만큼 중요한지를 보여주는 항 $A(s, a)$ 으로 구성되어 있다.

예를 들어 CartPole의 예제에서는 막대가 현재 어떠한 상태에 있는지를 수치로 표현하는 것이 $V(s)$ 값이며 이 상태에서 어떤 행동이 얼만큼 좋은지를 표현하는 것이 $A(s, a)$ 값이다. $A(s, a)$ 값은 현재 상태에서 행동 a가 다른 행동보다 상대적으로 얼마만큼 좋은지를 표현한다.

앞에서 설명한 대로 에이전트가 어떤 상태에 있는지는 (그 상태에서) 어떤 행동을 하는지 보다도 중요한 경우가 많다. 예를 들어서 자동차가 웅덩이에 빠진 상태에서 어떠한 행동을 하는지 보다는 웅덩이에 빠지는 상태에 도달하지 않는 것이 훨씬 중요하다. 좋은 상태에서 나쁜 행동을 선택하는 것이 나쁜 상태에서 좋은 행동을 선택하는 것보다 훨씬 중요한 경우가 많다. 그리고 특정한 상태에서는 어떤 행동을 하는지가 전혀 중요하지 않는 상태도 있다. 하지만 일반적인 DQN은 이러한 상태에 관계없이 항상 모든 상태에서 모든 행동에 대하여 Q 값을 계산한다.

듀얼 DQN에서는 이러한 문제를 해결하기 위하여 $Q(s, a)$을 직접 예측하지 않고 이를 $V(s)$와 $A(s, a)$ 두 개의 값으로 따로 예측하고 이들의 합산(식 (8.17))을 통하여 $Q(s, a)$ 값을 계산한다. 듀얼 DQN의 네트워크 구성은 그림 8.7과 같다.

그림 8.7의 구조를 보면 신경망은 $Q(s, a)$를 예측하기 전에 먼저 $V(s)$와 $A(s, a)$ 값을 중간 과정으로 예측한다. 네트워크에서 $V(s)$와 $A(s, a)$를 예측하기 직전까지의 네트워크 계층의 파라미터들은 서로 공유하고 있으며 마지막 계층들에서만 따로 예측치를 계산하고 있다. 여기서 θ는 듀얼 DQN의 공유 부분 파라미터, α는 $A(s, a)$ 계산 부분의 파라미터, β는 $V(s)$ 계산 부분의 파라미터를 의미한다. 네트워크 계층은 조금 더 일찍 분리하거나(θ 부분의 축소) 혹은 아예 분리된 다른 네트워크를 사용할 수도 있지만 이들 간의 성능의 차이는 크지 않다. 실제로는 공유하는 네트워크의 부분이 많을수록 (즉 θ 부분이 클수록) 좋은 성능을 보이는 경우도 많다. $V(s)$와 $A(s, a)$ 값이 계산이 되면 듀얼 DQN의 최종 출력 $Q(s, a)$은 $V(s)$와 $A(s, a)$의 합산(식 (8.17))으로 쉽게 계산된다.

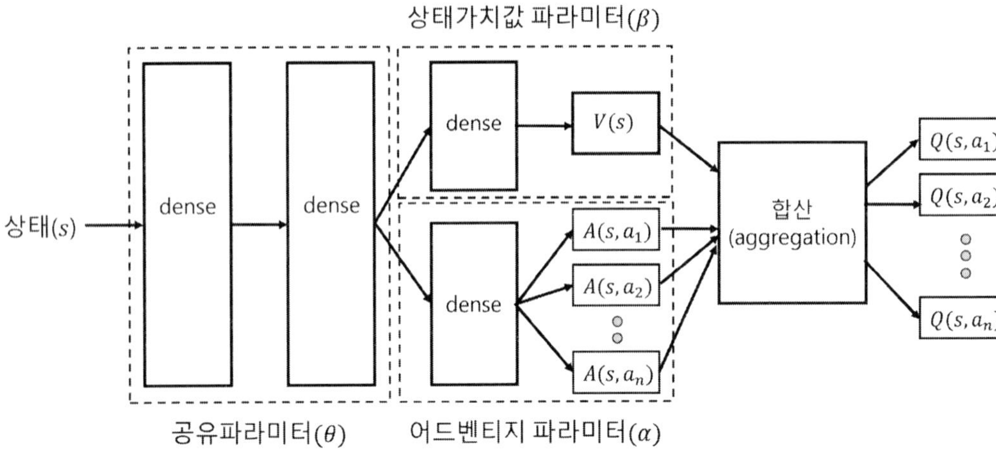

그림 8.7 듀얼 DQN의 네트워크 구조

다음으로 듀얼 DQN의 학습 방법에 대하여 알아보자. 듀얼 DQN은 $V(s)$와 $A(s, a)$의 두 개의 값을 예측하고 있다. 따라서 듀얼 DQN을 학습할 때에 사용자가 목적값으로 $V(s)$와 $A(s, a)$ 값을 둘 다 제공하면서 학습을 할 수 있다면 듀얼 DQN 학습은 아주 용이할 것이다. 하지만 우리가 학습을 위해 $V(s)$와 $A(s, a)$의 정확한 목적값을 제공하기는 현실적으로 어렵다. 많은 비용과 노력이 필요할 것이기 때문이다. 따라서 실제 듀얼 DQN에서는 기존의 DQN 학습방법과 동일하게 $Q(s, a)$ 값만을 사용해 학습하도록 한다. 우리가 기존의 DQN 학습을 할 때는 Q만을 사용한다. 즉, 듀얼 DQN은 $V(s)$와 $A(s, a)$의 두 개의 값을 예측하지만 학습 시에는 기존과 동일하게 오직 한 개의 목적값 $Q(s, a)$ 값을 이용해 학습하는 것이다. 이는 우리가 기존의 DQN 학습 방법을 그대로 듀얼 DQN에 적용할 수 있으므로 큰 장점이 될 수 있을 것이다.

그러면 한 개의 $Q(s, a)$ 값으로 어떻게 $V(s)$와 $A(s, a)$ 두 개의 값을 학습할 것인가에 대한 문제가 발생한다. 이 문제에 대해 가장 간단하게 생각할 수 있는 방법은 듀얼 DQN 네트워크에서 생성하는 $V(s)$와 $A(s, a)$를 (그 값이 무엇이든 간에) 단순히 덧셈해(식 (8.15)) 듀얼 DQN의 출력 Q 값을 계산하는 것이다. 하지만 이러한 방법에는 특정한 $Q(s, a)$ 값에서 가능한 $V(s)$와 $A(s, a)$의 조합이 무한대로 발생하는 문제가 있다. 즉, 한 개의 $Q(s, a)$ 값으로 정확한 $V(s)$와 $A(s, a)$ 값을 회복할 수가 없다(이러한 문제를 **식별문제**(identifiability problem)라고 한다). 즉, 듀얼 DQN의 학습에서 동일한 출력 Q값에 대해 무한대에 가까운 $V(s)$와 $A(s, a)$ 값의 조합이 생기게 된다. 따라서 이러한 방법은 듀얼 DQN의 학습을 불가능하게 한다.

대신에 듀얼 DQN에서는 어드밴티지값의 몇 가지 특징을 이용해 듀얼 DQN의 Q 값 계산

방법을 수정해 학습한다. 먼저 특정한 정책 π에서 상태가치값은 다음과 같이 행동가치값의 평균값으로 정의된다.

$$V(s) = E_{a \sim \pi}[Q(s, a)]$$

따라서 앞의 식과 식 (8.16)에 의해서 어드밴티지값의 평균값은 0이 됨을 알 수 있다.

$$E_{a \sim \pi}[A(s, a)] = 0 \tag{8.18}$$

또한 결정적 정책(deterministic policy)의 경우는 다음 식처럼 항상 Q 값이 가장 큰 행동을 선택한다.

$$a_* = \underset{a'}{\operatorname{argmax}}\, Q(s, a')$$

따라서 상태 s에서 실제 선택된 행동 a_*의 행동가치값은 현재의 상태가치값과 동일함을 알 수 있다.

$$Q(s, a_*) = V(s)$$

따라서 (식 (8.16)에 의해) 선택된 행동 a_*의 어드밴티지값은 아래와 같이 0이 됨을 알 수 있다.

$$A\left(s, \underset{a'}{\operatorname{argmax}}\, Q(s, a')\right) = 0 \tag{8.19}$$

듀얼 DQN은 이러한 특징들(식 (8.18)과 식 (8.19))을 만족하도록 듀얼 DQN의 Q 값 계산 식을 수정함으로써 앞에서 설명한 식별문제를 해결한다.

먼저 식 (8.19)를 이용하여 Q 값 계산을 수정하는 방법을 보면 네트워크의 $V(s)$와 $A(s, a)$ 계산 단계에서 어드밴티지값을 현재 상태에서의 모든 행동에 대한 어드밴티지값의 최대값을 뺄셈한 식을 사용한다. 즉, 듀얼 네트워크의 $A(s, a)$ 출력값은 원래의 출력 $A(s, a; \theta, \alpha)$를 다음과 같이 수정하여 사용한다.

$$A(s, a; \theta, \alpha) - \max_{a'} A(s, a'; \theta, \alpha)$$

이렇게 함으로써 실제로 선택되는 행동 a_*의 어드밴티지값은 0이 되도록 한다.

$$Q(s,\ a;\ \theta,\ \alpha,\ \beta) = V(s;\ \theta,\ \beta) + \left(A(s,\ a;\ \theta,\ \alpha) - \max_{a'} A(s,\ a';\ \theta,\ \alpha)\right) \tag{8.20}$$

이와 같은 식을 사용함으로써 오직 한 개의 행동에서만 어드밴티지가 0이며, 나머지는 음수가 된다. 즉, 알고리즘은 현재 상태에서 가장 좋은 행동을 선택하도록 작동한다.

그리고 또다른 방법은 식 (8.18)을 이용해서 Q 값 계산을 수정하는 방법으로 특정한 상태 s에서 어드밴티지값들의 평균이 0이 되도록 어드밴티지의 값을 수정한다. 즉, $A(s, a)$ 출력값은 원래의 출력 $A(s, a; \theta, \alpha)$ 대신에 다음과 같이 수정된 출력값을 사용한다. ($|A|$는 A 벡터의 차원(dimension))

$$A(s,\ a;\ \theta,\ \alpha) - \frac{1}{|A|}\sum_{a'} A(s,\ a';\ \theta,\ \alpha)$$

이렇게 함으로써 모든 행동의 어드밴티지값 평균은 0이 되도록 한다.

$$Q(s,\ a;\ \theta,\ \alpha,\ \beta) = V(s;\ \theta,\ \beta) + \left(A(s,\ a;\ \theta,\ \alpha) - \frac{1}{|A|}\sum_{a'} A(s,\ a';\ \theta,\ \alpha)\right) \tag{8.21}$$

이와 같이 수정된 Q 값은 그림 8.7의 듀얼 DQN 네트워크에서 마지막 단계인 집합계층(aggregation layer)에서 계산된다. 즉, 집합계층에서는 이전 계층에서 계산된 $V(s; \theta, \beta)$와 $A(s, a; \theta, \alpha)$ 값들을 이용해 식 (8.20) 혹은 식 (8.21)을 사용하여 Q 값을 계산한다.

듀얼 DQN에서는 단순히 Q 값을 계산할 때에 어드밴티지에서 어떤 상수값(어드밴티지값의 최대값 혹은 평균값)을 뺄셈했을 뿐인데 알고리즘이 작동을 한다. 그 이유는 어드밴티지에서 뺄셈을 하는 상수가 어드밴티지값과 독립된 값이 아니고 다른 어드밴티지값들의 값에 영향을 받는 값을 사용한다. 따라서 학습의 과정에서 이들 어드벤디지값들이 앞의 식을 만족하도록 같이 수정이 된다.

듀얼 DQN에서 행동을 선택하는 방법은 기존의 DQN과 동일하며 현재 상태에서 Q 값이 가장 높은 행동을 선택하면 된다.

$$a_* = \max_a Q(s,\ a;\ \theta,\ \alpha,\ \beta)$$

듀얼 DQN의 네트워크는 기존의 DQN과 구조는 다르지만 학습 방법은 동일하다. 이는 듀얼

DQN의 장점 중의 하나이다. 즉, 신경망의 구조에 변화를 주지만 학습의 방법은 변화가 없다. 따라서 듀얼 DQN은 다른 DQN의 방법에도 적용될 수 있다. 예를 들어서 앞에서 설명한 더블 DQN 등에도 듀얼 DQN 방법을 적용할 수 있다.

8.6 순환 DQN

MDP 모델의 상태(state)는 마르코프 특징(Markov property)을 만족시킨다. 즉, 현재의 상태와 행동에 의해서만 보상값과 다음 상태가 결정된다. 지금까지 우리가 살펴본 강화학습들은 이러한 MDP 모델을 기반으로 하고 있다. 하지만 MDP 모델은 에이전트가 현재 어느 상태에 있는지를 정확히 알고 있다고 가정하고 있다. 하지만 강화학습을 적용하는 문제 중에서는 에이전트가 어느 상태에 속해 있는지를 정확히 알 수 없는 경우가 현실 세계에 많이 존재한다. 따라서 에이전트의 현재 상태를 정확히 알지 못한다면 이러한 보상값이나 다음 상태를 원칙적으로 계산할 수 없다.

이와 같이 에이전트가 어떠한 상태에 있는지를 정확히 알 수 없는 모델을 POMDP(partially observable Markov decision process)라 한다. POMDP 모델은 MDP 모델과 거의 유사하며, 다른 점은 에이전트가 현재의 상태를 정확히 알 수 없는 것이다. POMDP에서는 상태를 정확히 알 수 없는 대신에 환경으로부터 관찰값(observation)들을 인지할 수 있으며 이들 관찰값으로 현재 상태를 유추할 수 있다.

Atari 게임에서 한 개의 게임 화면 프레임을 상태의 데이터로 사용하면 Atari 게임은 POMDP 문제가 된다. 그 이유는 Atati 게임에서 한 개의 프레임을 상태로 사용하게 되면 특정한 한 개의 프레임에서는 현재 볼의 위치는 파악할 수 있지만 볼의 이동 방향이나 속도를 알 수가 없기 때문이다. 따라서 한 개의 프레임을 사용하는 방법에서는 MDP가 아닌 POMDP 모델이 된다. Atari 게임에서는 이런 문제를 해결하기 위하여 (문제를 POMDP가 아닌 MDP로 전환하기 위하여) 이전 4개의 프레임을 결합해 1개의 상태로 정했다. 이러한 방법을 통해 볼의 속도와 방향 등을 계산할 수 있다(그림 8.5 참고).

이러한 방법을 이용해 Atari에서 문제를 해결할 수는 있지만 일반적으로 다음과 같은 문제를 가진다. 첫 번째, 경험 재사용 메모리의 크기를 증가시킨다. Atari 게임의 경우는 4개의 프레임을 저장해야 하므로 경험 메모리의 크기가 4배로 증가한다. 두 번째, 시간에 따른 단기간의 관계는 탐지할 수 있지만 (4개의 프레임을 사용함으로써) 좀 더 장기간의 상관관계는 탐지할 수가 없다. 예를 들어서 n개의 과거 상태값을 결합한다면 과거 $n+1$ 이전의 사건에 대한 연관성은 탐지할 수 없다. 그리고 정확한 n 값을 알기도 어렵다.

따라서 이러한 문제를 해결하기 위해 기존의 DQN 네트워크를 RNN 계열의 신경망(LSTM, GRU, Transformer 등의 RNN 계열)로 대체한 방법을 사용하기도 한다. 이러한 방법을 **순환 DQN**(deep recurrent Q network, DRQN)이라고 한다 [Hausknecht and Stone 2015]. 이러한 방법은 Atari 게임에서와 같이 현재 상태를 파악하기 위하여 여러 개의 프레임을 사용할 필요없이 현재의 프레임만을 입력으로 사용할 수 있다는 장점이 있다. 또한 RNN 계열의 신경망을 사용하여 과거의 사건에 대한 연관성을 잘 탐지할 수 있다.

그림 8.8은 이 같은 DRQN을 이용한 Atari 게임의 구조를 보여준다. 이를 그림 8.5와 비교하면 먼저 완전연결(fully connected) 계층의 첫 번째 계층을 LSTM으로 치환해서 네트워크를 구성했다. 이와 같이 LSTM을 사용함으로써 프레임 데이터의 시간에 따른 변화를 학습할 수 있게 했다. 두 번째는 기존의 Atari 네트워크에는 입력으로 네 개의 프레임을 사용하였지만 DRQN 방식에서는 LSTM이 시간의 데이터를 처리할 수 있으므로 한 개의 프레임만을 입력으로 사용하고 있다.

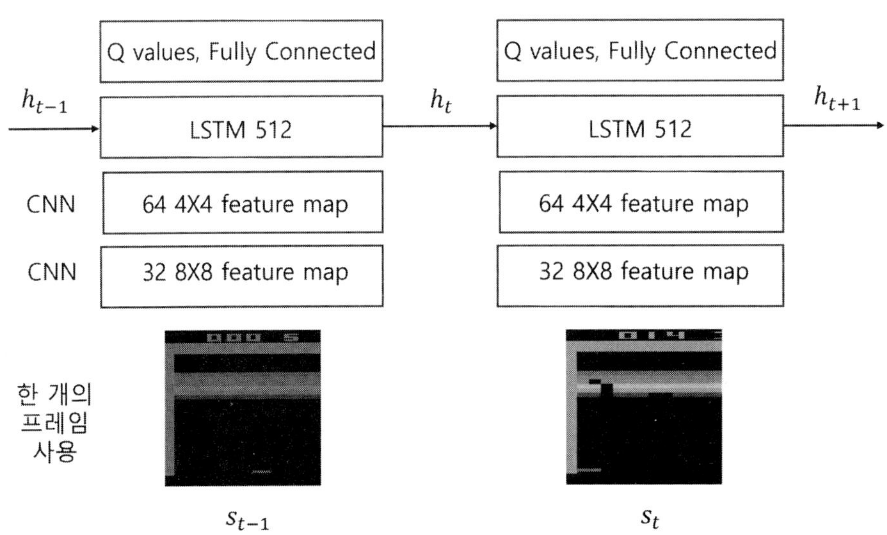

그림 8.8 DRQN 이용한 Atari 게임

DRQN에서 LSTM을 사용하면 BPTT(backpropagation through time)를 사용해 학습하므로 과거의 주어진 시간까지의 데이터만 사용한다(7.4.2절 참고). 따라서 주어진 시간보다 과거의 사건에 대해서는 처리를 할 수 없다. 그리고 DRQN에서 경험 재사용 방법을 사용하는 경우에는 에피소드 전체를 메모리에 저장해야 한다. 경험 재사용을 사용할 때 DRQN를 업데이트하는 방법에는 에피소드의 처음부터 종료까지를 읽어서 처리하는 방법과 에피소드 중간의 임의 지점부터 시작해서 지정된 시간단계만큼(종료상태까지 도달할 필요없이) 처리하는 방법이 있다. 이 두 가지 방법은 모두 수렴하는 결과를 생성하며 따라서 어느 방법을 사용해도 가능하다.

8.7 요약

DQN은 6장에서 설명한 가치값 근사함수의 종류이며 행동가치값을 심층신경망으로 구현했다. 또한 Q 학습을 심층신경망에서 구현한 내용으로 DQN의 학습은 점진적 하강의 방법을 사용한다.

DQN의 데이터 활용도를 높이기 위해 이전 정책의 데이터를 재사용하는 경험 재사용 기술을 사용하기도 한다. 이러한 경험 재사용 기술은 샘플링 과정에서 학습에 좀 더 도움이 되는 데이터를 선별하여 샘플링하는 우선순위 경험 재사용 방법을 사용할 수 있다. 또한 DQN의 학습에서는 현재의 DQN과 동일한 DQN인 목표 네트워크를 추가로 생성하여 주기적으로 파라미터의 값을 복사하여 이를 에러함수의 목표값으로 사용하는 방법을 사용한다.

모델프리 컨트롤 장에서 설명한 대로 Q 학습의 문제점 중의 하나가 Q 값의 과대 평가이며, 이를 예방하기 위하여 더블 Q 학습을 수행했다. 따라서 DQN에서도 동일한 방법으로 Q 값의 과대 평가를 방지하기 위해 행동의 선택과 실제 사용되는 Q 네트워크를 분리하는 더블 DQN을 사용할 수 있다.

강화학습에서는 어떤 행동을 수행하던 의미가 없는 특정한 상태가 있으며 이 경우 모든 행동에 대하여 일일이 행동가치값을 계산할 필요가 없다. 하지만 기존의 DQN은 모든 상태에서 모든 행동에 대하여 행동가치값을 계산하고 있다. 이런 문제를 해결하기 위해 사용하는 방법이 듀얼 DQN 방법이다. 듀얼 DQN은 DQN의 출력을 상태가치값과 어드밴티지의 값으로 분할해서 상태가치값을 따로 계산하면서도 기존의 DQN의 학습에는 영향을 주지 않는다.

Atari 게임 등의 경우에 현재의 게임화면만으로는 게임의 정확한 상태를 결정할 수가 없다. (예: 공의 속도나 방향을 알 수 없음) 따라서 현재의 게임화면을 사용하는 모델은 POMDP 모델이 된다. 기존의 Atrai 게임은 이를 MDP 모델로 바꾸기 위하여 4장의 게임화면을 한 개의 상태로 정의했다. 이러한 문제를 해결하기 위하여 과거의 정보를 효과적으로 저장하는 RNN 계열의 신경망(예: RNN, LSTM, GRU 등)을 DQN으로 사용하여 이러한 문제를 해결할 수도 있다. 이와 같이 RNN 계열의 DQN을 사용하여 과거의 정보를 효과적으로 처리하는 DQN을 순환 DQN이라고 한다.

참고문헌

[Mnih et al., 2015] Volodymyr Mnih et al., Human-level control through deep reinforcement learning, Nature, vol. 518, 2015

[Schaul et al., 2016] Tom Schaul et al., Prioritized Experience Replay, International Conference on Learning Representations 2016

[Hasselt, 2010] Hado van Hasselt, Double Q-learning, NIPS 2010

[Hasselt et al., 2016] Hado van Hasselt et al., Deep Reinforcement Learning with Double Q-learning, AAAI 2016

[Wang et al., 2016] Ziyu Wang et al. Dueling Network Architectures for Deep Reinforcement Learning, International Conference on Machine Learning, 2016

[Hausknecht and Stone 2015] M. Hausknecht and P. Stone, Deep recurrent q-learning for partially observable mdps, CoRR, abs/1507.06527, 2015

[Sutton and Barto, 2020] Richard Sutton and Andrew G. Barto, Reinforcement Learning: An Introduction, 2nd edition, MIT Press, 2020

CHAPTER

09

정책 그레디언트

9.1 정책기반 강화학습

강화학습의 목표는 최적의 정책을 찾는 것이다. 하지만 지금까지의 강화학습에서는 상태가치값 혹은 행동가치값 등의 가치값의 계산을 먼저하고 난 후에 이들 가치값들을 이용하여 최적의 정책을 생성하는 방법을 사용했다. 이와 같이 (상태 혹은 행동) 가치값을 먼저 계산한 후에 이를 사용하여 정책을 생성하는 방법을 **가치값기반 강화학습**(value-based reinforcement learning)이라고 한다.

강화학습에서 최적의 정책을 생성하는 또 다른 방법으로 가치값 계산에 의존하지 않고 최적의 정책을 직접 찾는 방법이 있다. 이를 **정책기반 강화학습**(policy-based reinforcement learning)이라 부른다. 정책기반 강화학습은 가치값의 계산과정이 필요 없이 직접 정책을 구해 나가는 방법이다. 따라서 정책기반 강화학습은 가치값 기반학습에 비해 다음과 같은 몇 가지 장점을 가지고 있다.

첫 번째, 정책기반 방법은 가치값기반 방법에 비하여 최적의 정책에 수렴하는 속도가 빠르다. 가치값 기반 학습에서는 모든 상태(혹은 상태-행동)에 대한 가치값 계산을 해야 하며 이는 상태의 숫자가 대규모인 경우에는 계산이 어려우며 비현실적이다. 그리고 이들 상태가치값의 많은 부분은 실제로 사용되지 않는 상태인 경우가 많다.

두 번째, 정책기반 학습은 상태 혹은 행동의 숫자가 대규모인 경우와 상태가 연속적인 상태에도 사용할 수 있다. 정책기반 학습은 정책을 함수의 형태로 표현한다. 따라서 상태 혹은 행동가치값의 개수에 거의 영향을 받지 않는다. 그리고 함수로 표현하므로 연속적인 상태에 대한 정책도 효율적으로 표현할 수 있다.

세 번째, 정책기반 학습은 정책을 함수(신경망)로 표현하므로 확률적 정책(stochastic policy)을 쉽게 표시할 수 있다. 또한 이와 같이 정책을 함수의 형태로 직접 표현하기 때문에 정책에서 탐험(exploration)의 정도를 쉽게 조절할 수 있다.

네 번째, 정책기반 강화학습은 전이학습(transfer learning) 등을 통하여 외부에서 이미 학습된 결과나 정보 등을 효과적으로 활용할 수 있다.

이러한 장점들에 반하여 정책기반 방법은 몇 가지 단점이 있는데 첫째는 정책기반 방법은 대부분 전역 최적(global optimum)이 아닌 지역 최적(local optimum)의 값을 생성한다. 가치값 기반의 강화학습에서는 모든 상태 혹은 행동에 대하여 가치값을 계산한다. 따라서 이러한 가치값을 기반으로 정책을 생성하므로 계산된 가치값이 최적이면 당연히 생성되는 정책도 전역 최적의 정책이 된다. 하지만 정책 기반 강화학습은 이러한 기대를 더 이상 할 수 없다. 두 번째로 정책기반 방법은 학습의 단계에서 발생하는 중간 정책들은 의미가 없는 경우가 많다. 정책 기반 강화학습은 처음에 임의의 정책에서 시작하여서 정책을 조금씩 수정하면서 최적의 정책을 찾는 과정이다. 따라서 이러한 과정의 중간에서 생성되는 정책들은 거의 어떤 의미가 없는 정책인 경우가 많다. 마지막으로 정책의 평가 단계가 비효율적이며 높은 분산을 가진다. 정책기반 강화학습은 정책을 직접 수정해 나가므로 가치값 기반 방법보다도 높은 분산의 값을 가지며 따라서 학습이 가치값기반의 방법보다도 덜 안정적이다.

9.2 정책 네트워크

정책기반 강화학습에서 정책은 함수로 표현되며 구체적으로는 최근 심층학습 기술의 발전과 더불어 대부분 (심층)신경망을 사용하여 표현된다. 이와 같이 정책을 표현하는 신경망을 **정책 네트워크**(policy network)이라고 한다. 그림 9.1은 정책 네트워크의 예시를 보여준다. 정책 네트워크는 상태의 속성값을 입력으로 하며 출력은 행동의 개수만큼의 출력노드 개수를 가지고 있다. 행동의 개수가 유한(discrete)한 경우에 정책 네트워크의 출력 노드 각각은 주어진 상태에서 행동에 대한 확률을 나타낸다. 즉 출력 노드값의 확률 분포가 정책의 정의가 된다. 즉 특정한 상태에 대한 속성의 값이 네트워크의 입력으로 주어지면 정책 네트워크는 현재의 상태에서 가능한 모든 행동에 대한 확률을 네트워크의 출력으로 제공한다.

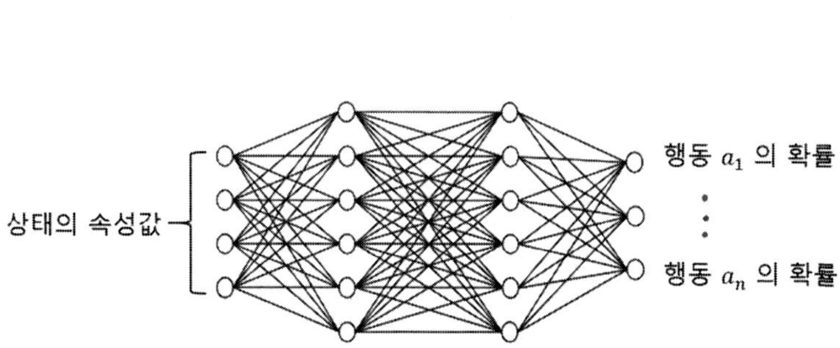

그림 9.1 정책 네트워크

정책 네트워크의 출력값 $\pi_\theta(s, a)$은 다음과 같이 정의된다.

$$\pi_\theta(s,\ a) = P[a|s,\ \theta] \tag{9.1}$$

여기서 θ는 정책 네트워크의 파라미터이며, π_θ는 현재의 파라미터값 θ에 의해서 정책 네트워크가 표현하고 있는 정책을 의미한다. 따라서 정책 네트워크가 표현하는 정책의 구체적인 내용은 네트워크의 파라미터 θ에 의해서 결정된다. 즉 $\pi_\theta(s, a)$는 (주어진 파라미터값 θ일 때) 상태 s에서 행동 a에 대한 확률(즉 정책 네트워크의 출력값)을 의미한다. 정책 네트워크의 파라미터 θ에 의하여 출력값이 정해지면 정책이 정해짐을 의미한다. 따라서 이러한 정책 네트워크 학습의 목표는 정책 네트워크가 표현하는 정책이 최적의 정책이 되도록 네트워크의 파라미터 θ 값을 구하는 것이다.

이러한 정책 네트워크의 학습을 위해서는 가치값 근사함수(value function approximation)의 학습과 마찬가지로 점진적 방법(gradient method)을 사용하여 최적의 파라미터 값(θ)들을 구할 수 있다. 다만 가치값 근사함수에서는 에러함수를 최소화하는 학습이기 때문에 점진적 하강(gradient descent) 방법을 사용하지만, 정책 네트워크의 학습은 목적함수(objective function)를 최대화하는 학습이기 때문에 **점진적 상승 방법**(gradient ascent method)을 사용한다.

정책 네트워크의 학습 목표는 최적의 정책을 생성하도록 네트워크의 파라미터들을 조정하는 것이다. 구체적으로 말하면 정책 네트워크가 목표하는 정책은 각 상태에서 획득할 수 있는 보상값의 합(리턴값)을 최대화하는 정책, 혹은 특정 상태에서의 상태가치값이 최대가 되도록 하는 정책을 학습하는 것이다. **정책 그레디언트 학습**(policy gradient method)은 이와 같은 목적으로 정책 네트워크를 학습하도록 하는 방법을 의미한다. 본 장은 모델프리 환경에서의 정책 그레디언트 학습 방법에 대한 내용을 설명한다.

정책기반 강화학습의 장점중의 하나는 확률적인 정책을 효과적으로 표현할 수 있다는 점이다. 지금까지는 (정책 네트워크를 사용하지 않는 가치값 기반 강화학습에서) 최적의 정책을 생성할 때 탐욕(greedy)방법을 사용했으므로 결정적인(deterministic) 정책만이 생성되었다. 하지만 최적의 정책은 결정적이지 않은 확률적인(stochastic) 경우도 많이 있다. 예를 들어서 가위바위보 게임의 경우에 내가 (어떤 형태이든) 결정적인 전략을 사용하면 게임이 진행될수록 상대방이 나의 전략을 파악하게 되고, 그 뒤부터 상대방은 항상 나를 이기게 된다. 따라서 가위바위보 게임에서는 항상 세 가지의 행동에 대하여 동일한 확률을 가지고 선택하도록 하는 정책이 최적의 정책이 된다. 이와 같이 최적의 정책은 결정적이 아닌 확률적인(stochastic) 경우가 흔히 존재한다. 정책 네트워크의 장점은 이와 같은 확률적인 정책을 네트워크를 통해서 효과적으로 표현할 수 있는 점이다.

9.3 정책 목적함수

정책 그레디언트 학습의 목표는 주어진 정책 네트워크 $\pi_\theta(s, a)$에서 정책의 성능이 최대가 되도록 하는 파라미터 θ의 값들을 구하는 것이다. 성능이 좋은 정책이라는 것은 그 정책에 따라서 행동을 수행할때 발생하는 보상의 합이 높은 정책을 말한다. 그러면 구체적으로 이러한 정책의 성능은 어떻게 측정할 수 있는가? 정책의 성능은 기본적으로 그 정책에 의해서 행동을 할 때에 생성되는 보상의 합이 정책의 성능이다. 구체적으로 여기서 정책의 성능을 측정할 수 있는 함수를 **정책 목적함수**(policy objective function)라고 하며 아래는 정책 목적 함수로 사용되는 몇 가지 함수를 소개한다.

1) **시작값**(start value) **목적함수**: 강화학습의 시작상태(start state)에서 해당 정책으로 행동할 때 획득할 수 있는 보상값 합의 평균을 말한다. 즉 시작상태의 상태가치값 V에 대한 평균을 의미한다. 당연히 시작값 목적함수는 강화학습의 문제 중에서 시작상태(start state)들이 미리 정의되어 있는 문제에서 사용할 수 있으며 일반적인 강화학습의 문제에서 가장 많이 사용되는 목적함수이다. 아래 식 (9.2)에서 상태 s_0은 특정한 시작상태를 의미하며 J_0은 s_0에서의 시작값 목적함수의 정의를 보여준다. $V_{\pi_\theta}(s_0)$은 상태 s_0에서 정책 π_θ에 따라서 행동할 때에 상태가치값 다시 말해서 상태 s_0로부터 획득할 수 있는 보상 합의 평균을 의미한다.

$$J_0(\theta) = V_{\pi_\theta}(s_0) = E_{\pi_\theta}[V \mid s_0] \tag{9.2}$$

식 (9.2)은 특정 한 개의 시작상태에서의 시작값의 정의를 보여준다. 시작상태는 여러 개가 존재할 수도 있으며 이 경우 각 시작상태는 각각의 선택될 확률($d(s_0)$)을 가진다.

2) **평균값**(average value) **목적함수**: 강화학습의 문제가 무한경계(infinite horizon) 환경인 경우에는 에이전트가 계속 쉬지 않고 움직이며 상태의 전이가 발생한다. 따라서 이런 경우는 특정한 종료상태를 정의하는 것이 의미가 없다. 하지만 MDP 환경에서 에이전트가 계

속적으로 이동할 때에는 에이전트가 특정한 시점에 특정한 상태에서 머무르는 확률을 미리 계산할 수 있다. 이러한 확률을 **정적확률**(stationary distribution)이라고 한다. 아래의 식에서 $d_{\pi_\theta}(s)$를 에이전트가 정책 π_θ에 따라서 계속 움직일 때에 특정한 시각에 특정한 상태 s에 머무를 정적확률이라고 하자. 에이전트가 MDP 모델에서 지속적으로 계속 이동을 하게 될 때 어느 정도의 시간이 지나면 에이전트가 특정한 상태에 머무르는 확률은 그 값이 고정되면서 변화가 없어지게 된다.

$$d_{\pi_\theta}(s) = \lim_{t \to \infty} P(s_t = s | s_0, \ \pi_\theta)$$

즉 에이전트가 정책 π_θ에 따라서 무한대로 이동하면 에이전트가 특정한 상태 s에 머무르는 확률 $d_{\pi_\theta}(s)$은 고정값이 된다. (위의 식에서는 시작상태 s_0는 존재한다고 가정함) 이때에 평균값 목적함수는 각 상태마다 그 상태에 머무는 정적확률 $d_{\pi_\theta}(s)$에다가 그 상태에서 획득할 수 있는 상태가치값 $V_{\pi_\theta}(s)$을 곱한 값의 평균으로 정의된다. 식 (9.3)은 평균값을 사용한 목적함수의 정의를 보여준다.

$$J_{avV}(\theta) = \sum_s d_{\pi_\theta}(s) V_{\pi_\theta}(s) \tag{9.3}$$

3) **스텝별 평균값**(average reward per step) **목적함수**: 연속적인 환경에 사용할 수 있는 또 다른 목적함수는 스텝별 평균값 목적함수이다. 스텝별 평균값 목적함수는 MDP 환경에서 에이전트가 행동을 할때에 각 행동에서 발생하는 보상들에 대한 전체 평균값을 말한다. 여기서 $d_{\pi_\theta}(s)$는 앞의 평균값 목적함수와 마찬가지로 에이전트가 정책 π_θ에 따라서 계속 행동할 때에 특정한 시각에 특정한 상태 s에 머무를 확률이라고 하자. 그리고 $\pi_\theta(s, a)$은 정책 π_θ에서 상태 s에서 행동 a를 수행하는 확률이고, R_s^a은 상태 s에서 행동 a를 수행할 때의 보상값을 의미한다. 이때에 아래 식 (9.4) 는 스텝별 평균값 목적함수의 정의를 보여준다.

$$J_{avR}(\theta) = \sum_s d_{\pi_\theta}(s) \sum_a \pi_\theta(s, \ a) R_s^a \tag{9.4}$$

앞에서 정책기반 학습에서의 몇 가지 가능한 목적함수들을 보았다. 정책기반 학습에서는 MDP의 환경에 따라서 위의 세 개의 목적함수에서 어떠한 것을 선택하여도 정책 그레디언트의 학습 결과는 동일함이 알려져 있다.

9.4 정책 최적화

가치값 근사함수(가치값 네트워크)와 정책 근사함수(정책 네트워크) 모두 최적화(optimization) 기반의 점진적 학습방법(gradient method)을 사용한다. 다만 차이점은 가치값 근사함수는 에러함수(error function)를 **최소화**(minimize)하는 파라미터를 구하는 것이 학습목표이고, 정책 네트워크는 앞에서 소개한 목적함수(objective function)를 **최대화**(maximize)하는 파라미터를 구하는 것이 학습의 목표이다. 따라서 정책 네트워크의 학습은 **점진적 상승 방법**(gradient ascent method)이라고도 불린다.

정책 네트워크의 학습 방법은 다음과 같다. 첫째로 앞에서 설명한 정책목적 함수 식을 이용하여 목적함수(objective function)를 정의한다. 이는 가치값 근사함수의 학습에서 정의한 에러함수와는 약간의 차이가 있다. 에러함수는 우리가 이를 최소화하는 것이 학습의 목적이지만 목적함수는 이를 최대화하는 것이 학습의 목표이다. 목적함수는 앞에서 소개한 정책의 성능을 평가하는 함수들 중에서 (예를 들어서 시작값, 평균값, 스텝별 평균 보상값 등) 한 개를 선택할 수도 있고 정책을 평가할 수 있는 다른 형태의 목적함수를 사용할 수도 있다.

둘째로 이러한 정책 목적 함수를 최대화할 수 있는 정책 네트워크의 파라미터값을 최적화(optimization) 방법을 이용하여 구한다. 이러한 목적함수를 최대화하는 파라미터를 구하는 최적화 문제는 기계학습에서 여러 가지 방법이 있다. 이들 방법은 크게 나누어서 1) 목적함수의 그레디언트(gradient)를 사용하는 방법과 2) 그레디언트를 사용하지 않는 방법으로 구분된다. 그레디언트를 사용하지 않는 방법으로는 여러 방법이 존재하지만 대표적인 방법은 **유전자 알고리즘**(genetic algorithm)이 있다. 유전자 알고리즘에 대한 간략한 개요를 설명하면 다음과 같다.

9.4.1 유전자 알고리즘

유전자 알고리즘(genetic algorithm)은 먼저 파라미터값들의 결합을 **크로모좀**(chromosome)이라는 형태로 표현한다. 크로모좀은 문제에 대한 한 개의 가능한 솔루션(solution)으로 생각할 수 있다. 정책 네트워크의 방식에서 유전자 알고리즘을 적용한다면 크로모좀은 정책 네트워크의 파라미터 값들의 집합이 한 개의 크로모좀이 된다. 즉 아래와 같이 파라미터 θ_i들의 벡터가 크로모좀이 된다(초기에는 크로모좀이 임의의 파라미터값 벡터를 이용하여 생성된다).

$$\theta = (\theta_1, \theta_2, \cdots \theta_n)$$

그리고 이러한 크로모좀 각각에 대하여 **적합도**(fitness) 함수를 정의한다. 적합도는 해당 크로모좀(솔루션)이 우리가 풀고자 하는 문제에 얼마만큼 좋은 성능을 제공하는지를 수치로 표현한 것이다. 예를 들어서 우리가 정책 목적함수로 시작목적함수(식 (8.2))를 사용한다면 앞의 크로모좀에 대한 적합도는 다음과 같이 정의할 수 있다.

$$J_0(\theta) = J_0(\theta_1, \theta_2, \cdots \theta_n) = V_{\pi_\theta}(s_0)$$

다음으로는 이들 크로모좀들을 **크로스오버**(crossover) 혹은 **뮤테이션**(mutation)의 연산을 사용하여 새로운 크로모좀을 (즉 새로운 솔루션을) 생성하는 과정이 필요하다. 그림 9.2는 유전자 알고리즘의 크로스오버와 뮤테이션 연산에 대한 설명을 보여준다. 크로스오버 연산은 여러 종류가 있지만 그림 9.2의 크로스오버에서는 크로모좀의 특정한 지점을 중심으로 두 개의 크로모좀의 내용을 서로 교환하는 연산이다.

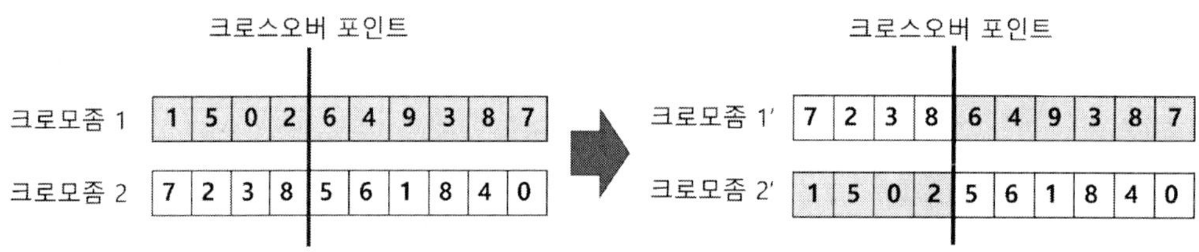

(a) 크로스오버(crossover)

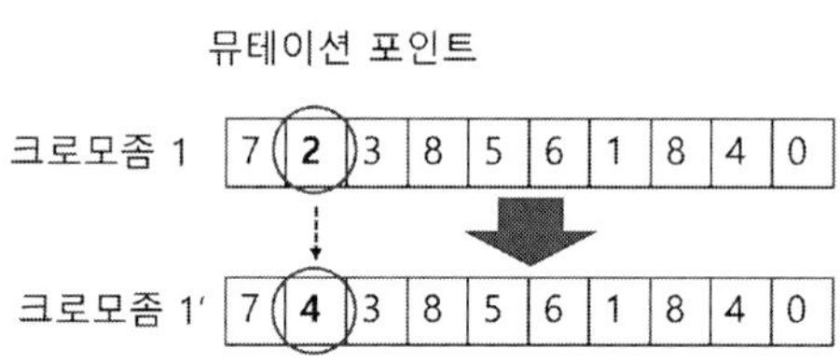

(b) 뮤테이션(mutation)

그림 9.2 유전자 알고리즘의 연산자들

그리고 크로스오버 연산을 적용할 크로모좀을 선택할 때는 크로모좀 중에서 성능이 좋은 다시 말하면 적합도가 높은 크로모좀들을 위주로 선택한다. 따라서 유전자 알고리즘은 크로스오버 연산에서 크로모좀을 선택할 때에 **룰렛선택**(roulette wheel selection) 방법을 사용한다. 룰렛선택은 각 크로모좀의 적합도에 비례해서 그 크로모좀이 선택될 확률을 계산한다. 적합도가 높은 크로모좀은 선택될 확률이 높으며 적합도가 낮은 크로모좀은 선택의 확률도 작아진다. (이는 자연의 적자생존(survival of the fittest)의 방식과 유사한 형태임) 그리고 이와 같이 확률에 따라서 두 개의 코로모좀을 선택을 하고 이렇게 선택된 두 개의 크로모좀들에 대하여 크로스오버 연산을 수행한다.

참고로 정책 최적화를 위하여 유전자 알고리즘을 사용하는 경우에는 모든 크로모좀의 길이가 동일해야 한다. 크로모좀은 정책 네트워크의 파라미터로 구성되어 있다. 따라서 항상 동일한 개수의 (정책 네트워크의 파라마터 개수만큼) 파라미터를 가지고 있어야 한다. 이를 위하여 일반적인 크로스오버를 적용할 수는 없는 경우가 있고 (크로스오버 후에 크로모좀들의 길이가 서로 달라질 수 있으므로) 생성되는 크로모좀의 길이가 같아지도록 추가 작업이 필요하다. 이러한 방식으로 적합도가 높은 (즉 해당 파라미터의 성능이 좋은) 크로모좀이 선택될 확률이 많아지며 따라서 더 많은 비슷한 크로모좀을 생성하게 된다 그림 9.3은 룰렛 선택의 내용을 그림으로 보여준다.

두 번째, 뮤테이션 연산은 임의의 크로모좀을 선택해 이들 파라미터의 값을 임의로 수정하는 방식이다. (이는 자연의 돌연변이를 구현한 형식이다) 이는 유전자 알고리즘에서 크로모좀의 다양성(exploration)을 증가시킬 수 있는 연산이다.

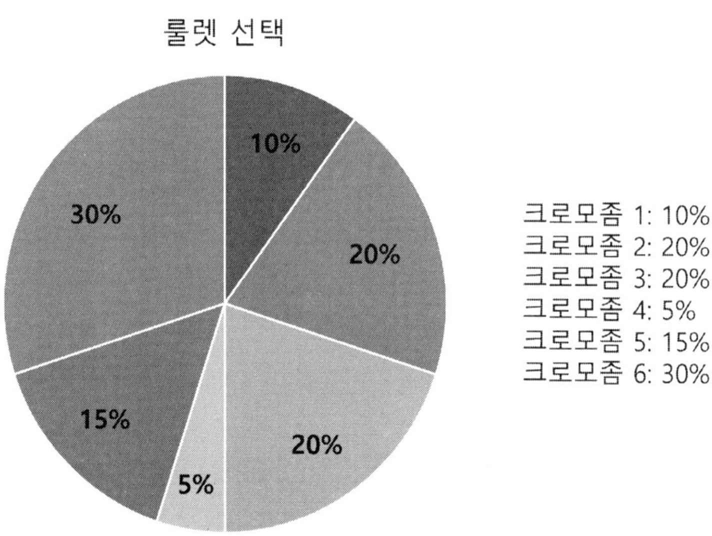

그림 9.3 룰렛선택

유전자 알고리즘은 이와 같은 크로스오버와 뮤테이션 과정을 반복하면서 (생성되는 크로모좀이) 우리가 원하는 솔루션이 될 때까지 반복한다. 그림 9.4는 유전자 알고리즘의 개략적인 기본코드를 설명하고 있다.

알고리즘: 유전자 알고리즘

```
임의의 크로모좀 N개를 생성(각 크로모좀은 파라미터 집합)
loop (종료조건까지)
    각 크로모좀의 적합도 계산
    for i = 1, …, p /* 크로스오버 연산. 크로모좀 길이를 통일해야 한다 */
        룰렛선택 확률로 2개의 크로모좀을 선택
        크로스오버 연산으로 새로운 크로모좀들을 생성
    end for
    for i = 1, …, k /* 뮤테이션 연산 */
        임의의 크로모좀 선택
        ρ 확률로 뮤테이션 연산을 수행해 새로운 크로모좀 생성
    end for
    if (최적 적합도 > δ) then
        return 최적의 적합도 크로모좀
    end if
end loop
```

그림 9.4 유전자 알고리즘 기본코드

유전자 알고리즘의 방법은 다양한 강화학습의 문제에 적용되어 높은 성능을 보여주고 있다 [Salimans et al., 2017]. 또한 유전자 알고리즘은 기존의 DQN 혹은 A3C 알고리즘들과 성능이 비교했으며 이들 방법과도 유사한 성능을 보임을 알 수 있다 [Such et al., 2018].

유전자 알고리즘을 포함한 **진화 알고리즘**(evolutionary algorithm)은 강화학습에서 그레디언트를 사용하지 않는 대표적인 방법이다. 그리고 유전자 알고리즘은 알고리즘의 특성상 병렬처리가 용이하며 또한 다중 에이전트 강화학습에 많은 가능성을 포함하고 있다. 또한 유전자 알고리즘은 그레디언트 방법보다도 지역최적(local optimum)의 문제를 효과적으로 해결할 수 있으며 또한 비정적인 환경이나 POMDP 환경에서도 잘 적응할 수 있음이 알려져 있다. 따라서 유전자 알고리즘은 정책기반 강화학습에 있어서 그레디언트 기반 방법의 대안으로 중요하면

서 새로운 연구방향이 될 수 있다.

9.4.2 그레디언트 기반 정책최적화

정책기반 강화학습의 또 다른 방법이며, 현재 가장 많이 사용하는 방법은 정책 목적함수의 그레디언트를 이용해 정책 네트워크를 학습하는 것이다. 이를 **정책 그레디언트**(policy gradient) 방법이라고 하며, 이 장에서는 이러한 정책 그레디언트의 방법에 대하여 자세히 설명한다. 정책 그레디언트는 정책 목적함수를 최대화시키는 것이 목적이므로 **점진적 상승**(gradient ascent) 방법을 사용한다(가치값 근사함수의 학습에서는 에러함수를 최소화하는 학습을 하므로 점진적 하강(gradient descent) 방법을 사용했다).

일반적으로 정책 그레디언트 방법은 다음 순서대로 학습한다.

1) 먼저 정책 목적함수(policy objective function) $J(\theta)$를 정의한 후에
2) 정책 목적함수의 그레디언트(미분값) $\nabla_\theta J(\theta)$를 계산한다.
3) 다음 식을 이용하여 파라미터를 업데이트한다.

$$\theta \leftarrow \theta + \alpha \nabla_\theta J(\theta) \tag{9.5}$$

4) 위의 2)-3) 단계를 반복한다(θ 값이 수렴할 때까지).

정책 그레디언트 방법은 여러 알고리즘들이 존재하는데, 여기서는 그중에서도 다음 세 가지 방법을 중심으로 설명한다.

1) **유한차이**(finite difference) 정책 그레디언트
2) **몬테카를로**(Monte Carlo) 정책 그레디언트(REINFORCE)
3) **액터-크리틱**(actor-critic) 정책 그레디언트

9.4.3 유한차이 정책 그레디언트

첫 번째 정책 그레디언트는 **유한차이**(finite difference) 방법이다. 유한차이 방법은 정책함수의 목적함수를 $J(\theta)$라고 할 때 이를 특정 파라미터 θ_k를 기준으로 미분하는 식을 다음과 같이 정의하여 계산한다.

$$\frac{\partial J(\theta)}{\partial \theta_k} \approx \frac{J(\theta + \varepsilon u_k) - J(\theta)}{\varepsilon} \tag{9.6}$$

여기서 ε는 아주 작은 값을 말하며, u_k는 다음과 같이 k-번째 요소만 1이고 나머지 요소는 0인 단위 벡터(unit vector)를 말한다.

$$u_k = \begin{pmatrix} 0 \\ 0 \\ \vdots \\ 0 \\ 1 \\ 0 \\ \vdots \\ 0 \end{pmatrix} \longleftarrow k\text{번째 항목}$$

그림 9.5 유한차이 방법의 단위 벡터

따라서 $\theta + \varepsilon u_k$는 현재 θ의 값에서 k-번째 값만 조금 변동을 준 값을 말한다. 유한차이 방법에서는 이와 같은 과정을 모든 파라미터 θ_k에 대해 계산함으로써 $J(\theta)$에 대한 전체 그레디언트를 계산한다.

이 방법의 가장 큰 장점은 $J(\theta)$ 함수가 미분 가능하지 않을(non-differentiable) 때에도 사용할 수 있다는 것이다. 하지만 이 방법에는, 목적함수의 모든 파라미터에 대해 매번의 시간스텝(time step)마다 앞의 계산 과정을 반복해야 한다는 단점이 있다. 따라서 파라미터의 수가 많고, 시간스텝이 많은 경우에는 학습 시간이 많이 소요되며 비효율적이다. 유한차이 방법은 이와 같은 단점에도 불구하고 로봇 컨트롤 등의 분야에 적용하여 좋은 성능을 보이기도 한다 [Kohl and Stone, 2004]. 하지만 대부분의 정책 그레디언트 학습은 정책 목적함수의 그레디언트(미분값)를 직접 계산하는 방법을 쓴다.

정책 그레디언트 방법은 먼저 목적함수를 미분하여 그레디언트를 계산하는데, 그러기 위해서는 정책 목적함수가 미분 가능(differentiable) 함수여야 한다. 하지만 궁극적으로는 정책 목적함수의 미분 가능보다 정책함수(정책을 표현하는 함수를 의미하며 대부분 신경망의 형태로 표현)가 미분 가능해야 한다(정책 목적함수는 어떤 정책의 성능을 표시하고 정책함수는 정책을 함수(신경망)으로 표현한다). 좀더 정확하게는 정책함수의 특정 행동의 확률이 0이 아닌 경우에만 미분 가능해야 한다(확률이 0인 경우는 어차피 그 행동은 선택이 되지 않으므로 미분이 가능하지 않아도 무관하다). 하지만 정책함수의 세부적인 값마다 미분 가능여부를 판단하기는 어렵다. 따라서 일반적으로는 전체적으로 미분 가능한 정책함수를 사용한다. 정책 목적함수의 미분 가능이 아니고 왜 정책함수가 미분 가능해야 하는지는 목적 함수에 정책함수를 포함하고 있기 때문이다. 결론을 말하면 정책 목적함수를 그레디언트 방법으로 학습할 때는 정책함수가 미분 가능해야 한다(참고로 최근에는 정책함수로 신경망을 자주 사용하며 신경망은 미분 가능하다). 따라서 여기서부터는 (θ를 정책함수의 파라미터라고 할 때) 정책함수 π_θ가 미분 가능하다고 가정을 하고 설명을 한다.

9.4.4 스코어 함수

정책함수가 미분 가능하다고 가정했으므로 정책함수 $\pi_\theta(s, a)$의 미분값을 $\nabla_\theta \pi_\theta(s, a)$이라고 하자. 그러면 미분값을 다음과 같이 변경할 수 있다. (참고: $\nabla \log f(x) = \frac{\nabla f(x)}{f(x)}$)

$$\nabla_\theta \pi_\theta(s,\ a) = \pi_\theta(s,\ a)\frac{\nabla_\theta \pi_\theta(s,\ a)}{\pi_\theta(s,\ a)} = \pi_\theta(s,\ a)\nabla_\theta \log \pi_\theta(s,\ a) \tag{9.7}$$

여기서 정책함수의 로그값을 일차 미분(first derivative)한 값인 다음 항은 **스코어 함수**(score function)라고 한다.

$$\nabla_\theta \log \pi_\theta(s,\ a)$$

이 스코어 함수는 기계학습에서 많은 의미를 가지며, 특히 **최대적합도**(maximum likelihood) 학습에서 자주 등장하는 개념이다. 그 이유는 기계학습의 최대적합도 학습에서 스코어 함수는 파라미터들을 수정할 때에 수정되어야 할 방향을 의미하기 때문이다.

스코어함수의 의미에 대해서 좀더 자세히 알아보자. 예를 들어서 (어떤 정책함수로 구현되어있는) 확률적 정책 $\pi_\theta(s, a)$가 있고 θ는 이 함수의 파라미터라고 하자. 그리고 다음의 데이터와 같이 모든 상태에 대하여 그 상태에서 최적의 행동을 어떤 절대자(oracle)가 존재해서 우리가 알 수 있다고 가정하자(물론 강화학습에서는 대부분의 경우 이는 비현실적인 가정이다).

$$\left\{(s_0,\ a_0^*),\ (s_1,\ a_1^*),\ \cdots\right\} \tag{9.8}$$

여기서 s_i는 특정 상태(state)를 말하고 a_i^*는 상태 s_i에서의 최적의 행동을(미래의 보상합을 최대로 하는) 말한다. 최대적합도 학습은 정책함수의 파라미터 θ를 조정해서 그 정책함수의 출력(행동)이 최대한 위의 데이터 a_i^* 값에 일치하도록 한다. 즉, 정책함수 π_θ의 출력값 확률

분포에서 $\pi_\theta(s_i, a_i^*)$의 확률이 가장 최대가 되도록 하는 학습이다. 다시 말하면 식 (9.9)의 확률을 최대화하는 θ를 구하는 학습이다(모든 데이터 i 각각에 대하여 $\pi_\theta(s_i, a_i^*)$ 확률이 최대가 되어야 하므로 곱셈을 사용함).

$$\prod_i \pi_\theta(s_i,\ a_i^*) \tag{9.9}$$

최대적합도 학습은 식 (9.9)를 최대화하는 파라미터 θ 값들을 구하는 것이 목표이다. 그런데 식 (9.9)은 곱셈의 형태로 되어 있으므로 (식을 좀 더 쉽게 계산하기 위해) 이 식을 직접 최대화하는 대신에 식 (9.9)에 로그(log) 형태를 취한 식을 일반적으로 자주 사용한다. 로그는 단조증가(monotonically increasing) 함수이므로 식 (9.9)를 최대화하는 것과 식 (9.9)에 로그 형태를 취한 식을 최대화하는 것은 같은 의미를 가진다. 따라서 다음과 같은 식 (9.10)을 최대화하는 파라미터 θ를 구하는 것이 학습의 목표가 된다(곱셈이 덧셈으로 변환되어 계산이 더 용이하다).

$$\log \prod_i \pi_\theta(s_i,\ a_i^*) = \sum_i \log \pi_\theta(s_i,\ a_i^*) \tag{9.10}$$

즉, 식 (9.9)를 최대화하는 것과 식 (9.10)을 최대화하는 것은 같은 의미이다. 따라서 최대적합도 학습은 다음의 식을 최대화하는 θ를 구하는 것이 목표가 된다.

$$\theta^* = \underset{\theta}{\operatorname{argmax}} \sum_i \log \pi_\theta(s_i,\ a_i^*) \tag{9.11}$$

점진적 방법(gradient method)으로 (여기서는 점진적 상승 방법) 문제를 풀기 위해 식 (9.11)의 미분값을 구하고 파라미터 θ를 (스토캐스틱 방식으로) 업데이트 하는 식은 다음과 같다(점진적 상승 방법을 사용하므로 − 대신에 +가 사용).

$$\theta = \theta + \alpha \nabla_\theta \log \pi_\theta(s,\ a^*) \tag{9.12}$$

여기서 $\nabla_\theta \log \pi_\theta(s, a^*)$는 스코어 함수이다. 따라서 식 (9.12)를 보면 파라미터 θ의 업데이트는 스코어 함수의 방향으로 업데이트가 진행됨을 알 수 있다. 즉, 스코어 함수는 최대적합도 학습에서 파라미터의 업데이트 방향을 정해준다.

9.4.5 소프트맥스 정책

정책 그레디언트 학습 방법은 미분 가능한 정책함수를 사용한다고 했다. 하지만 미분이 가능한 함수의 종류는 무한대다. 그중에서 강화학습의 정책함수에는 다음의 함수들을 주로 사용한다: 1) 소프트맥스(softmax), 2) 가우시안(Gaussian), 3) 신경망(neural network). 이들 함수 각각에 대해 정책함수로서의 특징을 아래에서 설명한다(참고로 최근에는 심층학습 기술의 발달로 대부분 심층신경망(deep neural network)을 정책함수로 사용하는 경우가 많다).

정책함수의 첫 번째로서 소프트맥스(softmax) 함수의 예를 보자. 소프트맥스 함수의 정의는 다음과 같으며 미분 가능하다. 소프트맥스 함수는 일련의 여러 y_i 값들이 있을 때 이들을 다음과 같이 [0, 1]의 값을 가지는 확률값으로 전환하는 함수이다.

$$\text{softmax}(y_i) = \frac{e^{y_i}}{\sum_j e^{y_j}} \tag{9.13}$$

정책함수의 관점에서는 식 (9.13)의 y_i들은 상태 s에서 행동 a에 대한 $\pi_\theta(s, a)$ 값으로 생각할 수 있다. 편의상 $\phi(s, a)$를 상태-행동 (s, a)에 대한 속성벡터(feature vector)라고 하고, 정책함수는 이들 속성들의 선형결합(linear combination) 함수 $\phi(s, a)^T\theta$로 표현된다고 가정하자. 그러면 소프트맥스 정책을 사용할 때 특정 상태 s에서 특정 행동 a를 수행할 확률은 다음과 같다(각 행동의 확률값 합은 1이 됨).

$$\text{softmax}(\pi_\theta(s, a)) = \frac{e^{\phi(s, a)^T\theta}}{\sum_{a'} e^{\phi(s, a')^T\theta}} \tag{9.14}$$

위에서 보는 바와 같이 소프트맥스 정책은 각 행동에 대한 확률적 정책을 표현할 수 있다. 소프트맥스함수는 정책함수가 신경망으로 표현될 때에 신경망의 마지막 계층(layer)에 사용되는 경우도 많다. 이 경우에 $\phi(s, a)$는 신경망의 마지막 계층 바로 직전의 값을 의미하고 마지막 계층의 출력을 거치면서 신경망 정책함수의 출력값들은 [0, 1]의 확률값을 가진다.

참고로 선형 결합 함수를 사용할 때 소프트맥스 정책함수에서 스코어 함수는 다음과 같다. (소프트맥스 정책의 스코어 함수는 eligibility vector라고도 불림.)

$$\nabla_\theta \log \pi_\theta(s, a) = \phi(s, a) - E_{\pi_\theta}[\phi(s, \cdot)] = \phi(s, a) - \sum_{a'} \pi_\theta(s, a')\phi(s, a') \tag{9.15}$$

9.4.6 가우시안 정책

소프트맥스 정책은 행동의 수가 제한되어 있는 이산적인(discrete) 행동의 경우에만 사용할 수 있다. 연속적인 행동의 경우에 정책함수로는 가우시안(Gaussian) 정책을 사용할 수 있다. 예를 들어 운동 회전의 각도 등은 연속적인 행동에 속한다.

가우시안 분포(혹은 정규분포)는 데이터의 분포를 평균과 분산의 두 가지 파라미터로 정의할 수 있다. 정책함수의 학습 목표는 이들 평균과 분산 파라미터의 값을 학습하는 것이다. 예를 들어서 가우시안의 평균값은 상태의 속성에 대한 선형결합 함수 $\mu(s) = \phi(s)^T\theta$로 표현을 하고, 분산값 σ^2은 고정값을 사용하여 표현할 수 있다(분산값 자체를 또 다른 파라미터로 사용할 수도 있다). 따라서 정책함수가 $\mu(s)$를 평균으로 하고 σ^2를 분산으로 하는 가우시안 함수를 따를 때 정책함수(즉 상태 s 에서 행동 a의 확률)는 다음과 같이 정의된다.

$$\pi_\theta(s,\ a) = \frac{1}{\sqrt{2\pi\sigma^2}} e^{\frac{-(a-\mu(s))^2}{2\sigma^2}} \tag{9.16}$$

따라서 가우시안 정책함수의 스코어 함수는 다음과 같다.

$$\nabla_\theta \log \pi_\theta(s,\ a) = \frac{(a-\mu(s))\phi(s)}{\sigma^2} \tag{9.17}$$

소프트맥스와 가우시안 외에도 신경망 등을 포함해 미분 가능한 다양한 정책함수들을 사용할 수 있다. 이들 일반적인 함수들에 대한 정책 그레디언트 방법에 대해 다음에서 알아보자.

9.5 정책 그레디언트 정리

지금까지는 특정한 형식의 함수형태에 대해 그레디언트를 계산하는 내용을 설명했다. 하지만 강화학습을 실제 문제에 적용하기 위해서는 일반적인 함수의 형태가 필요하며 따라서 최근에는 신경망을 많이 사용한다. 여기서는 좀더 일반적인 함수에 대한 그레디언트를 구하는 방법을 설명한다.

한 단계 MDP

우선 한 개의 스텝(single step)으로만 이루진 간단한 MDP 모델을 먼저 생각해 보자. 이 모델에는 여러 개의 시작상태 s들이 있고 $d(s)$는 상태 s에서 시작할 확률이라고 정의하자. 한 개의 단계로만 구성된 MDP이기 때문에 시작상태 s에서 정책 π_θ에 따라 행동 a를 선택하면 곧 바로 종료상태(final state)에 도달한다(한 단계 MDP). 그림 9.6은 한 단계 MDP 모델의 구조를 보여준다(그림 9.6은 편의상 시작상태가 한 개인 경우를 보여주고 있으며 시작상태가 여러 개인 경우도 가능하다). 여기서는 이와 같은 한 단계 MDP 모델을 설명한 다음, 이를 여러 단계의 일반적인 MDP 모델로 확장해 설명한다.

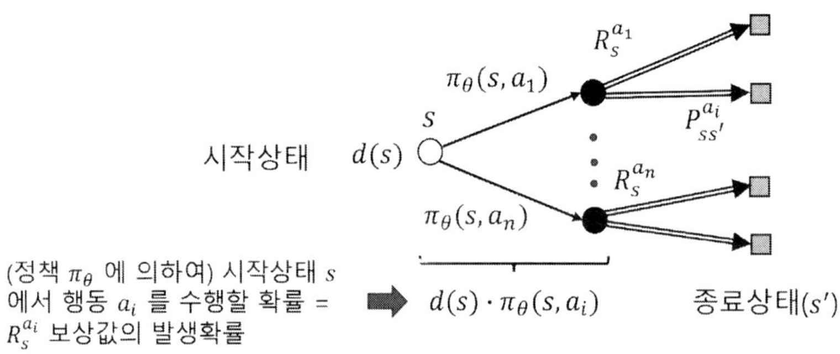

그림 9.6 한 단계 MDP

이와 같이 단순화된 한 단계 MDP 모델에서 정책 그레디언트 방법을 사용해 보자. 정책 그레디언트 방법에서는 먼저 정책 목적함수를 정의해야 한다. 정책 목적함수는 앞에서 설명한 여러 정책 목적함수 중에서 시작값(start value) 목적함수를 사용한다. $d(s)$를 특정 시작상태 s가 선택될 확률이라고 하면 정책 목적함수는 다음과 같이 정의된다.

$$J(\theta) = \sum_{s \in S} d(s) \sum_{a \in A} \pi_\theta(s,\ a) R_s^a = \sum_{s \in S} \sum_{a \in A} d(s) \cdot \pi_\theta(s,\ a) R_s^a \tag{9.18}$$

이 식의 의미는 에이전트가 1) $d(s)$의 확률로 특정한 시작상태 s가 선택되고, 2) 시작상태 s로부터 가능한 모든 행동 a를 수행할 때($\pi_\theta(s, a)$), 3) 이때 발생한 보상값(R_s^a)을 모든 시작상태와 행동에 대해 가중평균(weighted average)을 구하는 것이다. (그림 9.6 참조)

그레디언트 방법을 사용하기 위하여 이 목적함수(식 (9.18))를 θ를 기반으로 미분하면 다음과 같이 된다. (참고: $\nabla \log f(x) = \frac{\nabla f(x)}{f(x)}$)

$$\nabla_\theta J(\theta) = \sum_{s \in S} \sum_{a \in A} d(s) \cdot \pi_\theta(s,\ a) \nabla_\theta \log \pi_\theta(s,\ a) R_s^a \tag{9.19}$$

이러한 미분값을 직접 구할 수 있으면 우리는 쉽게 그레디언트 방법을 사용하여 문제를 풀 수 있다. 하지만 여기서 $d(s)$의 값은 환경에 의해서 결정되므로 우리가 알 수가 없다. (모델 프리 환경을 가정했음) 따라서 위의 식을 분석적으로(analytic) 구하는 방법은 불가능하다.

식 (9.19) 의 값을 분석적으로 직접 구할 수는 없지만 (다음에 나오는 그림 9.7에서 설명하듯이) 에이전트의 실제 실험(행동)들을 통하여 근사값은 구할 수 있다.

식 (9.19)의 값을 실제 실험에 의해서 근사값을 구할 수 있다는 말의 의미를 알아보자. 먼저 에이전트가 임의의 상태 s에서 (정책 π_θ에 따라서) 행동 a를 실제로 수행하면 (환경으로부터) 보상값이 발생한다. 그리고 또한 방금 수행한 상태 s와 행동 a으로부터 정책 네트워크의 출력값 $\pi_\theta(s,\ a)$을 알 수 있으며 미분가능하므로 $\nabla_\theta \log \pi_\theta(s,\ a)$의 값도 알 수 있다. 따라서 식 (9.19)에서 $\nabla_\theta \log \pi_\theta(s,\ a) R_s^a$ 값은 실험에 의해 값을 계산할 수 있다. 마지막으로 $\Sigma_{s \in S} \Sigma_{a \in A} d(s) \cdot \pi_\theta(s,\ a)$항은 에이전트가 (정책 π_θ에 따라) 임의의 상태와 행동을 여러 번 반복적으로 수행할 때 상태와 행동의 발생 빈도에서부터 다음과 같이 근사값을 계산할 수 있다.

$$\sum_{s \in S} \sum_{a \in A} d(s) \cdot \pi_\theta(s,\ a) \approx \frac{\pi_\theta\text{에 따라 상태 } s\text{에서 행동 } a \text{ 수행한 횟수}}{\text{에이전트의 전체행동 횟수}}$$

즉, $\Sigma_{s \in S} \Sigma_{a \in A} d(s) \cdot \pi_\theta(s,\ a)$ 부분은 에이전트가 어떤 시작상태에서 (정책 π_θ에 따라) 어떤 행동을 하고 이를 여러 번 반복해서 이들의 발생 빈도를 구하는 내용과 거의 같다. 그림 9.7은 정책 그레디언트 식의 계산 방법을 설명하고 있다.

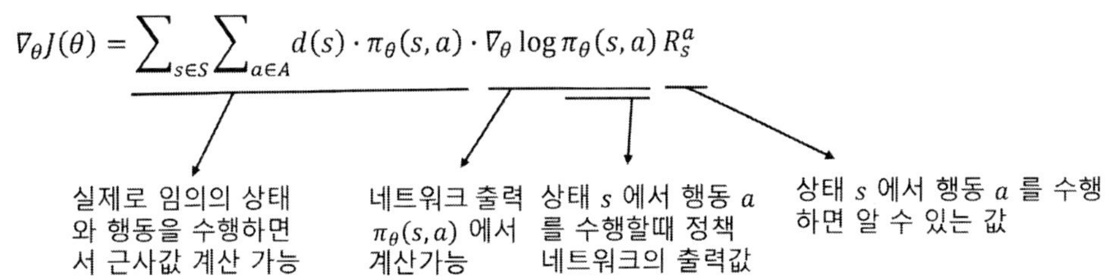

그림 9.7 정책 그레디언트의 설명

지금까지 설명한 바와 같이 목적함수의 그레디언트(식 (9.19)) 값은 에이전트의 실제 행동을 통해서 근사값을 구할 수 있음을 알 수 있다. 따라서 식 (9.19)의 값은 다음과 같이 실험을 통한 평균값으로 표현된다.

$$\begin{aligned}\nabla_\theta J(\theta) &= \sum_{s\in S}\sum_{a\in A} d(s)\cdot\pi_\theta(s,\ a)\nabla_\theta \log\pi_\theta q(s,\ a)R_s^a \\ &= E_{\pi_\theta}\left[\nabla_\theta \log\pi_\theta(s,\ a)R_s^a\right]\end{aligned} \tag{9.20}$$

식 (9.20)의 의미는 에이전트는 (환경의 다이내믹 변수인 $d(s)$ 값을 알 필요없이) 현재의 어떤 상태에서 정책 π_θ에 따라서 행동 a를 수행하고, 그 결과로 생성되는 보상값 R_s^a와 $\nabla_\theta \log\pi_\theta(s, a)$ 값들을 이용하여 $\nabla_\theta J(\theta)$의 근사값을 구할 수 있음을 의미한다. 즉, 식 (9.20)을 이용하면 환경에 대한 정보가 없어도 (모델프리) 에이전트의 행동/실험들을 통해서 정책 목적함수의 그레디언트값을 계산할 수 있다. 다음 식은 에이전트가 실제 행동/실험들을 통한 샘플링을 이용해 정책 목적함수의 그레디언트값의 근사값을 구하는 내용을 보여준다.

$$\nabla_\theta J(\theta) = E_{\pi_\theta}\left[\nabla_\theta \log\pi_\theta(s,\ a)R_s^a\right] \approx \frac{1}{N}\sum_t^n \nabla_\theta \log\pi_\theta(s,\ a)R_s^a$$

강화학습의 대부분의 문제는 모델프리 환경이다. 따라서 환경에 대한 내용을 몰라도 반복적인 실험을 통해서 학습을 가능하게 하는 이와 같은 특징은 매우 중요한 의미를 가지며 강화학습 특히 심층강화학습의 기술에 큰 진전을 이루게 해준다.

앞에서 살펴본 MDP의 모델은 한 스텝의 MDP 모델이다. 이제는 이를 확장해 실제의 MDP 모델인 여러 단계의 MDP 모델에 대해 살펴보자. 먼저 정책 그레디언트 정리를 알아본다. 참고로 정책 그레디언트 정리를 설명하기 전에 먼저 같은 용어의 중복 사용에 대한 내용을 정리할 필요가 있다. 앞에서 정책함수를 정의하고 이를 그레디언트 방법으로 학습하는 방법을 **정책 그레디언트 학습**이라고 했다. 이런 정책의 목적함수를 미분한 값(식 (9.21))의 내용을 **정책 그레디언트**라고 한다. 따라서 문맥에 따라서 이 내용들을 구분해서 이해할 필요가 있다.

> **정책 그레디언트 정리**(policy gradient theorem): 미분 가능한 임의의 정책 $\pi_\theta(s, a)$과 임의의 정책 목적함수 초기값(J_0) 스텝별 평균값(J_{avR}), 평균값($\frac{1}{1-\gamma} J_{avV}V$)에 대하여 정책 그레디언트는 다음과 같다.

$$\nabla_\theta J(\theta) = E_{\pi_\theta}\left[\nabla_\theta \log \pi_\theta(s,\ a) Q_{\pi_\theta}(s,\ a)\right] \tag{9.21}$$

정책 그레디언트 식(식 (9.21))에서 $\nabla_\theta \log \pi_\theta(s, a)$는 스코어 함수의 형태이다. 앞에서 설명한 바와 같이 스코어 함수값은 파라미터의 업데이트가 진행되는 방향을 말한다. 그리고 리턴값 $Q_{\pi_\theta}(s, a)$는 얼마만큼을 업데이트 할 것인지(혹은 업데이트의 중요도)를 정한다. 즉, 정책 그레디언트 식의 의미는

정책함수에 대한 그레디언트 = (스코어 함수) * (리턴값)

으로 되어 있음을 보여준다.

여기서 $Q_{\pi_\theta}(s, a)$는 특정 상태-행동(s, a)에서 얻을 수 있는 리턴값을 의미한다. 앞에서 설명한 한 단계(single step) MDP의 목적함수에 대해 정책 그레디언트를 구해 보자. 하지만 한 단계 MDP는 한 개의 행동 후에는 항상 종료상태에 도달하므로 $Q_{\pi_\theta}(s, a)$ 대신에 그때의 실제 보상값 R_s^a을 사용하면 한 단계 MDP에서의 정책 그레디언트는 식 (9.20)의 형태가 된다. 즉 식 (9.21)에서 $Q_{\pi_\theta}(s, a)$을 R_s^a으로 치환하면 동일한 식이 됨을 알 수 있다.

좀더 일반적인 여러 단계 MDP를 생각해 보면 이제는 상태 s에서 정책 π_θ에 따라 행동 a를 선택해도 종료상태에 도달한 것이 아니므로 현재 도달한 상태 s에서 행동 a를 선택할 때의 보상값의 합 즉 $Q_{\pi_\theta}(s, a)$을 사용하여 정책 그레디언트를 계산해야 한다.

그림 9.8은 여러 단계의 스텝을 가진 일반적인 MDP 모델의 내용을 설명하고 있다.

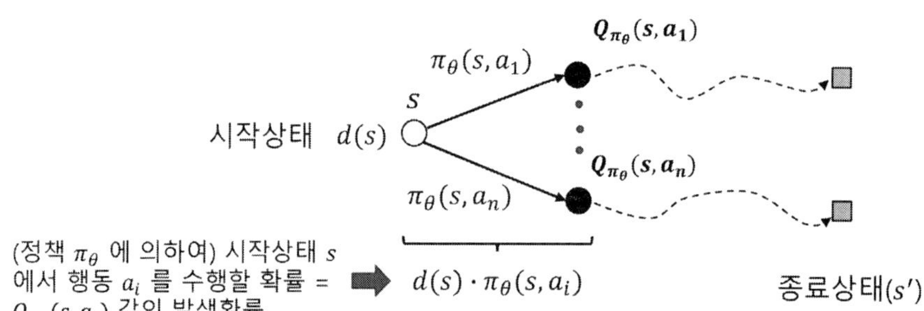

그림 9.8 여러 단계 MDP

에피소드 기반 정책 그레디언트 계산

정책 그레디언트 정리에서는 미분 가능한 정책과 정책 목적함수의 종류에 관계없이 정책 그레디언트의 식이 식 (9.21)과 같이 주어짐을 보였다. 여기서는 에피소드 기반의 정책 목적함수를 사용하여 식 (9.21)의 정책 그레디언트 식을 유도해 보자. (이 부분은 본 장의 나머지 부분과 큰 연관이 없으므로 생략해도 무방함)

먼저 시작상태 s_0에서 정책 π_θ에 따라서 행동을 선택하여 다음 에피소드를 생성한다고 하자.

$$\tau = (s_0,\ a_0,\ r_1,\ \cdots,\ s_{T-1},\ a_{T-1},\ r_T,\ s_T) \tag{9.22}$$

이 에피소드 τ의 보상합(리턴) $R(\tau)$은 다음과 같다($R(s_t,\ a_t)$은 r_{t+1}를 의미하며 편의상 $\gamma = 1$ 가정).

$$R(\tau) = \sum_{t=0}^{T} R(s_t,\ a_t) \tag{9.23}$$

정책 π_θ를 수행할 때에 위의 에피소드 τ(식 (9.22))를 생성할 확률을 $P(\tau|\theta)$이라고 하면 앞에서 설명한 시작값(J_0) 정책목적함수(식 (9.2))를 사용한 정책 목적함수는 다음과 같이 정의된다. (각 에피소드의 리턴값과 그 에피소드가 발생할 확률을 곱해서 계산한 평균값임)

$$J(\theta) = E_{\tau\sim\pi_\theta}[R(\tau)] = \sum_{\tau} P(\tau|\theta)R(\tau) \tag{9.24}$$

여기서 학습의 목표는 이와 같은 $J(\theta)$ 값을 최대화하는 정책함수(예: 신경망)의 파라미터 θ 값들을 구하는 것이다.

$$\underset{\theta}{\operatorname{argmax}}\, J(\theta) = \underset{\theta}{\operatorname{argmax}} \sum_{\tau} P(\tau|\theta)R(\tau) \tag{9.25}$$

정책 목적함수 $J(\theta)$을 θ를 기준으로 미분하면 다음과 같다. (참고: $\nabla \log f(x) = \dfrac{\nabla f(x)}{f(x)}$)

$$\begin{aligned}\nabla_\theta J(\theta) &= \nabla_\theta \sum_{\tau} P(\tau|\theta)R(\tau) = \sum_{\tau} P(\tau|\theta)R(\tau)\nabla_\theta \log P(\tau|\theta) \\ &= E_{\tau\sim\pi_\theta}[R(\tau)\nabla_\theta \log P(\tau|\theta)]\end{aligned} \tag{9.26}$$

이 정책 목적함수의 그레디언트(식 (9.26))에서 평균치($E_{\tau \sim \pi_\theta}$)의 값은 정책 π_θ를 이용해 여러 번의 행동을 실제로 수행하고 여기서 발생하는 데이터를 이용해 다음과 같이 예측치를 구할 수 있다. ($\tau^{[i]}$은 i-번째 에피소드를, m은 에피소드의 개수를 의미함)

$$\nabla_\theta J(\theta) \approx (1/m) \sum_{i=1}^{m} R(\tau^{[i]}) \nabla_\theta \log P(\tau^{[i]} | \theta) \tag{9.27}$$

여기서 각 에피소드의 발생확률은 각 상태전이에 대한 확률의 곱으로 표현된다(마르코프 특징에 의해 다음 상태는 현재상태와 행동에 의해서만 결정된다). 따라서 다음 식이 성립한다.

$$P(\tau^{[i]} | \theta) = \prod_{t=0}^{T-1} \pi_\theta(a_t^{[i]} | s_t^{[i]}) P(s_{t+1}^{[i]} | s_t^{[i]},\ a_t^{[i]})$$

참고로 그림 9.9는 MDP 모델에서 상태 s_t에서 상태 s_{t+1}로 전이되는 과정(에이전트에 의한 행동 선택과 환경에 의한 전이확률)과 각각의 확률을 보여준다.

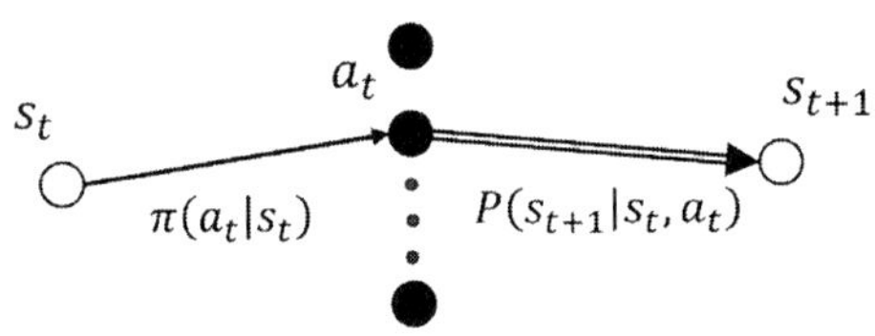

그림 9.9 상태전이 과정

따라서 $\nabla_\theta \log P(\tau^{[i]} | \theta)$을 구하면 다음과 같이 표현된다.

$$\begin{aligned} \nabla_\theta \log P(\tau^{[i]} | \theta) &= \nabla_\theta \log \left[\prod_{t=0}^{T-1} \pi_\theta(s_t^{[i]} | s_t^{[i]}) P(s_{t+1}^{[i]} | s_t^{[i]},\ s_t^{[i]}) \right] \\ &= \nabla_\theta \left[\sum_{t=0}^{T-1} \log \pi_\theta(a_t^{[i]} | s_t^{[i]}) + \log P(s_{t+1}^{[i]} | s_t^{[i]},\ a_t^{[i]}) \right] \end{aligned}$$

여기서 $\nabla_\theta \sum_{t=0}^{T-1} \log P(s_{t+1}^{[i]} | s_t^{[i]},\ a_t^{[i]}) = 0$임을 알 수 있다. 따라서 위 식은 다음과 같이 표현된다.

$$\nabla_\theta \log P(\tau^{[i]} | \theta) = \sum_{t=0}^{T-1} \nabla_\theta \log \pi_\theta(a_t^{[i]} | s_t^{[i]}) \tag{9.28}$$

이 식의 의미는 우리가 환경의 다이내믹 변수값(전이확률 $P(s_{t+1}^{[i]} \mid s_t^{[i]}, a_t^{[i]})$)을 알 필요가 없이 $\nabla_\theta \log P(\tau^{[i]} \mid \theta)$를 계산할 수 있음을 보여준다. ($\pi_\theta(a_t^{[i]} \mid s_t^{[i]}$ 값은 현재 정책 네트워크의 출력값이므로 우리가 알 수 있는 값이다). 따라서 식 (9.28)을 (9.27)에 대입하면 정책목적함수의 미분값은 다음과 같다.

$$\nabla_\theta J(\theta) \approx \left(\frac{1}{m}\right) \sum_{i=1}^{m} \sum_{t=0}^{T-1} \nabla_\theta \log \pi_\theta\left(a_t^{[i]} \mid s_t^{[i]}\right) R\left(\tau^{[i]}\right) \tag{9.29}$$

앞에서 설명한 대로 여기서 $\pi_\theta(a_t^{[i]} \mid s_t^{[i]})$의 값은 정책 네트워크의 출력값을 의미하므로 $\nabla_\theta \log \pi_\theta(a_t^{[i]} \mid s_t^{[i]})$의 값은 계산할 수 있으며 $R(\tau^{[i]})$은 (환경의 변수를 몰라도) 우리가 에이전트의 실험을 통해서 얻을 수 있는 값이다. 따라서 식 (9.29)는 에이전트의 행동(실험)에 의해 계산할 수 있음을 알 수 있다.

또한 여기서 추가로 고려할 사항은 먼저 위의 식에서 $\nabla_\theta \log \pi_\theta(a_t^{[i]} \mid s_t^{[i]})$은 스코어 함수이며 $R(\tau^{[i]})$은 에피소드 $\tau^{[i]}$의 리턴값이다. 따라서 에피소드 $\tau^{[i]}$의 리턴값 $R(\tau^{[i]})$은 중요도를 의미한다. 하지만 현재 리턴값 $R(\tau^{[i]})$의 정의(식 (9.23))를 보면 시작상태 s_0에서부터의 보상값에 대한 합산으로 정의되어 있다. 하지만 우리가 구하고 있는 리턴의 값은 $\pi_\theta(a_t^{[i]} \mid s_t^{[i]})$에서 부터의 리턴값을 필요로 한다. 즉, 에피소드 전체에 대한(시작상태부터의) 리턴값 보다는 현재의 행동 $a_t^{[i]}$으로부터 발생하는 리턴값이 더욱 의미를 가진다($a_t^{[i]}$ 이전의 보상값들은 행동 $a_t^{[i]}$와는 관계없는 보상값들이다). 따라서 리턴값 $R(\tau^{[i]})$를 현재 행동 $a_t^{[i]}$ 이후의 리턴값(reward-to-go)을 사용해 다음과 같이 치환하는 것이 좀 더 정확한 의미를 가진다.

$$R\left(\tau^{[i]}\right) \leftarrow \sum_{k=t}^{T-1} R\left(s_k^{[i]}, a_k^{[i]}\right) \tag{9.30}$$

따라서 이와 같이 수정된 리턴값을 사용하면 최종적인 그레디언트값(식 (9.29))은 다음과 같이 수정할 수 있다.

$$\begin{aligned}\nabla_\theta J(\theta) &\approx \left(\frac{1}{m}\right) \sum_{i=1}^{m} \sum_{t=0}^{T-1} \nabla_\theta \log \pi_\theta\left(a_t^{[i]} \mid s_t^{[i]}\right) \left(\sum_{k=t}^{T-1} R\left(s_k^{[i]}, a_k^{[i]}\right)\right) \\ &= \left(\frac{1}{m}\right) \sum_{i=1}^{m} \sum_{t=0}^{T-1} \nabla_\theta \log \pi_\theta\left(a_t^{[i]} \mid s_t^{[i]}\right) G_t^{[i]}\end{aligned} \tag{9.31}$$

여기서 $G_t^{[i]}$는 식 (9.30)에서 정의된 행동 $a_t^{[i]}$으로부터 발생하는 리턴값을 의미하며 $Q_{\pi_\theta}(s, a)$

의 예측치로 사용된다. 따라서 $G_t^{[i]}$를 $Q_{\pi_\theta}(s, a)$으로 치환하고 $\left(\frac{1}{m}\right)\sum_{i=1}^{m}\sum_{t=0}^{T-1}$ 부분을 E_{π_θ}으로 치환하면 정책 그레디언트 정리의 식 (9.21)과 동일함을 보여준다.

식 (9.31)의 그레디언트를 (각 타임스텝마다) 스토캐스틱(stochastic)하게 구하면 다음과 같은 식이 된다.

$$\nabla_\theta J(\theta) \approx \nabla_\theta \log \pi_\theta(a_t | s_t) G_t \tag{9.32}$$

최대적합도 학습과의 차이점

정책 근사함수(정책 네트워크)에서 최적의 파라미터 값을 구하는 학습 방법인 정책 그레디언트 학습 방법과 최대적합도(maximum likelihood) 학습의 차이를 알아보자.

최대적합도 학습은 **감독자 학습**(supervised learning)의 한 종류이다. 모든 학습 데이터에는 해당 데이터의 목적값(target value)이 주어져야 한다. 강화학습의 문제를 만약 최대적합도 학습의 방법으로 풀 수 있으려면, 강화학습의 모든 학습 데이터에 정확한 목적값이 주어져야 한다. 강화학습의 목표는 최적의 정책을 구하는 것인데, 이는 다시 말하면 주어진 상태에서 최적의 행동을 (미래의 리턴값이 최대가 되는) 구하는 것이다. 예를 들어 우리가 각 상태 s_t에서 항상 최적의 행동 a_t^*를 이미 알고 있다고 가정한다. 즉 상태 s_t에 대한 절대자 행동(가장 최적의 행동)을 a_t^*이라고 가정하면 학습 데이터는 $\{(s_0, a_1^*), (s_1, a_1^*), \ldots\}$의 형태로 주어진다고 가정하자. 이와 같은 데이터의 형태에서는 우리가 최대적합도 방법으로 문제를 풀 수 있다.

최대적합도 학습에서 정책을 근사함수로 표현하고, 이 근사함수의 파라미터를 θ라고 하면 최대적합도 학습의 목표는 (학습 데이터가 정답이므로) 원래의 학습 데이터 $\{(s_0, a_0^*), (s_1, a_1^*), \ldots\}$가 생성되도록 (혹은 생성되도록 하는 확률이 가장 높도록) 파라미터 θ 값들을 구하는 것이다. 최대적합도 학습의 방법에 대한 자세한 내용은 스코어 함수의 부분에서 설명되어 있다. 최대적합도 학습의 (스토캐스틱) 파라미터 업데이트 식(식 (9.12))은 다음과 같다.

$$\theta = \theta + \alpha \nabla_\theta \log \pi_\theta(a_t^* | s_t)$$

여기서 그레디언트는 (스코어 함수라고 불리며) 파라미터의 업데이트 진행방향을 알려준다.

$$\nabla_\theta \log \pi_\theta(a_t^*|s_t) \tag{9.33}$$

즉 파라미터 θ는 스코어 함수의 방향으로 업데이트가 진행됨을 알 수 있다. 이러한 방법으로 업데이트를 진행해 나가면 학습 데이터 $\{(s_0, a_0^*), (s_1, a_1^*), \cdots\}$가 생성되는 확률이 가장 높게 되는(maximum likelihood) 파라미터를 구하게 된다.

이제 최대적합도 학습방법을 정책 그레디언트 방법과 비교해 보자. 최대적합도 학습에서는 데이터가 $\{(s_0, a_0^*), (s_1, a_1^*), \cdots\}$의 형태로 주어졌으며 a_t^*는 각 상태마다 최적의 행동값을 의미한다. 하지만 강화학습에서는 학습에 사용하는 데이터가 $\{(s_0, a_0, r_1), (s_1, a_1, r_2), \cdots\}$의 형태로 주어진다($r_t$은 각 상태-행동에 대한 보상값). 이러한 r_t 값들은 현재의 행동에 대한 즉각적인 평가만을 의미한다. 따라서 이러한 r_t 값은 부분적인 답이며 우리가 원하는 최종적인 답이 아니다. 우리가 최종적으로 원하는 답은 현재의 상태-행동에서 미래에 보상값들의 합이 최대가 되는 행동을 구하는 것이다.

정책 그레디언트 방법으로 학습할 때의 (스토캐스틱) 그레디언트는 식 (9.32)에 설명한 바와 같이 다음과 같다.

$$\nabla_\theta \log \pi_\theta(a_t|s_t)\, G_t$$

이를 최대적합도 학습의 그레디언트(식 (9.33))와 비교해 보면 먼저 파라미터는 업데이트할 때 정책 그레디언트와 최대적합도 방법 모두 $\nabla_\theta \log \pi_\theta(a_t\,|\,s_t)$의 방향으로 한다. 하지만 정책 그레디언트에서는 학습 데이터에 완전한 정답(최적의 행동을 의미)이 있는 것이 아니므로 이 업데이트가 좋은지 나쁜지, 좋다면 얼마나 좋은지 알아야 한다. 이 업데이트가 얼마나 좋은지 알려주는 항이 G_t이다. 즉 G_t 값이 높으면 이는 좋은 업데이트(보상의 합이 높은)이므로 큰 사이즈로 업데이트를 하고, 아니면 작은 사이즈로 업데이트를 한다.

강화학습의 정책 그레디언트 식은 업데이트의 방향을 알려주는 스코어 함수에 이 업데이트가 얼마나 좋은(믿을만한) 업데이트인지를 결정하는 G_t 항이 추가된 형태이다. (최대적합도 학습에서는 항상 최적의 목적값이 제공되므로 그레디언트의 신뢰도는 항상 믿을 수 있다. 따라서 그레디언트의 신뢰를 계산하는 G_t 같은 추가항이 필요없다.) 표 9.1은 정책 그레디언트와 최대적합도 학습의 차이를 요약한 내용이다.

표 9.1 정책 그레디언트와 최대적합도의 차이

학습방법	그레디언트	비고
최대적합도	$\nabla_\theta \log \pi_\theta(a_t\|s_t)$	$a_t = a_t^*$이라고 가정
정책 그레디언트	$\nabla_\theta \log \pi_\theta(a_t\|s_t)G_t$	

9.6 REINFORCE 알고리즘

정책 그레디언트의 식(식 (9.21))에서는 $Q_{\pi_\theta}(s, a)$의 실제값을 알 수 없기 때문에 학습에서는 예측치를 사용해야 한다. $Q_{\pi_\theta}(s, a)$ 값을 예측하는 첫 번째 방법은 몬테카를로(Monte Carlo) 방법을 이용하는 것이며, 이를 **REINFORCE** 알고리즘라고 한다 [Williams, 1992]. 우리가 이미 앞에서 설명한 식 (9.31) 혹은 (9.32)가 REINFORCE 알고리즘의 내용이다. REINFORCE 알고리즘의 구체적인 학습 방법은 다음과 같다.

1) 먼저 정책 π_θ에 따라서 종료상태에 도달할 때까지 행동하면서 에피소드 $\tau \sim s_0, a_0, r_1, \ldots, s_{n-1}, a_{n-1}, r_n$를 생성한다.
2) 에피소드의 각 단계마다 그 단계에서의 리턴(return)값을 계산하고, 이 값을 $Q_{\pi_\theta}(s, a)$ 대신에 사용한다. 예를 들어서 현재 에피소드의 시간단계 t에서 획득할 수 있는 리턴값 G_t는 다음과 같이 정의된다(리턴값의 정의(식 (6.13)을 아래에 다시 표시).

$$G_t = r_{t+1} + \gamma r_{t+2} + \gamma^2 r_{t+3} + \gamma^3 r_{t+4} + \cdots + \gamma^T r_{t+T+1} = \sum_{i=0}^{T} \gamma^i r_{t+i+1}$$

이를 식 (9.21)에 대입하면 정책 그레디언트 값은 다음과 같다.

$$\nabla_\theta J(\theta) = E_{\pi_\theta}[\nabla_\theta \log \pi_\theta(s_t, a_t) G_t]$$

스토캐스틱 업데이트를 사용한다고 하면

$$\nabla_\theta J(\theta) = \nabla_\theta \log \pi_\theta(s_t, a_t) G_t$$

3) 마지막으로 REINFORCE 알고리즘의 (에피소드별) 파라미터 θ 업데이트 식은 다음과 같으며 이를 각 에피소드별로 반복수행한다.

$$\Delta\theta = \alpha \sum_t \nabla_\theta \log \pi_\theta(s_t,\ a_t) G_t$$
$$\theta \leftarrow \theta + \Delta\theta$$

참고로 REINFORCE에서 사용하는 G_t 값은 다음 식에서 보는 바와 같이 $Q_{\pi_\theta}(s, a)$의 비편향(unbiased) 예측치이다. 따라서 샘플의 수가 증가하면 다음과 같이 $Q_{\pi_\theta}(s, a)$의 값에 근접하게 된다.

$$Q_{\pi_\theta}(s,\ a) = E_{\pi_\theta}[G_t | s_t = s,\ a_t = a] \tag{9.35}$$

그림 9.10은 REINFORCE 알고리즘의 기본코드(pseudo code)를 보여준다.

알고리즘: REINFORCE

정책 네트워크 π_θ 초기화

loop

  정책 π_θ에서 에피소드 $\tau \sim s_0, a_0, r_1, \ldots, s_{n-1}, a_{n-1}, r_n$ 생성

  $\Delta\theta = 0$

  for 에피소드의 모든 스텝 $t = 0, 1, 2, \ldots, n-1$ do

    $G_t = \sum_{i=0}^{n-t-1} \gamma^i r_{t+i+1}$

    $\Delta\theta \leftarrow \Delta\theta + \nabla_\theta \log \pi_\theta(s_t, a_t) G_t$

  end for

  $\theta \leftarrow \theta + \alpha\Delta\theta$

end loop

return π_θ

그림 9.10 REINFORCE 알고리즘의 기본코드

그림 9.10의 REINFORCE 방법에서는 에피소드별로 업데이트를 수행하는 내용을 보여준다. REINFORCE 알고리즘의 종류에 따라서는 여러 에피소드를 생성한 후에 이들 에피소드의

배치(batch)를 한꺼번에 읽어서 수행하는 방법도 있다. 이 경우에는 기본코드의 $\Delta\theta$ 값을 모든 에피소드에 대하여 평균한 값을 이용하여 파라미터를 업데이트한다.

그리고 만약 에피소드내의 타임스텝별로 업데이트를 하는 경우에는 파라미터 θ 업데이트 식은 for loop 내에서 G_t의 계산 다음에 다음의 식으로 업데이트를 수행한다.

$$\theta \leftarrow \theta + \nabla_\theta \log \pi_\theta(s_t, a_t) G_t$$

REINFORCE 알고리즘에서는 주로 에피소드별 업데이트를 사용한다. 일반적으로 정책 네트워크 파라미터의 업데이트에서 타임스텝별 업데이트와 같이 너무 빈번한 업데이트는 바람직하지 않다. 이는 정책의 변화가 크게 되며 따라서 다음 단계에 좋지 않은 정책을 생성할 수 있다. 따라서 여러 데이터의 배치(예: 에피소드)를 사용하여 분산을 줄이고 업데이트 빈도를 감소시키는 방법을 주로 사용한다.

9.7 액터-크리틱 방법

몬테카를로 방법을 사용하는 REINFORCE 알고리즘은 $Q_{\pi_\theta}(s, a)$을 예측하기 위하여 실제 에피소드의 리턴값을 사용하고 있다. 그러나 각 에피소드의 리턴값은 비편향 예측치라는 장점이 있지만 종료상태까지의 보상값들의 누적 합계이므로 분산값이 큰 단점이 있다. 그래서 이러한 분산값을 줄이기 위한 방법이 필요하다.

이러한 이유로 우리가 사용할 수 있는 두 번째 방법은 **TD 방법**(TD learning)이다. 몬테카를로 방법과 TD 방법을 비교하면, 일반적으로 TD 방법이 한 스텝의 데이터만을 사용하므로 몬테카를로 방법보다 분산값이 작다. 그래서 몬테카를로 대신에 TD 방법을 사용하여 분산값을 줄일 수 있다. 여기서는 TD 방법을 사용해 그레디언트 방법의 분산값을 줄이는 방법을 설명한다.

TD 방법은 기본적으로 예측값을 사용해 또 다른 예측값을 계산하는 **부트스트랩**(bootstrap) 방식이다. 일반적인 TD 학습에서 $Q(s, a)$를 업데이트하는 기본적인 식은 다음과 같다.

$$Q(s, a) \leftarrow Q(s, a) + \alpha(r + \gamma Q(s', a') - Q(s, a)) \tag{9.36}$$

이 식에서 s'는 상태 s에서 행동 a를 수행한 후의 다음 상태를 말하며, a'는 상태 s'에서의 행동을 말한다. 식 (9.36)의 학습 방법은 가치값을 테이블에 저장해 직접 업데이트한다. 하지만 가치값을 근사함수로 표현하는 경우는 Q 값을 직접 업데이트하지 못하고 가치값 근사함수의 파라미터를 업데이트해 간접적으로 수행한다.

따라서 $Q_{\pi_\theta}(s, a)$의 예측값을 표현하는 가치값 근사함수(일반적으로 신경망 사용) $Q_w(s, a)$를 정의하고 이를 TD 학습에 사용한다(여기서 w는 가치값 근사함수의 파라미터를 의미함).

$$Q_w(s,\ a) \approx Q_{\pi_\theta}(s,\ a) \tag{9.37}$$

이와 같은 근사함수 $Q_w(s, a)$를 **크리틱**(critic)이라고 하며, 대부분 심층신경망(deep neural network)을 사용하여 구현한다. 크리틱은 Q 값의 근사값을 구하는 점에서 DQN과 유사한 면이 있다. 하지만 DQN과는 달리 크리틱 네트워크는 **온라인 학습**이므로 일반 DQN에서 사용하는 경험 재사용(experience replay)이나 목표 네트워크(target network) 등의 기법은 사용하지 않는다. 이와 같이 크리틱 근사함수를 사용하는 경우에 우리는 두 개의 근사함수 네트워크(정책 네트워크와 가치값 네트워크)를 가지게 된다. 정책 네트워그는 **액터**(actor)라고 하며, 가치 네트워크는 **크리틱**(critic)이라고 한다. 그리고 이 두 개의 네트워크를 사용하는 학습 방법을 **액터-크리틱**(actor-critic) 방법이라고 한다. 액터는 (크리틱 네트워크의 가치값을 기반으로) 정책을 근사함수 네트워크로 표현한 것이고, 크리틱은 (액터 네트워크가 생성하는 정책을 기준으로) 이 정책에 의한 가치값들을 네트워크의 출력으로 표현한 것이다.

액터-크리틱에서 두 가지 네트워크의 각각 학습 방법에 대하여 알아보자. 기본적으로 액터 네트워크는 크리틱이 계산한 가치값을 기반으로 새로운 정책을 학습하며, 크리틱은 이러한 정책에 대하여 그 정책의 성능을 평가를 한다(즉, 그 정책의 가치값들을 계산한다).

먼저 액터 네트워크의 학습 방법을 보면 이는 정책 네트워크이므로 앞에서 설명한 정책 그레디언트 방법을 사용한다. 따라서 (식 (9.37)에서 본 바와 같이) 원래의 정책 그레디언트(식 (9.21))에서 $Q_{\pi_\theta}(s, a)$ 대신에 크리틱 네트워크가 계산한 예측치 $Q_w(s, a)$를 사용해 다음과 같은 식이 된다.

$$\nabla_\theta J(\theta) \approx E_{\pi_\theta}[\nabla_\theta \log \pi_\theta(s,\ a)\, Q_w(s,\ a)] \tag{9.38}$$

이 식의 스토캐스틱(stochastic) 형태는 다음과 같다.

$$\nabla_\theta J(\theta) \approx \nabla_\theta \log \pi_\theta(s,\ a) Q_w(s,\ a)] \tag{9.39}$$

다음으로 크리틱 네트워크의 학습 방법을 보면 크리틱은 액터에 의해 주어진 정책에 대해 일종의 **정책평가**(policy evaluation)의 기능을 담당한다. 즉, 액터의 현재 파라미터 θ에 의해 생성되는 정책이 얼마만큼 좋은지를 정책의 가치값을 계산함으로서 평가하는 기능을 한다.

이러한 정책의 평가 방법은 이전 장에서 설명한 바와 같이 몬테카를로 방법과 TD 방법이 있다. 몬테카를로 방법은 비편향(unbiased) 예측치이지만 분산값이 크며, TD 방법은 분산값이 작지만 편향(biased) 예측치이다. 이 두 가지 방법 중에서 크리틱의 학습은 주로 TD 방법을 사용한다. 그 이유는 크리틱을 사용하는 가장 큰 이유가 (몬테카를로를 사용하는) REINFORCE 알고리즘의 분산이 크기 때문에 분산의 값을 감소시키기 위하기 때문이다. 따라서 크리틱 근사함수는 주로 TD 방법을 이용하여 학습을 한다.

크리틱은 앞의 장에서 설명한 가치값 근사함수(value function approximation) 학습 방법 중에서 TD 방법을 이용하여 학습을 한다. 구체적으로 다음 식을 이용해 가치값 근사함수의 파라미터 w를 업데이트한다. 이전에 설명한 행동가치값 근사함수의 업데이트 식을 다시 표시하면 다음과 같다(식 (6.41)을 크리틱의 표기형식으로 수정하여 다시 표현함).

$$\Delta w = \alpha(r + \gamma Q_w(s',\ a') - Q_w(s,\ a)) \nabla_w Q_w(s,\ a) \tag{9.40}$$

액터-크리틱의 학습 방법은 식 (9.38)을 이용해 액터 네트워크를 업데이트하고 식 (9.40)을 이용해 크리틱 네트워크를 업데이트하는 과정을 반복적으로 수행한다. 이는 각 네트워크의 파라미터들이 수렴할 때까지 학습을 진행한다. 그림 9.11은 액터-크리틱의 학습 방법의 예시를 보여준다.

크리틱 학습 방법을 설명하기 위하여 간단한 형태의 크리틱을 가정하여 설명하겠다. 크리틱의 근사함수로서 다음과 같이 상태의 속성(feature) 간의 **선형결합 함수**(linear combination function)를 사용하는 간단한 액터-크리틱 학습방법에 대하여 알아보자(참고로 대부분은 크리틱을 심층신경망을 사용한다. 여기서는 예시를 위해 선형함수를 사용했다).

$$Q_w(s,\ a) = \phi(s,\ a)^T w \tag{9.41}$$

여기서 $Q_w(s, a)$는 (파라미터 w에 의해서 계산되는) 가치값 근사함수의 예측치이고 $\phi(s, a)$는

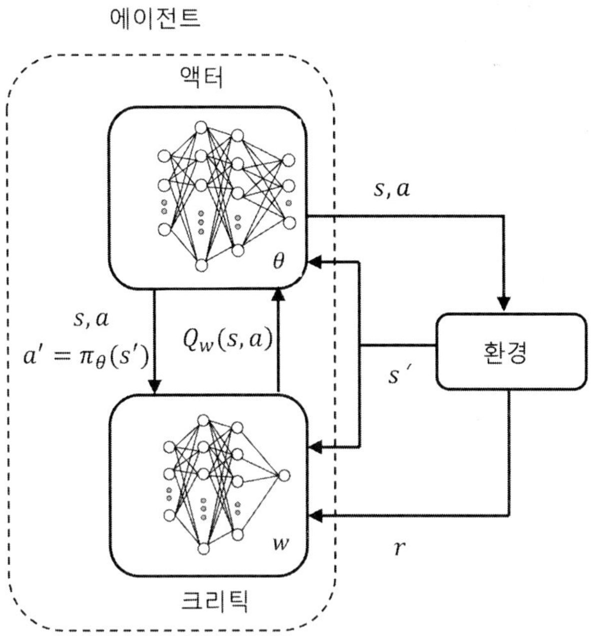

그림 9.11 Q 가치값 액터-크리티의 구조

상태-행동의 속성 벡터, 그리고 w는 이들 속성의 가중치들을 의미한다. 식 (9.41)을 w로 미분하면 $\nabla_w Q_w(s, a) = \phi(s, a)$이 된다. 식 (9.40)과 (9.41)에 의해 크리틱 네트워크의 파라미터 Δw는 다음과 같아진다.

$$\Delta w = \alpha(r + \gamma Q_w(s', a') - Q_w(s, a))\phi(s, a)$$

파라미터 업데이트는 이와 같은 Δw를 이용해 점진적 하강 방법으로 업데이트를 수행한다. 그림 9.12는 이와 같은 선형 함수 크리틱을 이용한 (스토케스틱) Q 값 기반 액터-크리틱 알고리즘의 기본코드이다.

알고리즘: 선형 함수 크리틱을 사용한 Q 액터-크리틱

액터 파라미터 θ와 크리틱 파라미터 w 초기화
상태 s를 초기화 하면서 아래 반복 수행
for $i = 0, \ldots, T$ do
  정책 π_θ에 따라서 상태 s에서 행동 a 수행
  보상값 r과 다음 상태 s' 생성
  정책 π_θ에 따라서 상태 s'에서 행동 a' 선택
  $\delta \leftarrow r + \gamma Q_w(s', a') - Q_w(s, a)$
  $\theta \leftarrow \theta + \alpha \nabla_\theta \log \pi_\theta(s, a) Q_w(s, a)$
  $w \leftarrow w + \beta\delta\phi(s, a)$
  $a \leftarrow a', s \leftarrow s'$
end for

그림 9.12 선형 함수 크리틱을 사용한 액터-크리틱

여기서 $\delta = r + \gamma Q_w(s', a') - Q_w(s, a)$는 TD 학습에서 사용되는 TD 에러(TD error)의 값이며 이를 이용해 $w \leftarrow w + \beta\delta\phi(s, a)$에서 크리틱의 파라미터 w를 업데이트한다. 여기서 $\phi(s, a)$은 크리틱을 선형 함수로 가정했기 때문에 식 (9.41)과 같이 크리틱 함수의 미분값을 의미한다. 그리고 액터 함수의 학습은 정책 그레디언트 값 $\alpha \nabla_\theta \log \pi_\theta(s, a) Q_w(s, a)$을 사용해 파라미터 θ 값을 업데이트한다. 여기서 $Q_w(s, a)$은 (현재 파라미터 w에 의한) 크리틱의 Q 값 예측치를 말한다.

9.7.1 베이스라인 함수

지금까지 정책 그레디언트의 분산을 줄이기 위해 크리틱 네트워크를 새로 정의하고 이런 크리틱 네트워크는 TD 학습을 이용하여 학습했다. 이와 같은 액터-크리틱 방법은 몬테카를로 방법에 비해 분산값을 많이 줄일 수 있다. 하지만 TD 학습을 이용한 크리틱 네트워크의 학습이 아직도 상대적으로 높은 분산값을 가질 수 있다. 따라서 여기서는 이러한 분산값을 **베이스라인 함수**(baseline function)를 이용하여 더욱 감소를 시키는 방법을 설명한다.

베이스라인 함수 $B(s)$는 상태 s에 대한 임의의 함수를 의미하며, 정책 그레디언트 식에서 $Q_w(s, a)$ 대신에 $Q_w(s, a) - B(s)$를 사용하는 방식으로 사용된다. 즉 $Q_w(s, a)$의 값에 어떠한

값(베이스라인 함수값)을 빼셈함으로써 분산을 감소시키고자 하는 방법이다. 다음 식은 원래의 정책 그레디언트 식 (9.21)을 다시 표시한 것이다.

$$\nabla_\theta J(\theta) = E_{\pi_\theta}[\nabla_\theta \log \pi_\theta(s, a) Q_{\pi_\theta}(s, a)]$$

이 같은 정책 그레디언트 식에서 베이스라인 함수를 사용하면 $Q_w(s, a)$ 대신에 $Q_w(s, a) - B(s)$를 사용하게 된다. 따라서 정책 그레디언트 식은 다음과 같이 된다.

$$\begin{aligned} & E_{\pi_\theta}[\nabla_\theta \log \pi_\theta(s, a)(Q_w(s, a) - B(s))] \\ & = E_{\pi_\theta}[\nabla_\theta \log \pi_\theta(s, a) Q_w(s, a)] - E_{\pi_\theta}[\nabla_\theta \log \pi_\theta(s, a) B(s)] \end{aligned} \tag{9.42}$$

이 식의 내용을 보면, 첫 번째 항목은 원래의 정책 그레디언트의 내용과 같으며 두 번째 항목은 베이스라인 함수($B(s)$)를 빼셈함으로써 추가로 생긴 항이라는 걸 알 수 있다. 하지만 이 두 번째 항의 식은 식 (9.43)과 같은 형태로 변환된다. (참고: $\nabla \log f(x) = \frac{\nabla f(x)}{f(x)}$)

$$\begin{aligned} E_{\pi_\theta}[\nabla_\theta \log \pi_\theta(s, a) B(s)] & = \sum_{s \in S} d_{\pi_\theta}(s) \sum_{a \in A} \pi_\theta(s, a) \nabla_\theta \log \pi_\theta(s, a) B(s) \\ & = \sum_{s \in S} d_{\pi_\theta}(s) \sum_{a \in A} \nabla_\theta \pi_\theta(s, a) B(s) \\ & = \sum_{s \in S} d_{\pi_\theta}(s) B(s) \nabla_\theta \sum_{a \in A} \pi_\theta(s, a) \end{aligned} \tag{9.43}$$

여기서 $\Sigma_{a \in A} \pi_\theta(s, a) = 1$이다. (특정 상태에서 가능한 모든 행동의 확률의 합은 1) 따라서 이를 미분한 값 $\nabla_\theta \Sigma_{a \in A} \pi_\theta(s, a) = 0$이다. 그러므로 식 (9.43)의 값은 0이 됨을 알 수 있다.

$$E_{\pi_\theta}[\nabla_\theta \log \pi_\theta(s, a) B(s)] = \sum_{s \in S} d_{\pi_\theta}(s) B(s) * 0 = 0 \tag{9.44}$$

이 식은 정책 그레디언트 식에서 $Q_w(s, a)$ 대신에 $Q_w(s, a) - B(s)$를 사용해도 원래 정책 그레디언트의 값에는 변동이 없음을 보여준다. 실제로 베이스라인 함수는 함수가 상태(state)에 대한 함수이기만 하면 (행동에 대한 함수가 아닌) 그 종류에 관계없이 식 (9.44)를 만족하며, 따라서 베이스라인 함수로 사용할 수 있다. 이와 같이 베이스라인 함수를 사용하면 그레디언트 값의 범위를 줄일 수 있고 결론적으로 분산값을 줄일 수 있는 장점이 있다.

베이스라인 함수의 종류

앞에서 베이스라인 함수를 사용하면 분산값을 감소할 수 있음을 알게 되었다. 그러면 이와 같은 베이스라인 함수로 어떤 함수를 사용하는 것이 좋은가? 베이스라인으로 가장 많이 사용되는 함수는 상태 s에 대한 상태가치값 $V_{\pi_\theta}(s)$이다. 여기서 π_θ는 현재의 정책 근사함수(액터: 파라미터가 θ인 정책 네트워크)가 표현하는 정책을 말하고 $V_{\pi_\theta}(s)$는 π_θ에 기반한 상태 s의 가치값을 말한다. 즉, 일반적으로 베이스라인 함수를 사용할 때는 기존의 $Q_{\pi_\theta}(s, a)$의 값을 사용하는 대신에 $Q_{\pi_\theta}(s, a) - V_{\pi_\theta}(s)$를 가장 많이 사용한다. 여기서 $Q_{\pi_\theta}(s, a) - V_{\pi_\theta}(s)$ 같은 식을 **어드밴티지**(advantage) 식이라고 한다.

$$A_{\pi_\theta}(s, a) = Q_{\pi_\theta}(s, a) - V_{\pi_\theta}(s) \tag{9.45}$$

따라서 어드밴티지($A_{\pi_\theta}(s, a)$)를 이용하는 정책 그레디언트 식은 다음과 같이 정의된다.

$$\nabla_\theta J(\theta) = E_{\pi_\theta}[\nabla_\theta \log \pi_\theta(s, a) A_{\pi_\theta}(s, a)] \tag{9.46}$$

어드밴티지 식은 상태 s에서 행동 a를 수행할 때에 새로운 예측값 $Q_{\pi_\theta}(s, a)$이 상태가치값($V_{\pi_\theta}(s)$)보다 상대적으로 얼마나 좋은지를 나타낸다. 즉, 어드밴티지 값이 크면 행동 a는 가치값을 많이 향상시키는 좋은 행동이라는 의미가 되고, 이 방향으로 파라미터를 업데이트하는 것은 좋은 방향으로 업데이트함을 의미한다. 만약 어드밴티지 값이 거의 0이면 이는 행동 a가 이미 우리가 알고 있는(이미 학습이 된) 행동과 거의 같다는 의미이며, 따라서 이 방향으로 특별히 업데이트를 할 필요가 없다. 반대로 이 값이 음수이면 이 행동 a는 가치를 감소시키는 잘못된 방향으로 가는 행동이므로 파라미터를 역방향으로 업데이트해야 한다. 이와 같이 어드밴티지 식을 이용해 업데이트하는 액터-크리틱을 **어드밴티지 액터-크리틱**(advantage actor-critic, A2C) 방법이라고 한다.

9.7.2 어드밴티지 함수의 사용

어드밴티지 함수의 사용은 정책 그레디언트의 분산값을 추가적으로 감소시키는 장점이 있지만 한 가지 단점을 포함하고 있다. 어드밴티지 함수를 사용하기 전에는 우리가 $Q_{\pi_\theta}(s, a)$ 값을 예측하는 근사함수인 한 개의 크리틱이 존재했다. 하지만 어드밴티지 함수인 $Q_{\pi_\theta}(s, a) - V_{\pi_\theta}(s)$를 사용하게 되면 크리틱 함수 $Q_{\pi_\theta}(s, a)$ 외에 $V_{\pi_\theta}(s)$ 값을 예측하는 또 다른 근사함수 크리틱이 추가로 필요하게 된다. 즉 정책 그레디언트 학습을 위하여 두 개의 크리틱이 필요하게 된다.

$$\begin{aligned} V_v(s) &\approx V_{\pi_\theta}(s) \\ Q_w(s) &\approx Q_{\pi_\theta}(s) \\ A(s,\ a) &= Q_w(s) - V_v(s) \end{aligned} \tag{9.47}$$

이는 우리가 전체적으로 다음의 세 개의 신경망 근사함수를 유지해야 함을 말한다: **액터(정책 네트워크)** $\pi_\theta(s, a)$, **행동가치값 크리틱** $Q_w(s, a)$, **상태가치값 크리틱** $V_v(s)$. 참고로 여기서 상태가치값의 표기 $V_{\pi_\theta}(s)$와 $V_v(s)$의 차이는 $V_{\pi_\theta}(s)$는 정책 π_θ에서 상태 s의 (정확한) 상태가치값을 의미하고 $V_v(s)$는 이를 가치값 근사함수 네트워크로 예측한 상태가치값을 의미한다. 따라서 학습이 진행되면 $V_v(s)$ 값은 $V_{\pi_\theta}(s)$에 근접하게 된다. $Q_{\pi_\theta}(s, a)$와 $Q_w(s, a)$의 표기도 이와 동일한 의미를 가진다.

어드밴티지 함수를 사용하면 분산값을 감소시키는 장점은 있지만 이와 같이 세 개의 신경망 근사함수를 유지해야 하므로 학습에 필요한 파라미터의 수를 대폭 증가시키고 비효율적이다. 따라서 이 두 개의 크리틱 $Q_w(s, a)$와 $V_v(s)$을 한 개의 크리틱 네트워크로 통합할 수 있는 방법에 대하여 알아보자.

$V_v(s)$ 크리틱 네트워크의 학습 방법은 $Q_w(s, a)$ 크리틱 네트워크와 마찬가지로 TD 방법을 이용해 학습한다. 앞서 가치값 근사함수의 장에서 TD 학습으로 가치값 근사함수 네트워크를 학습하는 내용을 설명했다. 먼저 TD 학습에서의 TD 에러(TD error)를 $V_{\pi_\theta}(s)$ 값을 사용하여 표시하면 다음과 같다. (식 (6.19) 참고)

$$\delta_{\pi_\theta} = r + \gamma V_{\pi_\theta}(s') - V_{\pi_\theta}(s) \tag{9.48}$$

배치(batch)로 학습할 때는 TD 에러값 δ_{π_θ}을 정책 π_θ에 따라서 생성된 여러 데이터의 평균값 $E_{\pi_\theta}[\delta_{\pi_\theta} | s, a]$을 사용한다. 따라서 식 (9.48)을 정책 π_θ의 데이터들을 기준으로 평균을 취하면 다음과 같다.

$$E_{\pi_\theta}[\delta_{\pi_\theta} | s,\ a] = E_{\pi_\theta}[r + \gamma V_{\pi_\theta}(s') | s,\ a] - V_{\pi_\theta}(s) \tag{9.49}$$

벨만 기대 방정식(Bellman Expectation Equation)에 의해 $E_{\pi_\theta}[r + \gamma V_{\pi_\theta}(s') | s, a] = Q_{\pi_\theta}(s, a)$이 성립한다. 따라서 식 (9.50)이 성립한다.

$$E_{\pi_\theta}[\delta_{\pi_\theta} | s,\ a] = Q_{\pi_\theta}(s,\ a) - V_{\pi_\theta}(s) = A_{\pi_\theta}(s,\ a) \tag{9.50}$$

식 (9.50)의 의미는 정책 π_θ에 의해 생성된 여러 데이터로 학습할 때에 TD 에러(식 (9.48))를 이용하여 업데이트를 수행하는 것은 어드밴티지(식 (9.50))를 이용하여 업데이트를 수행하는 것과 같다는 뜻이다. 그래서 어드밴티지값 대신에 TD 에러의 값을 사용할 수 있다. 이는 한 가지 큰 장점을 제공한다. 어드밴티지 값은 Q 값과 V 값이 동시에 필요하지만 TD 에러값은 V 값만이 필요하다. 따라서 Q 값을 예측하는 크리틱 $Q_w(s, a)$이 필요가 없어지게 된다.

실제 액터-크리틱 알고리즘에서 식 (9.48)의 TD 에러를 사용할 때 정확한 $V_{\pi_\theta}(s)$ 값은 학습이 수행된 후에만 알 수 있기 때문에 대신에 현재의 파라미터에 의해 생성되는 예측치인 $V_v(s)$ 값을 사용하여 TD 에러를 사용한다. 따라서 $V_v(s)$를 사용하는 δ_v는 다음과 같이 정의되며 이 식을 사용하여 업데이트를 수행한다.

$$\delta_v = r + \gamma V_v(s') - V_v(s) \tag{9.51}$$

이 식에서 δ_v 항은 $V_v(s)$ 값만을 포함하고 있으므로 $Q_{\pi_\theta}(s, a)$에 대한 행동가치값 크리틱은 더 이상 필요가 없게 된다. 따라서 한 개의 크리틱만 유지하면 되므로 학습이 훨씬 효율적이다.

이제 어드밴티지 대신에 TD 에러값을 사용할 수 있으므로 어드밴티지를 이용한 정책 그레디언트 식 (9.46)에서 $A_{\pi_\theta}(s, a)$ 대신에 δ_v를 사용해 액터 네트워크를 업데이트할 수 있다. 따라서 식 (9.46)은 다음과 같이 수정되어 액터 네트워크의 파라미터 θ를 업데이트한다.

$$\nabla_\theta J(\theta) = E_{\pi_\theta}[\nabla_\theta \log \pi_\theta(s, a)\delta_v] \tag{9.52}$$

상태가치값 크리틱 $V_v(s)$도 (행동가치값 크리틱 $Q_w(s, a)$은 이제 필요없음) TD 학습을 사용하므로 식 (9.51)의 TD 에러를 이용해 업데이트할 수 있다. 이와 같이 TD 에러를 사용하여 액터와 크리틱을 학습하는 방법을 **TD 액터-크리틱**(TD actor-critic)이라고 한다. 따라서 TD 액터-크리틱 방법에서는 정책 그레디언트와 크리틱 모두에 TD 에러 δ_v 값을 사용해 업데이트를 수행한다. 그림 9.13은 TD 액터-크리틱 방법을 그림으로 설명하고 있다. (어드밴티지 액터-크리틱의 식 (9.46)에서 Q_{π_θ} 대신에 $r + \gamma V_v(s')$를 추정치로 사용하면 TD 액터-크리틱이 된다)

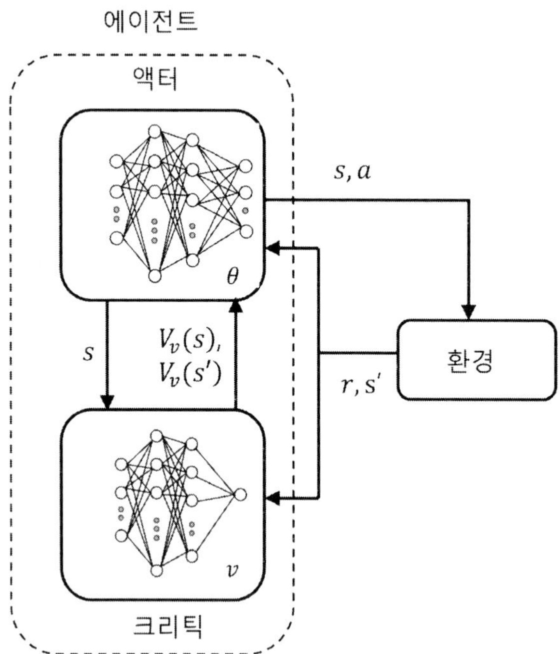

그림 9.13 TD 액터-크리틱 방법

그림 9.14는 (온라인-스토캐스틱) TD 액터-크리틱 알고리즘의 기본코드이다.

알고리즘: TD 액터-크리틱

액터 파라미터 θ와 크리틱 파라미터 v 초기화

상태 s 초기화하면서 아래 반복 수행

for $i = 0, \ldots, T$ do

  정책 π_θ에 따라서 상태 s에서 행동 a 수행

  보상값 r과 다음상태 s' 생성

  $\delta_v = r + \gamma V_v(s') - V_v(s)$ // TD 에러 값을 구함

    (s가 종료상태이면 $\delta_v = r - V_v(s)$)

  $\theta \leftarrow \theta + \alpha \delta_v \nabla_\theta \log \pi_\theta(s, a)$ // 액터를 업데이트함

  $v \leftarrow v + \beta \delta_v \nabla_v V_v(s)$ // 크리틱을 업데이트함

  $s \leftarrow s'$

end for

그림 9.14 TD 액터-크리틱 기본코드

그림 9.14의 액터-크리틱 기본코드를 보면 액터-크리틱은 기본적으로 온라인 학습 방법임을 알 수 있다. 즉, 에이전트의 각 행동마다 생성된 데이터를 이용해 액터 네트워크와 크리틱 네트워크를 실시간으로 업데이트하고 있다. 따라서 액터-크리틱 알고리즘은 데이터간의 상호의존을 줄이기 위해 DQN에서 사용하는 경험 재사용(experience replay) 방법을 크리틱의 학습에 사용할 수 없다. 따라서 액터-크리틱에서는 데이터 간의 상호의존을 줄이기 위해서 새로운 방법인 A3C(asynchronous advantage actor critic) 등을 사용하기도 한다. A3C 방법에 대해서는 10.1절에서 자세히 설명한다.

그림 9.14와 같이 각 스텝마다 업데이트를 진행하는 경우에 정책의 변화가 빈번하게 변하는 단점이 있다. 따라서 (매번 행동마다 업데이트하는 대신에) 현재의 정책하에 행동을 여러 번 수행하여 다수의 데이터를 생성하고 이들 배치 데이터를 이용하여 한꺼번에 업데이터하는 배치 액터-크리틱 방법을 사용할 수도 있다. 이 경우에 그림 9.14의 알고리즘 기본코드에서 V_v 값들과 $\nabla_\theta \log \pi_\theta(s_t, a_t)$ 값은 이들 배치 데이터에서 계산된 합을 사용한다. 이에 대한 자세한 내용은 A3C 방법에서 설명한다.

9.7.3 액터-크리틱 네트워크의 구성

지금까지 설명한 바와 같이 TD 액터-크리틱은 액터 네트워크와 크리틱 네트워크 두 개의 신경망으로 구성되어 있다. 액터 네트워크는 상태(변수) 입력에 대해 현재 정책 π_θ에 대한 행동의 확률을 출력값으로 생성한다. 따라서 액터 네트워크의 출력 노드 숫자는 정책의 행동의 개수와 동일하다. 그리고 크리틱 네트워크는 현재의 상태를 입력으로 하며 해당 상태에 대한 $V_{\pi_\theta}(s)$의 예측치인 $V_v(s)$ 값을 출력한다. 따라서 크리틱 네트워크의 출력 노드는 $V_v(s)$ 값 한 개만 존재한다. 이들 두 개의 네트워크를 실제로 구현하는 방법에는 다음 두 가지가 있다.

첫 번째 방식은 그림 9.15와 같이 액터 네트워크와 크리틱 네트워크를 따로 독립적으로 구현한다. 액터 네트워크는 상태 변수를 입력으로 하고 출력 노드의 각 값은 현재 정책 π_θ에 대한 행동의 확률 $\pi_\theta(a|s)$을 각각 출력값으로 한다. 여기서 θ는 액터 네트워크의 파라미터를 의미한다. 그리고 또 다른 네트워크 크리틱 네트워크는 단지 한 개의 출력 노드를 가지며, 이 출력값은 입력된 상태변수 s에 대하여 가치값 $V_v(s)$를 출력한다. 여기서 v는 크리틱 네트워크의 파라미터를 의미하며 $V_v(s)$는 현재 파라미터값 v에 의해 예측된 상태 s의 상태가치값을 말한다.

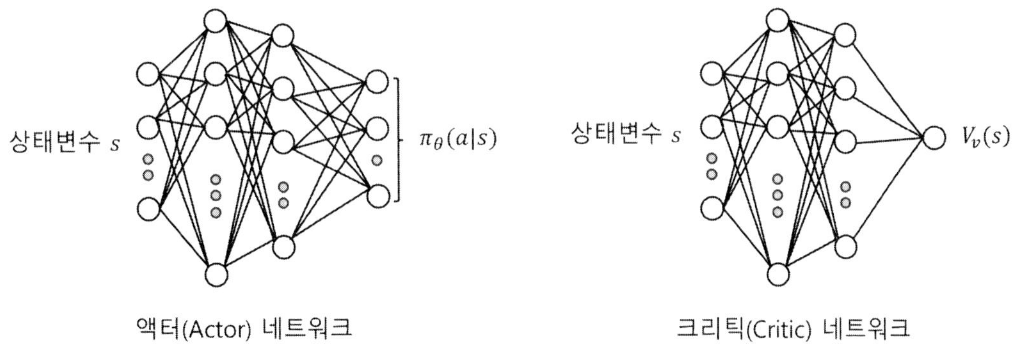

그림 9.15 독립된 액터 네트워크와 크리틱 네트워크

두 번째 방법은 액터 네트워크와 크리틱 네트워크가 동일한 입력을 가지는 점을 고려하여 그림 9.16과 같이 가치값 네트워크와 정책 네트워크를 한 개의 네트워크로 구현한다. 통합된 네트워크의 입력은 (앞의 네트워크들과 동일하게) 상태변수가 입력이 되고 출력 노드의 구조가 다르다. 통합된 네트워크의 출력 노드들은 두 개의 영역으로 구성되어 있다. 출력 노드 중 노드 한 개는 상태 s의 가치값 예측치 $V_v(s)$를 출력하고, 나머지 출력 노드들은 각각 상태 s의 각 행동에 대한 확률값 $\pi_\theta(a|s)$을 출력하도록 구성되어 있다. (통합된 네트워크에서 상태 s의 가치값 예측치 표시를 $V_v(s)$로 한 이유는 전체 네트워크에서 $V_v(s)$ 값을 계산하는 부분의 파라미터만을 v라고 가정해 편의상 $V_v(s)$로 표기했다.) 그림 9.16과 같은 통합 네트워크 방식은 액터 네트워크와 크리틱 네트워크를 통합하여 한 개의 네트워크를 사용하므로 파라미터의 숫자가 줄어들고 학습의 속도가 빨라지는 장점이 있다.

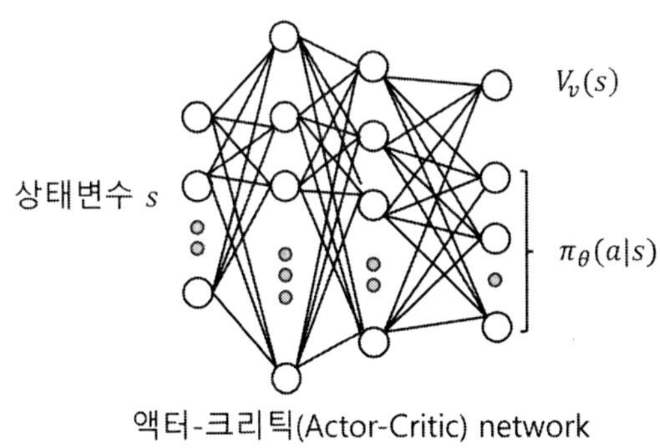

그림 9.16 결합된 액터-크리틱 네트워크

9.8 GAE

앞의 4장에서 TD(λ) 학습의 내용을 설명하면서 TD(0) 학습이 한 단계의 보상값만을 사용하므로 편향성(bias)이 높음을 설명했다. 또한 한 단계에 대해서만 업데이트를 하므로 여러 단계 후에 발생하는 효과에 대해서는 학습의 속도가 느려지는 단점이 있다. 이러한 단점을 보완하기 위해 한 단계가 아닌 n 단계의 행동을 수행하고, 그때 발생하는 보상값 전체를 사용해 리턴값을 예측하는 n 스텝 리턴값을 정의했다. 다음은 n 스텝 리턴값의 정의를 보여준다.

$$G_t^{(n)} = R_{t+1} + \gamma R_{t+2} + \cdots + \gamma^{n-1} R_{t+n} + \gamma^n v(s_{t+n})$$

하지만 이러한 n 스텝 리턴값들의 경우는 n의 수가 커지면서 항의 숫자가 증가하여 분산이 증가하며, 또한 정확한 n의 값을 결정하기가 어려운 단점이 있었다. 따라서 n의 값을 결정할 필요가 없는 새로운 학습의 방법으로 TD(λ) 학습을 사용한다.

TD(λ)에서는 모든 가능한 n의 값에 대하여 리턴값을 계산한 후에, 이들 각각에 가중치를 부여하고, 이들의 가중 평균값을 최종적인 리턴값으로 사용하는 방법을 사용한다. 다음은 이와 같이 정의된 식을 보여준다(식 (4.24) 참고).

$$G_t^{\lambda} = (1-\lambda) \sum_{n=1}^{\infty} \lambda^{n-1} G_t^{(n)}$$

이러한 학습의 방법을 TD(λ)라고 했다. 이러면 n의 값을 따로 결정할 필요가 없는 장점이 있다. (경우에 따라서 위의 식에서 상수 (1−λ)는 생략 가능함)

일반화된 예측 어드밴티지(generalized advantage estimation, GAE)는 이와 유사한 방법을 어드밴티지 값에 대해 적용한 방법이다 [Schulman et al., 2016]. 그러면 이제 TD(λ) 아이디어를 어드밴티지에 적용한 GAE 방법에 대하여 알아보자.

먼저 앞에서 설명한 TD 액터-크리틱에서 액터(정책 네트워크)를 업데이트하는 그레디언트 식은 다음과 같다(식 (9.52)를 다시 표시함).

$$\nabla_\theta J(\theta) = E_{\pi_\theta}[\nabla_\theta \log \pi_\theta(s, a) \delta_v]$$

여기서 δ_v은 다음과 같이 정의된다.

$$\delta_v = r + \gamma v_v(s') - v_v(s)$$

그리고 식 (9.50)에서 설명한 바와 같이 δ_v는 어드밴티지값을 예측한 값이다. δ_v는 한 타임스텝에서의 어드밴티지값을 의미하는데, 이에 반해 여러 타임스텝의 어드밴티지값 평균을 구하는 방법이 GAE 방법이다.

GAE에서는 여러 타임스텝의 상태를 사용하므로 먼저 식 (9.51)의 표현 방식을 수정하여 현재 상태를 s_t 다음 상태를 s_{t+1} … 등으로 표기한다. 그리고 상태가치값의 표현 방법이 네트워크로 표현되거나 테이블에 저장되거나 GAE에서 어드밴티지값을 계산하는 점에서는 차이가 없다. 따라서 여기서는 표기를 간단히 하기 위하여 (상태)가치값을 테이블 형태로 표기한다($v(s)$로 표현).

먼저 현재의 상태 s_t에서 한 단계(n = 1)만을 고려한 어드밴티지값을 $A_t^{(1)}$라고 하자($A_t^{(1)}$는 위 식의 δ_v와 같은 의미를 가진다). 이때 식 $A_t^{(1)}$은 (수정된 표기방법을 사용하여) 다음과 같이 정의된다.

$$A_t^{(1)} = r_{t+1} + \gamma v(s_{t+1}) - v(s_t)$$

따라서 이와 같은 방식으로 각 단계마다 어드밴티지를 계산하면 다음과 같다.

$$\begin{aligned} n=1 \qquad & A_t^{(1)} = r_{t+1} + \gamma v(s_{t+1}) - v(s_t) \\ n=2 \qquad & A_t^{(2)} = r_{t+1} + \gamma r_{t+2} + \gamma^2 v(s_{t+2}) - v(s_t) \\ \vdots \qquad & \qquad\qquad \vdots \\ n=\infty \qquad & A_t^{(\infty)} = r_{t+1} + \gamma r_{t+2} + \gamma^2 r_{t+3} + \gamma^3 v(s_{t+3}) + \cdots - v(s_t) \end{aligned} \tag{9.53}$$

여기서 δ_t^v를 다음과 같이 정의하면

$$\delta_t^v = A_t^{(1)} = r_{t+1} + \gamma v(s_{t+1}) - v(s_t)$$

따라서 식 (9.53)의 어드밴티지 값들은 다음과 같이 표현할 수 있다.

$$
\begin{aligned}
&A_t^{(1)} = \delta_t^v \\
&A_t^{(2)} = \delta_t^v + \gamma\delta_{t+1}^v \\
&A_t^{(3)} = \delta_t^v + \gamma\delta_{t+1}^v + \gamma^2\delta_{t+2}^v \\
&\vdots
\end{aligned}
$$

GAE에서의 어드밴티지는 이들 $A_t^{(1)}, A_t^{(2)}, \ldots$ 들에 대해 다음과 같이 평균을 구한 값이다(여기서 λ 상수는 TD(λ) 학습에서의 λ 상수와 같은 의미를 가진다).

$$A_t^{GAE(\gamma,\lambda)} = (1-\lambda)(A_t^{(1)} + \lambda A_t^{(2)} + \lambda^2 A_t^{(3)} + \cdots)$$

식을 간단히 하기 위해 이를 δ_t^v를 이용해 표시하면 다음과 같다.

$$
\begin{aligned}
A_t^{GAE(\gamma,\lambda)} &= (1-\lambda)(A_t^{(1)} + \lambda A_t^{(2)} + \lambda^2 A_t^{(3)} + \cdots) \\
&= (1-\lambda)(\delta_t^v + \lambda(\delta_t^v + \gamma\delta_{t+1}^v) + \gamma^2(\delta_t^v + \gamma\delta_{t+1}^v + \gamma^2\delta_{t+2}^v) + \cdots) \\
&= (1-\lambda)(\delta_t^v(1 + \lambda + \lambda^2 + \cdots) + \gamma\delta_{t+1}^v(\lambda + \lambda^2 + \lambda^3 \cdots) + \cdots) \\
&= (1-\lambda)\left(\delta_t^v\left(\frac{1}{1-\lambda}\right) + \gamma\delta_{t+1}^v\left(\frac{\lambda}{1-\lambda}\right) + \gamma^2\delta_{t+2}^v\left(\frac{\lambda^2}{1-\lambda}\right) + \cdots\right) \\
&= (\delta_t^v + \gamma\lambda\delta_{t+1}^v + \gamma^2\lambda^2\delta_{t+2}^v + \cdots) \\
&= \sum_{l=0}^{\infty}(\gamma\lambda)^l\delta_{t+l}^v
\end{aligned}
$$

따라서 GAE 방법에서의 어드밴티지 값은 다음과 같이 정의된다.

$$A_t^{GAE(\gamma,\lambda)} = \sum_{l=0}^{\infty}(\gamma\lambda)^l\delta_{t+l}^v \tag{9.54}$$

지금까지 설명한 정책 그레디언트 방법들을 요약하면 다음과 같다.

정책 그레디언트	알고리즘
$\nabla_\theta J(\theta) = E_\pi q[\nabla_\theta \log\pi_\theta(s, a)G_t]$	REINFORCE
$E_\pi q[\nabla_\theta \log\pi_\theta(s, a)Q_w(s, a)]$	Q 액터-크리틱(Q actor-critic)
$E_\pi q[\nabla_\theta \log\pi_\theta(s, a)A_w(s, a)]$	어드밴티지 액터-크리틱(advantage AC)
$E_\pi q[\nabla_\theta \log\pi_\theta(s, a)\delta_v]$	TD 액터-크리틱(TD actor-critic)
$E_\pi q[\nabla_\theta \log\pi_\theta(s, a)A^{GAE(\gamma, \lambda)}]$	GAE 액터-크리틱(GAE actor-critic)

9.9 요약

가치값기반의 강화학습 방법에서는 상태 혹은 행동가치값을 먼저 계산하고, 이를 이용해 최적의 정책을 발견했다. 하지만 가치값기반 방법은 상태나 행동의 수가 아주 많거나 무한대일 때 사용할 수 없는 등의 단점이 있다. 따라서 강화학습의 또 다른 방법은 정책기반 강화학습으로, 가치값의 계산과정 없이 정책을 직접 업데이트하면서 찾는다. 정책기반 강화학습은 확률적 정책을 표현할 수 있고 정책수렴의 속도를 빠르게 하는 등의 장점이 있다.

가치값 근사함수에서 가치값이 함수(신경망)로 표현되듯이 정책기반 강화학습에서 정책도 함수로 표현된다. 정책기반 방법에서는 정책목적함수를 정의하며, 이는 특정 정책에 따라서 행동을 수행하면 발생하는 보상의 합을 함수로 표현한 것이다. 정책기반 방법의 목표는 이러한 정책목적함수가 최대가 되도록 하는 파라미터의 값들을 구하는 것이다. 정책목적함수의 종류는 시작값, 평균값, 스텝별 평균값 등의 함수가 있다.

이러한 정책목적함수의 최대화 학습 방법에는 목적함수의 그레디언트를 이용하는 방법과 사용하지 않는 방법이 있다. 그레디언트를 이용하지 않는 방법은 대표적으로 유전자 알고리즘 등을 사용할 수 있다. 이러한 유전자 알고리즘 방법도 좋은 성능을 보이지만 많은 경우에 그레디언트 방법을 주로 사용한다.

정책목적함수의 그레디언트 방법은 근사함수의 학습과 마찬가지로 점진적 (상승) 방법을 사용한다. 정책을 함수로 표현할 때 사용할 수 있는 함수는 미분 가능해야 한다. 정책 함수로는 소프트맥스, 가우시안 등을 사용해 왔지만, 최근에는 심층신경망을 많이 사용한다. 또한 정책 그레디언트 정리는 정책함수의 그레디언트값이 (환경의 다이내믹 변수들을 알 필요가 없이) 정책함수의 스코어 함수값과 리턴값으로 이루어지므로 (실제 실험을 통하여) 계산이 가능함을 보여주고 있다.

정책 그레디언트의 리턴값($Q_{\pi_\theta}(s, a)$)을 계산하기 위해 첫 번째 사용할 수 있는 방법은 REINFORCE이다. 이는 몬테카를로 방법으로, 종료상태까지 실제로 수행해서 발생하는 리턴값으로 리턴값의 예측치를 계산할 수 있다. 하지만 이 방법은 전체 경로의 리턴값을 사용하므로 분산값이 큰 단점이 있다. 따라서 TD 학습을 이용하여 분산을 감소시킨다. TD 학습에서는 리턴값 $Q_{\pi_\theta}(s, a)$의 계산을 다른 예측치를 사용하여 계산하는 부트스트랩 방법을 사용하며, 구체적으로 가치값 근사함수 $Q(s, a)$를 사용해 예측한다. 이러한 학습 방법을 액터-크리틱 방법이라고 한다. 리턴값의 평균은 리턴값의 베이스라인 함수의 값을 뺄셈한 어드밴티지값을 사용해도 변동이 없다. 따라서 상태가치값을 베이스함수로 사용해 분산을 추가로 감소시킨다.

어드밴티지 방법을 사용하면 두 개의 크리틱이 필요한데 이를 상태가치값 크리틱만으로 사용해도 동일한 결과임을 알 수 있다. 또한 이러한 액터-크리틱의 네트워크들은 각각 독립된 네트워크로 구현할 수도 있고 한 개의 네트워크에 다른 출력값으로 구성할 수도 있다.

이러한 어드밴티지를 이용한 학습에서 한 단계의 어드밴티지값보다도 TD(λ) 학습의 방법과 같이 여러 단계의 어드밴티지 값들의 가중 평균값을 최종적인 어드밴티지값으로 사용하는 방법을 사용하는 GAE 방법을 사용할 수 있다.

참고문헌

[Salimans et al., 2017] Salimans, Tim, et al. Evolution strategies as a scalable alternative to reinforcement learning. arXiv:1703.03864 2017

[Such et al., 2017] F. P. Such, V. Madhavan, E. Conti, J. Lehman, K. O. Stanley, and J. Clune, Deep neuroevolution: Genetic algorithms are a competitive alternative for training deep neural networks for reinforcement learning, arXiv preprint arXiv:1712.06567, 2017

[Kohl and Stone, 2004] Nate Kohl and Peter Stone, Policy Gradient Reinforcement Learning for Fast Quadrupedal Locomotion, International Conference on Robotics and Automation, 2004

[Williams, 1992] R. J. Williams, Simple statistical gradient-following algorithms for connectionist reinforcement learning, Machine Learning, vol. 8, pp. 229-256, 1992

[Schulman et al., 2016] John Schulman, Philipp Moritz, Sergey Levine, Michael Jordan and Pieter Abbeel, High dimensional continuous control using generalized advantage estimation, International Conference on Learning Representations, 2016

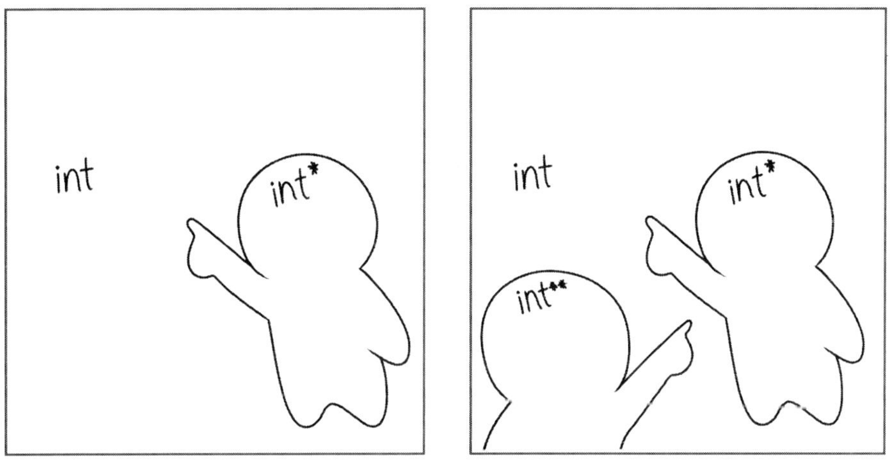

CHAPTER

10

고급 정책 그레디언트

10.1 A3C

9장에서 설명한 액터-크리틱 방법은 효과적이지만 온라인 학습 방법이다. 이는 매번 에이전트가 행동을 취하면서 생성되는 데이터를 이용해 업데이트를 진행하는 것으로서 온라인 학습은 많은 학습 데이터를 생성하기가 어렵다. 이러한 액터-크리틱 방법을 오프라인으로 학습하기 위해서 데이터는 IID(independent identically distributed)의 특징을 만족해야 한다. 하지만 액터-크리틱에서 현재의 데이터는 이전의 데이터와 독립적이지 않으며 서로 상관관계가 존재한다. 즉, 현재 상태는 이전의 상태와 행동에 따라서 결정되며 당연히 현재의 상태에서 수행하는 행동은 이전 단계의 행동에 의해서 영향을 받는다.

이러한 문제점을 해결하기 위해 8장의 DQN 학습에서는 경험 재사용(experience replay) 기법을 사용했다. 하지만 이러한 방법은 학습 데이터의 크기가 커질수록 메모리에 누적되는 데이터의 양이 매우 많아지고, 학습의 속도가 느려진다. 따라서 최근에는 이러한 데이터 간의 연관성을 없애는 새로운 액터-크리틱 방법으로 A3C(asynchronous advantage actor critic)[Mnih et al., 2016] 방법을 자주 사용한다.

10.1.1 비동기 정책 그레디언트

A3C 방법에서는 여러 에이전트가 존재하며 데이터 사이의 상관관계를 여러 독립된 에이전트들이 비동기적으로 각각 업데이트함으로써 해결한다. 이는 경험 재사용 메모리를 사용하지 않으며 DQN에 비해 빠른 학습 속도를 보인다.

A3C에는 한 개의 **글로벌 네트워크**(global network)가 존재하고, 각 에이전트마다 **워커 네트워크**(worker network)가 존재한다. 이러한 워커 네트워크와 글로벌 네트워크는 또한 세부적으로 각각 액터 네트워크와 크리틱 네트워크로 구성되어 있다. 워커 네트워크는 각 독립된 에이전트가(A3C 에서는 워커라고 부름) 글로벌 네트워크에서 전달받은 정책을 사용해 각자 환경을 독립적으로 탐색하면서 데이터를 발생시킨다. 발생한 데이터는 그레디언트값을 계산하는 데 사용한다. 글로벌 네트워크는 각 워커로부터 학습의 결과(그레디언트값)들을 수집하여 글로벌 네트워크들의 학습을 진행한다.

글로벌 네트워크는 액터 네트워크와 크리틱 네트워크로 구성되어 있는데, 액터 네트워크는 (θ는 액터 네트워크의 파라미터) 특정한 상태 s에서 (정책 π_θ에 따른) 행동 a의 확률 $\pi_\theta(a|s)$

를 출력으로 생성한다. 또한 크리틱 네트워크는 (v는 크리틱 네트워크의 파라미터) 상태 s에 대한 상태가치값 $V_v(s)$을 출력으로 생성한다.

워커 네트워크도 (글로벌 네트워크와 마찬가지로) 액터 네트워크와 크리틱 네트워크로 구성되어 있다. 워커 네트워크에서 θ'는 액터 네트워크에 대한 파라미터이고 정책 $\pi_{\theta'}$에 따라 상태 s에서 행동 a를 선택하는 확률 $\pi_{\theta'}(a\,|\,s)$를 출력으로 생성한다. v'는 크리틱 네트워크에 대한 파라미터이며 상태 s 에 대한 상태가치값 $V_{v'}(s)$을 출력으로 생성한다.

참고로 A3C에서 이들 액터 네트워크와 크리틱 네트워크를 구성하는 방법은 그림 9.15와 같이 분리된 액터와 크리틱 네트워크를 사용하거나 그림 9.16과 액터-크리틱이 결합된 형태의 네트워크를 사용하거나 어떠한 방식을 사용해도 차이가 없다.

각 워커는 (글로벌 네트워크에서 파라미터들을 워커로 복사한 후에) 글로벌 네트워크에서 복사한 정책을 이용해 각자 환경을 탐색하여 데이터를 생산하고, 네트워크의 학습에 필요한 계산을 한 후에 이를 글로벌 네트워크에 전달한다. 글로벌 워커는 이들 워커들에서의 계산 결과(그레디언트값)들을 통합해 글로벌 네트워크를 학습하는 에이전트이다. 이 알고리즘이 비동기(asynchronous)라고 불리는 이유는 각 워커는 다른 워커와는 관계없이 자신의 환경에서 데이터를 생성하고 계산을 하며 이를 글로벌 워커에게 전달하기 때문이다. 각 워커가 서로 독립적으로 학습을 진행한다.

이 절에서는 A3C의 학습 방법에 대해 설명하며 그림 10.1은 A3C 네트워크들의 전체적인 구조를 보여준다.

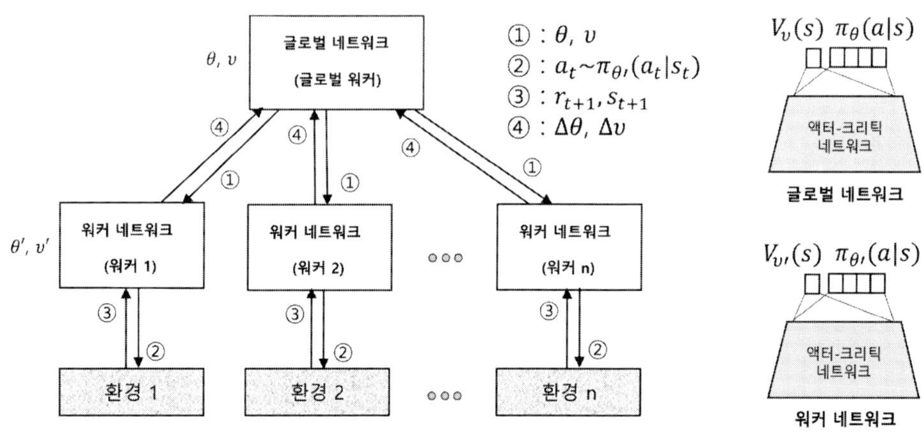

그림 10.1 A3C 네트워크들의 구조

A3C 알고리즘의 각 워커는 앞에서 설명한 TD 액터-크리틱(actor-critic) 방법을 사용한다. 그리고 A3C 방법에서는 TD 학습의 TD 에러를 계산할 때 n 스텝 **리턴값**(n step return)을 사용한다.

A3C의 기본적인 학습방법은 다음과 같다.

1. 각 워커는 글로벌 네트워크의 파라미터들(θ, v)을 자신의 네트워크 파라미터들(θ', v')에 복사한다. 즉, 워커는 현재 글로벌 네트워크의 네트워크 상태를 자신의 네트워크에 복사해 그 상태에서 작업을 시작한다.
2. 다음으로 각각의 워커는 독립적으로 (가능하면 병렬 처리의 방법으로) 다음 세 단계를 수행하면서 에피소드를 생성하고 (글로벌 네트워크를 업데이트하기 위한) 그레디언트를 생성한다. 이때 각 워커는 같은 정책에 따라서 움직이지만 i) 에피소드 생성할 때 시작상태가 다르거나 ii) 확률적 정책이므로 행동선택에서 각 워커는 다른 행동을 선택할 수 있다. 이와 같은 이유로 각 워커가 생성하는 데이터들은 서로 간의 독립성을 유지할 수 있다.
   1) (글로벌 네트워크에서 복사한) 정책에 따라서 n 스텝의 에피소드를 생성하고 n 스텝 리턴값을 계산함(TD(0) 학습이 아닌 n 스텝 리턴값을 사용).
   2) 1)에 의해 (글로벌 네트워크의) 파라미터들의 업데이트를 위한 그레디언트의 누계를 구함.
   3) 2)에서 계산한 그레디언트 누계를 글로벌 네트워크에 전달해 글로벌 네트워크를 업데이트함.

그러면 앞의 알고리즘 설명에서 2-2) 단계의 액터 네트워크와 크리틱 네트워크 각각의 파라미터들의 업데이트를 위한 그레디언트 계산 방법에 대해 알아보자.

먼저 A3C에서 액터 네트워크(정책 네트워크)의 학습 방법을 알아보자. A3C에서는 앞에서 설명한대로 TD 액터-크리틱 방법(식 (9.51)과 식 (9.52))을 사용하여 액터 네트워크를 업데이트한다. 기본적인 TD(0) 학습(한 단계의 값만을 사용하는 학습)을 사용할 때 상태 s_t에서 TD 에러의 정의는 다음과 같다. (식 (9.51)의 내용을 A3C에서의 표기 방식으로 표기)

$$\delta_t = r_{t+1} + \gamma v_{v'}(s_{t+1}) - v_{v'}(s_t) \tag{10.1}$$

따라서 액터 네트워크에서 TD(0) 학습으로 파라미터 업데이트를 하는 경우에 그레디언트값은 다음과 같다(스토캐스틱 경우).

$$\nabla_{\theta'} \log \pi_{\theta'}(a_t|s_t)\delta_t \tag{10.2}$$

하지만 A3C에서는 (한 단계의 값만을 사용하는) TD 타깃(식 (10.1))의 $r_{t+1} + \gamma v(s_{t+1})$ 대신에, n 스텝의 리턴값을 사용한다. 이와 같이 n 스텝 리턴값을 사용하므로서 학습의 속도를 빠르게 할 수 있다.

먼저 n 스텝 리턴값에 대해 간단히 복습해 보자. 에이전트가 특정한 상태 s_t에서 (정책에 따라서) n 타임스텝(timestep)만큼의 행동을 수행한 후에 n 스텝 리턴값($G_t^{(n)}$)의 정의는 다음과 같다(n 스텝 리턴값의 자세한 설명은 4.5절에서 하였으며, A3C에서의 표기에 맞추어서 다시 표시함).

$$G_t^{(n)} = r_{t+1} + \gamma r_{t+2} + \cdots + \gamma^{n-1} r_{t+n} + \gamma^n v_{v'}(s_{t+n}) \tag{10.3}$$

이 과정을 좀더 자세히 설명해보자. 수식 (10.3)의 n 스텝 리턴값 $G_t^{(n)}$ 정의에서 스텝 수를 1에서부터 증가하면서 스텝 수에 따라 리턴값을 정의하면 다음 수식과 같이 정의할 수 있다. 여기서 $G_t^{(k)}$ 값은 상태 s_t에서 k ($k \le n$) 스텝만을 이용히여 계산한 리턴값을 의미한다.

$$\begin{aligned}
G_t^{(1)} &= r_{t+1} + \gamma v_{v'}(s_{t+1}) \\
G_t^{(2)} &= r_{t+1} + \gamma r_{t+2} + \gamma^2 v_{v'}(s_{t+2}) \\
&\vdots \\
G_t^{(n)} &= r_{t+1} + \gamma r_{t+2} + \cdots + \gamma^{n-1} r_{t+n} + \gamma^n v_{v'}(s_{t+n})
\end{aligned}$$

그리고 n 스텝 리턴값($G_t^{(n)}$)은 다음과 같이 재귀적으로 표현할 수 있음을 알 수 있다.

$$G_t^{(n)} = r_{t+1} + \gamma G_{t+1}^{(n-1)} \tag{10.4}$$

따라서 액터 네트워크에서 n 스텝 리턴값($G_t^{(n)}$)을 사용하면 n 스텝 TD 에러(식 (10.1))의 내용은 다음과 같이 수정된다.

$$\delta_t^{(n)} = G_t^{(n)} - v_{v'}(s_t)$$

따라서 그레디언트(식 (10.2))에서 δ_t 대신에 $\delta_t^{(n)}$으로 치환하면 상태 s_t에 대한 그레디언트값은 다음과 같은 내용이 된다.

$$\nabla_{\theta'} \log \pi_{\theta'}(a_t|s_t)\left(G_t^{(n)} - v_{v'}(s_t)\right) \tag{10.5}$$

A3C에서는 n 스텝 리턴값의 사용 외에 추가적인 방법을 사용하여 학습의 효율을 높인다. A3C에서는 현재의 상태 s_t에서 (행동 a_t, a_{t+1}, … a_{t+n-1}에 의해서) 상태 s_{t+n}까지 이동을 하면서 생성되는 보상값(r)들을 좀더 효과적으로 활용한다.

구체적으로 A3C에서는 이러한 보상값들을 이용해서 각 중간상태마다 해당 상태의 그레디언트값을 추가로 계산한다. 그리고 이들 그레디언트들의 전체 합계를 계산해서 한꺼번에 글로벌 네트워트 파라미터의 업데이트에 사용할 수 있다.

A3C에서는 현재 상태 s_t에서 시작하여 상태 s_{t+n}까지 이동을 한 후에 역방향으로 진행하면서 중간 단계 상태 s_{t+k} $(0 \leq k \leq n-1)$ 모두에 대해서 $G_{t+k}^{(n-k)}$을 계산한다. $G_{t+k}^{(n-k)}$ 항의 의미는 상태 s_{t+k}에서 $n-k$ $(k < n)$개 스텝의 보상값을 사용하여 리턴값을 계산한다는 의미이다. 예를 들어서 상태 s_{t+1}에서는 ($n-1$개의 보상값을 사용할 수 있으므로) $G_{t+1}^{(n-1)}$을 계산하고, 상태 s_{t+2}에서는 ($n-2$개의 보상값을 사용할 수 있으므로) $G_{t+2}^{(n-2)}$을 계산하고 이런 과정을 반복하여 계산한다. 그리고 각 상태 s_{t+k} 마다 이러한 $G_{t+k}^{(n-k)}$을 이용하여 그레디언트를 계산한다. 식 (10.5)를 참고하여 상태 s_{t+k}에서의 그레디언트값의 계산은 다음과 같다.

$$\nabla_{\theta'} \log \pi_{\theta'}(a_{t+k}|s_{t+k})\left(G_{t+k}^{(n-k)} - v_{v'}(s_{t+k})\right) \tag{10.6}$$

그리고 각 상태의 그레디언트의 전체 합계는 아래 수식을 이용하여 $\Delta\theta$의 값으로 계산되어 글로벌 네트워크에 전달되어 (글로벌 액터네트워크의) 학습에 사용된다. 일반적으로 상태 s_t에서 n 스텝 리턴값을 사용할때에 $\Delta\theta$ 값은 식 (10.6)을 k 단계별로 합계한 다음 식과 같다.

$$\Delta\theta = \sum_{k=0}^{n-1} \nabla_{\theta'} \log \pi_{\theta'}(a_{t+k}|s_{t+k})\left(G_{t+k}^{(n-k)} - v_{v'}(s_{t+k})\right) \tag{10.7}$$

그림 10.2는 이와 같은 과정을 $n = 10$ 경우의 예를 들어 설명하고 있다. 에이전트는 1) 상태 s_t에서 상태 s_{t+10}까지 이동을 하면서 보상값 r_{t+1}, r_{t+2}, ⋯, r_{t+10}을 차례로 생성을 하고, 2) 상태 s_{t+10}에서 역으로 상태 s_t으로 이동하면서 각 단계마다 $G_{t+k}^{(10-k)}$ $(k = 0, \ldots, 9)$ 값을 계산한다. 3) 그리고 이 값을 이용하여 각 상태에서의 그레디언트값을 식 (10.6)에 의해서 계산한다.

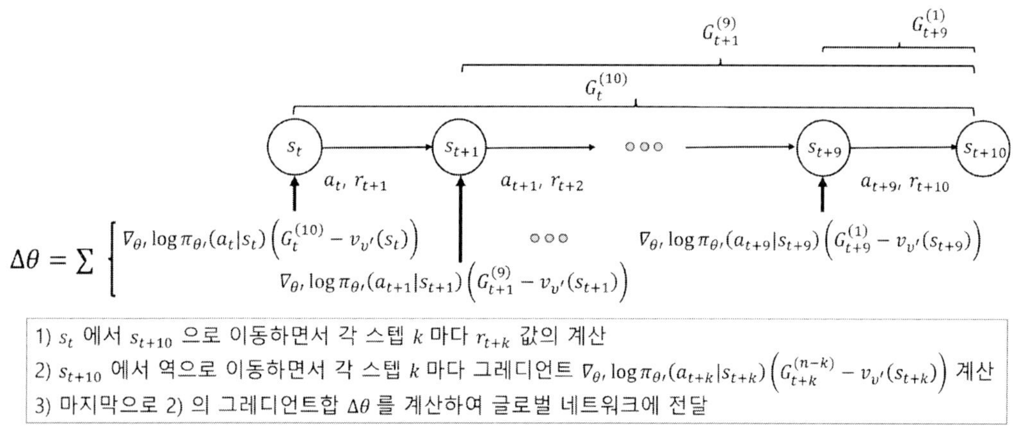

그림 10.2 n 스텝 그레디언트

그림 10.2에서 각 상태별로 그레디언트값과 이들의 합계를 구하는 내용은 다음과 같다.

$$\Delta\theta = \sum_{k=0}^{9} \nabla_{\theta'} \log \pi_{\theta'}(a_{t+k}|s_{t+k})\left(G_{t+k}^{(10-k)} - v_{v'}(s_{t+k})\right) =$$

$$\nabla_{\theta'} \log \pi_{\theta'}(a_t|s_t)(r_{t+1} + \gamma r_{t+2} + \cdots + \gamma^9 r_{t+10} + \gamma^{10} v_{v'}(s_{t+10}) - v_{v'}(s_t)) +$$

$$\cdots$$

$$\nabla_{\theta'} \log \pi_{\theta'}(a_{t+9}|s_{t+9})(r_{t+10} + \gamma v_{v'}(s_{t+10}) - v_{v'}(s_{t+9}))$$

이와 같은 방법으로 A3C에서는 n의 각 단계마다 이와 같이 그레디언트를 계산하고 이들의 합을 식 (10.7)과 같이 계산하여 글로벌 네트워크에 전달함으로써 업데이트의 효율을 증가시킨다.

다음으로 A3C에서 크리틱 네트워크를 업데이트하는 방법을 알아보자. 크리틱은 상태가치값을 네트워크로 표현하며 TD 학습 근사함수방법을 사용한다. 따라서 A3C에서 크리틱 네트워크는 MSE 에러함수를 사용하며 기본 수식은 다음과 같이 정의된다(6.6절의 식 (6.9)을 A3C에서의 표시방법으로 표시함).

$$E_{\pi_{\theta'}}\left[(r_{t+1} + \gamma v_{v'}(s_{t+1}) - v_{v'}(s_t))^2\right]$$

여기서 액터 네트워크의 학습과 마찬가지로 위의 에러함수에서 TD 에러 $r_{t+1} + \gamma v_{v'}(s_{t+1}) - v_{v'}(s_t)$ 대신에 n 스텝 리턴값 $G_t^{(n)}$(식 (10.3))을 사용하며 따라서 크리틱 네트워크의 에러함수는 다음과 같이 정의된다. (스토캐스틱의 경우)

$$\left(G_t^{(n)} - v_{v'}(s_t)\right)^2$$

그리고 A3C에서는 앞의 액터 네트워크의 학습에서와 마찬가지로 현재 상태 s_t에서 시작하여 (상태 s_{t+n}까지 이동을 하면서) 중간 상태 $s_{t+k}(0 \le k \le n-1)$에서 계산된 $G_{t+k}^{(n-k)}$ 값을 다시 사용하여 정보의 활용도를 높인다. 구체적으로 각 중간 상태 s_{t+k} 마다 상태가치값 $v_{v'}$ (s_{t+k})을 예측하기 위한 에러함수를 ($G_{t+k}^{(n-k)}$를 TD 타겟값으로 사용하여) 다음과 같이 정의한다.

$$\left(G_{t+k}^{(n-k)} - v_{v'}(s_{t+k})\right)^2 \tag{10.8}$$

크리틱 네트워크의 최종 에러함수는 식 (10.8)과 같은 각 단계별 에러함수의 합이 최종적인 에러함수가 된다. 따라서 A3C에서 크리틱 네트워크의 에러함수는 최종적으로 다음과 같이 표현된다.

$$J(v') = \sum_{k=0}^{n-1} \left(G_{t+k}^{(n-k)} - v_{v'}(s_{t+k})\right)^2 \tag{10.9}$$

A3C의 크리틱 네트워크는 가치값 근사학습의 방법으로 학습되며 에러함수인 식 (10.9)의 그레디언트를 다음과 같이 계산하여 크리틱의 파라미터를 업데이트한다.

$$\nabla_{v'} J(v') = \sum_{k=0}^{n-1} \nabla_{v'} \left(G_{t+k}^{(n-k)} - v_{v'}(s_{t+k})\right)^2 \tag{10.10}$$

그림 10.3은 A3C에서 워커의 기본코드를 보여준다.

알고리즘: A3C에서 워커의 알고리즘

전역 카운터 T, 지역 카운터 t 초기화

repeat

  $\theta' = \theta, v' = v$ // 글로벌 네트워크의 파라미터들을 워커 네트워크에 복사

  $\Delta\theta = 0, \Delta v = 0$ // θ, v의 누적 그레디언트 초기화

  $t_{start} = t$

  상태 s_t에서 시작함

  repeat

    $\pi_{\theta'}(a_t|s_t)$에 따라서 행동 a_t 선택 후 r_{t+1}, s_{t+1} 값을 구함

    $t = t + 1$

    $T = T + 1$

  until s_t가 종료상태 or t-t_{start} == t_{max} // t_{max} = 워커의 최대 스텝수

  if s_t가 종료상태

    then $R = 0$ // s_t가 종료상태이면 보상값 = 0

    else $R = v_{v'}(s_t)$ // s_t가 종료상태 아니면 보상값은 상태 s_t의 상태가치값

  end if

  for $i \in \{t-1, \ldots t_{start}\}$ do // s_{t-1}에서 역방향으로

    $R \leftarrow r_{t+1} + \gamma R$ // 식(10.4)

    $\Delta\theta \leftarrow \Delta\theta + \nabla_{\theta'}\log\pi_{\theta'}(a_i|s_i)(R - v_{v'}(s_i))$ // 그레디언트 $\Delta\theta$를 누적함

    $\Delta v \leftarrow \Delta v + \nabla_{v'}(R - v_{v'}(s_i))^2$ // 그레디언트 Δv를 누적함

  end for

  $\Delta\theta$와 Δv를 이용해 글로벌 네트워크 파라미터 θ, v를 업데이트함

until $T > t_{max}$

그림 10.3 A3C에서 워커 알고리즘의 기본코드

그림 10.3의 기본코드를 보면 $G_{t+k}^{(n-k)}$ 값을 계산할때에 $t-1, \ldots, t_{start}$의 역방향으로 진행을 하면서 $G_{t+k}^{(n-k)}$ 값을 (기본코드에서는 R로 표시됨) 계산한다. 그리고 그림 10.3의 기본코드에서 $R \leftarrow r_{t+1} + \gamma R$는 $G_{t+k}^{(n-k)}$ 계산 부분을 역방향으로 진행하면서 재귀적(recursive)으로 계산하는 식 (10.4) 내용이다. 그리고 크리틱 네트워크는 앞에서 설명한 바와 같이 n 스텝 각각에 대하여 $G_{t+k}^{(n-k)}$과 $v_{v'}(s_i)$ 값의 MSE(mean squared error) 에러함수를 최소화하도록 파라미터를 업데이트한다.

A3C 학습방법은 각 워커가 다른 워커의 작업이 끝나기를 기다릴 필요없이 **비동기적**(asynchronous)으로 글로벌 네트워크를 업데이트한다. 이러한 비동기적 업데이트 방식은 다른 워커의 작업이 완료될 때 기다릴 필요가 없으므로 학습의 속도가 빠르고 효율적이며 병렬화가 용이하다.

그런데 이러한 비동기 업데이트 방식은 각 워커가 (다른 워커의 업데이트에 관계없이) 비동기적으로 업데이트를 하므로 각 워커가 서로 약간씩 다른 글로벌 네트워크 파라미터값들을 사용하거나 혹은 워커 내의 액터 네트워크와 크리틱 네트워크가 서로 일치하지 않는 네트워크를 사용할 수 있다는 단점이 있다. 하지만 학습상수(learning rate)값이 작은 경우에는 이러한 네트워크의 변경이 크지 않으며 따라서 이러한 방식의 네트워크 업데이트는 문제없이 작동하는 것으로 알려져 있다. 참고로 이러한 방식의 네트워크 업데이트 방식을 HogWild[Niu et al. 2011] 방식의 업데이트라고 한다.

10.1.2 A2C

A3C 방법은 앞에서 언급한 바와 같이 각 워커들이 비동기적으로 글로벌 네트워크를 업데이트하기 때문에 가끔씩 업데이트하는 글로벌 네트워크들의 파라미터들이 일치하지 않을 때가 있다. 따라서 글로벌 워커가 모든 워커들에게 글로벌 네트워크의 파라미터를 전달한 후에 모든 워크들의 학습 결과가 도착할 때까지 기다리는 방식의 변형된 학습 방법이 있으며, 이러한 학습 방법을 **A2C**(advantage actor critic)라고 한다(9.7.1절에서 설명한 A2C와 동일한 이름을 사용하며 단지 여러개의 에이전트(워커)를 가지고 배치 데이터를 사용하는 차이점이 있다).

A2C 방법은 A3C 방법과 기본적으로 동일하다. 차이점은 A3C에서는 각 워커가 다른 워커의 작업이 끝나기를 기다릴 필요없이 비동기적으로 글로벌 네트워크를 업데이트하는 데 반하여 A2C에서는 각 워커는 자신의 작업이 끝이 나도 바로 업데이트를 하지 않고 다른 워커들의 작업이 끝날 때까지 기다려서 전체 워커의 그레디언트를 합쳐서 한꺼번에 글로벌 네트워크를 업데이트한다는 것이다. 그림 10.4는 A2C 방법의 업데이트 방법을 설명하고 있다.

A3C나 A2C 방법에서는 각 워커가 서로 다른 환경에서 다른 데이터를 생성하는 것이 중요하다. 만약에 모든 워커가 같은 환경에서 같은 데이터를 생성한다면 여러 개의 워커를 유지할 이유가 없다. 하지만 이들 워커들은 동일한 글로벌 액터 네트워크에 의해 주어지는 정책에 의해서 행동을 수행하며 데이터를 생성한다. 이들 정책은 확률적인 정책이므로 워커들이 (같은 정책을 사용하더라도) 서로 다른 행동을 수행할 가능성은 높은 편이다. 하지만 이들

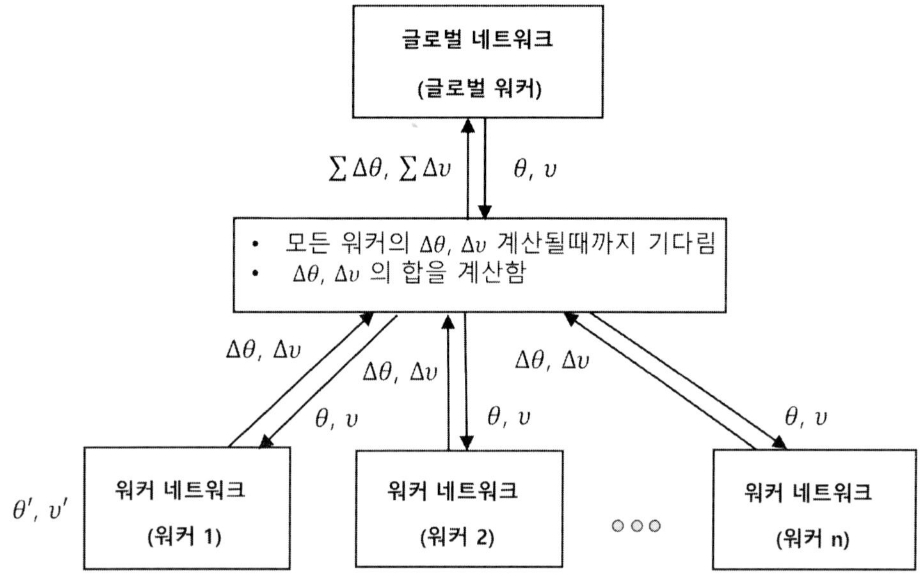

그림 10.4 A2C

워커들이 다양한 행동을 선택하도록 주어진 정책에 좀더 임의성을 부여하는 방법을 사용하기도 한다. 이와 같이 워커들의 행동에 좀더 많은 다양성을 부여(즉 정책에 임의성을 증가)하기 위해 A3C 혹은 A2C에서는 정책 네트워크의 학습에서 (다음에 설명하는) 최대엔트로피 강화학습을 사용하기도 한다.

10.2 최대엔트로피 강화학습

학습이 완료된 강화학습의 정책은 이미 학습된 환경에서는 잘 작동을 한다. 하지만 기존에 학습했던 환경에서라도 약간의 변화가 생기면 적응하기가 힘들어 한다. 예를 들어서 로봇이 현재의 위치 A에서 위치 B에 있는 물건을 집는 학습을 한다고 하자. 그러면 학습이 완성된 로봇은 당연히 위치 A에서 직선거리로 위치 B에 도착하여 물건을 집을 것이다. 그런데 위치 A와 B 사이에 조그만 장애물이 새로 생겼다고 가정해 보자. 그러면 기존의 학습된 로봇은 장애물과 상관없이 위치 A에서 위치 B까지 직선으로 이동하려 하면서 장애물과 부딪히게 된다. 따라서 이 경우에 기존의 강화학습으로 학습된 로봇은 장애물을 고려해 새롭게 학습해야 한다.

최대엔트로피 강화학습(maximum entropy reinforcement learning, MaxEnt RL)은 정책의 목적함수에 엔트로피 함수를 추가함으로써 어느 정도의 임의도(randomness)를 부여하여 정책의 탐험성(exploration)을 향상시키는 방법이다 [Haarnoja et al., 2017].

먼저 최대엔트로피 강화학습에서 사용하는 **엔트로피**(Shannon entropy)의 정의는 다음과 같다. 어떤 변수 x의 확률분포가 $p(x)$로 주어질 때 이러한 확률분포의 엔트로피 $H(x)$는 다음과 같이 정의된다.

$$H(x) = -\sum_{x} p(x) \log p(x)$$

그림 10.5는 (이진값의 경우에) 확률값에 따른 엔트로피값의 변화를 보여준다.

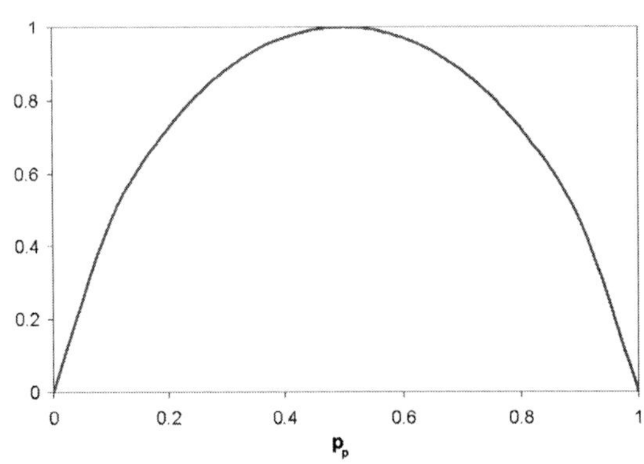

그림 10.5 엔트로피

그림 10.5에서 보듯이 확률값이 0.5일 때 엔트로피의 값은 최대값 1이 되며 반대로 확률값이 0 혹은 1일 때 엔트로피의 값은 최소값 0이 된다. 확률값이 0.5이면 확률 분포가 {0.5, 0.5}로 되어 불확실성이 가장 높으며 따라서 엔트로피값도 최대가 된다. 반대로 확률값이 0 혹은 1일 때는 확률분포가 {0, 1}이 되어서 확률값이 1이 되는 경우만 발생하므로 불확실성은 최소가 된다. 즉, 엔트로피의 값이 커질수록 확률분포 그래프는 평평(flat)해지며, 엔트로피 값이 작을수록 확률분포의 그래프는 뾰족해(skewed)진다.

정책 π_θ도 특정 상태 s에서 행동 a에 대한 확률분포 $\pi_\theta(a|s)$로 정의할 수 있다(θ는 정책 근사함수의 파라미터이다). 따라서 특정 상태 s에서 정책 π_θ에 대한 엔트로피 $H(\pi_\theta(\cdot|s))$는 다

음과 같이 정의할 수 있다.

$$H(\pi_\theta(\cdot \mid s)) = E_{a \sim \pi_\theta}[-\log \pi_\theta(a|s)] = -\sum_a \pi_\theta(a|s) \log \pi_\theta(a|s) \tag{10.11}$$

결국 정책의 엔트로피값을 증가시킨다는 말은 정책의 행동확률 분포를 좀더 균일하게 한다는 의미와 같으며, 이는 정책의 임의성을 증가시킨다.

일반적인 정책 네트워크 π_θ의 학습을 위한 목적함수는 다음의 식과 같이 정의된다. (식 (1.6)과 식 (9.2) 참고)

$$E_{\pi_\theta}\left[\sum_{t=0}^{\infty} \gamma^t r(s_t, a_t)\right]$$

최대엔트로피 강화학습에서는 정책의 임의도를 증가하기 위해 목적함수에서 식 (10.11)의 엔트로피 $H(\pi_\theta)$를 추가해 다음과 같이 수정된 목적함수를 사용한다(β는 엔트로피 항의 가중치를 결정하는 상수).

$$J(\theta) = E_{\pi_\theta}\left[\sum_{t=0}^{\infty} \gamma^t r(s_t, a_t) + \beta H(\pi_\theta(\cdot|s_t))\right] \tag{10.12}$$

원래 강화학습의 목표는 보상값을 최대화하는 정책을 찾는 것이다. 하지만 식 (10.12)는 목적함수가 보상값 외에 추가로 엔트로피값을 같이 최대화하는 목적함수이다. 이는 보상값을 최대화하는 정책을 찾음과 동시에 해당 정책의 엔트로피도 증가시키는 정책을 찾는 것을 의미한다.

(그림 10.5에서 보는 바와 같이) 정책에서 행동확률들이 서로 균일할수록 엔트로피가 증가하므로 식 (10.12)에서 생성하는 정책은 정책의 행동 선택에서 임의성(randomness)를 증가시킨다. 따라서 앞에서 설명한 A3C에서는 정책 네트워크의 학습에서 정책의 임의성을 증가시키기 위해 최대엔트로피 강화학습을 사용하는 목적함수로 식 (10.12)를 사용할 수도 있다.

최대엔트로피 강화학습에서 사용하는 엔트로피 항은 정책 π의 임의성을 증가시키지만 동시에 과적합(overfitting)을 방지하는 기능을 가지고 있다. 목적함수에 추가된 엔트로피 $H(\pi_\theta)$는 일종의 모델 정규항(model regularizer) 역할을 한다. 모델 정규항 방법은 기계학습에서 과적합(overfitting)을 방지하기 위해 가장 널리 사용되는 방법의 하나이다(7.2.6절 참고).

이러한 최대 엔트로피 목적함수 (10.12)를 사용하는 또 다른 액터-크리틱의 학습 방법으로는 **소프트 액터-크리틱**(Soft Actor-Critic) 방법이 있다. 여기서는 소프트 액터-크리틱 방법에 대한 자세한 설명은 생략한다.

10.3 TRPO

지금까지의 정책 그레디언트(policy gradient) 방법에서는 점진적 상승(gradient ascent) 방법을 이용해 파라미터의 업데이트 방향을 그레이언트로 정하고 업데이트의 이동하는 거리는 보상값에 비례하여 파라미터를 변동시킨다. 이와 같은 방법으로 파라미터를 찾아가는 방법을 **선형탐색**(linear search)이라고 한다. 예를 들어 REINFORCE 방법에서 정책 네트워크의 파라미터의 업데이트 식을 보자. 그레디언트를 다음 식을 이용해 계산한다. (모든 에피소드를 사용하는 그레디언트 식이며 에피소드별 혹은 스텝별로 계산한 수도 있다. m은 에피소드의 갯수, T는 에피소드의 스텝길이, i는 에피소드의 인덱스이다)

$$\nabla_\theta J(\theta) = \left(\frac{1}{m}\right) \sum_{i=1}^{m} \sum_{t=0}^{T-1} \nabla_\theta \log \pi_\theta(a_t^{[i]} | s_t^{[i]}) G_t^{[i]} \tag{10.13}$$

여기서 $\nabla_\theta \log\pi_\theta(a_t^{[i]} | s_t^{[i]})$는 파라미터 업데이트의 방향을 결정하며 $G_t^{[i]}$는 얼마만큼 업데이트할 것인지를 결정해 준다. 다음으로 파라미터 θ는 다음과 같이 점진적 방법으로 업데이트한다.

$$\theta \leftarrow \theta + \alpha \nabla_\theta J(\theta) \tag{10.14}$$

이러한 정책 그레디언트 방법을 선형탐색으로 수행하는 것은 몇 가지 문제점을 포함하고 있다. 정책 그레디언트 방법에서는 현재 상태에서의 행동이 에이전트의 다음 상태를 결정하고 따라서 다음 데이터의 생성에 직접적인 영향을 준다. 이 업데이트 식에서 스텝사이즈 α의 값이 너무 크거나 등의 이유로 파라미터 변동이 크면 에이전트의 상태는 현재의 상태와 많이 떨어진 새로운 장소(상태)로 이동하게 된다. 이때에 이 새로운 상태는 좋을(가치값이 높은) 수도 있지만 아주 나쁠(가치값이 아주 낮은) 확률도 높아진다. 그리고 에이전트가 회복할 수 없는 상태에 도달해서 (예: 바둑 게임의 패배, 로봇의 전복 등) 어떠한 행동이나 데이터를 생성해도 별 의미가 없으며, 그 상태에서 회복을 하는 것이 거의 불가능한 경우가 발생할 수 있다.

감독자학습(supervised learning)에서는 파라미터의 값이 아주 나쁜 상태로 이동하더라도 다음 번 배치(batch)의 학습에서 쉽게 회복할 수 있는 가능성이 높다(각 데이터들은 IID 특징에 의해 서로 독립적이다). 하지만 정책 그레디언트는 기본적으로 온라인 학습 방법이다. 즉, 현재의 상태에서 에이전트의 행동을 통해 데이터를 생성하면 생성한 데이터를 바로 학습에 사용하고 다음 상태로 이동한다. 따라서 파라미터의 업데이트를 잘못해 (스텝사이즈를 잘못 정하거나 등으로) 아주 좋지 않은 상태로 이동하면 다음부터는 학습이 거의 불가능해지는 경우도 많다. (예를 들어서 길을 가다가 구덩이 빠진다든지) 따라서 정책 그레디언트에서 파라미터값을 이동(파라미터값의 업데이트)할 때는 이동되는 새로운 상태가 아주 나쁜 (절망적인) 상태가 되지 않도록 파라미터의 업데이트 크기를 조절해야 한다.

예를 들어서 설명해 보자. 그림 10.6에서 선형탐색으로 1-D 파라미터의 값을 탐색한다고 하자. 현재의 파라미터값을 θ_k이라고 할 때 변경하는 사이즈가 커서 다음 번 파라미터가 θ'_{k+1} 근처의 값이 된다고 가정하자. 그러면 목적함수의 값이 급격히 감소하며 이는 학습으로 회복할 수 없는 영역으로 오게 된다(θ'_{k+1} 근처에서는 목적함수의 값을 회복할 수 있는 방법이 없음). 이는 우리가 길을 가다가 깊은 구덩이에 빠지는 경우와 유사하다. 선형탐색에서는 스텝사이즈를 작게 하고 아주 조금씩만 이동하면 (파라미터 업데이트를 아주 조금씩) 이런 문제를 피할 수 있다. 하지만 이 경우에는 학습의 속도가 너무 느려지는 단점이 있다. 따라서 정책 그레디언트에서 선형 탐색의 방법으로 적절한 스텝사이즈를 결정하는 것은 쉽지가 않다.

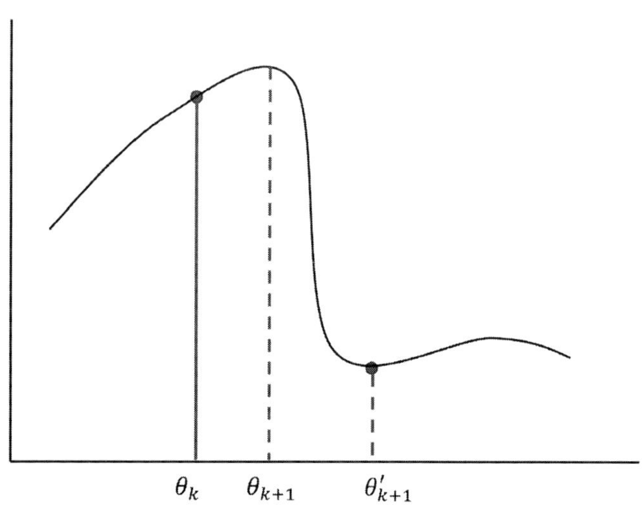

그림 10.6 파라미터의 변화에 따른 목적함수의 변화

10.3.1 신뢰구간 방법

이런 문제를 보완하기 위해 최근 정책 그레디언트 방법은 새로운 방법들을 제시하고 있다. 이 방법에서는 목적함수의 공간에서 파라미터가 (목적함수의) 성능 저하 없이 이동할 수 있다고 판단되는 안전한 신뢰구간(trust region)을 먼저 정의를 하고, 이 구간 내에서만 가장 최적의 파라미터 값을 구한다. 이러한 방법을 **신뢰구간 방법**(trust region method)이라고 한다.

정책 네트워크는 정책을 직접 업데이트할 수 없고 정책 네트워크의 파라미터를 업데이트해야 한다. 앞에서 정책 네트워크의 파라미터를 업데이트할 때 변화의 정도가 크면 문제가 발생할 수 있다고 했다. 그래서 파라미터의 값을 변경할 때 신뢰구간을 정의하고, 그 신뢰구간 내에서 파라미터를 변경하는 것이 안전하다고 했다.

신뢰구간을 정의할 때 고려할 사항이 있는데, 1) 파라미터의 변경 차이에 대한 신뢰구간을 정의할 것인지, 2) 아니면 (파라미터로 인해 결정되는) 정책의 변경 차이에 대한 신뢰구간을 정의할 것인지를 결정해야 한다. 먼저 파라미터값의 변화에 대한 신뢰구간을 정의하는 것은 신뢰구간의 계산이 간단하지만 파라미터의 값은 약간의 변화에도 목적함수의 변화가 매우 크게 변화하는 경우가 자주 발생한다. 반면에 일반적으로 정책의 변화에 비하여 목적함수는 상대적으로 완만하게 변화한다. 즉, 정책 네트워크 파라미터의 학습에 있어서 정책 네트워크의 파라미터값은 조금만 변화해도 목적함수에 큰 변화를 줄 수 있지만 (파라미터에 의해서 정해지는) 정책의 변화는 (파라미터의 변화에 비해) 목적함수에 상대적으로 작은 변화를 준다.

그림 10.6은 파라미터의 값을 약간 수정하더라도 목적함수의 값이 크게 차이가 생길 수 있음을 보여주는 예시이다. 그림 10.6의 현재 파라미터값 θ_k에서 파라미터의 다음 값으로 θ_{k+1}까지는 목적함수의 값이 큰 차이가 없지만 파라미터가 θ'_{k+1} 근처의 값이 되면 목적함수의 값이 급격한 차이를 보이고 회복할 수 없는 영역으로 오게 된다. 따라서 신뢰구간을 설정할 때는 파라미터값의 직접적인 변화에 대한 신뢰구간보다는 이러한 파라미터의 변화로 생기는 정책의 변화에 대한 신뢰구간으로 정의하는 것이 훨씬 학습에 안정적이다. 우리가 학습하는 것은 파라미터의 값을 학습하지만 신뢰구간은 (이들 파라미터로 생성되는) 정책의 변화 정도를 측정하여 정의하는 것이 훨씬 안정적이다. 따라서 정책 그레디언트 방법에서는 파라미터의 신뢰구간보다는 정책의 신뢰구간을 사용하여 학습을 한다.

그러면 정책의 변화에 따른 신뢰구간을 정의할 때 먼저 두 정책 간의 차이가 무엇을 의미하는지 명확히 정의해야 한다. 현재 파라미터값 θ_k에 의한 (스토캐스틱) 정책의 확률분포 $\pi_{\theta_k}(\cdot|s)$가 있고 다음으로 파라미터값 θ_{k+1}에 의한 정책의 확률분포 $\pi_{\theta_{k+1}}(\cdot|s)$가 있다고 하자. 이들 두 정책의 차이는 확률분포 $\pi_{\theta_k}(\cdot|s)$와 $\pi_{\theta_{k+1}}(\cdot|s)$의 차이를 의미한다.

$$\text{정책의 차이} = \text{확률분포 } \pi_{\theta_k}(\cdot|s)\text{와 } \pi_{\theta_{k+1}}(\cdot|s)\text{의 차이}$$

이와 같이 정책 신뢰구간을 사용하는 정책 그레디언트 방법으로서는 대표적으로 **신뢰구간 정책 최적화**(trust region policy optimization, TRPO) [Schulman et al., 2015] 방법과 **근접 정책 최적화**(proximal policy optimization, PPO) [Schulman et al., 2017] 방법이 있다. 아래에는 이 방법들에 대해 설명한다.

신뢰구간 정책 최적화 방법

여기서부터는 실제로 정책에 대한 신뢰구간을 구해 보자. 우리가 파라미터에 대한 신뢰구간이 아닌 정책에 대한 신뢰구간을 구하는 이유는 파라미터에 대한 신뢰구간의 경우 목적함수의 급격한 변동이 발생할 확률이 (정책 신뢰구간 보다) 높기 때문이다. 정책 그레디언트 학습에서는 목적함수의 급격한 변동은 바람직하지 않다. 따라서 신뢰구간을 계산할 때는 목적함수의 변동을 측정하는 것이 중요하다. 즉, 정책 신뢰구간에서는 정책이 변화함에 따라 목적함수가 얼마만큼 변동될 수 있는지를 측정한다.

이러한 목적함수에 대해 신뢰구간 방법을 사용할 때는 실제 목적함수 대신에 **근사함수**(surrogate function)을 사용한다. 그 이유는 실제 문제들에 있어서 이들 목적함수 $f(x)$는 대부분 아주 복잡한 형태의 함수인 경우가 많으며 (특히 심층신경망 등의 형태로 표현되는 경우) 따라서 이들을 이용해 계산을 하기가 어려운 경우가 많기 때문이다. 따라서 신뢰구간 방법에서는 원래의 목적함수 대신에 목적함수의 근사값이면서 동시에 간단하고 계산하기 용이한 근사함수(surrogate function)을 사용한다.

여기서는 먼저 이러한 근사함수를 구하는 방법에 대해 설명한다. 우리가 어떤 목적함수 $f(x)$가 있으며 학습의 목표는 이를 최대화하는 x값을 구하는 것이라고 하자.

$$\underset{x}{\operatorname{argmax}} f(x)$$

하지만 이 경우에 파라미터의 모든 값에 대해 목적값과 근사함수값이 아주 유사한 그런 근사함수는 발견하기가 힘들다. 따라서 파라미터의 현재값 부근에서만 목적함수와 유사한 형태와 값을 가지는 근사함수를 일반적으로 사용한다. 따라서 근사함수를 사용할 때 현재 파라미터의 값과 거리가 먼 값을 예측하는 것은 원래의 함수값와 차이가 커지므로 사용할 수가 없다. 신뢰구간에서 사용하는 근사함수는 신뢰구간 내에서만 변동하기 때문에 원래 목적함수와 근사함수는 신뢰구간에서만 비슷한 형태를 유지하면 문제가 없다.

이러한 근사(surrogate)함수를 $\tilde{f}(x)$라고 하면 학습의 목표는 이제 원래의 목적함수 $f(x)$ 대신에 다음과 같이 신뢰구간 내에서 근사함수의 값을 최대화하는 파라미터의 값을 찾는 것이다.

$$\tilde{x}^* = \underset{x \in trust\_region}{\operatorname{argmax}} \tilde{f}(x)$$

즉 이러한 근사함수는 실제 목적함수와는 다르지만 현재의 값 부근의 신뢰구간에서는 유사한 형태라고 가정하고 있으며, 우리는 이 신뢰구간 내에서 근사함수를 최대화하는 파라미터 값을 찾는다.

10.3.2 테일러 급수

이러한 근사함수를 구하는 가장 대표적인 방법으로 **테일러 급수**(Taylor series)가 있다. 테일러 급수는 (무한대로 미분가능한 함수) 어떤 함수 $f(x)$의 특정한 값 $x = c$에 대해 이를 다음과 같은 형태의 근사함수로 표현하는 방법을 말한다.

$$f(x) \approx \tilde{f}(x) = f(c) + \frac{f'}{1!}(x-c) + \frac{f'}{2!}(x-c)^2 + \cdots = \sum_{n=0}^{\infty} \frac{f^{(n)}}{n!}(x-c)^n \tag{10.15}$$

즉 $x = c$의 부근에서 테일러급수 $\tilde{f}(x)$는 원래 함수 $f(x)$와 아주 유사한 형태임을 의미한다 ($f(c) = f(x)_{|x=c}$). 여러 변수에 대한 **테일러 2차 근사 함수**(Taylor second-order function)는 다음과 같다.

$$\tilde{f}(x) = f(c) + \nabla f(c)^T(x-c) + \frac{1}{2!}(x-c)^T H(x-c) \tag{10.16}$$

여기서 ∇f는 함수 f의 미분 매트릭스(matrix of partial derivative)를 의미하고 H는 파라미터들의 **헤시안 매트릭스**(Hessian matrix)를 의미한다. 헤시안 매트릭스는 변수들의 이차미분(second-order derivative)값들을 표현한 매트릭스이다. 예를 들어서 함수 $f(x_1, x_2, \ldots x_n)$에 대하여 이들의 헤시안 매트릭스 H_f는 다음과 같이 정의된다.

$$H_f = \begin{bmatrix} \frac{\partial^2 f}{\partial x_1^2} & \frac{\partial^2 f}{\partial x_1 \partial x_2} & \cdots & \frac{\partial^2 f}{\partial x_1 \partial x_n} \\ \frac{\partial^2 f}{\partial x_2 \partial x_1} & \frac{\partial^2 f}{\partial x_2^2} & \cdots & \frac{\partial^2 f}{\partial x_2 \partial x_n} \\ \vdots & & & \\ \frac{\partial^2 f}{\partial x_n \partial x_1} & \frac{\partial^2 f}{\partial x_n \partial x_2} & \cdots & \frac{\partial^2 f}{\partial x_n^2} \end{bmatrix}$$

그림 10.7 헤시안 매트릭스

근사함수로서 식 (10.16)과 같이 테일러 2차 근사함수를 사용할 때 헤시안 매트릭스 H가 양의 준정부호(positive semi-definite)의 특징을 가지고 있으면, 근사함수 $\tilde{f}(x)$는 **컨벡스 함수**(convex function)의 특징을 가진다. 참고로 양의 준정부호 매트릭스의 정의는 다음과 같다.

> **정의** 선형대수에서 대칭의 구조를 가지는 $(n \times n)$ 실수 매트릭스 M이 있다고 하자. 그리고 여기서 n개의 실수 벡터 x에 대해서 아래와 같은 관계를 가진다면 매트릭스 M을 **양의 준정부호**(positive semi-definite)라 한다.

$$x^T M\, x \geq 0 \ \forall x \in \mathbb{R}^n$$

이 책에서는 양의 준정부호(positive semi-definite)에 대한 자세한 설명은 생략한다. 헤시안 매트릭스 H가 양의 준정부호(positive semi-definite)의 특징을 가지면 우리가 구하는 답은 전역 최적(global optimal)의 답 임이 알려져 있다.

식 (10.16)에서는 근사함수를 구하기 위해 이차미분항까지 사용하였다. 참고로 앞에서 테일러 급수를 이용해 근사함수를 구성할 때, 다음과 같이 일차 미분항(first-order derivative)까지만 근사항을 사용하는 경우도 있다.

$$\tilde{f}(x) = f(c) + \nabla f(c)^T (x-c)$$

이 경우에 계산이 훨씬 간단한 장점은 있지만, (일차미분항 근사항의 경우는) 근사함수가 선형함수의 형태이므로 원래의 목적함수의 형태를 표현하는데 제약이 많아진다. 이런 경우에 근사함수의 계산은 더 간단하지만 근사함수의 오차가 커져서 신뢰구간이 작아야 한다.

반면에 이차 함수의 근사항을 사용하면 계산은 좀더 복잡해지지만 좀더 넓은 신뢰구간을 사용할 수 있다. 이차 함수의 근사항을 사용하는 경우의 단점은, 헤시안 매트릭스(Hessian matrix)의 값을 구해야 하는데 파라미터의 숫자가 많은 경우에 많은 시간이 걸린다는 것이다. 따라서 **켤레 점진적 방법**(conjugate gradient method) 등을 사용해 헤시안 매트릭스를 구하기도 한다.

10.3.3 근사 목적함수

그러면 실제로 정책 목적함수에서의 근사함수를 구해 보자. 먼저 지금까지 사용하는 MDP 모델은 $\langle S, A, P, R, \gamma \rangle$의 요소로 구성되어있다. 여기서 S는 상태들의 집합이고, A는 행동의 집합, P는 상태전이 매트릭스($P_{ss'}^a = P[s_{t+1} = s' \mid s_t = s,\, a_t = a]$), R은 보상함수를 의미하고, γ는 할인상수를 의미한다. 식 (10.17)은 이러한 MDP 모델에서 π에 의한 시작상태 s_0의 상태가치값의 정의이다.

$$V_\pi(s_0)=E_\pi\left[\sum_{t=0}^{\infty}\gamma^t r(s_t,\ a_t)\right] \tag{10.17}$$

이 MDP 모델에서 시작상태가 여러 개 존재하는 MDP 모델을 가정하면 MDP 모델은 $\langle S, A, P, R, \rho_0, \gamma \rangle$의 요소로 구성된다. 여기서 ρ_0는 각 시작상태의 선택확률을 의미한다($s_0 \sim \rho_0(s_0)$). 이러한 확장된 MDP 모델을 기반으로 먼저 특정한 정책 π의 시작상태(s_0)에서부터 획득할 수 있는 누적 리턴값 $\eta(\pi)$은 다음과 같이 정의된다($s_0 \sim \rho_0(s_0)$, $a_t \sim \pi(a_t | s_t)$, $s_{t+1} \sim P(s_{t+1} | s_t, a_t)$).

$$\eta(\pi)=E_{s_0,\ a_0,\ \cdots \sim \pi}\left[\sum_{t=0}^{\infty}\gamma^t r(s_t,\ a_t)\right] \tag{10.18}$$

이는 일반적인 시작상태의 상태가치값 정의인 식 (10.17)과 거의 동일한 형태이다. 차이점은 식 (10.18)에서는 (시작상태가 여러 개 존재하며) ρ_0의 확률에 따라서 시작상태가 선택되는 MDP 모델을 사용한다는 점이다. 그리고 시작상태의 상태가치값은 정책의 성능을 의미하므로 $\eta(\pi)$은 정책 π의 목적함수의 의미를 가진다.

식 (10.18)에서는 정책과 보상값이 직접 표현되어있다. 하지만 심층 강화학습에서 정책은 (신경망 등의) 정책 네트워크 함수로 표현된다. 따라서 지금부터는 정책을 표시할 때에 정책 네트워크의 파라미터 θ를 이용해 표현한다. 그리고 파라미터의 업데이트 시에 이전의 파라미터 값은 θ로 표시하고 새로운 파라미터를 $\tilde{\theta}$로 표시한다. 따라서 이전의 정책 π는 π_θ로, 새로운 정책 $\tilde{\pi}$는 $\pi_{\tilde{\theta}}$로 표시한다. 따라서 우리는 두 개의 정책 네트워크를 유지한다. 첫 번째는 (학습을 하려는) 새로운 정책을 표시하는 정책 네트워크이고,

$$\pi_{\tilde{\theta}}(a | s)$$

두 번째는 이전 단계의 정책을 표시하는 정책 네트워크이다.

$$\pi_\theta(a | s)$$

정책을 정책 네트워크로 표현하므로 목적함수 식 (10.18)은 다음과 같이 표현한다.

$$\eta(\pi_\theta)=E_{s_0,\ a_0,\ \cdots \sim \pi_\theta}\left[\sum_{t=0}^{\infty}\gamma^t r(s_t)\right] \tag{10.19}$$

9장에서 설명한 일반적인 정책 그레디언트 방법은 식 (10.19)의 목적함수를 최대화하는 파라미터 θ를 구하는 최적화 문제이다. 이를 위해 (9.7절의 내용과 같이) 식 (10.20)과 같은 목적함수의 그레디언트를 사용하여 점진적 상향 방법으로 파라미터를 업데이트하면서 학습을 수행한다(그레디언트 학습의 방법은 여러 가지가 있으며 여기서는 어드밴티지를 사용하는 그레디언트 방법을 사용).

$$\nabla_\theta \eta(\pi_\theta) = E_{s_0,\ a_0,\ \cdots \sim \pi_\theta}\left[\sum_{t=0}^{\infty} \gamma^t \nabla_\theta \log \pi_\theta(a_t|s_t) A_{\pi_\theta}(s_t,\ a_t)\right] \tag{10.20}$$

하지만 이와 같은 정책 그레디언트 방법은 다음과 같은 문제가 있다.

1) 온라인 학습이므로 샘플의 크기를 늘리기 힘들다.
2) 파라미터의 변동 크기와 정책의 변동 크기가 일치하지 않는다. 따라서 파라미터의 변동에 따라서 목적함수의 값이 급격히 변할 수 있으므로 파라미터의 신뢰구간이 필요하다.

이와 같은 문제점들을 해결하면서 학습을 하는 방법이 **신뢰구간 정책 최적화**(trust region policy optimization, 이하 TRPO)이다 [Schulman et al., 2015]. 이 절에서는 이러한 TRPO 방법에 대해 자세히 설명한다.

일반적으로 두 개의 정책 π_θ와 정책 $\pi_{\tilde{\theta}}$가 있고 시작상태(start state)의 확률 분포를 $p(s_0)$라고 하면 (여러 개의 시작상태가 존재한다고 가정함) 다음의 정리가 성립한다.

정리 두 개의 정책 π_θ와 정책 $\pi_{\tilde{\theta}}$의 목적함수(초기상태의 상태가치값) $\eta(\pi_\theta)$와 $\eta(\pi_{\tilde{\theta}})$ 사이에는 다음과 같은 관계가 성립된다.

$$\eta(\pi_{\tilde{\theta}}) = \eta(\pi_\theta) + E_{s_0,\ a_0,\ \cdots \sim \pi_{\tilde{\theta}}}\left[\sum_{t=0}^{\infty} \gamma^t A_{\pi_\theta}(s_t,\ a_t)\right] \tag{10.21}$$

증명 정의에 의해서 $A_{\pi_\theta}(s_t, a_t) = r(s_t, a_t) + \gamma V_{\pi_\theta}(s_{t+1}) - V_{\pi_\theta}(s_t)$이다.

$$\begin{aligned} & E_{s_0,\ a_0,\ \cdots \sim \pi_{\tilde{\theta}}}\left[\sum_{t=0}^{\infty} \gamma^t A_{\pi_\theta}(s_t,\ a_t)\right] \\ &= E_{s_0,\ a_0,\ \cdots \sim \pi_{\tilde{\theta}}}\left[\sum_{t=0}^{\infty} \gamma^t \left(r(s_t,\ a_t) + \gamma V_{\pi_\theta}(s_{t+1}) - V_{\pi_\theta}(s_t)\right)\right] \end{aligned}$$

$$= \eta(\pi_{\tilde{\theta}}) + E_{s_0, a_0, \cdots \sim \pi_{\tilde{\theta}}}\left[\sum_{t=0}^{\infty} \gamma^{t+1} V_{\pi_\theta}(s_{t+1}) - \sum_{t=0}^{\infty} \gamma^t V_{\pi_\theta}(s_t)\right]$$

$$= \eta(\pi_{\tilde{\theta}}) + E_{s_0, a_0, \cdots \sim \pi_{\tilde{\theta}}}\left[\sum_{t=1}^{\infty} \gamma^t V_{\pi_\theta}(s_t) - \sum_{t=0}^{\infty} \gamma^t V_{\pi_\theta}(s_t)\right]$$

$$= \eta(\pi_{\tilde{\theta}}) - E_{s_0, a_0, \cdots \sim \pi_{\tilde{\theta}}}\left[V_{\pi_\theta}(s_0)\right] = \eta(\pi_{\tilde{\theta}}) - \eta(\pi_\theta)$$

$\eta(\pi_{\tilde{\theta}})$와 $\eta(\pi_\theta)$ 값은 각각 정책의 성능을 평가하는 기준이다. 따라서 앞의 정리에 의해 다음 식은 새로운 정책 $\pi_{\tilde{\theta}}$의 성능이 이전 정책 π_θ에 비해 얼마만큼 향상되었는지를 보여준다.

$$\eta(\pi_{\tilde{\theta}}) - \eta(\pi_\theta) = E_{s_0, a_0, \cdots \sim \pi_{\tilde{\theta}}}\left[\sum_{t=0}^{\infty} \gamma^t A_{\pi_\theta}(s_t, a_t)\right] \tag{10.22}$$

즉, 식 (10.22) 오른쪽 항의 값이 양수이면 새로운 정책 $\pi_{\tilde{\theta}}$는 이전 정책 π_θ 보다 좋은 정책임을 의미한다. 따라서 이 값이 증가할수록 새로운 정책 $\pi_{\tilde{\theta}}$는 이전 정책 π_θ를 그 만큼 향상시키는 정책이 된다. 이런 이유로 식 (10.22)는 정책 그레디언트 학습의 목적함수로 사용할 수 있는 좋은 후보가 되며, 따라서 학습의 목표는 이제 식 (10.22)를 최대화하는 정책(즉 파라미터 $\tilde{\theta}$)을 구하는 것이 된다.

앞의 (새로운) 목적함수(식 (10.22))에서는 새로운 정책 $\pi_{\tilde{\theta}}$에 의해 생성되는 데이터를 이용해 평균을 구하고 있다. 따라서 이전의 정책에서 생성된 데이터를 다시 사용하지 못하며 (정책이 다르므로), 정책이 수정될 때마다 새로운 데이터를 이용해서 계산을 하고, 한 번의 학습에만 사용 후 폐기해 비효율적이다. 따라서 이전의 다른 정책에 의해 생성된 데이터들을 다시 활용할 수 있으면 샘플의 수를 대폭 늘릴 수 있으며, 학습이 더욱 효과적일 것이다. 따라서 식 (10.22)를 이전의 데이터를 사용해 계산하는 방식으로 바꾸는 것이 효과적이다.

이를 위해 TRPO 방법에서는 먼저 $\rho_{\pi_\theta}(s)$을 정의한다. $\rho_{\pi_\theta}(s)$는 에이전트가 (정책 π_θ에 따라서 행동할 때에) 특정한 상태 s에 머무르는 (할인된) **상태방문 확률**(discounted visitation frequency)을 의미하며 다음과 같이 정의된다.

$$\rho_{\pi_\theta}(s) = P_{\pi_\theta}(s_0 = s) + \gamma P_{\pi_\theta}(s_1 = s) + \gamma^2 P_{\pi_\theta}(s_2 = s) + \cdots = \sum_{t=0}^{\infty} \gamma^t P_{\pi_\theta}(s_t = s) \tag{10.23}$$

상태방문 확률은 특정 상태 s에 대해 1) t번째 타임스텝 단계만에 상태 s에 도달하는 확률 ($P_{\pi_\theta}(s_t = s)$)을 계산하고, 이에 할인상수 γ^t를 곱한다. 2) 이를 모든 타임스텝 t에 대해 계산한 후 합산한다. 이와 같은 (할인된) 상태방문확률(식 (10.23))을 이용해 목적함수 식 (10.22)를 다시 정의하면 다음과 같이 정의할 수 있다.

$$J(\pi_{\tilde{\theta}}) = \eta(\pi_{\tilde{\theta}}) - \eta(\pi_\theta) = \sum_s \rho_{\pi_\theta}(s) \sum_a \pi_{\tilde{\theta}}(a|s) A_{\pi_\theta}(s, a) \tag{10.24}$$

이는 에이전트가 1) 특정한 상태 s에 도착할 확률과 2) 상태 s에서 행동 a에 따른 평균 보상값을 곱하고 3) 이를 전체 상태에 대하여 합산한 값을 말한다. 하지만 식 (10.24)는 새로운 정책 $\pi_{\tilde{\theta}}$ 기반으로 정의되어 있다. 따라서 이 값을 계산하려면 에이전트가 새로운 정책 $\pi_{\tilde{\theta}}$ 기반으로 행동들을 하면서 새롭게 데이터를 생성해야 한다. 하지만 우리는 이미 이전 정책 π_θ에 의해 생성된 데이터들을 가지고 있다. 목적함수가 이전의 데이터들을 활용할 수 있다면 훨씬 효과적이다.

여기서 우리의 질문은 새로운 정책 $\pi_{\tilde{\theta}}$을 이용해 표현된 목적함수(식 (10.24))를 이전 정책 π_θ의 데이터들을 사용하여 표현할 수 있는가의 여부이다.

우리는 앞에서 이전 정책 π_θ 와 새로운 정책 $\pi_{\tilde{\theta}}$ 간의 변화가 많지 않은 가정하에 (즉 두 정책의 차이가 신뢰구간 범위 이내인) 학습을 수행한다고 가정했다. 따라서 다음과 같은 가정을 할 수 있다.

$$\rho_{\pi_{\tilde{\theta}}}(s) \approx \rho_{\pi_\theta}(s) \tag{10.25}$$

따라서 식 (10.24)에서 식 (10.25)를 대입하면 근사값 $L(\pi_{\tilde{\theta}})$은 다음과 같이 계산된다.

$$L(\pi_{\tilde{\theta}}) = \sum_s \rho_{\pi_\theta}(s) \sum_a \pi_{\tilde{\theta}}(a|s) A_{\pi_\theta}(s, a) \tag{10.26}$$

참고로 $J(\pi_{\tilde{\theta}})$ (식 (10.24))와 $L(\pi_{\tilde{\theta}})$ (식 (10.26))은 (정책이 미분가능한 함수로 표현될 때) 다음 식과 같이 특정한 파라미터값 θ_0에서 서로의 함수값, 그리고 서로의 일차미분값들도 일치함을 알 수 있다.

$$L(\pi_{\tilde{\theta}}) = J(\pi_{\tilde{\theta}})|_{\tilde{\theta}=\theta_0}$$
$$\nabla_{\tilde{\theta}} L(\pi_{\tilde{\theta}}) = \nabla_{\tilde{\theta}} J(\pi_{\tilde{\theta}})|_{\tilde{\theta}=\theta_0}$$

이 식들의 의미는 $J(\pi_{\tilde{\theta}})$과 $L(\pi_{\tilde{\theta}})$이 $\tilde{\theta} = \theta_0$ (θ_0는 신뢰구간에서의 값) 부근에서 함수의 모양이 (일차 미분식까지) 서로 거의 일치한다는 것을 보여준다. 이제 식 (10.26)을 다음과 같이 수정해서 표현하자.

$$L(\pi_{\tilde{\theta}})=\sum_s \rho_{\pi_\theta}(s)\sum_a \pi_{\tilde{\theta}}(a|s)A_{\pi_\theta}(s,\ a)=\sum_s \rho_{\pi_\theta}(s)\sum_s \pi_\theta(a|s)\left[\frac{\pi_{\tilde{\theta}}(a|s)}{\pi_\theta(a|s)}A_{\pi_\theta}(s,\ a)\right] \tag{10.27}$$

이 식에서 $\Sigma_s\rho_{\pi_\theta}(s)\Sigma_a\pi_\theta(a\,|\,s)$는 먼저 특정한 시작상태를 선택하고 다음으로 (기존의 정책 π_θ에 따라서) 특정한 상태 s에서 행동 a를 수행할 확률을 말한다. 즉, 식 (10.27)은 $\frac{\pi_{\tilde{\theta}}(a|s)}{\pi_\theta(a|s)}A_{\pi_\theta}(s,\ a)$의 값을 이들(상태 s와 행동 a)에 도착할 확률과 곱셈을 하여 계산한 평균값이다.

이 식 $\Sigma_s\rho_{\pi_\theta}(s)\Sigma_a\pi_\theta(a\,|\,s)$의 장점은 새로운 정책 $\pi_{\tilde{\theta}}$에 대한 내용은 없으며 기존의 정책 π_θ에 대한 내용으로만 되어 있다는 것이다. 다시 말하면 (새로운 정책 $\pi_{\tilde{\theta}}$ 가 아닌) 기존의 정책 π_θ에 의해서 생성된 데이터들의 분포에 의해 $\frac{\pi_{\tilde{\theta}}(a|s)}{\pi_\theta(a|s)}A_{\pi_\theta}(s,\ a)$의 평균값을 구할 수 있음을 의미한다. 따라서 최종적으로 목적함수 식 (10.27)은 다음과 같이 정의할 수 있다.

$$L(\pi_{\tilde{\theta}})=E_{\pi_\theta}\left[\frac{\pi_{\tilde{\theta}}(a|s)}{\pi_\theta(a|s)}A_{\pi_\theta}(s,\ a)\right] \tag{10.28}$$

식 (10.28)의 가장 큰 장점은 이제 이전의 정책 π_θ에 의해서 생성된 과거 데이터를 활용해 $\left[\frac{\pi_{\tilde{\theta}}(a|s)}{\pi_\theta(a|s)}A_{\pi_\theta}(s,\ a)\right]$의 평균값을 구할 수 있는 것이다(참고로 식 (10.28)은 근사 어드밴티지(surrogate advantage)로 불리기도 한다).

중요도 샘플링의 관점

먼저 앞의 목적함수 식 (10.28)은 **중요도 샘플링**(importance sampling)의 관점에서 해석할 수도 있다. 중요도 샘플은 특정한 확률 분포의 평균값을 다른 확률분포를 이용해 계산하는 방법이다. 중요도 샘플링은 5.6.1절에서 설명했으므로, 여기서는 간단히 요약만 한다. 특정한 확률 분포 P에 따라 함수의 값 $f(X)$이 분포한다고 하자. 그러면 확률분포 P에 따른 $f(X)$의 평균은 다음과 같다.

$$E_{X\sim P}[f(X)]=\sum P(X)f(X)$$

여기서 만약에 $f(X)$의 평균값을 (P가 아닌) 다른 확률분포 Q를 기반으로 구하게 되면 평균의 식은 다음과 같다.

$$E_{X\sim P}[f(X)] = \sum P(X)f(X) = \sum Q(X)\frac{P(X)}{Q(X)}f(X) = E_{X\sim Q}\left[\frac{P(X)}{Q(X)}f(X)\right] \tag{10.29}$$

이와 같이 원래의 확률분포가 아닌 다른 확률분포에서 평균값을 구하게 하는 방법이 중요도 샘플링이다. 여기서 $\frac{P(X)}{Q(X)}$ 항을 X에 대한 **중요도 샘플링 가중치**(importance sampling weight)라고 한다.

그러면 중요도 샘플링을 정책 그레디언트에 어떻게 적용하는지를 살펴보자. 식 (10.24)의 목적함수를 다음에 다시 표시했다.

$$J(\pi_{\tilde{\theta}}) = \sum_s \rho_{\pi_\theta}(s) \sum_a \pi_{\tilde{\theta}}(a|s) A_{\pi_\theta}(s,\ a) = E_{\pi_{\tilde{\theta}}}[A_{\pi_\theta}(s,\ a)]$$

중요도 샘플링의 정의(식 (10.29))에서 $P(X)$를 새로운 정책 $\pi_{\tilde{\theta}}(s, a)$, $Q(X)$를 이전 정책 $\pi_\theta(s, a)$, 그리고 $f(X)$는 어드밴티지값 $A_{\pi_\theta}(s, a)$이라고 하자. 그러면 위의 목적함수 식은 다음과 같은 형태가 된다. 그리고 다음 식은 식 (10.28)와 동일함을 알 수 있다.

$$J(\pi_{\tilde{\theta}}) = E_{\pi_{\tilde{\theta}}}\left[A_{\pi_\theta}(s,\ a)\right] = E_{\pi_\theta}\left[\frac{\pi_{\tilde{\theta}}(a|s)}{\pi_\theta(a|s)} A_{\pi_\theta}(s,\ a)\right] = L(\pi_{\tilde{\theta}}) \tag{10.30}$$

중요도 샘플링을 사용하는 이유는 이전 정책 π_θ에 의한 데이터를 이용해 새로운 정책 $\pi_{\tilde{\theta}}$의 성능을 평가하기 위함이다.

분산의 증가

하지만 이와 같이 수정된 목적함수(식 (10.28) 혹은 (10.30))에는 이와 같은 (이전 정책의 데이터를 사용하는) 장점과 더불어 단점도 존재한다. 수정된 목적함수의 문제는 분산값이 쉽게 증가할 수 있다는 점이다. 먼저 분산의 정의를 보자.

$$Var[Z] = E[Z^2] - E[Z]^2$$

여기서 $Z = \frac{P(X)}{Q(X)}f(X)$라고 하면 분산은 다음과 같이 계산된다.

$$Var[Z] = E_{X\sim Q}\left[\left(\frac{P(X)}{Q(X)}f(X)\right)^2\right] - E_{X\sim Q}\left[\frac{P(X)}{Q(X)}f(X)\right]^2 = E_{X\sim P}\left[\frac{P(X)}{Q(X)}f(X)^2\right] - E_{X\sim P}[f(X)]^2$$

이 식을 보면 $\frac{P(X)}{Q(X)}$의 값이 1 이상으로 값이 커질수록 분산값이 급격히 증가함을 알 수 있다.

이 식에서 $P(X) \Rightarrow \pi_{\tilde{\theta}}(a \mid s)$, $Q(X) \Rightarrow \pi_{\theta}(a \mid s)$, $f(X) \Rightarrow A_{\pi_\theta}(s, a)$으로 치환한다면, $\frac{P(X)}{Q(X)}$값 즉 $\frac{\pi_{\tilde{\theta}}(a|s)}{\pi_\theta(a|s)}$ 값이 증가하면 분산값이 증가함을 알 수 있다. 다시 말해서 기존의 정책과 새로운 정책의 상대적 변화$\left(\frac{\pi_{\tilde{\theta}}(a|s)}{\pi_\theta(a|s)}\right)$가 클수록 분산값이 증가한다는 의미이다. 따라서 신뢰구간의 방법에서는 새로운 정책이 기존의 정책과 특정 신뢰구간의 범위 내에서만 변화하도록 학습한다. 따라서 TRPO 방법에서는 정책의 차이가 어떤 신뢰구간 내에서만 변하도록 하면서 정책을 업데이트해 나간다.

지금까지 이전 데이터를 활용할 수 있도록 목적함수를 수정하는 과정을 살펴봤다. 10.4.5절에서 목적함수 식 (10.19)는 1) 이전 정책의 데이터 활용을 할 수 없고 2) 파라미터의 급격한 변화를 방지하기 위해 신뢰구간이 필요하다고 했다. 따라서 식 (10.28) 목적함수를 사용함으로서 1) 번째의 문제를 설명하였으며 지금부터는 2) 번째의 문제를 설명하려 한다.

10.3.4 신뢰구간의 설정

새로운 정책이 기존의 정책과 특정 신뢰구간의 범위 내에서만 변화하도록 해야 한다고 했다. 실제로 목적함수 식 (10.22)를 근사함수인 식 (10.28)로 표현할 수 있는 기본 가정은 새로운 정책 $\pi_{\tilde{\theta}}$ 가 기존의 정책 π_θ와의 차이가 크지 않다는 가정하에서 가능하다. 그러면 어느 수준까지의 정책 차이가 가능한지를 신뢰구간을 이용해 정의해야 한다. 신뢰구간은 (앞에서 설명한 대로) 파라미터값의 차이에 대한 신뢰구간이 아니고, 두 정책의 차이에 대한 신뢰구간을 정의한다(정책의 변화는 이러한 신뢰구간의 범위 내에서만 가능하다).

현재의 정책 π_θ이 새로운 정책 $\pi_{\tilde{\theta}}$ 로 신뢰구간의 범위 내에서 바뀐다는 뜻은 현재 정책 $\pi_\theta(s, a)$의 확률분포와 $\pi_{\tilde{\theta}}(s, a)$의 확률분포가 신뢰구간 내의 범위로만 변화할 수 있다는 의미이다.

그러면 구체적으로 두 개의 정책이 얼마만큼 다른지는 (즉 두 정책의 확률 분포차이가 얼마인지) 어떻게 측정할 수 있는가? TRPO 방법에서는 엔트로피(entropy) 함수의 일종인 **KL 변량**(Kullback-Leibler divergence)를 사용하여 이를 정의한다. 먼저 KL 변량의 정의를 보자. 두 개의 확률분포 p, q가 있을 때 이들의 확률분포가 서로 얼마나 다른지를 측정하는 KL 변량 $D_{KL}(p \parallel q)$의 정의는 다음과 같다.

$$D_{KL}(p \parallel q) = E_{p(x)}\left[\log \frac{p(x)}{q(x)}\right] = \sum_x p(x) \log \frac{p(x)}{q(x)} \tag{10.31}$$

그리고 정책은 특정 상태에서 가능한 행동들에 대한 확률 분포로 정의된다. 따라서 현재의 정책 π_θ와 새로운 정책 $\pi_{\tilde{\theta}}$를 식 (10.31)에 대입하면 특정한 상태 s에서 두 정책 π_θ와 $\pi_{\tilde{\theta}}$ 의 차이는 KL 변량을 이용해 다음과 같이 정의할 수 있다.

$$D_{KL}(\pi_\theta(\cdot \mid s) \,||\, \pi_{\tilde{\theta}}(\cdot \mid s)) = E_{\pi_\theta}\left[\log \frac{\pi_\theta(a|s)}{\pi_{\tilde{\theta}}(a|s)}\right] = \sum_a \pi_\theta(a|s) \log \frac{\pi_\theta(a|s)}{\pi_{\tilde{\theta}}(a|s)} \tag{10.32}$$

이 식은 (특정 상태 s에서) 두 정책 간의 차이를 정의한 것이며, TRPO에서는 이를 **신뢰구간**(trust region)으로 사용한다. 식 (10.32)는 특정한 상태 s에서의 정책 간의 차이를 표시한 것이며 일반 정책에 대한 신뢰구간을 설정할 때는 모든 상태에 대해 신뢰구간이 특정한 상수 δ 범위 내에 있어야 한다고 가정할 수 있다. 즉, 모든 상태에 대해 식 (10.32) 값의 범위가 δ이어야 한다. 따라서 이는 다음과 같은 식으로 표현될 수 있다.

$$\max_s D_{KL}(\pi_\theta(\cdot \mid s) \,||\, \pi_{\tilde{\theta}}(\cdot \mid s)) \le \delta \tag{10.33}$$

10.4.5절에서 언급한 목적함수 식 (10.19)의 두 가지 문제에서 첫 번째 문제는 식 (10.28) 목적함수를 사용함으로서 해결하며 두 번째 문제는 식 (10.33)으로 신뢰구간을 설정해 해결할 수 있다.

하지만 식 (10.33)은 $\max_s D_{KL}(\pi_{\theta_{old}}(\cdot \mid s) \,||\, \pi_\theta(\cdot \mid s))$ 부분이 모든 상태 s에 대해 신뢰구간을 만족해야 하는 것을 의미하는데, 이는 현실적으로 적용하기에는 몇 가지 문제가 있다. 첫 번째, 모든 상태에 대해 이 신뢰구간을 만족하는 것은 너무 엄격한 기준이라 선택의 폭이 좁아진다. 따라서 우리가 업데이트 시에 사용하는 스텝사이즈(learning rate)가 아주 작을 수밖에 없다. 그리고 모든 상태에 대해 D_{KL} 값을 계산하기도 오랜 시간이 걸린다. 두 번째 이유로는 식 (10.31)은 $\max_s$ 항이 포함되므로 이 값을 직접 미분하거나 하는 연산이 불가능해 계산에 많은 제약이 있다. 따라서 TRPO에서는 모든 상태에 대해 신뢰구간을 만족하는 조건 대신에, 각 상태의 신뢰구간에 대한 평균값이 어떤 범위 내에 있도록 하는 방법을 사용한다. 즉 다음 식과 같은 신뢰구간의 조건이 좀더 현실적인 방법으로 사용된다.

$$E_{\pi_\theta}[D_{KL}(\pi_\theta(\cdot \mid s) \,||\, \pi_{\tilde{\theta}}(\cdot \mid s))] \le \delta \tag{10.34}$$

그리고 참고로 신뢰구간의 계산 식인 식 (10.32) 혹은 (10.34)는 모든 상태에 대해 D_{KL} 값을 구하므로 오랜 시간이 걸리는 단점이 있을 수 있다. 하지만 실제 TRPO의 구현에서는 식

(10.34)의 값을 계산할 때 (전체 데이터가 아닌) 현재 사용하는 미니배치(mini-batch)의 데이터에 대해서만 각각의 D_{KL}를 계산한다. 미니배치 데이터만을 사용할 때 식 (10.34)의 조건이 데이터 전체에 대한 조건인 식 (10.33)을 만족한다는 보증은 없지만 이 방법은 알고리즘의 수행 속도를 향상시킨다. 또한 실제 적용될 때에 식 (10.34)와 (10.33)은 성능에서 별 차이를 보이지 않는다. 따라서 수 (10.34)가 두 개의 정책 간의 신뢰구간을 정의하는 함수로 많이 사용된다.

지금까지의 과정을 정리하면 정책 목적함수의 근사함수(식 (10.28))를 구했고 또한 정책의 신뢰구간(식 (10.34))도 구했다. 따라서 이들 식들을 이용해 원래의 목적함수 식 (10.19)의 문제점들을 해결할 수 있다. TRPO에서 최종적으로 이들을 결합하면 다음의 식과 같이 신뢰구간을 이용한 그레디언트 학습 방법을 구할 수 있다.

$$\begin{aligned}&\underset{\tilde{\theta}}{\operatorname{argmax}}\, E_{\pi_\theta}\left[\frac{\pi_{\tilde{\theta}}(a|s)}{\pi_\theta(a|s)}A_{\pi_\theta}(s,\ a)\right]\\&\text{subject to } E_{\pi_\theta}\left[D_{KL}\left(\pi_\theta(\cdot\,|s)\,\|\,\pi_{\tilde{\theta}}(\cdot\,|s)\right)\right]\le\delta\end{aligned}\tag{10.35}$$

식 (10.35)의 의미는 1) 현재 정책의 상태가치값보다 높은 상태가치값을 가지는 정책을 선택하는데(argmax 부분), 2) 이와 동시에 정책의 급격한 변화를 방지하기 위해 정책 변화의 평균 범위(신뢰구간)가 δ를 초과하지 않는(subject to 부분) 정책을 선택한다는 의미이다. 식 (10.35)에서 구한 $\tilde{\theta}$ 값이 정책 네트워크의 새로운 파라미터 값이 된다.

10.3.5 TRPO의 계산

식 (10.35)의 문제를 푸는(즉, 파라미터 $\tilde{\theta}$의 값을 구하는) 한 가지 방법으로 식 (10.35)의 목적함수 부분과 신뢰구간 부분을 테일러 급수를 이용해 근사함수로 표현한 후에 계산하는 방법을 사용할 수 있다. 구체적으로 1) 목적함수부분은 테일러 급수의 일차함수를 사용하고, 2) 제약조건의 부분은 테일러 급수의 이차함수를 사용하여 근사함수를 사용하여 계산한다. 참고로 테일러 급수의 정의는 식 (10.16)에서 정의했으며 다음에 다시 표시했다.

$$\tilde{f}(x)=f(c)+\nabla f(c)^T(x-c)+\frac{1}{2!}(x-c)^TH(x-c)$$

따라서 목적함수 식 (10.35)에서 $L(\tilde{\theta})=E_{\pi_\theta}\left[\frac{\pi_{\tilde{\theta}}(a|s)}{\pi_\theta(a|s)}A_{\pi_\theta}(s,\ a)\right]$이라고 하면, 목적함수는 테일러 일차함수(식 (10.16))를 이용해 다음과 같은 근사함수로 표시한다. (식 (10.26)과 (10.27)에서

일차미분함수까지 유사하다고 가정)

$$L(\tilde{\theta}) \approx L(\theta) + \nabla_{\tilde{\theta}} L(\theta)^T (\tilde{\theta} - \theta)$$

여기서 $L(\theta)$는 상수로 취급할 수 있다. 따라서 $L(\tilde{\theta})$은 다음과 같은 근사함수로 표시한다.

$$L(\tilde{\theta}) \approx \nabla_{\tilde{\theta}} L(\theta)^T (\tilde{\theta} - \theta) \tag{10.36}$$

그리고 식 (10.35)의 제약조건 부분은 다음과 같이 정의된다.

$$l(\tilde{\theta}) = E_{\pi_\theta}\left[D_{KL}\left(\pi_\theta(\cdot \mid s) \| \pi_{\tilde{\theta}}(\cdot \mid s)\right)\right] = E_{\pi_\theta}\left[\sum_a \pi_\theta(a|s) \log \frac{\pi_\theta(a|s)}{\pi_{\tilde{\theta}}(a|s)}\right]$$

그러면 $l(\tilde{\theta})$은 테일러 급수(식 (10.16))를 사용해 다음과 같이 이차근사함수를 정의할 수 있다. (여기서 $l(\theta) = l(\tilde{\theta})|_{\tilde{\theta}=\theta}$ $\nabla_{\tilde{\theta}} l(\theta) = \nabla_{\tilde{\theta}} l(\tilde{\theta})|_{\tilde{\theta}=\theta}$을 의미함)

$$l(\tilde{\theta}) \approx l(\theta) + \nabla_{\tilde{\theta}} l(\theta)^T (\tilde{\theta} - \theta) + \frac{1}{2}(\tilde{\theta} - \theta)^T \nabla_{\tilde{\theta}}^2 l(\theta)(\tilde{\theta} - \theta) \tag{10.37}$$

여기서 식 (10.37)의 첫 번째 항 $l(\theta)$는 $D_{KL}(p \| p) = 0$ (식 (10.31))이므로

$$l(\theta) = E_{\pi_\theta}\left[D_{KL}\left(\pi_\theta(\cdot \mid s) \| \pi_\theta(\cdot \mid s)\right)\right] = 0 \tag{10.38}$$

그리고 식 (10.37)의 두 번째 항에서 (참고: $\sum_a \pi_{\tilde{\theta}}(a \mid s) = 1$)

$$\begin{aligned}
\nabla_{\tilde{\theta}} D_{KL}\left(\pi_\theta(\cdot \mid s) \| \pi_{\tilde{\theta}}(\cdot \mid s)\right)\Big|_{\tilde{\theta}=\theta} &= \nabla_{\tilde{\theta}} \sum_a \pi_\theta(a|s) \log \frac{\pi_\theta(a|s)}{\pi_{\tilde{\theta}}(a|s)}\Bigg|_{\tilde{\theta}=\theta} \\
&= -\sum_a \pi_\theta(a|s) \frac{\nabla_{\tilde{\theta}} \pi_{\tilde{\theta}}(a|s)}{\pi_{\tilde{\theta}}(a|s)}\Bigg|_{\tilde{\theta}=\theta} = -\nabla_{\tilde{\theta}} \sum_a \pi_{\tilde{\theta}}(a|s) = 0
\end{aligned} \tag{10.39}$$

식 (10.38)과 (10.39)에 의해서 $\nabla_{\tilde{\theta}} l(\theta)^T (\tilde{\theta} - \theta) = 0$이며 따라서 식 (10.37) 제약조건의 테일러 근사식은 다음과 같이 표시된다.

$$l(\tilde{\theta}) \approx \frac{1}{2}(\tilde{\theta} - \theta)^T \nabla_{\tilde{\theta}}^2 l(\theta)(\tilde{\theta} - \theta) \tag{10.40}$$

식 (10.40)에서 $H = \nabla_{\tilde{\theta}}^2 l(\theta)$는 헤시안 매트릭스(hessian matrix)를 의미한다. 따라서 이러한 테일

러 급수 근사함수들(식 (10.36)과 식 (10.40))을 이용한 TRPO의 식(식 (10.35))은 다음과 같이 표현된다. ($g = \nabla_{\tilde{\theta}} l(\theta)$)

$$\begin{aligned} &\underset{\tilde{\theta}}{\text{argmax}}\ g^T(\tilde{\theta}-\theta) \\ &\text{subject to } \frac{1}{2}(\tilde{\theta}-\theta)^T H(\tilde{\theta}-\theta) \le \delta \end{aligned} \tag{10.41}$$

식 (10.41)의 수식을 라그랑지안 변환(Lagrangian multiplier) 등의 방법을 이용하여 구하면 $\tilde{\theta}$는 다음과 같은 식으로 업데이트가 된다. 여기서 g는 정책 네트워크의 그레디언트값을, H는 $D_{KL}(\pi_\theta(\cdot|s) \| \pi_{\tilde{\theta}}(\cdot|s))$의 헤시안 매트릭스를 의미한다.

$$\tilde{\theta} = \theta + \sqrt{\frac{2\delta}{g^T H^{-1} g}}\ H^{-1} g$$

참고로 위와 같은 수식을 이용하여 정책 파라미터를 업데이트하는 방법을 **자연 정책 그레디언트**(natural policy gradient) 방법이라고 한다. 여기서 H^{-1} 값을 직접 구하는 것은 많은 시간을 요구한다. 따라서 TRPO에서는 **켤레 점진적**(conjugate gradient) 방법을 이용하여 $x \approx H^{-1}g$의 값을 구하여 계산을 효율적으로 한다.

또한 이들 수식은 원래의 수식을 테일러 급수를 이용한 근사함수(surrogate function)을 기반으로 구한 수식이다. 따라서 $\tilde{\theta}$ 값의 변동 범위가 신뢰구간(식 (10.32))을 벗어나는 경우가 발생할 수 있다. 따라서 $\tilde{\theta}$ 값의 변경에 의한 정책의 변경이 신뢰구간 범위에 있는지를 확인한다. TRPO에서는 새로 구한 $\tilde{\theta}$ 값이 신뢰구간을 벗어나면 아래의 수식을 사용하여 $\tilde{\theta}$ 값의 변동 범위를 축소시킨다.

$$\tilde{\theta} = \theta + \alpha^j \sqrt{\frac{2\delta}{x^T H x}}\, x$$

위의 식에서는 새로 구한 $\tilde{\theta}$ 값이 신뢰구간을 벗어나면 j 값을 1씩 증가하여 $\tilde{\theta}$에 의한 정책의 변화가 신뢰구간내에 있도록 j 값을 증가시킨다. 이와 같은 방법으로 $\tilde{\theta}$ 값은 신뢰구간을 벗어나지 않도록 하며 이 방법은 **역추적 선형탐색**(backtracking line search)이라고 불린다.

TRPO 방법은 이와 같이 정책에 많은 변화를 주지 않으면서 신뢰구간 내에서 최적의 파라미터값들을 찾아간다. 그림 10.8은 TRPO 방법의 기본코드를 보여 준다. TRPO 방법은 기본적으로 액터-크리틱 방법을 사용한다. 따라서 액터-크리틱 방법의 기본코드와 거의 유사하며 액터 네트워크의 파라미터를 업데이트하는 부분에서 차이를 보인다.

알고리즘: TRPO

정책 함수 파라미터 θ, 가치값 함수 파라미터 v 초기화

loop

정책 π_θ에 따라서 행동 수행하면서 에피소드 집합 D 생성

에피소드 집합 D의 단계 t 별로

$\delta_t = r_{t+1} + \gamma V_v(s_{t+1}) - V_v(s_t)$ // TD 에러 계산

$\hat{A}_t = \delta_t$ // 어드밴티지의 계산

정책 그레디언트 값 $\hat{g}$을 다음과 같이 계산 (T: 에피소드 길이)

$$\hat{g} = \frac{1}{|D|}\sum_{\tau \in D}\sum_{t=0}^{T} \nabla_{\tilde{\theta}} \log \pi_{\tilde{\theta}}(a_t|s_t)\hat{A}_t$$

$\hat{x} \approx H^{-1}\hat{g}$을 계산 (켤레 점진적 방법 이용)

$$\Delta\theta = \sqrt{\frac{2\delta}{\hat{x}^T H\hat{x}}}\,\hat{x}$$

다음 수식으로 (역추적 선형탐색 사용) KL 신뢰구간을 만족하는

최소의 j 값을 구하고 정책 파라미터 θ를 업데이트함

$$\tilde{\theta} = \theta + \alpha^j \Delta\theta$$

가치값 네트워크 파라미터 v를 다음과 같이 업데이트함 (TD 학습 방법)

$$\tilde{v} = \underset{v}{\operatorname{argmin}} \frac{1}{|D|T}\sum_{\tau \in D}\sum_{t=0}^{T}(\delta_t)^2$$

$\theta \leftarrow \tilde{\theta}$

$v \leftarrow \tilde{v}$

end loop

그림 10.8 TRPO 알고리즘의 기본코드

그림 10.8의 기본코드에서는 정책 그레디언트 값 $\hat{g}$를 계산할 때에 여러 에피소드의 배치(batch)를 이용하여 계산하였다. 한 개의 에피소드를 사용하여 $\hat{g}$를 계산하는 경우는 다음과 같이 계산된다.

$$\hat{g} = \sum_{t=0}^{T} \nabla_{\tilde{\theta}} \log \pi_{\tilde{\theta}}(a_t|s_t)\hat{A}_t$$

TRPO 방법을 적용할 때에 주의할 점은 액터-크리틱의 네트워크가 그림 9.16과 같이 한 개의 네트워크로 통합된 형태인 경우는 적용하기가 어렵다. 통합된 액터-크리틱 네트워크를 학습하기 위해서는 가치값의 부분에 대한 목적값을 제공해야 하는데 TRPO에서는 가치값에 대한 내용은 제공하지 않기 때문이다. 그리고 또 다른 사항은 TRPO에서는 네트워크가 드롭아웃(dropout) 방법 등을 사용하여 인위적으로 노이즈(noise)를 추가하는 경우에도 사용하기가 적절하지 않다.

10.4 PPO

지금까지 설명한 식 (10.35)의 TRPO 방법은 조건의 값이 제한되어 있는 **제한된 최적화**(constrained optimization)의 문제이다. 그리고 이를 위해 테일러 근사함수 등의 방법을 사용했다. 하지만 근사함수가 이차 근사(second-order approximation) 함수를 사용하는 경우에는 헤시안 매트릭스(Hessian Matrix)의 역매트릭스(inverse matrix) 계산 등의 많은 계산이 요구되는 단점이 있다. 이러한 이유로 여기서는 TRPO를 좀더 간단한 방식으로 구하는 **근접 정책 최적화**(proximal policy optimization, PPO) [Schulman et al., 2017] 방법들에 대해 알아보자.

첫 번째는 **적응적 KL변량값에 의한 PPO**(PPO adaptive KL Penalty)이라고 불리는 방법이다. 먼저 TRPO의 식 (10.35)를 **라그랑제 듀얼**(Lagrangian dual) 식으로 전환하면 다음과 같이 표현할 수 있다(여기서는 편의상 원래의 목적함수인 식 (10.35)를 사용했으며 식 (10.41)을 사용해도 무관함).

$$\underset{\tilde{\theta}}{\operatorname{argmax}} E_{\pi_\theta}\left[\frac{\pi_{\tilde{\theta}}(a|s)}{\pi_\theta(a|s)} A_{\pi_\theta}(s,\ a)\right] - \beta\left(E_{\pi_\theta}\left[D_{KL}\left(\pi_\theta(\cdot\ |s) \| \pi_{\tilde{\theta}}(\cdot\ |s)\right)\right]\right) \tag{10.42}$$

이 식의 값을 최대화하는 $\tilde{\theta}$를 구해 네트워크의 파라미터를 업데이트할 수 있다. 이 식에서 β는 페널티(신뢰구간)의 중요도를 의미하며, 새로운 정책이 현재의 정책과 많이 다른 경우에 높은 페널티를 부여한다. 이 식은 전체 식이 제한조건(constraints)이 없는 한 개 식이므로 다루기가 쉽다. 또한 적절한 값의 β에서 식 (10.35)와 식 (10.42)는 동일한 문제(equivalent problem)임이 알려져 있다. 또 다른 방법은 식 (10.42)에서 적절한 β 값을 구하기 위해 다음과 같은 방법을 사용할 수 있다. 먼저 다음의 KL 변량값 d를 계산하고

$$d = E_{\pi_\theta}\left[D_{KL}\left(\pi_\theta(\cdot|s) \| \pi_{\tilde{\theta}}(\cdot|s)\right)\right]$$

이 d 값에 따라서 β 값을 다음과 같이 조정한다.

$$\beta = \begin{cases} \beta/2, & d < \dfrac{\delta}{1.5} \\ \beta * 2, & d > \delta * 1.5 \end{cases}$$

d 값은 이전 정책과 새로운 정책의 차이를 의미한다(두 정책의 확률분포 간의 차이). 따라서 d 값이 신뢰구간의 주어진 한계 δ 값을 어느 수준 이상으로 초과하면, 이는 스텝사이즈가 너무 크다는 의미이므로 β의 값을 증가시킨다. 반대로 d값이 아주 작은 값이면 β의 값을 감소시킨다. 하지만 이 방법들도 최적의 β 값을 구하는 것이 어려운 경우가 있다.

따라서 사용할 수 있는 또 다른 세번째의 PPO 방법은 **절삭 목적함수 PPO 방법**(PPO with clipped objective)이다. 식 (10.35)에서 보는 바와 같이 새로운 정책의 평가는 이전 정책의 데이터를 이용해 평가하고 있다. 그리고 (앞에서 설명한 바와 같이) 이전 정책과 새로운 정책의 차이가 큰 경우 (즉 $\pi_{\tilde{\theta}}(a_t|s_t)$와 $\pi_\theta(a_t|s_t)$의 값 차이가 큰 경우) 업데이트의 분산값이 증가하며 이에 따라서 성능을 떨어뜨리게 된다. 따라서 두 개의 정책 간의 비율은 아주 중요하며 따라서 이 문제를 방지하기 위해 두 정책의 비율값이 일정 범위를 넘으면 그 값을 절삭(clip)해서 강제로 작은 값으로 만드는 방법을 사용할 수 있다. 먼저 절삭함수를 다음과 같이 정의하자.

$$\text{clip}(x,\ 1-\varepsilon,\ 1+\varepsilon) = \begin{cases} 1-\varepsilon, & \text{if } x < 1-\varepsilon \\ x, & \text{if } 1+\varepsilon \le x \le 1-\varepsilon \\ 1+\varepsilon, & \text{if } x > 1+\varepsilon \end{cases}$$

이 함수는 x의 값이 $(1-\varepsilon)$와 $(1+\varepsilon)$의 범위를 벗어나면 x 값을 절삭하여 x 값의 범위가 $(1-\varepsilon)$와 $(1+\varepsilon)$ 범위의 값을 가지게 한다. 그림 10.9는 절삭함수의 모습을 보여 준다.

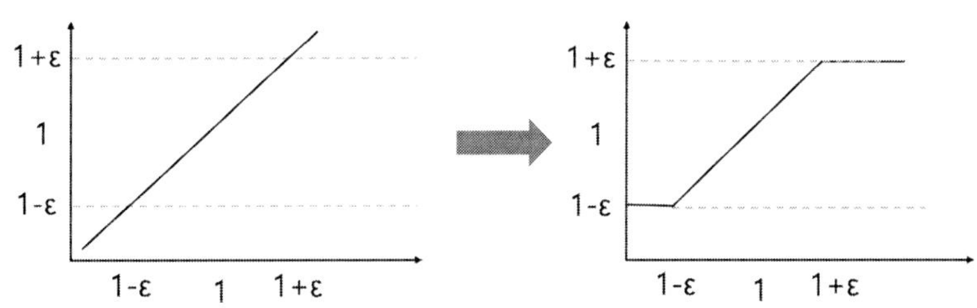

그림 10.9 절삭함수의 모습

이러한 절삭 함수를 이용해 우리의 목적함수를 수정해 보자. 먼저 현재 정책과 새로운 정책

의 비율을 $r_t(\tilde{\theta})$이라고 하면

$$r_t(\tilde{\theta}) = \frac{\pi_{\tilde{\theta}}(a_t|s_t)}{\pi_\theta(a_t|s_t)}$$

절삭함수를 사용한 근사목적함수는 다음과 같다.

$$\mathcal{L}^{CLIP}(\tilde{\theta}) = E_{\pi_\theta}\left[\min\left(r_t(\tilde{\theta}),\ clip(r_t(\tilde{\theta}),\ 1-\varepsilon,\ 1+\varepsilon)\right)A_{\pi_\theta}(s_t,\ a_t)\right]$$

이 같은 방식으로 목적함수를 수정하면 정책 간의 비율이 $(1-\varepsilon)$와 $(1+\varepsilon)$의 범위를 벗어나면 어드밴티지 값을 삭감하여 작게 만들어서 분산을 감소시킨다. 이 방법은 TRPO 방법과 달리 복잡한 계산이 필요하지 않아 간단하며 점진적 하강방법을 사용하여 쉽게 구현할 수 있다. 그리고 간단한 알고리즘이지만 다른 방법들에 비해 상대적으로 좋은 성능을 보임이 알려져 있다. 그림 10.10은 PPO 방법의 기본코드를 보여 준다. PPO 방법의 기본코드를 그림 10.8의 TRPO 방법과 비교하면, 크리틱 네트워크의 업데이트 방법은 동일하고 액터 네트워크의 업데이트를 훨씬 간단히 계산할 수 있음을 알 수 있다.

알고리즘: PPO

정책 함수 파라미터 θ, 가치값 함수 파라미터 v 초기화

loop

  정책 π_θ에 따라서 행동 수행하면서 에피소드 집합 D 생성

  에피소드 집합 D의 단계 t 별로

    $\delta_t = r_{t+1} + \gamma V_v(s_{t+1}) - V_v(s_t)$ // TD 에러 계산

    $\hat{A}_t = \delta_t$ // 어드밴티지 계산

  정책 네트워크 파라미터 θ'를 다음과 같이 업데이트함

$$\theta' = \underset{\tilde{\theta}}{\operatorname{argmax}} \frac{1}{|D|T}\sum_{\tau\in D}\sum_{t=0}^{T}\min\left(r_t(\tilde{\theta}),\ clip(r_t(\tilde{\theta}),\ 1-\varepsilon,\ 1+\varepsilon)\right)A_{\pi_\theta}(s_t,\ a_t)$$

$$\text{where } r_t(\tilde{\theta}) = \frac{\pi_{\tilde{\theta}}(a_t|s_t)}{\pi_\theta(a_t|s_t)}$$

  가치값 네트워크 파라미터 v'를 다음과 같이 업데이트함

$$v' = \underset{v}{\operatorname{argmin}} \frac{1}{|D|T}\sum_{\tau\in D}\sum_{t=0}^{T}(\delta_t)^2$$

  $\theta \leftarrow \theta'$

  $v \leftarrow v'$

end loop

그림 10.10 PPO 기본코드

10.5 DDPG

지금까지의 정책 그레디언트 학습 방법에서 우리는 가능한 행동마다 확률을 부여하는 확률적 정책(stochastic policy)을 다루었다. 하지만 정책의 행동이 연속적인 경우나 행동의 개수가 너무 많은 경우는 이러한 확률적인 정책의 그레디언트를 사용할 수가 없다. 행동이 연속적인 경우는 우리가 선택할 수 있는 행동의 개수가 기본적으로 무한이기 때문이다. 예를 들어서 우회전을 할 때에 어느 정도의 각도로 회전할지를 선택한다면 행동의 개수는 무한대가 된다.

이와 같이 연속적인 행동에 대한 정책 그레디언트를 계산하는 방법을 **DPG**(deterministic policy gradient)라고 한다 [Silver et al., 2014]. 그리고 이러한 DPG 방법을 함수(신경망)을 이용해 구현한 방법을 **DDPG**(deep deterministic policy gradient)라고 한다 [Lillicrap et al, 2016]. 여기서는 DDPG 방법에 대한 내용을 설명한다. DDPG는 기본적으로 액터-크리틱의 방법을 기반으로 하며 연속적인 행동을 처리하기 위해 몇 가지 방법을 추가했다.

10.5.1 가치 네트워크의 학습

DDPG는 액터-크리틱의 방법이므로 액터 네트워크와 크리틱 네트워크로 구성되어 있다. 먼저 DDPG에서 크리틱 네트워크의 학습 방법에 대해 알아보자. 먼저 DDPG에서의 크리틱 네트워크의 형태에 대해서 설명하겠다. 크리틱 네트워크는 앞에서 언급한 바와 같이 DQN을 기반으로 구현된다. 하지만 DDPG에서는 그림 8.1(a) 형태의 DQN 크리틱을 사용해야 한다. 그 이유는 DDPG에서는 행동이 연속적이어서 무한대이므로 그림 8.1(b)의 형태를 사용할 수 없기 때문이다. 따라서 크리틱 네트워크의 형태는 그림 10.11과 같은 DQN으로 표현된다. (DDPG의 크리틱 네트워크를 **가치 네트워크**(value network)라고 하고 w는 가치 네트워크의 파라미터를 의미)

그림 10.11 가치 네트워크의 형태

그림 10.11과 같은 가치 네트워크 학습을 위해 먼저 일반적인 DQN의 목적함수(식 (8.2))를 본 장에서의 표기방식으로 다시 표기하면 다음과 같다. (s'는 상태 s에서 행동 a를 수행할 때

의 다음 상태)

$$J(w) = E_{s,\ a,\ r,\ s'}\left[r + \gamma \max_{a'} \hat{q}_w(s',\ a') - \hat{q}_w(s,\ a)\right]^2$$

그리고 DQN에서는 (8.2.3절에서 설명한대로) 추가로 목표 네트워크(target network)를 사용하는 경우가 많으며, DDPG에서도 이러한 목표 네트워크를 사용한다. 이를 **목표 가치 네트워크**(target value network)라고 부른다. 이 목표 가치 네트워크의 파라미터들을 w'라고 하자. (DDPG에서는 편의상 목표 네트워크의 파라미터 표기를 w^- 대신에 w'을 사용함) 그러면 DDPG에서는 가치 네트워크와 목표 가치 네트워크의 두 개의 가치 네트워크 DQN이 존재한다. 목표 가치 네트워크를 사용하는 경우에 DQN의 목적함수는 다음과 같이 표시된다(식 (8.10)을 본 장의 표기 방식으로 수정한 내용). 여기서 파라미터 w로 표시되는 DQN은 (일반적인) 가치 네트워크를 의미하며 파라미터 w'로 표시되는 DQN은 목표 가치 네트워크를 말한다.

$$J(w) = E_{s,\ a,\ r,\ s'}\left[\left(r + \gamma \max_{a'} \hat{q}_{w'}(s',\ a') - \hat{q}_w(s,\ a)\right)^2\right] \tag{10.43}$$

이 목적함수 식에서 $\max_{a'} \hat{q}_{w'}(s',\ a')$ 항은 상태 s'에서 (가장 최적의 행동을 선택하기 위해) 가장 최대의 Q 값을 가지는 행동 a'를 선택한다는 의미이다. 하지만 DDPG 방법은 연속행동에 대한 정책을 다루고 있으므로 행동의 개수가 무한이고, 따라서 무한의 행동에 대한 Q 값을 일일이 계산할 수 없다.

이 문제를 해결하기 위해 DDPG 방법에서는 $\max_{a'} \hat{q}_{w'}(s',\ a')$를 직접 계산하지 않고 상태 s'로부터 (연속적인 행동 중에서) 최적의 행동 a'을 찾아주는 새로운 정책 네트워크를 사용하여 해결한다. 따라서 DDPG 방법을 사용하기 위해서는 기존의 정책 네트워크 외에 또 하나의 정책 네트워크를 사용하며 이러한 새로운 정책 네트워크를 **목표 정책 네트워크**(target policy network)라고 한다. 목표 정책 네트워크의 목표는 입력된 특정 상태에 대해 Q 값을 최대로 하는 하나의 행동을 출력으로 하는 정책 네트워크이다. 즉, 특정 상태 s에서 최적의 행동을 선택할 때는 식 (10.44)와 같이 목표 정책 네트워크의 출력인 행동 a를 선택하게 된다(θ'는 목표 정책 네트워크의 파라미터).

$$a = \pi_{\theta'}(s) \tag{10.44}$$

그림 10.12는 이러한 목표 정책네트워크의 형태를 보여 준다. DDPG의 목표 정책 네트워크의 형태를 보면 주어진 입력 상태에서 (연속 행동에 대해 한 개의 행동을 선택하므로) 한 개

의 출력노드가 있으며 그 출력노드의 값은 (상태 s에 대하여) 선택된 최적의 행동을 의미한다.

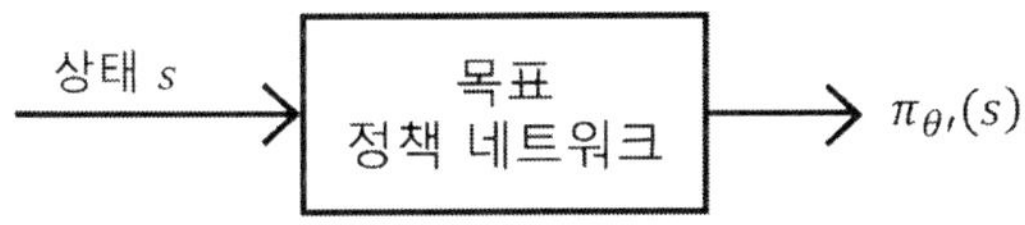

그림 10.12 DDPG의 목표 정책 네트워크

따라서 이러한 목표 정책 네트워크를 사용하면 (식 (10.44)에 의해) $\max_{a'} \hat{q}_{w'}(s', a')$ 항은 다음과 같이 표현된다.

$$\max_{a'} \hat{q}_{w'}(s',\ a') = \hat{q}_{w'}(s',\ \pi_{\theta'}(s')) \tag{10.45}$$

따라서 DDPG의 목표 가치 네트워크는 (그림 10.11의 형태에서 변형되어) 그림 10.13과 같은 형태를 가진다. 즉, 1) 특정한 상태 s'에 대해 최적의 행동 a'을 목표 정책 네트워크를 통하여 계산하고($a' = \pi_{\theta'}(s')$) 2) 이러한 목표 정책 네트워크의 출력값이 목표 가치 네트워크의 입력으로 사용된다.

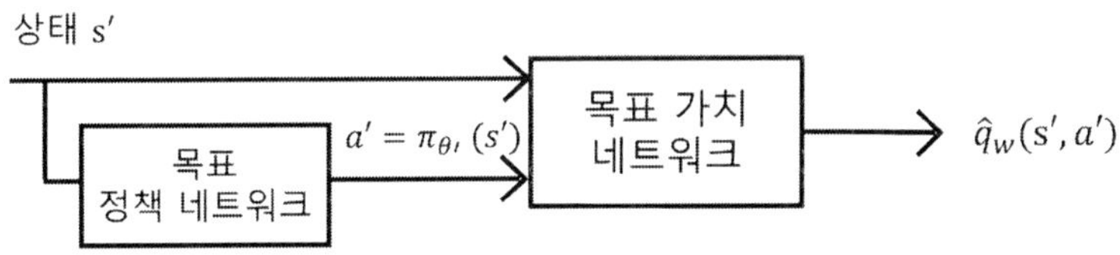

그림 10.13 DDPG의 목표 가치 네트워크

따라서 식 (10.45)를 식 (10.43)에 대입함으로써 DDPG에서 가치 네트워크의 목적함수는 아래 식 (10.46)과 같다. 참고로 식 (10.43)은 $E_{s,a,r,s'}[\cdot]$ 즉 경험 재사용(experience replay)을 사용하지 않는 경우를 의미한다. 하지만 DDPG에서 경험 재사용 방법을 사용하는 경우에는 $E_{s,a,r,s'\sim D}[\cdot]$ 식을 사용한다(여기서 D는 경험 재사용의 메모리를 의미).

$$J(w) = E_{s,a,r,s'\sim D}\left[\left(r + \gamma \underbrace{\hat{q}_{w'}(s',\ \underbrace{\pi_{\theta'}(s')}_{\text{목표 정책 네트워크}})}_{\text{목표 가치 네트워크}} - \underbrace{\hat{q}_w(s,\ a)}_{\text{가치 네트워크}}\right)^2\right] \tag{10.46}$$

따라서 가치 네트워크의 업데이트는 다음의 식과 같다. 다만 식 (10.46)의 w 기반으로 미분할 때는 $\hat{q}_{w'}(s', \pi_{\theta'}(s'))$ 값은 목적값(target value)의 역할을 하므로 미분하지 않고, $\hat{q}_w(s, a)$ 부분만 미분을 하는 준점진적 미분방법(semi-gradient method)을 사용한다.

$$w = w - \alpha \nabla_w J(w)$$

DDPG에는 지금까지 설명한 바와 같이 두 개의 가치 네트워크가 있다. 위 식은 (일반) 가치 네트워크의 업데이트를 위한 식이다. 목표 가치 네트워크는 가치 네트워크의 파라미터를 주기적으로 복사해서 파라미터를 업데이트한다. 이때 일반 가치 네트워크의 파라미터를 얼마의 주기로 목표 가치 네트워크로 복사하는지의 문제가 있는데, DDPG에서는 이러한 문제를 해결하기 위해 **폴리악 평균**(Polyak averaging) 방법(식 (8.12) 참고)을 사용한다. 따라서 목표 가치 네트워크의 파라미터는 다음의 식을 사용하여 업데이트한다. 즉, 폴리악 평균의 방법을 사용하여 가치 네트워크의 파라미터가 업데이트될 때마다 다음의 식을 이용해 목표 가치 네트워크의 파라미터를 업데이트한다.

$$w' = \kappa \cdot w + (1 - \kappa) w'$$

10.5.2 정책 네트워크 학습

다음으로 DDPG에서 정책 네트워크(액터)의 학습 방법에 대해 학습해 보자. 기존의 정책 네트워크는 주어진 상태 s에 대해 여러 행동 각각의 확률을 출력하는 네트워크였다. 하지만 DDPG에서는 연속적인 행동의 정책을 다루므로 정책 네트워크는 주어진 상태에 대해 최적의 행동 한 개만을 출력한다(그림 10.12와 같은 형태).

최적의 행동은 특정 상태-행동의 Q 값이 최대가 되는 행동을 의미한다. 정책 네트워크의 파라미터를 θ라고 하고 이 정책 네트워크가 출력하는 최적의 행동 a는

$$a = \pi_\theta(s)$$

라고 정의할 수 있다. DDPG의 정책 네트워크는 한 개의 행동만을 출력하므로 결정정책(deterministic policy)만을 다룬다. 따라서 정책 네트워크의 학습은 상태 s에서 행동 $a = \pi_\theta(s)$(정책 네트워크 자신의 출력)을 생성할 때에 이러한 정책 네트워크의 출력 a의 행동가치값 $Q(s, a)$이 최대가 되도록 정책 네트워크의 파라미터 θ를 학습해야 한다. 그리고 행동가치값 $Q(s, a)$의 예측치는 앞에서 설명한 크리틱 네트워크에서 계산된 값 $q_w(s, a)$을 사용한다. 즉, 정책 네트워크의 목적함수는 다음과 같이 표현할 수 있다.

$$q_w(s,\ a) = q_w(s,\ \pi_\theta(s))$$

앞의 가치 네트워크 학습에서 설명한 바와 같이 DDPG에서는 경험 재사용(experience replay)를 사용하므로 미니배치로 작업을 한다. 따라서 위의 목적함수는 다음과 같이 수정한다.

$$J(\theta) = E_D\left[\, q_w(s,\ \pi_\theta(s)\right]$$

여기서 목적함수 $J(\theta)$를 θ 기준으로 미분하게 되면 체인룰(chain rule)에 의해서 다음과 같이 정의된다.

$$\nabla_\theta J(\theta) = E_D\left[\nabla_{\pi_\theta(s)} q_w(s,\ \pi_\theta(s))\nabla_\theta \pi_\theta(s)\right] \tag{10.47}$$

여기서 $\pi_\theta(s)$는 정책 네트워크의 출력값 즉 행동 $a = \pi_\theta(s)$를 의미한다. 그리고 $\nabla_{\pi_\theta(s)} q_w(s, \pi_\theta(s))$는 가치 네트워크 q_w를 (가치 네트워크의 파라미터 w가 아닌) 가치 네트워크의 입력값인 $a = \pi_\theta(s)$를 기준으로 미분한다는 의미이다. 이는 q_w의 학습을 위하여 입력값 $\pi_\theta(s)$이 어느정도 영향을 미치는지를 계산한다는 의미이다. 네트워크를 (파라미터가 아닌) 입력을 기준으로 미분하는 방법은 Tensorflow, Pytorch 등의 라이브러리에서 쉽게 구현할 수 있다. 또한 DDPG에서는 연속적인 행동을 가정하기 때문에 정책 네트워크가 행동에 의해서 미분 가능한 함수(네트워크)라고 가정한다. 따라서 미니배치(사이즈 N)로 업데이트하는 경우에 식 (10.47)의 미분값은 다음과 같다.

$$\nabla_\theta J(\theta) = \frac{1}{N}\sum_i \nabla\pi_{\theta(s_i)} q_w(s_i,\ \pi_\theta(s_i))\nabla_\theta \pi_\theta(s_i) \tag{10.48}$$

그리고 정책 네트워크도 앞의 그림 10.12에서 설명한 목표 정책 네트워크를 가지고 있다. 그리고 목표 정책 네트워크들의 파라미터들도 정책 네트워크에서 복사가 된다. 이러한 파라미터의 복사는 가치 네트워크와 마찬가지로 다음과 같이 폴리악 평균을 이용해 업데이트한다 (θ'는 목표 정책 네트워크의 파라미터).

$$\theta' = \kappa \cdot \theta + (1-\kappa)\,\theta'$$

10.5.3 DDPG의 학습

지금까지의 내용을 정리하면 DDPG에서는 4개의 네트워크가 필요하다.

1) 정책 네트워크(액터)
2) 목표 정책 네트워크(상태에서 최적의 행동을 선택해 주는 네트워크)
3) 가치 네트워크(크리틱)

4) 목표 가치 네트워크(상태와 목표 정책 네트워크의 출력으로 가치값 계산)

그리고 그림 10.14는 DDPG 방법에서 이들 네트워크 간의 관계를 설명하고 있다. 그리고 DDPG는 **경험 재사용**(experience replay) 방법을 사용한다. 따라서 온정책(on-policy)의 방법이 아닌 오프정책(off-policy)의 방법이다.

그리고 DDPG의 정책은 결정적 정책이므로 좀더 많은 다양한 행동을 탐험(explore)하기 위해 정책 네트워크에서 행동을 선택할 때(식 (10.47)) 약간의 **노이즈** e을 추가한다.

$$a = \pi_\theta(s) + e \tag{10.49}$$

이때 노이즈 e은 O-U(Ornstein-Uhlenbeck) [Jacobsen 1996] 노이즈를 추가할 수 있지만 평균 0의 가우시안 분포(Gaussian distribution)를 사용해도 좋은 성능을 보임이 알려져 있다.

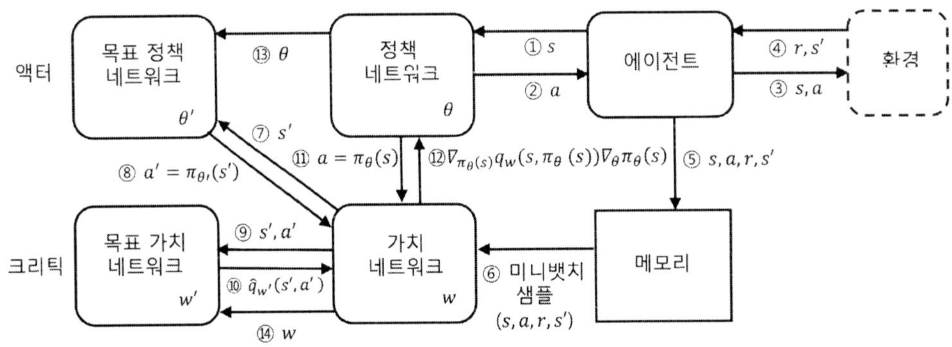

그림 10.14 DDPG의 방법

그림 10.14는 DDPG 학습의 구성요소들과 이들 간의 관계를 그림으로 보여 준다. 정책 네트워크와 가치 네트워크는 일반적인 액터-크리틱을 위한 네트워크들이며, 목표 정책 네트워크와 목표 가치 네트워크는 DPPG 학습을 위해 추가로 필요한 네트워크들이다. 그림 10.14를 이용해 DDPG 방법을 단계별로 설명하면 다음과 같다.

1) 에이전트는 현재의 상태 s에서 정책 네트워크를 이용해 (결정적 정책을 나타내므로) 상태 s에 대해 한 개의 행동값 $a = \pi_\theta(s)$를 출력한다(①–②).
2) 에이전트는 상태 s에서 행동 a를 수행해 보상값 r과 다음 전이 상태 s'를 구한다(③–④).
3) 에이전트는 먼저 이렇게 생성된 s, a, r, s' 데이터를 메모리에 저장한다(DDPG는 경험 재사용 방법을 사용). 그리고는 메모리에서 미니배치 사이즈 N 만큼의 샘플링(⑤–⑥).

4) 미니배치 데이터 각각의 상태 s'에서의 행동 $a' = \pi_{\theta'}(s')$를 목표 정책 네트워크를 이용해서 구한다(⑦–⑧). 그리고 상태 s'에서의 행동 a'의 Q 값을 구하기 위해 목표 가치 네트워크에서 $\hat{q}_{w'}(s', a')$ 값을 구한다(⑨–⑩). 이와 같은 값들을 이용해 가치 네트워크의 파라미터 w를 업데이트한다(식 (10.46) 참고).
5) 다음은 정책 네트워크의 학습이 필요하다. 먼저 정책 네트워크를 이용해 현재의 상태 s에서의 행동 $a = \pi_\theta(s)$를 구한다(⑪).
6) 가치 네트워크를 이용해 $\nabla_{\pi_\theta(s)} q_w(s, \pi_\theta(s)) \nabla_\theta \pi_\theta(s)$의 값을 구하고(⑫) 이 값과 식 (10.48)을 이용해 정책 파라미터 θ 값을 업데이트한다.
7) 목표 네트워크들을 업데이트할 때는 폴리악 평균 방법을 이용해 매번 업데이트를 수행한다(⑬–⑭).

이와 같은 DDPG 방법의 기본코드는 그림 10.15와 같다.

알고리즘: DDPG

가치 네트워크 파라미터 w와 정책 네트워크 파라미터 θ들의 초기화
목표 가치 네트워크 파라미터 $w' \leftarrow w$, 목표 정책 네트워크 파라미터 $\theta' \leftarrow \theta$
do until (수렴)
  현재의 정책에 의해서 상태 s에서 행동 $a \sim \pi_\theta(s) + e$ 수행 // e: 임의의 노이즈
  보상값 r과 다음상태 s' 생성
  데이터 (s, a, r, s')를 메모리 R에 저장
  메모리 R에서 N개의 $(s_i, a_i, r_{i+1}, s_{i+1})$ 미니배치 데이터 샘플링
  가치 네트워크 파라미터 w는 다음을 만족하는 w로 업데이트

$$\underset{w}{\text{argmin}} \frac{1}{N} \sum_i \left(r_{i+1} + \gamma \hat{q}_{w'}(s_{i+1}, \pi_{\theta'}(s_{i+1})) - \hat{q}_w(s_i, a_i) \right)^2$$

  정책 네트워크 파라미터 θ를 다음 그레디언트를 이용해 업데이트

$$\nabla_\theta J(\theta) = \frac{1}{N} \sum_i \nabla_{\pi_\theta(s_i)} q_w(s_i, \pi_\theta(s_i)) \nabla_\theta \pi_\theta(s_i)$$

  목표 네트워크의 파라미터들을 폴리악 평균 방법으로 업데이트
    $w' = \kappa w + (1-\kappa) w'$
    $\theta' = \kappa \theta + (1-\kappa) \theta'$
end do

그림 10.15 DDPG 방법의 기본코드

10.6 TD3

앞 절에서 설명한 DDPG에서는 (8.4절에서 설명한 바와 같이) Q 값의 과대평가문제가 발생할 수 있다. 따라서 기존의 DDPG의 방법을 수정한 **TD3**(Twin Delayed Deep Deterministic Policy Gradient) [Fujimoto et al, 2018]의 방법이 제시되었다. TD3 방법은 DDPG 를 다음과 같이 몇 가지 방법으로 수정하였다.

첫째로 Q 값의 과대평가문제를 해결하기 위하여 더블 DQN 방법에서와 같이 Q 값을 Q_A와 Q_B 두개의 가치 네트워크에서 독립적으로 유지한다. 다만 더블 DQN과의 차이는 더블 DQN에서는 평가시에 선택하는 Q 값과 행동시에 선택하는 Q 값을 달리하여 Q 값의 과대평가문제를 해결하였다. 하지만 TD3에서는 (더블 DQN과는 달리) Q 값을 선택할 때는 Q_A와 Q_B에서 적은 값을 선택하여 Q 값의 과대평가 문제를 해결한다. 그리고 이렇게 선택된 $\min(Q_A, Q_B)$ 값을 목적값으로 사용하여 Q_A와 Q_B 네트워크를 각각 독립적으로 업데이트한다.

둘째로 DDPG에서는 결정적인(deterministic) 행동을 학습하므로 행동의 학습시에 행동의 탐험성(exploration)을 증가할 필요가 있다. 따라서 TD3에서는 행동을 선택할 때에 노이즈를 추가하여 행동의 선택에 탐험성을 증가시킨다. 이러한 탐험성은 (Q 값의 과대 평가 등으로) 에이전트가 잘못된 Q 값으로 오류 행동을 선택할 경우에 이 행동에서 빠져나올 수 있도록 도와주는 장점이 있다.

TD3 알고리즘의 구체적인 내용을 설명하면 다음과 같다. 먼저 DDPG와 마찬가지로 상태 s에서 (현재 정책에 따라서) 행동 a를 선택하고 생성된 보상값 r과 다음상태 s'를 메모리에 저장한다. 다음으로 메모리에서 배치 데이터를 샘플한다. 배치 데이터의 임의의 데이터 (s, a, r, s')에 대하여 목표 정책 네트워크를 통하여 상태 s'에서의 다음 행동 a'를 구한다. (TD3는 DDPG와 마찬가지로 목표 정책 네트워크를 사용한다)

$$a' = \pi_{\theta'}(s') \tag{10.50}$$

지금까지의 과정은 DDPG의 방법과 동일하다. 하지만 TD3(혹은 DDPG)에서 다루는 행동은 결정적(deterministic) 행동들이므로 행동선택에서 탐험성(exploration)을 증가시키는 것이 필요하다. 따라서 TD3에서는 식 (10.50)에서 선택되는 행동 a'을 선택할 때에 어느 정도의 노이즈(noise)

를 추가한다. 여기서 생성되는 노이즈는 가우시안 분포를 따른다고 가정을 하고 과다한 노이즈를 방지하기 위하여 절삭(clip)된 노이즈를 사용한다. 따라서 식 (10.50)에서 노이즈를 추가한 행동 a' 값은 다음과 같이 정의된다. (여기서 사용하는 절삭함수는 PPO에서의 절삭함수와 같은 의미를 가지며 가우시안 분포의 분산은 $\sigma = 0.2$, $c = 0.5$를 일반적으로 사용한다)

$$a' = \pi_{\theta'}(s') + \varepsilon, \text{ where } \varepsilon \sim clip(N(0, \sigma), -c, c) \tag{10.51}$$

이와 같이 행동의 값에 노이즈를 추가하는 방법은 DDPG에서도 현재 상태에서 다음 행동을 선택할 때에 약간의 노이즈를 추가하여 행동을 선택하였다. (그림 10.15의 DDPG 기본코드 참고) 하지만 TD3에서는 배치로 샘플된 데이터에서 행동을 선택할 때도 노이즈를 추가하여 행동값을 정하는 차이를 보이고 있다.

또한 TD3에서는 과다한 노이즈에 의한 오류를 방지하기 위하여 추가적으로 행동의 값에 경계값(threshold)를 주어서 경계값을 초과하는 행동의 값을 절삭(clip)하여 행동의 오류를 미연에 예방한다.

이러한 방법을 종합하면 TD3에서 행동을 선택하는 방법은 1) 가우시안 분포에서 노이즈를 샘플링한 후에 이 노이즈 값을 행동값에 추가하고 2) (노이즈값이 너무 크지 않도록) 행동값을 경계값 사이의 값으로 절삭(clip)한 값을 사용한다. 따라서 식 (10.51)에서 행동값의 절삭을 사용하는 최종적인 다음 행동 a' 값은 다음과 같이 정의된다. (a_{low}와 a_{high}는 각각 행동값의 최소/최대 경계값을 의미한다.)

$$a' = clip(\pi_{\theta'}(s') + clip(N(0, \sigma), -c, c), a_{low}, a_{high}) \tag{10.52}$$

지금까지 TD3에서 (배치 샘플 데이터에서) 행동 a'을 계산하는 방법을 살펴보았다. 이제는 TD3에서 가치 네트워크와 정책 네트워크의 학습 방법에 대하여 살펴보자.

먼저 가치 네트워크의 학습 방법을 살펴보면 TD3에서는 앞에서 설명한대로 두개의 가치 네트워크 Q_A와 Q_B를 사용하며 또한 각각의 목표 가치 네트워크를 사용한다. 그리고 TD3에서는 앞에서 설명한 Q 값의 과대평가 문제를 해결하기 위하여 Q_A와 Q_B에서 작은 Q 값을 사용한다. 따라서 가치 네트워크를 업데이트할 때 사용하는 TD 타깃(TD target) 값은 다음과 같이 정의된다. (여기서 a'는 식 (10.52)에서 계산된 a'를 의미하며, w_A'와 w_B'는 각각 Q_A 목표 가치 네트워크와 Q_B 목표 가치 네트워크의 파라미터를 의미한다)

$$y(r, s') = r + \gamma \min\{Q_{w'_A}(s', a'), Q_{w'_B}(s', a')\}$$

이러한 TD 타깃을 사용하여 가치 네트워크 Q_A는 다음과 같은 에러함수를 사용하여 점진적 하강 방법으로 학습한다 (w_A는 Q_A 가치 네트워크의 파라미터). Q_B 가치 네트워크의 학습도 동일한 방법으로 수행한다.

$$E_{s,a,r,s' \sim D}\left[(y(r, s') - Q_{w_A}(s, a))^2\right]$$

그리고 DDPG 에서와 마찬가지로 가치 네트워크의 파라미터들은 폴리악 방법을 이용하여 각각 목표 가치 네트워크에 복사된다.

TD3에서 정책 네트워크의 학습은 기본적으로 DDPG에서의 정책 네트워크 학습 방법과 동일하며 구체적으로 다음과 같은 그레디언트를 이용하여 업데이트한다. (두개의 가치 네트워크가 있으므로 편의상 Q_A 네트워크의 값을 사용한다)

$$\nabla_\theta J(\theta) = E_{s,a,r,s' \sim D}\left[\nabla_{\pi_\theta(s)} q_{w_A}(s, \pi_\theta(s)) \nabla_\theta \pi_\theta(s)\right]$$

마지막으로 (9.6절에서 설명한 바와 같이) 액터-크리틱에서 정책의 변화는 가치값(Q)에 비하여 일반적으로 변화가 적게 발생하는 것이 바람직하다. 따라서 TD3에서는 정책 네트워크는 가치 네트워크에 비하여 업데이트의 빈도수를 적게 한다. 예를 들어서 가치 네트워크를 d번 업데이트할 때 정책 네트워크는 한번만 업데이트한다. (일반적으로 $d = 2$)

TD3 알고리즘은 이와 같은 방법들을 통하여 일반적으로 DDPG 보다도 좋은 성능을 보임이 알려져 있다. 하지만 DDPG 방법보다도 네트워크의 수가 증가하면서 최적의 파라미터 튜닝 (hyperparameter tuning)을 하기 어려운 단점들도 존재한다. 그림 10.16은 TD3 방법의 기본코드를 설명한다.

알고리즘: TD3

가치 네트워크의 파라미터 w_A와 w_B, 정책 네트워크 파라미터 θ의 초기화

목표 가치 네트워크 파라미터 $w'_A \leftarrow w_A$, $w'_B \leftarrow w_B$, 목표 정책 네트워크 파라미터 $\theta' \leftarrow \theta$

for $t = 1$ to T do

  상태 s에서 행동 $a \sim \pi_\theta(s) + \varepsilon$ where $\varepsilon \sim clip(N(0, \sigma), -c, c)$

  보상값 r과 다음상태 s' 생성

  데이터 (s, a, r, s')를 메모리 R에 저장

  메모리 R에서 N개의 미니배치 (s_i, a_i, r_i, s'_i) 샘플링

  미니배치의 각 데이터 마다

    $a'_i = clip(\pi_{\theta'}(s'_i) + clip(N(0, \sigma), -c, c), a_{low}, a_{high})$

    $y(r_i, s'_i) = r_i + \gamma \min\{Q_{w'_A}(s'_i, a'_i), Q_{w'_B}(s'_i, a'_i)\}$

  가치 네트워크 파라미터 w_A는 다음을 만족하는 w로 업데이트

$$\underset{w}{\operatorname{argmin}} \frac{1}{N} \sum_i \left(y(r_i, s'_i) - Q_{w_A}(s_i, a_i)\right)^2$$

  가치 네트워크 파라미터 w_B는 다음을 만족하는 w로 업데이트

$$\underset{w}{\operatorname{argmin}} \frac{1}{N} \sum_i \left(y(r_i, s'_i) - Q_{w_B}(s_i, a_i)\right)^2$$

  if $(t \ mod \ d)$ then

    정책 네트워크 파라미터 θ를 다음 그레디언트를 이용해 업데이트

$$\nabla_\theta J(\theta) = \frac{1}{N} \sum_i \nabla_{\pi_\theta(s_i)} q_{w_A}(s_i, \pi_\theta(s_i)) \nabla_\theta \pi_\theta(s_i)$$

    목표 네트워크의 파라미터들을 폴리악 평균 방법으로 업데이트

      $w'_A = \kappa w_A + (1 - \kappa) w'_A$

      $w'_B = \kappa w_B + (1 - \kappa) w'_B$

      $\theta' = \kappa\theta + (1 - \kappa)\theta'$

  end if

end for

그림 10.16 TD3 방법의 기본코드

while(hair.isDirty() && !shampoo.isEmpty()){
hair.wash();
hair.rinse();
}

CHAPTER

11

모방 학습

11.1 보상값의 예측

지금까지는 (에이전트의 행동을 통해 발생되는) 보상값을 이용해 각 상태의 가치값을 예측해 최적의 정책을 찾는 가치값 기반(value-based) 강화학습 방법과 최적정책을 직접 학습하는 정책기반(policy-based) 강화학습 방법에 대해 학습했다.

하지만 강화학습에서 정확한 **보상값을 계산하기 어렵거나 불가능한 경우**도 있다. 예를 들어 자동차 운전에서 특정한 운전의 동작에 대해 정확한 보상값을 정하기는 어려우며, 경우에 따라서 길을 벗어난다든지 한다면 실제 행동을 수행할 수가 없다. (따라서 보상값을 계산할 수 없다) 또한 예를 들어 환자 치료의 경우에 어떤 치료 행동에 대해 얼마만큼 환자를 잘 치료한 것인지 등을 수치로 표현하기는 쉽지가 않다. 이와 같이 보상의 값을 다양한 상태와 행동에서 모두 제공하기는 어렵다.

이러한 이유로 강화학습의 또 다른 형태는 외부의 어떤 전문가로부터의 올바른 행동에 대한 시범이나 정답이 제공되면 이를 이용해 최적의 정책을 찾는 새로운 학습 방법이 필요해졌다. 이러한 학습 방법을 **모방학습**(imitation learning)이라고 한다. 즉, 전문가의 시범 데이터에서부터 최선의 정책을 학습하고자 하는 방법이 모방학습이다. 전문가가 주어진 문제에 대해 시범 행동(시범 데이터)을 제공하면 모방학습은 이들을 기반으로 최선의 정책을 학습한다. 이와 같은 모방학습은 크게 다음의 두 가지 방법이 있다.

1) **직접적인**(direct) **방법**: 전문가의 시범 데이터로부터 감독자학습 방법을 사용해 정책을 학습하는 방법이다(예: 행동복사 방법). 이러한 형식의 모방학습은 전문가의 데이터에서 직접 정책을 학습하므로 보상값을 알 필요가 없다.

2) **간접적인**(indirect) **방법**: 전문가의 시범 데이터에서부터 보상값을 예측할 수 있는 보상값 함수를 먼저 구하고 이로부터 정책을 계산하는 방법이다(예: 역강화학습). 이 방법은 보상값을 먼저 계산하므로 이 보상값을 이용하여 정책을 계산하는 (일반적인) 강화학습의 부분이 포함되어 있다. 우리가 궁극적으로 학습해야 하는 것은 정책 자체보다도 보상값의 정확한 계산이 더욱 유용한 경우도 많다.

11.2 행동복제

모방학습은 기존의 MDP 모델에서 상태(S), 행동(A) 등을 가지고 있지만 보상값(R)을 가지고 있지 않는 모델의 형태이다. 그리고 모방학습은 보상값 대신에 전문가의 **시범데이터** (s_0, a_0), (s_1, a_1), …, (s_n, a_n)들로 구성되어 있다. 이 데이터에서 (s_i, a_i)의 의미는 전문가가 상태 s_i에서 행동 a_i를 수행했다는 의미이다. 모방학습은 이러한 전문가의 시범 데이터로부터 효과적인(최적의) 정책을 찾는다.

모방학습의 첫 번째 방법은 **행동복제**(behavioral cloning)의 방법이다 [Pomerleau, 1989]. 행동복제 방법은 모방학습의 가장 간단한 형태이며, 주어진 전문가들의 시범데이터를 그대로 흉내 내는 방법이다. 즉, (s_0, a_0), (s_1, a_1), …, (s_n, a_n) 데이터에서 전문가 행동 a_i 들은 가장 최적의 행동이라고 가정하고 이를 흉내 낸다. 예를 들어 상태 s_i에서 최적의 행동을 a_i^*라고 하면 전문가 데이터는 다음과 같은 의미를 가진다고 가정하며 학습에 사용한다: (s_0, a_0^*), (s_1, a_1^*), …, (s_n, a_n^*)

이와 같이 행동복제 사용되는 데이터는 각 학습 데이터에 정확한 목적값(이 경우는 a_i^*)이 주어지므로 행동복사 방법은 강화학습이 아닌 감독자학습(supervised learning)의 형태이다(1장에서 설명한 바와 같이 감독자학습은 모든 학습 데이터에 정확한 목적값이 주어지는 경우의 학습을 말한다).

즉, 행동복제 방법은 (s_i, a_i^*)에서 상태 s_i가 입력이며 행동 a_i^*가 목적값(target value)인 감독자학습을 수행한다. 행동복제는 이러한 시범데이터를 학습데이터로 사용해 시범 데이터에 맞는 정책을 직접 학습한다. 여기서 사용할 수 있는 감독자학습 방법으로는 SVM(support vector machines), 결정트리(decision tree), 신경망(neural network) 등의 다양한 분류학습(classification) 알고리즘을 사용할 수 있다. 또한 행동 a_i^*가 만약 연속값인 경우에는 분류학습 대신에 회귀(regression) 알고리즘을 사용할 수 있다. 행동복사의 방법은 다음과 같은 식으로 표현할 수 있다. (π_*은 전문가의 정책을 의미하며 전문가의 정책은 최적의 정책으로 가정한다)

$$\underset{\theta}{\operatorname{argmin}} \, E_{(s,\, a^*) \sim P(s|\pi_*)} \left[Loss(a^*, \pi_\theta(s)) \right] \tag{11.1}$$

- $E_{(s,\, a^*) \sim P(s|\pi_*)}$: 전문가 행동에 따라 행동하면서 평균 계산
- $Loss$: 행동복사 행동과 전문가 행동의 차이 에러 함수
- $\pi_\theta(s)$: 행동복사 방법에서 예측한 행동

행동복제는 알고리즘이 간단하다는 장점이 있지만, **데이터 분포 불일치**(data distribution mismatch)의 문제가 발생한다는 단점이 있다. 이미 제공된 전문가의 시범데이터와 유사한 환경에서는 (이미 데이터가 존재하므로) 잘 작동을 할 수 있지만, 전문가가 생성한 데이터의 분포와 다른 새로운 환경에서는 이전의 학습 데이터가 없기 때문에 오류가 발생한다. 그리고 이러한 새로운 환경에 대한 오류는 점점 증폭되는 현상이 발생한다. 예를 들어 초기 오류가 ε이라고 하면 미래의 T 타임스텝에서는 오류의 크기가 εT^2으로 증가함이 알려져 있다. 그리고 전문가의 행동이 최적이 아닌 경우에도 이 방법은 그 행동을 그대로 따라 하는 문제를 가지고 있다. 행동복제 방법은 이와 같은 단점에도 불구하고 비행 시뮬레이터 등의 일부 문제에서 효과를 보이고 있다 [Morales and Sammut, 2004].

11.3 DAGGER

이와 같은 문제들을 보완하기 위하여 제안된 방법이 **DAGGER**(Dataset AGGregation)[Ross et al., 2010] 방법이다. 이 방법은 전문가 데이터를 이용해 학습이 된 정책에서 새로운 행동을 수행한 후에 (즉 새로운 데이터를 생성한 후에), 이 행동이 얼마만큼 좋은 값인지를 일일이 전문가에게 문의해 피드백(feedback)을 받는다.

DAGGER 알고리즘은 다음과 같이 수행한다.

1) 전문가가 데이터 $D_{\pi*} = \{(s_0, a_0), \ldots, (s_N, a_N)$를 생성한다.
2) 데이터 $D_{\pi*}$를 이용해 감독자학습 방법으로 정책 $\pi_\theta(a_t | s_t)$을 학습한다.
3) 학습된 정책 $\pi_\theta(a_t | s_t)$을 이용해 새로운 상태 데이터 $D_\pi = \{s_0, s_1, \ldots, s_M\}$를 생성한다.
4) 전문가가 D_π 데이터의 s_t 각각에 대해 정확한 행동 a_t 값을 제공한다. 즉 새로운 데이터 $D_\pi = \{(s_0, a_0), \ldots, (s_M, a_M)\}$을 생성한다.
5) $D_{\pi*}$ 데이터와 D_π 데이터를 합친다. 즉 $D_{\pi*} \leftarrow D_{\pi*} \cup D_\pi$
6) 위의 2) 스텝에서 다시 수행한다.

DAGGER 알고리즘은 전문가로 하여금 지속적으로 새로운 데이터에 대한 목적값을 추가하면서 전문가 데이터의 분포와 알고리즘이 생성한 데이터분포를 일치하도록 한다. 하지만 DAGGER 방법은 학습 중간에 아직 완전하지 않은 정책으로 실제 행동을 수행해야 하는 단점이 있다. 예를 들어서 자동차 운전에서는 엉뚱한 길로 가는 행동을 할 수도 있다. 또한 매 학습 단계마다 전문가의 자문을 구해야 하며 이는 전문가의 개입을 많이 필요로 하는 단점이 있다. DAGGER 방법은 간단하지만 자율 운전 등의 실제 문제에 적용되어 상당한 효과를 보여주기도 한다 [Bojarski et al., 2016].

11.4 역강화학습

앞에서 설명한 행동모방 방법에서는 전문가들의 데이터들이 항상 최적의 데이터임을 가정을 하고 학습을 하고 있다. 하지만 이는 항상 성립하는 가정은 아니며, 전문가들의 데이터들도 항상 최적의 정책을 수행하지는 않는 문제점(expert suboptimality)이 있다.

모방학습의 두 번째 방법은 전문가의 데이터에서부터 행동을 직접 학습하는 것이 아니고 행동의 보상값들을 먼저 예측하는 것이다(그리고 이들 보상값을 이용해 정책을 구한다). 이 방법을 **역강화학습**(inverse reinforcement learning)이라고 한다. 행동복사(혹은 DAGGER)에서는 전문가의 데이터에서부터 정책을 직접 학습하는 데 반해 역강화학습은 1) 전문가의 데이터에서부터 모델의 보상값들을 먼저 학습을 하고 2) 이러한 보상값을 이용해 정책을 구한다. 다시 말해서 전문가의 시범데이터로부터 (가장 최적의 정책이 되도록 하는) 보상값을 구하는 것이 역강화학습의 목표이다. 그리고 이렇게 계산된 보상값을 이용해 최적의 정책을 구한다. 보상값이 주어질 때 정책을 학습하는 방법은 일반적인 강화학습을 의미하며, 따라서 역강화학습의 핵심적인 내용은 전문가 데이터에서 보상값들을 학습하는 방법에 있다.

역강화학습에서는 MDP 모델에서의 상태(S), 행동(A), 할인상수(discount factor)를 가지고 있지만, 보상값(R)을 가지고 있지 않다. 대신에 다음과 같은 전문가의 시범 데이터 들로 구성되어 있다.

$$\{(s_0^{[1]}, a_0^{[1]}, s_1^{[1]}, a_1^{[1]}, \ldots), (s_0^{[2]}, a_0^{[2]}, s_1^{[2]}, a_1^{[2]}, \ldots), \ldots\}$$

여기서 $s_t^{[i]}$, $a_t^{[i]}$는 에피소드 i에서의 상태 s_t와 행동 a_t를 각각 의미한다. 즉, 역강화학습의 MDP 모델은 상태(S), 행동(A), 할인상수(discount factor), 시범데이터들로 구성된 MDP 모델이며, 역강화학습의 목적은 이들 시범데이터를 가장 잘 설명하는 보상값 함수들을 구하는 것이다.

참고로 기존 MDP 모델은 상태(S), 행동(A), 보상값(R)을 가지고 있으며 이를 사용하여 최적의 정책을 찾는 것이 학습의 목표이다. 그림 11.1은 강화학습과 역강화학습의 MDP 모델의 관점에서 차이점을 보여준다.

강화학습 (RL)	역강화학습 (IRL)
MDP	MDP \ R
· 상태 : $s \in S$	· 상태 : $s \in S$
· 행동 : $a \in A$	· 행동 : $a \in A$
· (전이확률 : $\Pr(s_t \mid s_{t-1}, a_{t-1})$)	· (전이확률 : $\Pr(s_t \mid s_{t-1}, a_{t-1})$)
· **보상 : $r \in \mathbb{R}$**	· **전문가 데이터 : $(s_0, a_0, s_1, a_1, \ldots)$**
목표 : **최적정책 π_***	목표: **보상값 함수(R)**

그림 11.1 강화학습과 역강화학습

역강화학습과 전이학습

전문가의 데이터에서 보상값을 계산할 수 있으면 또 다른 장점이 생긴다. 보상값을 함수로 학습할 수 있으면 새로운 상태나 행동에 대한 보상값을 예측할 수 있다는 것이다. 예를 들어 현재의 데이터들에 의해 보상값 함수가 계산되면 새로운 상태나 행동에 대한 보상값을 예측할 수 있게 된다. 그리고 보상값 함수는 **전이학습**(transfer learning)에 사용하기가 용이하다. 경로 탐지 문제를 예로 들어 보자. 특정 도시에서 학습된 보상값은 보상값 함수의 속성이 유사한 다른 환경 (다른 도시)에서도 약간의 추가 학습만으로 사용할 수 있다. 이러한 학습 방법을 전이학습이라고 한다. 따라서 역강화학습은 전이학습에 활용될 수 있는 많은 가능성을 가지고 있다.

행동복제나 DAGGER 등의 방법에서는 전문가가 생성한 상태-행동의 환경에서는 최적의 정책을 찾을 수는 있지만 새로운 상태와 행동에 대해서는 데이터 분포 불일치에 의해 불가능하다. 따라서 만약에 역강화학습을 사용하여 상태-행동에 대한 보상값의 함수를 정의할 수 있으면, 이를 이용해 (전문가 데이터의 상태-행동에 없는) 새로운 상태와 행동에도 적용할 수 있다.

11.4.1 벡터 길이와 민코스키 거리

역강화학습의 방법을 설명하기 전에 역강화학습의 도제학습에 사용되는 몇 가지 수학적인 도구와 알고리즘들을 설명한다. 먼저 이 절에서는 **벡터 길이**(norm)와 **민코스키 거리**(Minkoski distance) 방법을 소개하고 다음 절에는 서포트 벡터 머신(support vector machine, 이하 SVM)의 방법을 소개한다.

앞으로 사용할 식에서 $\| w \|$는 벡터 길이(norm)을 의미하며 벡터 w에 대한 p 차원(dimension)의 벡터 길이(norm)는 다음과 같이 정의된다.

$$||w||_p = \left(\sum_{i=1}^{n} |w|^p \right)^{\frac{1}{p}} \tag{11.2}$$

그리고 벡터 길이는 p차원에 따라서 다음의 의미를 가진다.

$$||w||_1 = \sum_{i=1}^{n} |w_i|, \quad ||w||_2 = \left(\sum_{i=1}^{n} w_i^2 \right)^{\frac{1}{2}}, \quad ||w||_\infty = \max_i |w_i|$$

예를 들어서 $\| w \|_\infty \leq 1$은 w의 각 요소값들은 1을 초과하지 않는다는 의미이다.

그리고 두 개의 벡터 x_i와 y_i에 대해 이들의 민코스키 거리(Minkowski distance)의 p 차원에서의 정의는 다음과 같다.

$$D(X, Y)_p = \left(\sum_{i=1}^{n} |x_i - y_i|^p \right)^{\frac{1}{p}} \tag{11.3}$$

민코스키 거리에서 $p = 1$인 경우는 **맨해튼 거리**(Manhattan distance)를 의미하고 $p = 2$인 경우는 **유클리드 거리**(Euclidean distance)를 의미한다. 그리고 $p = \infty$인 경우는 **체비쇼프 거리**(Chebychev distance)라고 불리며, 이는 $x_i - y_i$의 최대값 $\max_i |x_i - y_i|$를 의미한다. 즉, 이들 거리 각각은 다음과 같이 정의된다.

$$D(X, Y)_1 = \sum_{i=1}^{n} |x_i - y_i|, \quad D(X, Y)_2 = \left(\sum_{i=1}^{n} |x_i - y_i|^2 \right)^{\frac{1}{2}}, \quad D(X, Y)_\infty = \max_i |x_i - y_i|$$

11.4.2 서포트 벡터 머신

두 번째로 SVM(support vector machine) 방법에 대해 간단히 설명한다. SVM은 그림 11.2(a)와 같이 두 개의 목적값(예: 1, −1) 환경에서 서로 다른 목적값들을 선형직선(3차원 이상의 경우는 하이퍼평면(hyperplane))을 이용해 서로 분리함으로써 학습하는 방법이다. SVM의 분류기(classifier)는 선형분류기(linear classifier)이다. 따라서 SVM 분류기는 속성 X들의 선형함수(affine function) $f(x) = w^TX+b$로 표현될 수 있다. 그리고 이 선형함수는 두 개의 목적값을 구분하는 선형의 경계선(linear boundary) 역할을 한다.

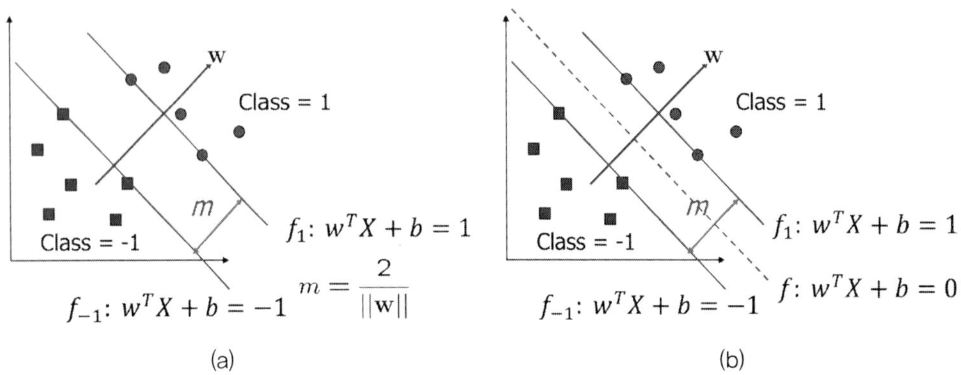

그림 11.2 SVM의 개요

그림 11.2에서 SVM으로 선형함수 분류기(linear classifier)를 구하는 방법을 간단히 설명하면 다음과 같다. 먼저 각 목적값의 경계선 역할을 하는 두 개의 (같은 w 값을 사용하며 서로 평행인) 경계직선 f_1: $w^TX + b = 1$와 f_{-1}: $w^TX + b = -1$을 구한다. 여기서 목적값 1인 모든 데이터는 f_1: $w^TX + b \geq 1$을 만족하고 목적값 −1인 모든 데이터는 f_{-1}: $w^TX + b \leq -1$을 만족한다. 즉 두 직선 f_1와 f_{-1}은 각각의 목적값에 대한 경계선(boundary) 역할을 하는 직선들이다. SVM 학습의 목적은 이들 두 직선 f_1와 f_{-1}의 거리(거리=$m=\frac{1}{||w||}$)를 최대화하도록 하는 w 값을 구하는 학습방법이다. 두 직선 간의 거리가 최대가 되는 w 값을 구하면 그 w를 이용한 직선 $w^TX + b = 0$가 SVM의 최종 선형 분류기(linear classifier)가 된다(그림 11.2(b)).

이를 식으로 표현하면 다음과 같은 제한된 최적화(constrained optimization) 문제로 표현할 수 있다(여기서 t_i는 데이터 i의 목적값이며, $\| w \|$은 편의상 $\| w \|_2$를 의미)

$$\begin{aligned} &\min_w \frac{1}{2}||w||^2 \\ &\text{s.t. } t_i(w^Tx_i + b) \geq 1 \, \forall \, i \end{aligned} \tag{11.4}$$

이 식에서 $\min_w \frac{1}{2}||w||^2$은 두 직선 f_1와 f_{-1} 간의 거리를 최대화하는 $\max_w \frac{2}{||w||}$와 같은 의미이

다. 그리고 두 직선 f_1와 f_{-1}의 조건 f_1: $w^TX + b \geq 1$와 f_{-1}: $w^TX + b \leq -1$은 $t_i(w^Tx_i + b) \geq 1$ $\forall i$로 표현할 수 있다. 이와 같이 SVM을 식 (11.4)와 같이 표현한 문제를 **프라이멀 문제**(primal problem) 문제라고 하며, 이러한 프라이멀 문제는 **라그랑제 변환**(Lagrangian multiplier)을 통해 다음과 같이 또 다른 형태의 제한된 최적화(constrained optimization) 문제로 변환할 수 있다(N은 x_i 데이터의 개수).

$$J = \frac{1}{2}\|w\|^2 - \sum_{i=1}^{N} \alpha_i (t_i(w^T x_i + b) - 1) \\ \alpha_i \geq 0, \ \forall i \tag{11.5}$$

이와 같은 프라이멀 문제는 대부분 다음과 같은 **듀얼 문제**(dual problem)로 변환되어 문제를 풀 수 있다.

$$\max_{\alpha} \sum_{i=1}^{N} \alpha_i - \frac{1}{2} \sum_{i=1,\ j=1}^{N} \alpha_i \alpha_j t_i t_j x_i^T x_j$$
$$\text{subject to } \alpha_i \geq 0, \ \sum_{i=1}^{N} \alpha_i t_i = 0$$

프라이멀 문제를 듀얼 문제로 변환하는 이유는 목적함수가 한 개의 식으로 표현되고 또한 조건식이 부등식이 아닌 등식으로 표현되므로 훨씬 계산이 용이하기 때문이다. 따라서 SVM은 다음 식을 이용해 w 값을 구함으로써 선형분류학습기를 구할 수 있다.

$$w = \sum_{i=1}^{N} \alpha_i t_i x_i$$

참고로 SVM을 듀얼 문제로 표현하는 또 다른 장점은 비선형(nonlinear) 문제를 풀기 위해서는 커널(kernel) 방법을 사용해야 하며 커널 방법은 듀얼 문제의 형식에서만 적용할 수 있기 때문이다(이 부분은 본 장과 관련이 없으므로 자세한 설명을 생략한다).

또한 $w^TX + b$로 표현되는 평면과 우리가 구하는 w 벡터값은 서로 수직(orthogonal)임을 알 수 있다. $w^TX + b$로 표현되는 평면상의 임의의 두 점 x'와 x''에 대해 $w^TX' + b = 0$, $w^TX'' + b = 0$이며 따라서 $w^T(x' - x'') = 0$이다. 따라서 벡터 w와 $x' - x''$는 서로 수직임을 알 수 있다(임의의 벡터 u, v에 대해 $u^Tv = 0$이면 벡터 u, v는 서로 수직).

11.5 속성매칭

역강화학습의 기본 아이디어는 다음의 두 단계를 번갈아 수행하면서 보상값의 함수를 구한다.

1) 보상값 함수(reward function) 구하기: 보상값 함수의 파라미터 w를 업데이트해 보상값을 수정
2) 정책(policy) 구하기: 단계 1)의 보상값을 이용해 정책 π를 구함

강화학습에서 정책 π의 성능은 시작상태 s_0의 상태가치값 $V_\pi(s_0)$으로 정의할 수 있다. 특정한 정책 π의 시작상태 s_0의 상태가치값은 s_0에서부터 획득할 수 있는 리턴값을 의미하며 구체적으로 $V_\pi(s_0)$은 다음과 같이(식 (10.17)을 다시 표시함) 정의된다.

$$V_\pi(s_0) = E_\pi\left[\sum_{t=0}^{\infty} \gamma^t r(s_t)\right] \tag{11.6}$$

여기서 시범 데이터를 생성하게 한 전문가의 정책을 π_*이라고 하자. 역강화학습에서의 목표는 보상값 함수를 구하는 것인데, 이러한 전문가의 행동에 부합하는 보상값 함수는 수없이 많이 존재한다. 그러면 구체적으로 역강화학습에서는 어떤 보상값 함수를 구하면 되는가? 이는 전문가의 정책이 다른 어떠한 정책보다도 좋은 정책이 되도록 하는 보상값 함수를 구하면 된다(전문가가 가장 최적의 답을 제공한다고 가정함). 즉, 우리가 역강화학습에서 구하는 보상값 함수는 다음의 특징을 만족해야 한다.

$$V_{\pi_*}(s_0) \geq V_\pi(s_0), \ \forall \pi \tag{11.7}$$

전문가의 정책 π_*에 의한 상태가치값 $V_{\pi_*}(s_0)$는 다른 모든 정책 π에 의해서 계산되는 상태값 $V_\pi(s_0)$ 보다도 커야 한다(즉 전문가의 정책이 다른 모든 정책 보다 우수하다는 말임). $r(s)$을 특정한 상태 s에서의 보상값 함수라고 하고 식 (11.6)를 식 (11.7)에 대입하면 식 (11.8)와 같아진다(보상값 함수를 상태에 대한 함수 $r(s)$가 아닌 상태-행동에 대한 함수 $r(s, a)$의 형태로 정의할 수도 있지만 결과는 동일하며 여기서는 편의를 위하여 상태에 대한 보상값 함수의 형태를 사용함).

$$E_{\pi_*}\left[\sum_{t=0}^{\infty} \gamma^t r(s_t)\right] \geq E_\pi\left[\sum_{t=0}^{\infty} \gamma^t r(s_t)\right], \ \forall \pi \tag{11.8}$$

따라서 역강화학습의 첫 번째 단계는 이러한 식 (11.8)를 만족하는 보상값 함수 $r(s)$를 구하는 것이다. 그러면 이러한 모델에서 실제 보상값 함수를 구해 보자. 먼저 상태 s에서의 각 속성들을 ϕ_i라고 하자($\phi(s)$는 이들 속성들의 벡터). 그리고 편의상 보상값 함수는 이러한 속성간의 **선형결합**(linear combination)으로 표현한다고 가정한다. 따라서 보상값 함수는 식 (11.9)와 같이 속성의 선형 함수형태로 표현된다.

$$r(s) = \sum_i w_i \phi_i(s) = w^T \phi(s) \tag{11.9}$$

식 (11.9)에서 w_i는 각 속성의 가중치를 의미한다. 여기서 보상값 함수로 선형 함수를 사용하고 있는데, 선형 함수가 아닌 (신경망 등의) 비선형 보상값 함수를 사용하는 것이 보상값을 더욱 잘 표현할 수 있다는 장점은 있다. 하지만 역강화 학습에서는 전문가의 데이터의 숫자가 제한적이며 따라서 이들 데이터를 이용해 복잡한 보상값함수를 학습하기가 어렵다. 그리고 역강화학습의 방법 중에 **도제학습**(apprenticeship learning) 방법 등에서는 알고리즘 내부에 주어진 보상값으로 최적의 정책을 찾는 강화학습의 부분이 여러 번 수행된다. 따라서 역강화학습에서는 보상값 함수를 속성의 선형 함수형태로 표현하는 경우가 많다. 그리고 보상값 함수 자체는 선형함수로 표현되지만 속성을 상태에 대한 비선형의 결합형태로 표현해서 비선형의 문제에 적용할 수도 있다(보상값 함수가 비선형인 형태(예: 신경망 등)는 GAIL을 다룰 때 설명한다).

식 (11.9)를 식 (11.6)에 대입하면 (즉 보상값 함수로 선형 함수를 사용하는 경우에) 특정한 정책 π의 상태 s_0에서부터 획득할 수 있는 리턴값은 다음과 같이 표현된다.

$$V_\pi(s_0) = E_\pi\left[\sum_{t=0}^{\infty} \gamma^t r(s_t)\right] = E_\pi\left[\sum_{t=0}^{\infty} \gamma^t w^T \phi(s)\right] = w^T E_\pi\left[\sum_{t=0}^{\infty} \gamma^t \phi_i(s_t)\right] \tag{11.10}$$

여기서 $\mu_i(\pi)$를 속성 i의 (정책 π에 의해서 생성된 데이터에서) 평균값이라고 하면 이는 다음과 같이 정의된다($\Sigma_{t=0}^{\infty}\gamma^t\phi_i(s_t)$ 값을 실제 계산할 때는 ($t = \infty$까지 계산하기 보다는) 몬테카를로 방법을 사용하여 종료상태가 될 때까지 계산을 한다).

$$\mu_i(\pi) = E_\pi\left[\sum_{t=0}^{\infty} \gamma^t \phi_i(s_t)\right] \tag{11.11}$$

따라서 식 (11.10)의 $V_\pi(s_0)$는 다음과 같이 표현된다($\mu(\pi)$는 $\mu_i(\pi)$ 값들로 구성된 벡터).

$$V_\pi(s_0) = w^T\mu(\pi) \tag{11.12}$$

식 (11.12)의 의미는 다음과 같다. 보상값이 속성의 선형함수(식 (11.9))로 표현되는 경우에 **정책의 성능은 속성들의 평균값에 대한 선형함수**로 표현됨을 보여준다. 식 (11.12)을 식 (11.7)에 대입하면 다음과 같은 식 (11.13)가 된다. 이 식의 의미는 (정책의 성능이 식 (11.12) 과 같이 선형으로 표현될 때) 역강화학습의 목표는 전문가 정책의 성능($w^T\mu(\pi_*)$)이 다른 모든 비전문가 정책의 성능($w^T\mu(\pi)$) 보다도 좋은 성능을 보이도록 하는 w 값을 구하는 것이다.

$$w^T\mu(\pi_*) \geq w^T\mu(\pi), \ \forall\pi \tag{11.13}$$

하지만 위의 조건을 만족하는 w 값을 구하는 것은 다음과 같은 이유로 쉽지가 않다. 첫 번째, 이러한 조건을 만족하는 보상값 함수들이 여럿 존재한다. 예를 들어서 모든 상태에 대한 보상값이 동일하면 (예를 들면 모든 w 값이 0이면 보상값이 0이 된다) 위의 조건은 아주 쉽게 만족한다. 두 번째, 식 (11.13)를 만족하는 정책의 수는 거의 무한대이며, 이들을 전부 테스트하는 것은 불가능하다.

여기서 이러한 w 값을 구하는데에 도움을 주는 다음의 속성매칭의 정리를 살펴보자.

정리 속성매칭의 정리 다음의 조건이 성립하면 ($\| w \|_1 \leq 1$)

$$\| \mu(\pi_*) - \mu(\pi) \|_1 \leq \varepsilon \tag{11.14}$$

다음의 조건이 성립함이 알려져 있다 [Abbeel and Ng 2004].

$$| w^T\mu(\pi_*) - w^T\mu(\pi) | \leq \varepsilon \quad \forall w \tag{11.15}$$

증명 식 (11.10)에 의해서 전문가의 정책 π_*에 대한 가치값과 임의의 정책 π에 대한 정책 가치값의 차이는 다음과 같다.

$$| V_{\pi*}(s_0) - V_\pi(s_0) | = | w^T\mu(\pi_*) - w^T\mu(\pi) |$$

여기서 Cauchy-Schwarz 부등식(Cauchy-Schwarz inequality)에 의해 다음이 성립한다.

$$| w^T\mu(\pi_*) - w^T\mu(\pi) | \leq \| w \|_2 \| \mu(\pi_*) - \mu(\pi) \|_2 \tag{11.16}$$

그리고 정리에서의 가정에 의해 $\| w \|_1 \leq 1$이며 또한 $\| w \|_2 \leq \| w \|_1 \leq 1$은 항상 성립하므로

$$\| \mu(\pi_*) - \mu(\pi) \|_2 \le \| \mu(\pi_*) - \mu(\pi) \|_1 \le \varepsilon$$

다음이 성립한다.

$$\| w \|_2 \| \mu(\pi_*) - \mu(\pi) \|_2 \le 1 \cdot \varepsilon \tag{11.17}$$

따라서 식 (11.16)과 (11.17)에 의해서 식 (11.15)이 성립한다.

Q.E.D.

이 정리는 $\| \mu(\pi_*) - \mu(\pi) \|_1$의 값이 아주 작아지도록 하는 가중치 w 값을 찾으면 이는 결론적으로 $| w^T\mu(\pi_*) - w^T\mu(\pi) | \le \varepsilon$를 만족시킨다는 의미다. 즉, 어떤 정책 π에 의해서 계산되는 속성의 평균값 벡터 $\mu(\pi)$가 전문가 데이터의 속성 평균값 벡터 $\mu(\pi_*)$와 아주 유사하면 이들 정책의 성능 차이도 아주 근사함을 의미한다. 정책의 성능차이를 비교할 때는 정책의 속성 평균값들의 차이만을 비교하면 된다는 의미이고 전문가 정책의 속성평균벡터와 가장 유사한 속성평균벡터를 가지는 정책이 우리가 찾는 정책이된다(가중치 w 값을 계산할때에 가중치값들의 정규화(normalization)를 위하여 $\| w \|_1 \le 1$을 가정함).

이러한 정책을 찾는 (혹은 w 값을 구하는) 문제를 해결하기 위하여 주로 사용하는 방법은 도제학습 방법이다. 도제학습의 방법은 위의 식 (11.13)의 전문가 정책의 성능인 $w^T\mu(\pi_*)$와 가장 가까운 성능 $w^T\mu(\pi)$을 생성하는 정책 π를 찾는 방법이다. 하지만 위의 속성매칭의 정리를 이용해 이는 궁극적으로 $\mu(\pi_*) - \mu(\pi)$의 차이를 가장 작게하는 w 값을 구하도록 하는 방법이다.

11.6 도제학습

지금까지 설명한 이론적인 도구들을 이용해 여기서부터는 **도제학습**(apprenticeship learning) 방법에 대해 설명한다 [Ng and Russell, 2000] [Abbeel and Ng, 2004].

우선 속성의 평균값들을 계산하는 방법에 대해 알아보자. 우선 역강화학습 모델에서는 다음과 같은 전문가의 데이터가 주어진다고 가정한다.

$$D_{\pi*} = \{(s_0^{[1]}, a_0^{[1]}, s_1^{[1]}, a_1^{[1]}, \ldots), (s_0^{[2]}, a_0^{[2]}, s_1^{[2]}, a_1^{[2]}, \ldots), \ldots (s_0^{[m]}, a_0^{[m]}, s_1^{[m]}, a_1^{[m]}, \ldots)\} \tag{11.18}$$

이와 같이 전문가의 정책(π_*)에 따라서 데이터 D_{π_*}(식 (11.18))가 생성된다. D_{π_*}에 의해서 계산된 속성의 평균값은 다음과 같다. (식 (11.11)에서 설명한대로 t 타임스텝은 몬테카를로 방법을 사용하여 종료상태가 될때까지 계산을 한다)

$$\mu_i(\pi_*) = \frac{1}{m} \sum_{j=1}^{m} \sum_{t=0}^{\infty} \gamma^t \phi_i(s_t^{[j]} | \boldsymbol{D}_{\pi_*}) \tag{11.19}$$

그리고 (전문가 정책이 아닌) 특정한 정책 π에 따라서 생성되는 데이터를 D_π라고 하자(식 (11.18)와 비슷한 형태로 생성). 그러면 이러한 데이터 D_π를 이용해 속성의 평균값 $\mu_i(\pi)$를 계산하게 되면 다음과 같이 된다.

$$\mu_i(\pi) = \frac{1}{m} \sum_{j=1}^{m} \sum_{t=0}^{\infty} \gamma^t \phi_i(s_t^{[j]} | \boldsymbol{D}_{\pi}) \tag{11.20}$$

식 (11.19)와 (11.20)은 형태는 비슷하지만, 데이터가 생성되는 정책이 각각 다르므로(π_*와 π) 생성되는 데이터(각각 D_{π_*}와 D_π) 또한 다르게 된다. 따라서 이들의 속성 평균값 μ_i도 다른 값을 가진다.

우리는 속성의 평균값들을 (식 (11.19)와 (11.20)을 이용해) 구한 후에 식 (11.21)을 만족하는 정책 π를 구해야 한다. 그리고 각 정책은 $w^T\phi(s)$로 표현되므로(식 (11.9)) 궁극적으로 다음 식을 만족하는 w의 값을 구하는 것이다.

$$\max_w \min_j w^T\mu(\pi_*) - w^T\mu(\pi_j) \tag{11.21}$$

이 식의 의미를 살펴보자. $w^T\mu(\pi_*)$은 전문가의 정책에 대한 가치값이고 (즉 전문가 정책의 성능) $w^T\mu(\pi_j)$은 특정정책 π_j에 대한 가치값이다(즉 정책 π_j의 성능). 여기서 $\min_j w^T\mu(\pi_*) - w^T\mu(\pi_j)$의 의미는 지금까지의 정책 π_0, π_1 …, π_j에서 전문가의 정책 π_*과 가장 근접한 정책 π_j를 찾는 것을 말한다. 그 다음에 $\max_w$ 는 이러한 정책 성능의 차이를 최대화하도록 정책의 가중치 w를 구하는 것을 의미한다. 이러한 학습 방법을 **도제학습**(apprenticeship learning)이라고 하며 그림 11.3은 도제학습 방법의 기본코드를 보여 준다. 그림 11.3 에서 도제학습 알고리즘은 역강화학습에 해당하는 단계 5)와 (보상값 함수 계산 단계), 강화학습에 해당하는 단계 6) 보상값 함수를 이용하여 정책을 발견하는 단계가 서로 번갈아 수행되면서 (전문가 정책에 유사한) 최적의 정책을 발견하는 과정이다.

알고리즘: 도제학습

1) 임의의 정책 π_0로 시작하여 식 (11.20)을 이용해 $\mu(\pi_0)$를 계산함

2) $j = 1$

3) while $(d > \varepsilon)$ do

4) 식 (11.20) 을 이용해 $\mu(\pi_j)$ 를 계산함. (몬테카를로 방법 등 사용)

5) **보상값 함수의 계산**: 정책 $\pi_0, \pi_1 \ldots, \pi_j$들을 이용해 다음을 만족하는 d와 w 값 계산. 그리고 여기서 계산된 w 값을 $w^{(j)}$라고 하자. ($\| w \|_2 \leq 1$)

$$d = \max_{w} \min_{i<j} w^T \mu(\pi_*) - w^T \mu(\pi_i) \tag{11.22}$$

6) **강화학습**: 앞의 $w^{(j)}$를 사용하여 보상값함수 $R_w = (w^{(j)})^T \phi$를 계산하고 이를 이용해 (강화학습으로) 최적의 정책 π_j를 계산

7) $j = j + 1$

8) end while

9) return $\{\pi_j\}$

그림 11.3 도제학습의 기본코드

그림 11.3의 단계 5)에서 (식 (11.22)) d는 전문가의 정책 가치값($w^T\mu(\pi_*)$)과 전문가의 정책과 가장 근접한 정책의 가치값($w^T\mu(\pi_j)$)의 차이를 말한다. 이는 전문가의 정책은 다른 어떤 정책보다도 최소한 d 만큼 좋은 성능을 보인다는 의미이다. 그리고 이러한 차이값 d를 최대화하도록 하는 w 값들을 계산하는 것이 알고리즘의 핵심이다(그리고 그림 11.3 기본코드에서는 w 값을 계산할 때에 단위벡터를 구하기 위하여 $\| w \|_2 \leq 1$를 가정하였다).

이러한 w 값을 구하는 방법은 여러 가지가 있으며 여기서는 분류학습의 한 종류인 SVM (support vector machine)을 이용하여 계산하는 방법을 소개한다.

11.6.1 도제학습의 방법

그러면 앞에서 설명한 SVM 방법을 이용해 그림 11.3 알고리즘의 단계 5)에서의 (식 (11.22)) w 값을 구해 보자. 먼저 식 (11.22)의 내용을 다시 살펴보자.

$$\max_{w} \min_{j} w^T \mu(\pi_*) - w^T \mu(\pi_i)$$

이 식의 의미는 1) 일반정책에서 가장 좋은 정책을 구하고 ($\max_i w^T\mu(\pi_*) - w^T\mu(\pi_i)$), 2) 가장 좋은 정책과 전문가 정책의 차이($w^T\mu(\pi_*) - w^T\mu(\pi)$)가 최대로 되도록 하는 w 값을 구한다는 의미이다. 따라서 이 조건은 다음과 같은 제한된 최적화(constrained optimization) 문제로 표현될 수 있다.

$$\begin{aligned} &\max_{w,\|w\|_2 \le 1} d \\ &\text{s.t. } w^T\mu(\pi_*) \ge w^T\mu(\pi_i) + d, \forall\, \pi_i \end{aligned} \tag{11.23}$$

식 (11.23)의 제약조건은 전문가 정책의 성능 (즉 $w^T\mu(\pi_*)$) 이 다른 모든 정책의 성능 $w^T\mu(\pi_i)$ 보다 최소 d 이상 우수하다는 의미이다. 목적함수에서는 이러한 d 값을 최대화하는 w 값을 구한다. 즉, 알고리즘이 생성하는 정책 중에서 가장 우수한 정책과 전문가 정책의 성능 차이가 최대가 되도록 하는 w 값을 구하는 것이 학습의 목표이다.

식 (11.23)은 11.4.2절에서 설명한 SVM의 식과 유사하며, 따라서 SVM의 방법을 이용해 문제를 풀 수 있다. 이와 같이 도제학습에서 SVM 방법을 이용하는 방법은 **최대마진 방법**(maximum margin method)이라고도 한다. 먼저 SVM은 **분류학습**(classification learning)이므로 식 (11.23) 문제를 분류학습의 문제로 변환해야 한다. 그리고 분류학습에서는 각 데이터마다 목적값(target value)이 주어져야 한다.

우리는 앞에서 (식 (11.20)에서 설명한 바와 같이) 정책 π_i가 정해지면 이 정책에 따른 속성들의 평균값 벡터 $\mu(\pi_i)$도 정의된다는 걸 알 수 있다. 따라서 먼저 정책 π_i에 따른 속성 평균값 벡터 $\mu(\pi_i)$를 각각 SVM 문제 공간상의 하나의 데이터로 간주한다. 그리고 이들 데이터 각각의 목적값을 "−1" 로 가정을 하자. 다음으로 전문가 정책 $\mu(\pi_*)$에 의한 속성 평균값 벡터 $\mu(\pi_*)$ (식 (11.19))도 하나의 데이터로 간주하고 이 데이터의 목적값은 "1" 로 간주하자. 이와 같은 방식으로 각 속성 평균값마다 목적값을 부여하면 한 개의 "1" 목적값을 가진 데이터와 정책의 개수만큼의 "−1" 목적값을 가진 데이터들로 구성된다.

그림 11.4에서는 전문가 평균값 벡터 $\mu(\pi_*)$와 세 개의 정책 평균값 벡터 $\{\mu(\pi_0), \mu(\pi_1), \mu(\pi_2)\}$의 경우에 목적값들의 예시를 보여 준다. 이와 같이 평균값 벡터를 목적값으로 매핑하고 목적값 "1" 과 "−1"의 사이의 거리를 최대화 하는 직선을 찾는 문제는 그림 11.2의 SVM 문제와 유사한 형태의 문제가 된다. 그림 11.4에서 SVM으로 d 값을 최대화하는 w 값을 구하는 것이 학습의 목표가 된다.

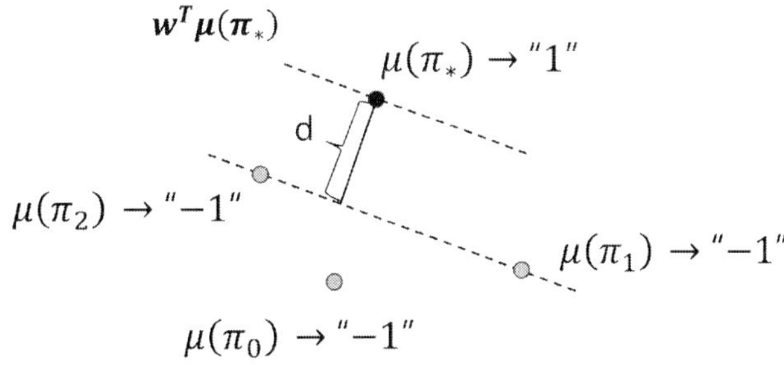

그림 11.4 SVM 방법의 목적값

좀더 구체적으로 그림 11.5(a)-(b)의 예시를 사용하여 설명해 보자. 앞에서 설명한 바와 같이 $\mu(\pi_*)$의 목적값은 1로, 다른 정책의 $\mu(\pi_i)$ 값들은 목적값이 −1로 가정했다. 그림 11.5(a)는 정책 $\{\pi_0, \pi_1\}$에 따라서 $\mu(\pi_0)$, $\mu(\pi_1)$가 생성된 상태이며, 이때 $\mu(\pi_*)$와 $\{\mu(\pi_0), \mu(\pi_1)\}$와의 최대마진거리($d$)를 보여 준다. 그림 11.5(b)는 여기서 새로운 정책 π_2가 추가되어 정책 $\{\pi_0, \pi_1, \pi_2\}$가 생성된 상태에서 $\mu(\pi_*)$와 $\{\mu(\pi_0), \mu(\pi_1), \mu(\pi_2)\}$의 d를 보여 준다. $\mu(\pi_0)$, $\mu(\pi_1)$, $\mu(\pi_2)$ 세개의 값이 주어진 상태에서는 $\mu(\pi_1)$과 $\mu(\pi_2)$ 연결선에서 최대마진거리(d)를 선택함을 알 수 있다.

이와 같이 매번 새로운 정책이 추가될 때마다 최대마진거리 d를 구하고 이에 해당하는 w를 구하는 (다시 말하면 그림 11.5에서의 w 벡터를 구하는) 과정을 반복하는데 이 과정은 d 값이 충분히 큰값 ($d > \varepsilon$) 이거나 정해진 횟수만큼 반복을 한다.

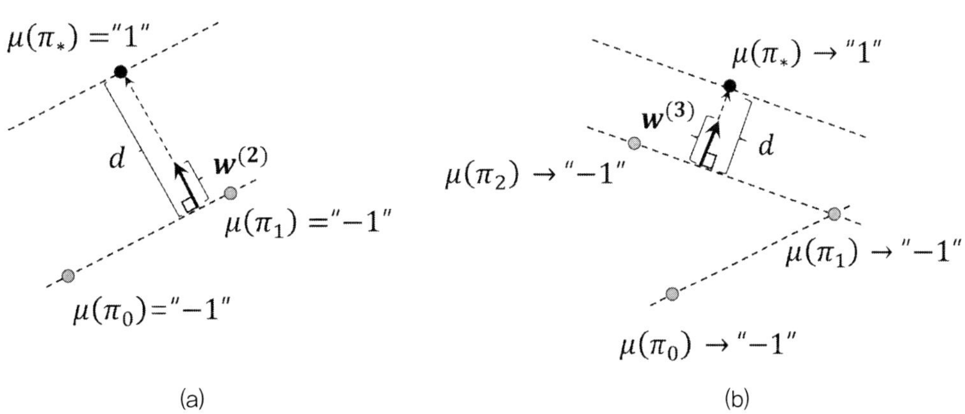

그림 11.5 SVM 방법의 예시

그림 11.5(a)-(b)에서 $\mu(\pi_*)$와의 거리 d을 최대화하는 경계직선(separating hyperplane) (그림 11.5에서 점선으로 표시) 에서 구하는 w값 벡터는 경계직선과 수직인(orthogonal) 벡터를 의미한다(참고로 $\vec{A} \cdot \vec{B} = 0$일 때 $\vec{A}$와 $\vec{B}$는 서로 수직임(orthogonal)을 의미한다). 또한 $\| w \|_2 \leq 1$을 가정하였으므로 w는 **단위벡터**(unit vector)가 된다(그림 11.5의 $w^{(2)}$와 $w^{(3)}$).

이와 같은 방법으로 w 값을 구하면 보상값 함수 R_w를 구할 수 있다. 따라서 이러한 보상값 함수를 이용해 그림 11.3 알고리즘의 단계 6)에서는 기존의 강화학습 방법을 사용해 다음 단계의 새로운 정책을 생성한다.

지금까지 최대마진의 방법(SVM)을 이용하는 도제학습의 방법을 살펴보았으며, 이와 같은 최대마진방법 외에 좀더 간단한 계산방법으로 **프로젝션 방법**(projection method)이 있다. 프로젝션 방법은 $w^{(i)}$를 계산할 때 다음의 방법을 사용한다.

1) 이전 단계의 $w^{(i-1)}$ 벡터를 계산한 경계직선 ($w^{(i-1)}$와 수직인 직선) 상에서 $\mu(\pi_*)$와 거리가 최소가 되는 교차점을 찾는다. (이를 $\bar{\mu}^{(i-1)}$이라고 하자)
2) 이 교차점 $\bar{\mu}^{(i-1)}$ 과 새로운 $\mu(\pi_{i-1})$ 데이터와의 연결직선을 구한다.
3) 이 새로운 직선과 $\mu(\pi_*)$ 과의 최단거리를 구하는 직선을 구한다.
4) 이 직선상에서의 단위벡터가 $w^{(i)}$가 된다.
5) 위의 과정을 반복한다.

그림 11.6은 그림 11.5(b)의 예제를 프로젝션 방법(projection method)으로 계산하는 방법의 예시를 보여 준다.

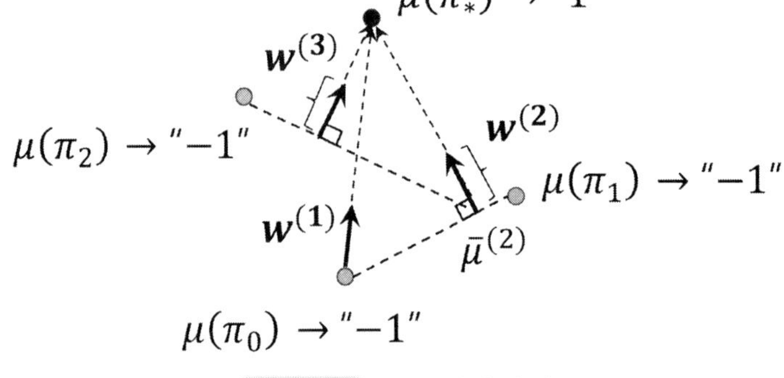

그림 11.6 프로젝션 방법

그리고 도제학습의 기본코드인 그림 11.3의 단계 9)에서는 while 문의 종료 후에 가장 최근의 정책 π_j을 최종정책으로 선택하고 있다. 하지만 기존의 정책 외에 지금까지의 정책들을 결합하여 새로운 최적의 정책을 생성하는 방법도 가능하다. 이 경우에 기존의 각 정책 $\mu(\pi_i)$마다 가중치 λ_i를 부여하고 다음의 수식을 만족하는 λ_i 값을 QP(quadratic programming)으로 구하여 좀더 효율적인 정책을 구할 수도 있다.

$$\min \|\mu(\pi_*) - \mu\|_2$$
$$\text{s.t. } \mu = \sum_i \lambda_i \mu(\pi_i),\ \lambda_i \geq 0,\ \sum_i \lambda_i = 1$$

11.6.2 확장된 형태의 도제학습

지금까지 설명한 도제방법은 몇 가지 확장된(extended) 형태가 존재한다. 첫 번째, 앞의 최대마진 SVM 방법에서 사용하는 식 (11.23)은 다음의 식과 동일한 형태임이 알려져 있다.

$$\begin{aligned} &\min_{w, \|w\|_2 \leq 1} \frac{1}{2}\|w\|^2 \\ &\text{s.t. } w^T\mu(\pi_*) \geq w^T\mu(\pi_i) + 1,\ \forall \pi_i \end{aligned} \tag{11.24}$$

이 식은 전문가 정책과 특정한 정책을 비교할 때에 그 성능 ($w^T\mu(\pi_*)$와 $w^T\mu(\pi)$)의 차이만을 비교하고 있다. 하지만 이와 같은 성능의 차이 외에 정책의 실제적인 행동의 차이를 고려해 학습할 수 있다. 이러한 경우에 식 (11.24)는 식 (11.25)의 형태로 변환된다.

$$\begin{aligned} &\min_{w, \|w\|_2 \leq 1} \frac{1}{2}\|w\|^2 \\ &\text{s.t. } w^T\mu(\pi_*) \geq w^T\mu(\pi_i) + L(\pi_*,\ \pi_i),\ \forall \pi_i \end{aligned} \tag{11.25}$$

여기서 $L(\pi_*, \pi_i)$는 정책 π_*와 π_i가 서로 얼마만큼 다른지를 측정하는 **정책거리**(policy distance) 항이다. 정책거리는 실제 행동들이 서로 많이 다른 정책 간에는 그 거리의 값이 커야 한다. 따라서 $L(\pi_*, \pi_i)$는 정책 π_*, π_i가 서로 얼마만큼 다른지를 측정하는 항이다. 예를 들어서 정책 π_*와 π_i를 각각 수행하면서 서로 다른 상태에 있는 상태의 빈도수 등을 이러한 $L(\pi_*, \pi_i)$의 값으로 사용할 수 있다. 즉, 식 (11.25)는 우리가 찾는 정책은 전문가의 정책과 성능의 차이가 작을 뿐 아니라 실제로 정책의 실제 행동도 유사해야 한다는 의미이다.

두 번째로 지금까지의 도제학습은 전문가의 데이터가 항상 최선의 정책에 의해서 생성된 데이터라고 가정을 하고 있다. 하지만 실제로 전문가의 데이터들도 항상 최적의 정책의 결과라고 생각할 수는 없다. 즉, 전문가의 데이터에도 어느 정도의 오류는 포함될 수 있다. 이러한 문제를 해결하기 위해 SVM 방법에서는 어느 정도의 에러를 허용하는 방법을 사용할 수 있다. 이러한 SVM 방법을 **소프트마진 SVM**(soft-margin SVM)이라고 한다. 소프트마진 SVM에서는 ξ_i를 데이터 i(즉 $\mu(\pi_i)$)의 에러범위라고 하면 식 (11.24)를 식 (11.26)으로 수정할 수 있다.

$$\begin{aligned} &\min_{w,\|w\|_2 \le 1} \frac{1}{2}\|w\|^2 + C\sum_i \xi_i \\ &\text{s.t. } w^T\mu(\pi_*) \ge w^T\mu(\pi_i) + L(\pi_*, \pi_i) - \xi_i, \ \forall \pi_i \end{aligned} \tag{11.26}$$

이 방법의 목적함수에선, 기존의 $\frac{1}{2}\| w \|^2$항 외에도 에러의 합인 $\Sigma_i\xi_i$이 추가되었으며, 이 방법은 SVM에서 여유변수(slack variable)를 사용하는 방법과 동일하다(C는 여유변수 상수). 따라서 이 경우는 정책 간의 거리는 최대화하고 각 데이터의 오류는 최소화하는 목표를 만족하는 w 값을 구하게 된다. 이 방법은 각 데이터들에게 ξ_i 만큼의 에러를 허용하기 때문에 전문가의 데이터에 100% 순응하지 않고, 어느 정도 변화를 가능하게 한다.

11.7 GAIL

앞에서 설명한 도제학습을 포함해 일반적인 역강화학습은 전문가의 데이터에서 보상값 함수를 먼저 구한 후에 이를 이용해 강화학습으로 정책을 구하는 방식이다. 하지만 역강화학습과 강화학습의 과정을 반복적으로 수행하므로 속도가 느리다. 그리고 보상값의 함수를 속성에 대한 선형함수로 제한함으로써 복잡한 보상값을 표현할 수 없는 문제점이 있다.

이러한 문제를 보완하기 위해 최근에 사용되는 역강화학습 방법 중의 하나가 **GAIL**(generative adversarial imitation learning) 학습 방법이다 [Ho and Ermon, 2016]. GAIL 방법은 1) 전문가의 데이터에서 직접 정책을 구하는 방법이며, 2) 보상값의 표현을 더 이상 속성의 선형함수로 제한하지 않으며, 3) 모델프리의 환경에서 학습이 가능하다. 이러한 GAIL 방법은 GAN의 아이디어를 많이 활용하며 학습방법도 유사하다.

강화학습에서 최적의 정책은 최대의 리턴값을 가지는 것을 말한다. 따라서 주어진 보상값

함수 r에 대해 강화학습의 목적은 다음과 같이 정의할 수 있다.

$$RL(r) = \underset{\pi}{\operatorname{argmax}} E_{\pi}[r(s,\ a)] \tag{11.27}$$

이와 같이 일반적인 강화학습에서는 목적함수에서 리턴값을 최대화하지만 GAIL에서는 리턴값 대신에 다음과 같은 비용함수($c(s, a)$)를 사용해 목적함수를 다시 정의한다. 비용은 리턴값의 반대를 의미하고 에러함수와 비슷한 의미를 가진다. 비용함수를 사용하는 장점은 목적함수를 (최대화하는 학습이 아닌) 최소화 하는 학습을 함으로써 기존 감독자학습의 형태와 유사한 학습의 형태가 되는 장점이 있다.

$$E_{\pi}[c(s,\ a)] = E_{\pi}\left[\sum_{t=0}^{\infty} \gamma^t c(s_t,\ a_t)\right] \tag{11.28}$$

따라서 GAIL에서의 최적의 정책은 **최대의 리턴값** 정책 대신에 식 (11.29)와 같이 **최소의 비용값**을 가지는 정책을 찾는 것이 학습의 목적이 된다. (식 (11.27)의 최대화가 식 (11.29)의 최소화로 바뀜)

$$RL(c) = \underset{\pi}{\operatorname{argmin}} E_{\pi}[c(s,\ a)] \tag{11.29}$$

GAIL에서는 이러한 강화학습의 목적함수 식(식 (11.29))에서 엔트로피 $H(\pi)$ 항을 추가한 **최대 엔트로피 강화학습**(maximum entropy reinforcement learning, MaxEnt RL)을 사용한다. 최대 엔트로피 강화학습은 10.3절의 설명에서 소개한 방법으로, 기존의 강화학습 목적함수에 식 (11.30)과 같이 엔트로피항을 추가해서 비용함수와 엔트로피의 음수를 최소화하는 (리턴값과 엔트로피를 최대화하는) 목적함수를 사용한다.

$$RL(c) = \underset{\pi}{\operatorname{argmin}} - H(\pi) + E_{\pi}[c(s,\ a)] \tag{11.30}$$

여기서 $H(\pi)$는 다음과 같이 정책 π에서 행동의 확률분포에 대한 엔트로피값을 의미한다.

$$H(\pi) = E_{\pi}[-\log \pi(a|s)] \tag{11.31}$$

GAIL 방법에서 $H(\pi)$ 항을 사용하는 주된 이유는 **과적합**(overfitting)을 방지하기 위해서이며, 이는 일종의 **모델 정규항**(regularizer) 역할을 한다. 이와 같은 정규항은 7.2.6절에서 설명한 내용으로 기계학습에서 과적합을 방지하기 위해 가장 널리 사용되는 방법 중 하나이다. 식 (11.30)에서와 같이 목적함수에서 엔트로피를 증가시킨다는 의미는 정책의 불확실성이 증가한다는 뜻이며, 이는 정책의 탐험(exploration) 혹은 **임의성**(randomness)을 증가시킨다.

지금까지 강화학습의 목적함수를 (정규항 포함한) 비용함수로 표현했다. 이제 역강화학습의 목적함수를 비용식을 이용해서 정의해 보자. 앞에서 설명한 바와 같이 역강화학습은 강화학습을 학습의 일부분으로 포함되어있다. 따라서 (식 (11.30)과 같은 강화학습을 사용하는) 역강화학습의 목적함수는 다음과 같이 정의할 수 있다.

$$\mathrm{IRL}(\pi_E) = \underset{c}{\operatorname{argmax}}\left(\min_{\pi} -H(\pi) + E_{\pi}[c(s,\ a)]\right) - E_{\pi_E}[c(s,\ a)] \tag{11.32}$$

(A) 정책 π_E 비용과 다른 정책들 비용의 차이가 최대인 비용 함수 c

(B) 비용함수 c에서 최적정책의 비용

(C) 비용함수 c에서 정책 π_E의 비용

식 (11.32)에서 (C) 부분은 (주어진 비용함수 c에서) 전문가 정책 π_E의 평균비용을 의미한다. (참고로 정책의 비용값이 작으면 좋은 정책을 의미한다)

그리고 (B) 부분은 (식 (11.30)에서 설명한 바와 같이) "주어진 비용함수 c 에서" 최적정책(즉 정책의 비용이 최소가 되는 정책)의 비용값을 구하는 강화학습의 과정이다. 즉, (주어진 비용함수 c의 조건에서) 정책의 비용이 최소가 되는 (다르게 말하면 정책의 평균보상값이 최대가 되는) 정책 π를 찾는 과정이다.

식 (11.32)에서 (A)는 어떤 비용함수 c를 찾는 것이 목표이며, 이 비용함수 c의 특징은 (이 비용함수를 사용할 때) 전문가 정책의 비용(C)은 아주 작은 값이 되고 다른 모든 정책들의 비용(B)은 큰 값이 되는 그러한 비용함수 c를 찾는 것이다. 즉, 역강화학습의 목표는 식 (11.32)에서 (B)와 (C)의 값 차이를 최대화하는 비용함수 c를 구하는 것이다. 따라서 식 (11.32)의 값을 최대화하기 위해서는 (C) 부분(전문가 정책의 비용)의 값은 최소화하고 (B) 부분(일반 정책의 비용)은 최대화해야 한다. 이와 같이 식 (11.32)는 비용함수 c를 찾는 과정과 최적정책 π를 찾는 과정을 번갈아 가면서 수렴할 때까지 반복적으로 수행한다.

그리고 역강화학습에서는 일반적으로 전문가의 시연 데이터가 충분하지 않는 경우가 많다. 따라서 역강화학습에서 비용함수를 표현하기 위하여 신경망 등의 복잡한 비용함수를 사용하는 경우에 전문가 데이터의 부족으로 인하여 비용함수의 과적합(overfitting) 문제가 발생할 수 있다. 따라서 GAIL에서는 과적합 문제를 해결하기 위하여 (실수 전구간에서 정의되는 컨벡스 비용함수(convex cost function)인) 또 다른 정규항(regularizer) $\varphi(c)$을 사용한다. 즉, GAIL에서는 두 개의 정규항을 사용한다. 첫 번째는 앞에서 설명한 $H(\pi)$ (식 (11.31))으로 정책에서의 과적합을 방지하기 위한 **엔트로피 정규항**이다. 두 번째는 $\varphi(c)$ 항으로 비용함수의 과적합을 방지하기 위한 **비용 정규항**이다. 따라서 식 (11.32)의 함수는 이들 정규항들이 추가되어 다음과 같이 정의된다.

$$\mathrm{IRL}_{\varphi}(\pi_E) = \underset{c}{\mathrm{argmax}} - \varphi(c) + \left(\min_{\pi} - H(\pi) + E_{\pi}[c(s,\ a)]\right) - E_{\pi_E}[c(s,\ a)] \tag{11.33}$$

이 식을 사용해 구한 비용함수를 $\tilde{c}$라고 하면 ($\tilde{c} \in \mathrm{IRL}_{\varphi}(\pi_E)$) 우리가 최종적으로 구하고자 하는 정책은 이러한 비용함수 $\tilde{c}$를 이용해 구하는 정책을 의미한다($\pi \in \mathrm{RL}(\tilde{c})$). 이와 같이 식 (11.30)과 (11.33)에서 역강화학습의 출력인 비용함수는 강화학습의 입력으로 사용되며, 강화학습은 이러한 비용함수를 이용해 정책을 생성함을 알 수 있다.

따라서 역강화학습이 강화학습의 입력으로 사용된다는 관점에서 식 (11.33)은 다음과 같은 형식으로 표현될 수 있다.

$$\mathrm{RL} \circ \mathrm{IRL}_{\varphi}(\pi_E) = \underset{\pi}{\mathrm{argmin}} \max_{c} - H(\pi) + E_{\pi}[c(s,\ a)] - E_{\pi_E}[c(s,\ a)] - \varphi(c) \tag{11.34}$$

그러면 실제 식 (11.34)의 해(solution)을 구하는 과정을 살펴보자. 식 (11.34)를 직접 풀이하는 방법은 앞에서 설명한 바와 같이 새로운 비용함수에 대해 매번 강화학습의 과정($\underset{\pi}{\mathrm{argmin}}$ $-H(\pi) + E_{\pi}[c(s, a)]$)을 반복해야 하므로 속도가 아주 느리다.

따라서 GAIL 방법은 이 문제를 해결하기 위하여 **점유도**(occupancy measure)라는 개념을 사용한다. 점유도는 에이전트가 특정한 정책에 따라서 반복적으로 행동할 때에 상태-행동(state-action)의 발생 분포를 말한다. 특정한 정책 π에서 그 정책의 상태 s 행동 a에서의 점유도 $\rho_{\pi}(s, a)$는 식 (11.35)와 같이 정의될 수 있다. 이는 상태 s에서 행동 a를 수행할 확률과 상태 s를 방문할 (각 타임스텝별로 할인된) 확률로 구성되어 있다. 그리고 이러한 상태방문의 확률은 10장의 상태방문 확률(식 (10.23))과 같은 의미를 의미한다.

$$\rho_{\pi}(s,\ a) = \pi(a|s) \sum_{t=0}^{\infty} \gamma^t P(s_t = s|\pi) \tag{11.35}$$

그러면 (식 (11.28)에서 정의한) 특정 정책의 비용의 평균을 점유도를 사용해 다음과 같이 정의할 수 있다.

$$E_\pi[c(s,\ a)] = E_\pi\left[\sum_{t=0}^{\infty}\gamma^t c(s_t,\ a_t)\right] = \sum_{s,\ a}\rho_\pi(s,\ a)c(s,\ a) \tag{11.36}$$

이와 같은 점유도를 사용하는 가장 큰 이유는 각 정책마다 그 정책의 점유도 분포가 서로 다른 값을 가지고 있음이 알려져 있기 때문이다. 즉, 특정한 정책과 그 정책의 점유도 분포는 **일대일 매핑**(one-to-one mapping)의 관계가 있음이 알려져 있다.

이는 GAIL의 학습에서 큰 의미를 가진다. 정책과 점유도의 분포가 일대일 매핑의 관계이므로 GAIL에서 특정한 정책을 찾는 문제는 이제 그 **정책과 일치하는 점유도 분포를 찾는 문제**와 동일하다. 예를 들어 어떤 정책의 점유도 분포가 전문가 정책의 점유도 분포와 같으면 이 정책은 전문가의 정책과 동일한 정책이라고 가정할 수 있다.

전문가 정책에 의한 점유도를 ρ_{π_E}라고하고 특정 정책 π의 점유도를 ρ_π라고 하자. 그러면 GAIL에서 우리의 목표는 (점유도 분포와 정책이 일대일 매핑이므로) 전문가 점유도 ρ_{π_E}에 근접하는 점유도 ρ_π를 가지는 정책 π를 구해야 한다. 즉, GAIL에서는 이들 두 확률 분포 (점유도 분포) ρ_{π_E}와 ρ_π의 차이를 최소화하는 정책 π를 찾는다. 그러면 정책들의 점유도 분포값 차이는 어떻게 계산할 수 있는가?

식 (11.33)에서 비용함수의 정규항 $\varphi(c)$을 추가하였는데 이를 사용하는 또 다른 이유는 정규항 함수 $\varphi(c)$의 특징을 이용하여 정책의 점유도 차이값을 효과적으로 계산할 수 있기 때문이다.

먼저 φ^*항은 함수 φ의 결합함수(conjugate function)라 하며 결합함수 φ^*의 일반적인 정의는 다음과 같다(이 식의 자세한 내용은 GAIL 방법의 설명에 꼭 필요한 내용은 아니며 [Ho and Ermon, 2016]을 참고 바람).

$$\varphi^*(y) = \sup_x (y)^T x - \varphi(x)$$

여기서 $y = \rho_\pi - \rho_{\pi_E}$와 $x = c$로 치환하면 다음의 결합함수가 된다.

$$\varphi^*\left(\rho_\pi - \rho_{\pi_E}\right) = \sup_c \left(\rho_\pi - \rho_{\pi_E}\right)^T c - \varphi(c) \tag{11.37}$$

이러한 φ^* 항은 정책 π_E에 의해서보다 정책 π에 의해서 더 많이 방문되는 상태-행동들에 대해 더 높은 비용을 부여하는 비용함수이다. GAIL 방법에서 이러한 φ^* 항의 중요한 의미는 두 개의 정책 ρ_π와 ρ_{π_E}의 유사도를 측정하는 데 사용할 수 있기 때문이다. 따라서 φ^* 항의 이러한 특징을 이용해 다음의 정리가 성립한다.

정리 φ에 의해서 정규화된 (식 (11.33)과 같이 목적함수에 φ 항이 포함된) 역강화학습은 다음과 같이 점유도의 유사도 φ^*를 이용하여 전문가의 점유도와 유사한 점유도를 가지는 정책을 찾는 문제와 동일하다.

$$\mathrm{RL}\circ\mathrm{IRL}_\varphi(\pi_E) = \underset{\pi}{\operatorname{argmin}} - H(\pi) + \varphi^*\left(\rho_\pi - \rho_{\pi_E}\right) \tag{11.38}$$

증명 식 (11.38)의 간단한 증명은 다음과 같다.

$$\begin{aligned}
\mathrm{RL}\circ\mathrm{IRL}_\varphi(\pi_E) &= \underset{\pi}{\operatorname{argmin}}\, \max_c - H(\pi) + E_\pi[c(s,\ a)] - E_{\pi_E}[c(s,\ a)] - \varphi(c) \\
&= \underset{\pi}{\operatorname{argmin}}\, \max_c - H(\pi) + \sum_{s,\,a} \rho_\pi(s,\ a)c(s,\ a) - \sum_{s,\,a} \rho_{\pi_E}(s,\ a)c(s,\ a) - \varphi(c) \\
&= \underset{\pi}{\operatorname{argmin}}\, \max_c - H(\pi) + \sum_{s,\,a} \left(\rho_\pi(s,\ a) - \rho_{\pi_E}(s,\ a)\right)c(s,\ a) - \varphi(c) \\
&= \underset{\pi}{\operatorname{argmin}} - H(\pi) + \varphi^*\left(\rho_\pi - \rho_{\pi_E}\right) \text{ (식 (11.37) 결합함수의 정의에 의해서)}
\end{aligned}$$

Q.E.D.

따라서 $\varphi^*(\rho_\pi - \rho_{\pi_E})$를 최소화하는 정책 π를 구하는 것은 정책 π_E과 정책 π의 점유도 분포가 가장 일치하는 정책 π를 구하는 것과 마찬가지이다. 따라서 식 (11.38)의 의미는 우리가 찾는 정책은 전문가의 점유도 분포와 가장 유사한 점유도 분포를 가지는 정책을 찾는 것이며, 이들 점유도 분포의 차이는 $\varphi^*(\rho_\pi - \rho_{\pi_E})$로 계산됨을 말한다. 참고로 이와 같이 점유도 분포를 이용해 정책을 찾는 방법의 가장 큰 장점은 역강화학습의 중간과정인 강화학습 부분을 사용하지 않으므로 학습의 속도가 빨라진다는 점이다.

이제 실제로 구체적인 함수 φ를 정의하면 식 (11.38)을 이용해 문제를 풀 수 있다. GAIL 방법에서는 함수 φ를 다양하게 선택할 수 있으며 이러한 함수 φ의 종류에 따라서 GAIL 알고리즘의 특성을 다양하게 바꿀 수 있다. 예를 들어서 φ로서 상수함수를 사용할 경우 GAIL 은 전문가 정책 π_E의 점유도 분포와 정확히 일치하는 정책을 찾을 수 있다. 하지만 이러한 방법은 상태-행동이 방대한 환경에서는 데이터 생성의 어려움으로 과적합(overfitting) 문제가 발생하여 사용하기가 어렵다. 따라서 GAIL에서는 φ 함수로써 일반적으로 다음의 **비용 정규항**(generative adversarial cost regularizer) φ_{GA}을 사용한다. φ_{GA} 함수의 정의는 다음과 같다.

$$\varphi_{GA}(c) = \begin{cases} E_{\pi_E}[g(c(s, a))], & \text{if } c < 0 \\ +\infty, & \text{otherwise} \end{cases}$$
$$\text{where } g(x) = \begin{cases} -x - \log(1-e^x), & \text{if } x < 0 \\ +\infty, & \text{otherwise} \end{cases} \tag{11.39}$$

GAIL에 있어서 φ 함수로써 (비용함수의 정규항으로) 식 φ_{GA}을 사용하는 이유는 이 함수의 결합함수 φ^*_{GA}가 다음 식과 같이 표현되기 때문이다(결합함수의 정의는 식 (11.37)을 참고하며, 이 결합함수 식의 자세한 설명과 증명의 내용은 [Ho and Ermon, 2016] 참고).

$$\varphi^*_{GA}(\rho_\pi - \rho_{\pi_E}) = \max_D \underbrace{E_\pi[\log(D(s, a))]}_{\substack{\text{일반 정책에 따라서 생성된} \\ (s,\, a)\text{는 } D(s,\, a)\text{를 최대화}}} + \underbrace{E_{\pi_E}[\log(1-D(s, a))]}_{\substack{\text{전문가 정책에 따라서 생성된} \\ (s,\, a)\text{는 } D(s,\, a)\text{를 최소화}}} \tag{11.40}$$

위 식에서 $D{:}S \times A \rightarrow (0,1)$는 주어진 상태-행동들의 점유도 분포가 전문가 정책의 점유도 분포인지를 예측하는 **분류기**(classifier) 함수로 생각할 수 있다. 이 식에서 $E_\pi[\log(D(s, a))]$의 의미는 분류기 $D(s, a)$가 (일반정책의 점유도 분포에 대하여 그 분포가 전문가 정책의 분포인지를 예측한) 분류의 결과를 의미한다. (분류결과에 로그를 취한값 $\log(D(s, a))$을 사용) 즉, 전문가의 점유도 분포이면 0, 일반 정책의 점유도 분포는 1로 분류한다(일반 GAN에서는 분류기가 실제 이미지는 1, 가짜 데이터는 0으로 분류한다. GAIL은 비용(cost)를 사용하므로 반대의 값을 사용함). $E_{\pi_E}[\log(1-D(s, a))]$의 의미는 전문가 정책의 점유도 분포에 대한 분류기 $D(s, a)$ 분류값의 음수 결과를 의미한다(로그를 취한값 $\log(1-D(s, a))$을 사용).

그리고 식 (11.40)에서 이들 두 항의 합을 최대화하는 D를 구한다. 식 (11.40)에서 이들 두 항을 같이 최대화한다는 의미는 분류기 $D(s, a)$의 값이 일반정책에 대해서는 1에 가까운 분류값을 생성하고, 전문가 정책에 대해서는 0에 가까운 분류값을 생성하도록 분류기 D를 학습해야 한다는 것을 뜻한다. 따라서 분류기 D의 학습이 완료되어 최적의 분류값을 생성할 때(즉 전문가 정책과 일반 정책의 점유도 분포가 거의 일치하는 것으로 D의 학습이 되었을때) 식 (11.40)의 $\varphi^*_{GA}(\rho_\pi - \rho_{\pi_E})$)는 D의 최적의 에러값(optimal negative log loss)을 의미한다. 이제 식 (11.40)을 식 (11.38)에 대입하면 GAIL의 목적함수는 다음과 같이 된다.

$$\min_\pi \max_D E_\pi[\log(D(s, a))] + E_{\pi_E}[\log(1-D(s, a))] - \lambda H(\pi) \tag{11.41}$$

식 (11.41)에서 $H(\pi)$은 정책에 대한 정규항(regularizer)이며, $\lambda \geq 0$은 $H(\pi)$의 가중치를 조절

할 수 있는 상수이다.

이와 같은 식 (11.41)은 (정규항 $H(\pi)$를 제외하면) 식 (11.42)의 GAN(Generative Adversarial Network) [Goodfellow et al., 2014] 목적함수와 형태가 매우 유사함을 알 수 있다.

$$\min_{G}\max_{D} E_{x\sim data}[\log(D(x))] + E_{z\sim p_z(z)}[\log(1-D(G(Z)))] \tag{11.42}$$

GAN의 식 (11.42)에서 G는 랜덤 노이즈 z를 입력으로 해서 데이터(이미지)를 생성하는 생성기(generator)를 말하고, D는 생성된 데이터 $G(z)$가 실제 데이터인지 아닌지를 판별하는 분류기(discriminator)를 말한다.

그림 11.7은 GAN의 기본 구조를 보여 준다. GAN은 **생성기** 네트워크와 **분류기** 네트워크로 구성되어 있다. 생성기(generator)(G)는 랜덤변수(z)의 값을 이용해 인위적인 데이터(이미지) $G(z)$를 생성한다. 그리고 실제 데이터(이미지)의 집합 *data*에서 임의의 데이터 x~*data*를 샘플한다. 그리고 분류기(discriminator)(D)는 실제 데이터와 생성된 데이터 $G(z)$가 인위 데이터인지를 정확히 분류(classify)하도록 학습한다.

생성기는 분류기의 분류결과를 바탕으로 분류기를 잘 속일 수 있는 인위데이터를 생성한다. 생성기와 분류기는 이와 같은 과정을 생성기가 거의 실제 데이터와 유사한 데이터를 생성할 때까지 반복한다.

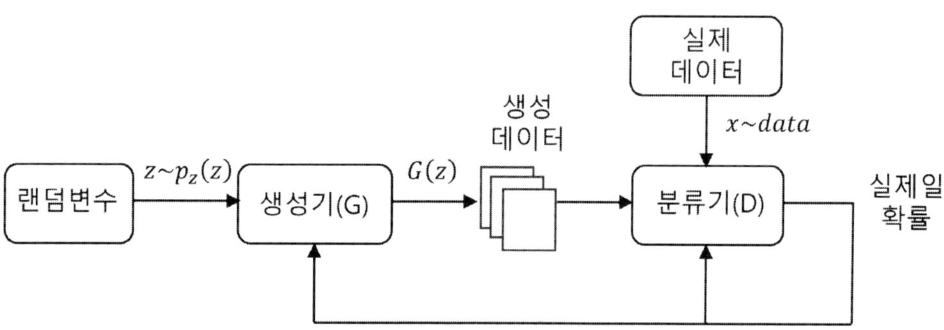

그림 11.7 GAN의 구조

GAIL은 구조가 GAN(generative adversarial network)과 유사하다. GAN의 생성기(generator)(G)는 GAIL에서 정책 네트워크를 의미하고, GAN의 분류기(discriminator)(D)는 GAIL에서 전문가의 정책과

일반 정책을 구분하는 분류기를 의미한다. 그리고 (식 (11.42)와 (11.41)을 비교하면) GAIL의 ρ_π는 GAN의 G에 의해 생성되는 데이터 분포와 비슷한 의미이다. GAIL의 ρ_{π_E}는 GAN에서 실제 데이터의 데이터 분포(x~$data$)와 비슷한 의미이다. 즉, 전문가 정책에 의한 점유도의 분포는 GAN의 실제 데이터 분포에 해당하고 **에이전트의 정책에 의한 점유도의 분포는 GAN의 가짜 데이터 분포에 해당**한다. 이러한 이유로 GAIL과 GAN의 학습 방법이 유사한 것이다.

그리고 GAIL이 GAN의 학습 방법과 동일한 방법을 사용할 수 있는 이론적인 이유를 설명하면 다음과 같다. 먼저 GAIL의 목적함수 식 (11.41)을 보면 목적함수의 식 (11.40) 부분이 최적화된 이후에 이를 사용하여 식 (11.41)을 최소화하는 정책을 찾는다는 것을 알 수 있다. 즉, GAIL은 항상 최적화된 식 (11.40) (즉 $\varphi^*_{GA}(\rho_\pi - \rho_{\pi_E})$)을 사용한다. 그리고 식 (11.40)이 최적의 값을 가질 때 (즉 분류기의 D가 최적의 분류성능을 보일 때) $\varphi^*_{GA}(\rho_\pi - \rho_{\pi_E})$ 항은 **젠슨-섀넌 변량**(Jensen-Shannon divergence) $D_{JS}(\rho_\pi, \rho_{\pi_E})$과 동일하다는 것이 알려져 있다.

$\varphi^*_{GA}(\rho_\pi - \rho_{\pi_E})$ 항 (식 (11.40))가 최적의 값을 가질 때(즉, 분류기의 D가 최적의 분류성능을 보일 때) 젠슨-섀넌 변량과 같은 식이 되는 이유는 다음과 같다. 먼저 식 (11.40)에서 최적의 분류 성능을 보이는 분류기 D를 D^*라고 하자. GAN의 특징에서부터 분류기 D가 최적의 성능 D^*에 도달하면 다음의 관계가 성립함이 알려져 있다.

$$D^*(s, a) = \frac{\rho_{\pi_E}}{\rho_{\pi_E} + \rho_\pi}$$

따라서 분류기가 최적의 성능인 D^*일 때 식 (11.40)은 다음과 같이 된다. (이미 최적화된 D^*를 가정하므로 식 (11.40)에서 $\max\limits_D$ 부분은 필요 없음)

$$\begin{aligned}
&E_\pi[\log(D(s, a))] + E_{\pi_E}[\log(1-D(s, a))] = E_\pi[\log(D^*(s, a))] + E_{\pi_E}[\log(1-D^*(s, a))] \\
&= E_\pi\left[\log\left(\frac{\rho_{\pi_E}}{\rho_{\pi_E} + \rho_\pi}\right)\right] + E_{\pi_E}\left[\log\left(\frac{\rho_\pi}{\rho_{\pi_E} + \rho_\pi}\right)\right] \\
&= -\log(4) + D_{KL}\left[\rho_{\pi_E} \| \frac{\rho_{\pi_E} + \rho_\pi}{2}\right] + D_{KL}\left[\rho_\pi \| \frac{\rho_{\pi_E} + \rho_\pi}{2}\right] \\
&= -\log(4) + 2 * D_{JS}(\rho_\pi, \rho_{\pi_E}) \approx D_{JS}(\rho_\pi, \rho_{\pi_E})
\end{aligned}$$

따라서 식 (11.40)은 다음과 같이 $D_{JS}(\rho_\pi, \rho_{\pi_E})$으로 치환할 수 있다.

$$\max_{D} E_{\pi}[\log(D(s,\ a))] + E_{\pi_E}[\log(1-D(s,\ a))] \Rightarrow D_{JS}(\rho_{\pi},\ \rho_{\pi_E}) \tag{11.43}$$

따라서 식 (11.43) 결과를 식 (11.41)에 대입하면 식 (11.41)은 다음과 같이 GAIL의 (젠슨-섀넌 변량을 사용하는) 목적함수로도 표현된다.

$$\text{RL}\circ\text{IRL}_{\varphi}(\pi_E) = \underset{\pi}{\text{argmin}} - \lambda H(\pi) + D_{JS}(\rho_{\pi},\ \rho_{\pi_E}) \tag{11.44}$$

즉, GAIL 목적함수 식 (11.44)는 $D_{JS}(\rho_{\pi}, \rho_{\pi_E})$를 최소화하는 정책을 찾는 학습을 의미하며, $D_{JS}(\rho_{\pi}, \rho_{\pi_E})$를 최소화한다는 것은 전문가 정책 π_E의 점유도 분포 ρ_{π_E}와 가까운 점유도 분포 ρ_{π}를 가지는 정책 π를 찾는 것을 의미한다.

GAN은 목적함수로 젠슨-섀넌 변량을 사용하며 이미 여러 분야에서 그 성능이 입증이 되어 있다. 따라서 GAIL에서 $D_{JS}(\rho_{\pi}, \rho_{\pi_E})$를 사용하므로써 GAIL의 목적함수가 GAN(generative adversarial network)의 목적함수와 유사하게 되며, 따라서 GAN의 방식으로 학습을 수행할 수 있다.

GAIL 방법의 장점 중의 하나는 비용 함수(즉 보상값 함수)를 표현할 때 (도제학습과 같이) 선형함수를 사용하는 등의 제약을 주지 않고 신경망 등의 일반적인 함수를 사용할 수 있는 점이다. 따라서 비용함수와 정책을 모두 신경망으로 표현할 수 있다. 비용 함수를 신경망 네트워크(분류기 D)로 표현하고, ω는 비용함수 네트워크의 파라미터라고 하자. 또한 정책도 신경망 네트워크로 표현하며 θ는 정책네트워크(액터)의 파라미터라고 하자. 그러면 GAIL에서 이러한 신경망을 이용할 때 식 (11.41)은 다음과 같이 네트워크 파라미터로 표현된 식으로 표현된다.

$$\min_{\theta}\max_{\omega} E_{\pi_\theta}[\log(D_w(s,\ a))] + E_{\pi_E}[\log(1-D_w(s,\ a))] - \lambda H(\pi_\theta) \tag{11.45}$$

GAN 학습에서는 (실제 이미지 데이터들의 확률분포가 있고) 생성기는 분류기의 이미지 분류학습 결과에 따라서 실제 이미지의 분포와 가장 유사한 데이터를 생성한다. 비슷한 방법으로 GAIL에서는 (전문가 정책에 의한 점유도 분포가 존재하고) 정책 네트워크(생성기)는 분류기의 학습 결과에 따라 전문가 정책의 점유도 분포와 가장 유사한 새로운 정책을 생성한다. GAIL에서 분류기(discriminator)의 역할은 생성된 정책이 전문가의 정책인지 아니면 인위적으로 생성된 정책인지를 판별하는 기능을 한다. 그림 11.8은 GAIL의 구조를 보여준다.

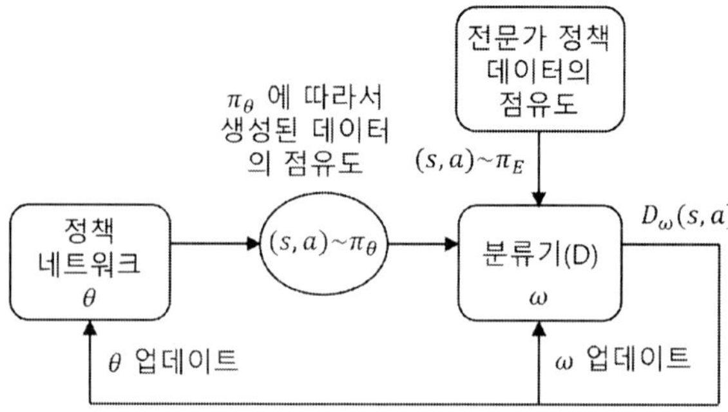

그림 11.8 GAIL의 구조

지금까지 역강화학습에서 널리 사용되는 GAIL 방법에 대해 설명하였다. GAIL은 다른 모방 학습의 방법에 비해 여러 장점을 가지고 있다. 첫 번째, 도제학습과는 달리 보상함수를 선형 함수가 아닌 신경망 등의 복잡한 함수를 사용할 수 있다. 두 번째, 알고리즘 수행의 중간과정에 강화학습의 부분이 생략되므로 알고리즘의 수행이 빠르다. 세 번째, 도제학습과 달리 모델프리의 환경에서도 사용할 수 있다. 네 번째, 이미 성능이 검증된 GAN과 유사하게 학습함으로써 높은 성능을 보일 수 있는 가능성을 가지고 있다. 이러한 이유로 GAIL은 널리 사용되고 있는 역강화학습의 방법이며, 다양하게 변형된 모델들이 개발되어 사용되고 있다. 그림 11.9는 지금까지 설명한 GAIL 방법의 기본코드를 보여 준다.

알고리즘: GAIL

Input: 전문가의 에피소드 데이터 $\tau_E = (s_0, a_0, s_1, a_1, \ldots)\sim\pi_E$

정책 네트워크 π_θ의 파라미터 θ와 분류기 D_w의 파라미터 w의 초기화

for $i = 0, 1, \ldots$ do

  정책 π_θ 이용해 에피소드 집합 τ_i 생성

  분류기 파라미터의 업데이트:

    $\delta_w = E_{\tau_i}[\nabla_w \log D_\omega(s, a)] + E_{\tau_E}[\nabla_w \log(1-D_\omega(s, a))]$

    $w \leftarrow w + \alpha_w \delta_w$

  정책 네트워크의 파라미터 업데이트(TRPO 혹은 PPO 사용)

    $\hat{q}(\check{s}, \check{a}) = E_{\tau_i}[\log D_\omega(s, a) | s_0 = \check{s}, a_0 = \check{a}]$

    $\delta_\theta = E_{\tau_i}[\nabla_\theta \log \pi_\theta(a|s)\hat{q}(s, a)] - \lambda \nabla_\theta H(\pi_\theta)$

    $\theta \leftarrow \theta - \alpha_\theta \delta_\theta$

end for

그림 11.9 GAIL 기본코드

그림 11.9의 기본코드에서 정책 네트워크의 학습은 식 (11.45)의 $E_{\pi_\theta}[\log(D_\omega(s, a))] - \lambda H(\pi_\theta)$ 값을 최소화하는 파라미터 θ를 구하는 부분이다. 여기서 ($\lambda H(\pi_\theta)$ 항은 그레디언트의 계산이 쉬우며) $E_{\pi_\theta}[\log(D_\omega(s, a))]$를 최소화하는 ($D_\omega$의 출력값이 최소가 되는) θ 값을 구해야 한다. 따라서 점진적 하강 방법을 사용하기 위하여 이 식의 그레디언트를 구하면 다음과 같다.

$$\begin{aligned}\nabla_\theta E_{\pi_\theta}\left[\log\left(D_\omega(s, a)\right)\right] &= \sum_{s,\, a \sim \pi_\theta} \nabla_\theta \pi_\theta(a|s) P(s) \log\left(D_\omega(s, a)\right) \\ &= \sum_{s,\, a \sim \pi_\theta} \nabla_\theta \log \pi_\theta(a|s) \pi_\theta(a|s) P(s) \log\left(D_\omega(s, a)\right) = E_{\pi_\theta}\left[\nabla_\theta \log \pi_\theta(a|s) \log\left(D_\omega(s, a)\right)\right]\end{aligned} \tag{11.46}$$

따라서 에피소드별로 식 (11.46)을 이용하여 파라미터를 업데이트한다. (E_{π_θ}를 계산할 때는 에피소드별로 계산함(E_{τ_i})) 그리고 식 (11.46)의 $\log(D_\omega(s, a))$ 값은 해당 (s, a)에서의 비용함수 값을 의미하며 식 (11.28)를 이용하여 계산하고 있다.

11.8 요약

지금까지의 강화학습은 에이전트의 행동에 대해 발생하는 보상값들을 사용하여 가치값 혹은 정책을 계산하는 학습방법을 사용했다. 하지만 이러한 보상값을 정확히 계산하기가 어려운 문제들도 많이 존재한다. 따라서 이런 문제를 해결하기 위하여 보상값 대신에 전문가의 시범 데이터가 주어지고 이를 이용해 최선의 정책을 찾는 학습방법이 모방학습이다.

모방학습의 첫 번째 방법은 행동복제이다. 행동복제는 전문가의 행동 데이터를 감독자 학습의 방법으로 학습하고 이를 이용해 행동을 예측하는 방법이다. 하지만 행동복제 방법은 전문가 데이터에 존재하지 않는 데이터에 대해서는 오류가 생기는 데이터 분포 불일치 문제가 발생한다.

다음으로 사용하는 모방학습은 DAGGER 방법이다. 이는 전문가의 데이터를 이용해 학습을 한 후에 새로운 데이터에 대해서는 전문가의 정확한 값을 입력받는다. 하지만 DAGGER 방법도 전문가의 과도한 개입이 필요하며 또한 어느 경우는 데이터를 생성할 수 없는 경우도 존재한다.

다음으로 모방학습에서 사용하는 방법은 전문가의 데이터에서 (행동을 직접 학습하지 않고) 보상값을 먼저 학습한 다음에 이를 기반으로 장책을 계산하는 방법을 많이 사용한다. 이러한 방법을 역강화학습이라고 한다.

역강화학습의 첫 번째 방법은 도제학습이다. 도제학습은 속성매칭의 정리를 이용해 정책을 찾는 방법이다. 속성매칭 정리는 (정책을 속성의 선형 함수로 표현할 때) 어떤 정책에 의해서 계산되는 속성의 평균값들이 전문가 정책에 의해서 계산되는 속성의 평균값과 유사하면 전문가의 정책과 유사한 정책임을 알려준다.

도제학습의 방법은 1) 전문가의 데이터에서 보상값을 구하는 단계와 2) 보상값에서 정책을 구하는 단계로 구성되어 있다. 보상값에서 정책을 구하는 단계는 지금까지 설명한 강화학습을 의미하므로 역강화학습에서는 전문가 데이터에서 보상값을 구하는 단계가 중요하다. 첫 번째인 보상값을 계산하는 단계는 (속성매칭 정리에 의하여) 전문가의 데이터의 속성값 평균과의 차이를 최소화하는 보상값 선형함수의 파라미터(가중치)값을 구한다. 속성값 평균의 차이를 최소화하는 보상값 선형함수를 구하기 위해 SVM 방법을 사용할 수도 있다.

도제학습의 두 번째 단계에는 이러한 보상값으로 최적의 정책을 구하는 것이며, 이는 지금까지 설명한 강화학습의 방법을 사용해 구할 수 있다. 도제학습은 이 두 단계를 반복적으로 수행하며 최적의 정책을 찾아간다.

이러한 도제학습은 강화학습의 과정을 포함하므로 계산 과정이 많아 속도가 느리다. 또한 도제학습은 보상값 함수를 선형함수로 제한하는 단점이 있다. 따라서 전문가 데이터에서 정책을 직접 찾는 방법이 제안되었으며 이러한 대표적인 방법이 GAIL 방법이다. GAIL에서는 점유도라는 개념을 사용한다. 점유도는 특정한 정책의 상태-행동의 발생 분포를 의미하는데, 각 정책의 점유도는 서로 다른 점이 알려져 있다. 따라서 GAIL 학습의 목표는 전문가 정책의 점유도와 가장 근접한 점유도를 보이는 정책을 찾는 과정이다.

이는 GAN의 학습과 유사한 점을 보인다. GAN에서는 생성기가 생성하는 확률분포가 분류기가 학습한 분포와 유사해야 한다. 마찬가지로 GAIL에서도 정책 생성기가 생성하는 점유도 분포가 분류기가 학습한 점유도 분포와 유사하도록 학습을 한다. GAIL은 전문가 데이터에서 직접 정책을 생성하므로 강화학습의 과정이 없어서 속도가 빠르다. 또한 모델프리의 환경에서도 사용할 수 있고 신경망 등의 다양한 보상값 함수를 사용할 수 있는 장점이 있다.

참고문헌

[Abbeel and Ng, 2004] Pieter Abbeel and Andrew Y. Ng, Apprenticeship Learning via Inverse Reinforcement Learning, International Conference on Machine Learning 2004

[Bojarski et al., 2016] Mariusz Bojarski et al., End to End Learning for Self-Driving Cars, arXiv:1604.07316, 2016

[Goodfellow et al., 2014] Ian Goodfellow, Jean Pouget-Abadie, Mehdi Mirza, Bing Xu, David Warde-Farley, Sherjil Ozair, Aaron Courville, and Yoshua Bengio, Generative Adversarial Nets, NIPS 2014

[Ho and Ermon, 2016] Jonathan Ho and Stefano Ermon, Generative Adversarial Imitation Learning, NIPS, 2016

[Morales and Sammut, 2004] Eduardo F. Morales and Claude Sammut, Learning to fly by combining reinforcement learning with behavioural cloning, International Conference on Machine Learning 2004

[Ng and Russell, 2000] Andrew Ng and Stuart Russell, Algorithms for Inverse Reinforcement Learning, International Conference on Machine Learning 2000

[Pomerleau, 1989] Dean Pomerleau, ALVINN: An Autonomous Land Vehicle In a Neural Network, NIPS, 1989

[Ross et al., 2010] Stephane Ross, Geoffrey J. Gordon, and J. Andrew Bagnell, No-regret reductions for imitation learning and structured prediction. CoRR, abs/1011.0686, 2010

강화학습과 심층강화학습의 분야는 최근에 급속히 영역이 확대되며 많은 연구가 진행되고 있다. 이 장에서는 최근 활발히 연구가 되고 있는 강화학습의 최신 기술들을 몇 가지 소개한다. 자세한 기술보다는 주요 개념을 위주로 설명하였다.

12.1 다중 에이전트 강화학습

자연에 있는 생명체들은 거의 대부분 그 규모가 크건 작건 어떤 형태의 집단을 이루고 그 집단 내에서 행동한다(개미, 꿀벌, 사자 무리 등). 우리 인간도 (자신이 원하든 원하지 않든) 여러 형태의 집단에 속해 있으며(예: 가족, 국가, 정부, 시장, 회사, 등) 이들 집단 구성원의 일부로 행동하고 있다. 따라서 우리가 살고 있는 세상은 항상 주위의 다른 구성원들을 고려해야 하며, 개인은 항상 집단의 영향을 받는다. 우리가 어떤 결정을 할 때도 마찬가지다. 필연적으로 다른 구성원의 행동을 고려해야 한다. 다른 에이전트의 고려 없이 혼자의 행동만으로 성공할 수 있는 환경은 매우 한정되어 있으며, 실제 환경에서는 여러 다른 에이전트들을 고려해야 하는 경우가 대부분이다.

집단에 속해 있는 각 개인들은 집단에 속해 있지만 각자의 이익을 위해 행동하거나 목표를 공유하면서 집단을 위해 행동하기도 한다. 즉, 항상 자신의 이익을 위한 이기적인 행동과 자신이 속한 집단(사회, 국가, 가족, 회사 등)을 위한 이타적인 행동 사이에서 결정을 한다. 전체를 유지하기 위해서는 이타적인 행동이 필요하고 자신의 이익을 위해서는 이기적인 행동이 필요하다. 구성원들이 전부 이기적인 행동만을 추구하면 그 집단은 존재하기 힘들지만, 구성원들은 항상 자신의 이익을 위한 이기적인 행동을 하려는 경향이 있다.

인간 사회에 있어서 기술의 발전은 어느 한 개인의 학습만으로는 불가능하다. 여러 개인의 협동과 경쟁에 의해서만 발전이 가능하다. 높은 난이도의 문제들은 한 개인이 아무리 노력해도 해결될 수 없으며, 인간 사회의 발전에서 가장 획기적인 요소는 서로 간의 협동에 있기 때문이다. 자연계에서 군집을 이루는 가장 큰 장점은 이와 같이 군집 구성원간의 **협동을 통해 개인으로는 불가능한 문제를 풀 수 있게 된다**는 점이다. 사회의 경쟁에 의해서도 사회가 발전하지만 이는 제한적이며 실제 복잡한 문제는 인간 상호의 협동이 없으면 불가능하다.

그리고 현실의 문제 중에서 오직 (단일이 아닌) **다중 에이전트 학습만으로 풀 수 있는 경우**도 많다. 예를 들어서 팀으로 축구를 하는 경우라면 각 로봇 에이전트들에게 공격수, 수비수, 골키퍼 등의 역할 분담이 필요하다. 또한 건물을 짓는다면 여러 로봇이 같이 힘을 합쳐서 효율적인 역할 분담을 해야만 작업을 완성할 수 있을 것이다.

이러한 점들을 고려할 때 지금까지 우리가 학습한 강화학습 방법들의 문제점은 단일 에이전트에 대한 내용만을 학습했다는 것이다. 따라서 실제로 복잡한 현실의 문제를 해결하기 위해서는 여러 개의 에이전트가 학습하는 강화학습의 기술이 반드시 필요하며, 이러한 강화학습을 **다중 에이전트 강화학습**(multi-agent reinforcement learning, 이하 MARL)이라고 한다.

이러한 MARL은 여러 에이전트 간의 경쟁이나 혹은 협동을 통해 한 개의 에이전트에서는 불가능한 복잡한 현실의 문제들을 해결할 수 있는 가능성을 제시하고 있다. 실제로 인간 사회를 포함한 자연계의 여러 시스템은 여러 에이전트들이 서로 독립적으로 존재하면서도 서로 간의 상호작용을 통해 문제를 해결하는 경우가 많다. 그리고 협동의 영역을 강화학습의 패러다임에서 가능하게 하는 것이 다중 에이전트 학습의 기술이다. 이러한 MARL의 기술을 통해 단일에이전트로서는 불가능한 수준의 지능을 가능하게 하고 좀더 높은 수준의 문제를 해결할 수 있게 한다.

그리고 기계학습 기술의 발달과 적용이 광범위하게 확대되면서 강화학습을 적용하는 에이전트의 상대가 또 다른 강화학습의 에이전트일 확률이 높다. 따라서 다른 학습하는 에이전트가 있는 환경에서의 학습은 피할 수 없는 경향이 있으며, 다중 에이전트의 강화학습은 우리가 원하든 원하지 않든 가까운 미래에 인공지능 분야에서 학습의 환경으로서 접하게 될 것으로 보인다.

게임이론(game theory)은 에이전트의 행동을 분석하는 이론적인 도구들을 제공하며 따라서 MARL의 문제는 게임이론과도 밀접한 관계를 가진다. 따라서 여기서는 게임이론을 위주로 MARL의 특징 및 다중 에이전트의 종류, MARL의 수학적 모델, 대표적 방법론 등을 간략히 소개한다. MARL은 비교적 최근의 강화학습 연구분야이지만 아주 활발히 연구가 되고 있으며, 강화학습의 미래에 중요한 연구 방향이 될 것으로 예상된다.

12.1.1 다중 에이전트 강화학습의 특징

MARL에서는 여러 개의 에이전트가 학습을 하며, 이들 에이전트가 서로 간에 상호작용을 하며, 동시에 환경과 상호작용을 한다. 하지만 MARL에서 고려해야 할 것은 여러 개의 에이전트가 존재하지만 이들의 모든 행동을 통제하는 어떤 중앙 컨트롤 방식은 (거의 대부분) 존재하지 않는다. 만약 이들 여러 에이전트 전체를 매번 통제하는 중앙 통제 시스템이 있으면 이는 MARL의 형태보다는 확장된 형태의 단일 에이전트 강화학습이 된다. 따라서 MARL은 단일 에이전트보다도 높은 학습 난이도를 가지고 있다. 아래에는 MARL의 학습에서 발생할 수 있는 문제들을 설명하고 있다.

비정적인 환경(non-stationary environment): 일반적인 강화학습은 MDP 모델을 기반으로 학습한다. MDP는 (마르코프 특징을 만족하므로) 현재의 상태와 행동에 따라서 보상값과 다음 상태가 정해진다. 하지만 다중 에이전트에서는 특정 에이전트가 동일한 상태에서 동일한 행동을 해도 그 결과로 발생하는 다음의 상태와 보상값이 항상 일치하지 않는다. 그 이유는 이들이 모든 에이전트의 결합된 행동에 따라서 결정되기 때문이며, 따라서 MARL에서는 다른 에이전트들의 행동이 환경에 영향을 준다. 즉, MARL에서의 상태전이 확률과 보상값은 (동일한 상태와 행동에서) 일정하지 않으며, 시간에 따라 달라질 수 있는 비정적인(non-stationary) 특징을 가진다. 따라서 MARL에서 (비정적인 환경을 고려하지 않고) 기존의 강화학습과 같이 학습하게 되면 (최적의 정책은 지속적으로 다른 에이전트의 행동에 따라서 변동되며) 일종의 이동목표(moving target)의 현상이 발생해 학습이 되지 않는다.

따라서 MARL의 에이전트는 다른 에이전트의 행동들을 고려해서 학습해야 한다. 따라서 기존의 강화학습에서 성립하던 마르코프 특징은 더 이상 만족하지 않으며, 최적의 정책은 다른 에이전트의 행동에 영향을 받는다. 예를 들어 그림 12.1은 에이전트 A1-A3이 한 칸씩 움직이면서 보물($)을 획득하는 게임이라고 하고 보물은 두명 이상의 에이전트가 포위해야 획득할 수 있다고 가정하자. 그림 12.1과 같은 특정한 상태에서 에이전트 A1은 왼쪽으로, A2

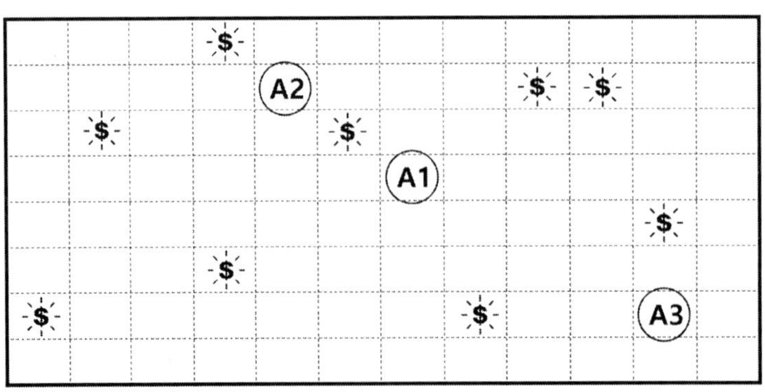

그림 12.1 다중 에이전트 환경

는 오른쪽으로, A3는 위쪽으로 이동한다고 하자. A1의 입장에서는 왼쪽으로 이동하는 행동이 보상을 발생시킨다고 생각할 것이다. 하지만 이는 A2이 오른쪽으로 이동하지 않았다면 A1의 왼쪽으로 이동하는 행동에는 보상이 발생하지 않았을 것이다. 즉, A1은 왼쪽으로 이동하는 동일한 행동을 하더라도 다른 에이전트의 행동에 따라서 (시간에 따라서) 보상이 발생할 수도, 하지 않을 수도 있는 환경(비정적인 환경)이 된다.

부분관측(partial observability): MARL에서는 전체 환경에 대한 정보를 알 수 없는 경우가 많다. 다른 에이전트들의 행동이 환경의 일부가 되며, 일반적으로 다른 에이전트들의 행동을 모르는 상태에서 결정을 내려야 한다. 이와 같이 MARL에서 에이전트는 대부분 의사결정에 필요한 완전한 정보를 획득하기가 힘들며 따라서 부분관측(partial observability)의 정보를 가지고 학습해야 한다.

이런 문제를 해결하기 위해 모든 에이전트들이 서로 간의 정보를 모두 공유한다면 1) 문제의 성격상 불가능한 경우도 많으며(자신의 정보를 공개하지 않는 에이전트 등), 2) 또한 이들간의 통신의 비용이 에이전트의 수가 증가하면서 급속히 증가하게 된다. 따라서 이러한 방식의 학습은 현실적이지 않은 경우가 많다.

확장성(scalability): MARL에서는 다른 에이전트의 행동이 의사결정에 반영되어야 하는 경우가 대부분이다. 따라서 이러한 비정적인 환경을 처리하기 위해서는 원칙적으로 모든 에이전트의 행동들의 결합을 학습의 행동으로 표현해야 한다. 하지만 에이전트의 숫자가 증가하면 이러한 행동의 결합의 크기는 기하급수적으로 증가한다. 즉, 앞에서 언급한 부분관측 및 비정적환경과 더불어 MARL에서는 상태의 수가 기하급수적으로 증가하는 확장성(scalability)의 문제가 발생한다.

보상값의 계산: 단일 에이전트 강화학습의 경우는 학습의 목표가 명확하지만 (에이전트의 예상 리턴을 최대화하는 정책) 다중 에이전트 강화학습에서는 목표가 명확하지 않는 경우가 많다. MARL에서는 학습의 목표인 보상값을 최대화할 때에 전체 에이전트의 보상값을 최대화할지 아니면 한 개의 가장 뛰어난 에이전트의 보상값을 최대화할지 등을 정해야 한다. 그리고 학습의 목표가 다차원의 성격을 가진다. 즉, 여러 에이전트가 서로 다른 목표를 가지고 학습을 할 수도 있다. 이런 경우에 에이전트 간의 평형을 찾는 문제 등을 포함할 수도 있다. 그리고 다중 에이전트들의 행동으로 보상값이 발생했을 때 각 에이전트의 행동이 어느 정도의 기여했는지를 계산하기가 힘들다.

12.1.2 다중 에이전트의 종류

MARL에는 에이전트 간의 서로 간에 협동과 경쟁의 정도에 따라서 다음의 종류로 분류할 수 있다.

첫 번째, 각 에이전트들이 각자의 이익만을 위해서 행동하는 서로 경쟁만을 하는 에이전트들의 경우이다. 이는 해결하고자 하는 문제가 **제로섬**(zero sum) 문제인 경우가 많다. 즉 전체 에이전트의 이익의 합은 일정하며 어떤 에이전트의 이익은 다른 에이전트의 손해가 된다. 제로섬 문제에서 각 에이전트의 보상을 $R^{(i)}$라고 하면 에이전트 간의 보상의 합은 다음과 같이 0 이 된다.

$$R^{(1)} + R^{(2)} + \ldots + R^{(n)} = 0$$

경쟁하는 에이전트 간의 정책은 이들이 **내시평형**(Nash equilibrium)의 상태일 때 서로 간에 최적의 정책이 된다. 내시평형의 정의는 게임에 참가하는 에이전트는 전부 (다른 에이전트의 정책 변화가 없을 때) 자신의 정책을 바꾸면 자신이 손해를 보게 되는 상태를 말한다. 내시평형은 식 (12.3)에서 다시 소개한다.

두 번째는 에이전트들이 공통의 목표를 가지고 서로 협동하는 경우이고 공동의 목표를 달성하면 보상이 발생한다. 이 경우는 모든 에이전트들이 공통의 장기적인 목표를 위해 행동하도록 하는 학습의 종류이다. 예를 들어서 여러 에이전트가 어떤 공정을 공동으로 수행하거나, 팀으로 어떤 스포츠 경기를 하거나 등이 이러한 경우이다. 대도시에서 각 신호등이 전체적인 교통을 원활히 하기 위해 서로 협력하는 경우도 이러한 예시이다. 협동하는 에이전트들 간에는 서로의 목표가 동일하게 있으며, 이러한 보상값도 동일하다. 즉, 공동의 목표를 달성해야 각자에게 보상이 발생하므로 모든 에이전트가 성공하거나 모든 에이전트가 실패한다.

협동하는 에이전트 간의 평형은 **파레토 효율**(Pareto efficiency)이 존재한다. 파레토효율은 어떤 에이전트가 (최소한 한 개 이상의) 다른 에이전트의 보상을 감소하지 않고는 더 보상이 증가하지 않는 상태를 말한다. 이는 앞에서 설명한 내시평형과 비슷하며 협동 환경에서의 내시평형이라고 볼 수 있다. 내시평형은 경쟁적이고 서로 간에 통신할 수 없고, 서로 신뢰할 수 없는 경우에 최적의 상황이다. 반면에 파레토효율은 서로 협동하고 통신할 수 있으며, 신뢰하는 경우에서 최적의 상황이다.

세 번째, 혼합형의 경우이다. 앞의 경우들은 모든 에이전트가 서로 경쟁하거나 서로 협동했는데, 현실적으로는 협동과 경쟁이 동시에 발생할 수 있는 경우가 가장 일반적이다. 각 에이전트들은 자신의 이익이 중요하지만 집단의 이익도 추구하기 때문에 이로 인해 자연스럽게 협동이 발현하기도 한다. 이 경우에 각 에이전트의 보상을 $R^{(i)}$라고 하면 에이전트간의 보상의 합은 다음과 같이 일반적인 양수값 r이 된다(이를 **일반섬**(general sum)이라고 부름).

$$R^{(1)} + R^{(2)} + \ldots + R^{(n)} = r$$

12.1.3 정규폼 게임

기존의 강화학습은 MDP 모델을 기반으로 학습을 한다. 하지만 일반적으로 MARL에서는 강화학습의 MDP 모델을 여러 방식으로 확장한 학습 모델을 사용하며, 여기서는 정규폼 게임, 반복 게임, 마르코프 게임, 확장폼 게임에 대해 간략히 설명한다.

MARL 모델의 가장 간단한 형태는 **정규폼 게임**(normal-form game)의 형태이며, 이는 **스테이지 게임**(stage game)이라고도 불린다. 정규폼 게임의 정의는 다음과 같다.

> **정의** 정규폼 게임(normal-form game)은 $\langle I, \{A^{(i)}\}_{i \in n}, \{R^{(i)}\}_{i \in n} \rangle$으로 정의할 수 있다: 여기서 I은 n개의 에이전트, $A = A^{(1)} \times A^{(2)} \times \ldots \times A^{(n)}$는 에이전트 간의 결합행동(joint action), $R = (R^{(1)}, R^{(2)}, \ldots, R^{(n)})$ 은 보상함수이며 $R^{(i)}(a^{(1)}, a^{(2)}, \ldots, a^{(n)})$는 각 에이전트 i가 행동 $a^{(i)}$할 때 에이전트 i의 보상값을 의미한다.

정규폼 게임은 각 에이전트가 단 한 번의 행동을 동시에 수행하는 아주 간단한 형태의 모델이며 다음 절에 설명하는 마르코프 게임의 특별한 형태이다.

정규폼 게임에서는 각 에이전트 i가 정책 $\pi^{(i)}$에 따라서 동시에 행동 $a^{(i)}$를 수행하면 $R^{(i)}(a^{(1)}, a^{(2)}, \ldots, a^{(n)})$ 보상값이 발생한다. 정규폼 게임에서 $\pi^{(i)}(a^{(i)})$는 정책 $\pi^{(i)}$에서 행동 $a^{(i)}$를 선택할 확률이라고 하면 (정책들의 결합($\pi^{(1)}, \pi^{(2)}, \ldots, \pi^{(n)}$)일 때에) 에이전트 i의 정책 $\pi^{(i)}$의 보상값 기대치는 다음과 같다.

$$\sum_{a^{(1)}, a^{(2)}, \cdots, a^{(n)}} \pi^{(1)}(a^{(1)}) * \cdots * \pi^{(n)}(a^{(n)}) * R^{(i)}(a^{(1)}, a^{(2)}, \cdots, a^{(n)}) \tag{12.1}$$

따라서 정규폼 게임에서 서로 경쟁하는 에이전트인 경우 식 (12.1)을 최대화하는 정책을 구하는 것이 학습의 목표가 된다. 정규폼 게임은 에이전트들이 단 한 번의 행동을 동시에 수행하므로 게임 전체의 내용을 매트릭스의 형태로 표시할 수 있다. 에이전트가 두 개인 경우의 정규폼 게임을 매트릭스 형태로 표시하면 그림 12.2와 같이 표시된다.

		에이전트 2		
		$a_1^{(2)}$	…	$a_n^{(2)}$
에이전트 1	$a_1^{(1)}$	$R^{(1)}\left(a_1^{(1)},a_1^{(2)}\right),R^{(2)}(a_1^{(1)},a_1^{(2)})$	…	$R^{(1)}\left(a_1^{(1)},a_n^{(2)}\right),R^{(2)}(a_1^{(1)},a_n^{(2)})$
	…			
	$a_n^{(1)}$	$R^{(1)}\left(a_n^{(1)},a_1^{(2)}\right),R^{(2)}(a_n^{(1)},a_1^{(2)})$	…	$R^{(1)}\left(a_n^{(1)},a_n^{(2)}\right),R^{(2)}(a_n^{(1)},a_n^{(2)})$

그림 12.2 정규폼 게임 매트릭스

정규폼 게임은 매트릭스의 보상값들 즉 $R^{(i)}(a^{(1)}, a^{(2)}, \ldots, a^{(n)})$들의 내용에 따라서 다양한 종류의 정규폼 게임들이 존재한다. 그림 12.3은 이들 중에서 대표적인 몇 가지 정규폼 게임의 종류를 보인다.

(a)

		에이전트 2	
		협동	배반
에이전트 1	협동	−1, −1	0, −5
	배반	−5,0	−3, −3

(b)

		에이전트 2	
		head	tail
에이전트 1	head	1, −1	−1,1
	tail	−1,1	1, −1

(c)

		에이전트 2		
		가위	바위	보
에이전트 1	가위	0,0	−1,1	1, −1
	바위	1, −1	0,0	−1,1
	보	−1,1	1, −1	0,0

그림 12.3 정규폼 게임들

1) **죄수의 딜레마**(prisoner's dilemma) 게임 : 두 명의 죄수가 독립된 방에서 범죄에 대한 취조를 받으며, 각 죄수는 두 개의 행동 즉 협동(자백) 혹은 배반(결백을 주장)을 할 수 있다. 죄수들은 자신의 형량을 최소화하고 싶으나, 다른 죄수의 행동에 대한 정보를 알 수 없다. 그림 12.3(a)는 죄수의 딜레마 게임의 각 에이전트의 행동에 따른 보상값들의 매트릭스 구성을 보여 준다. 이러한 매트릭스의 의미는 에이전트 1과 2가 동시에 배반(결백의 주장)하는 경우에 두 명 다 3년의 무거운 형량을 받고 둘 다 협동(자백)하는 경우는 두 명 다 가벼운 1년의 형량을 받는다. 대신에 한 명만 자백을 하는 경우는 자백을 한 사람만 5년의 형량을 받고 다른 사람은 석방된다.
2) **매칭게임**(matching game) : 두 에이전트가 동전을 던져서 앞 혹은 뒤의 면이 서로 일치하면 에이전트 2는 에이전트 1에게 1달러를 주고, 일치하지 않으면 에이전트 1이 에이전

트 2에게 1달러를 주는 게임이다. 그림 12.3(b)는 매칭게임의 에이전트의 행동에 따른 보상값들의 매트릭스 구성을 보여 준다.

3) **가위바위보게임**(rock-paper-scissor) : 가위바위보 게임은 두 명의 에이전트에 세 가지 행동(가위, 바위, 보)이 있다. 가위는 보를 이기고, 바위는 가위를 이기고, 보는 바위를 이긴다. 그림 12.3(c)는 가위바위보 게임의 에이전트의 행동에 따른 보상값들의 구성 매트릭스를 보여준다.

정규폼 게임에서는 다른 에이전트의 정책과 관계없이 항상 최적인 정책은 존재하지 않는다. 따라서 정적인(stationary) 최적의 정책은 존재하지 않는다. 정규폼 게임의 종류는 에이전트 간 경쟁의 게임과 협동의 게임이 있다. 경쟁의 게임인 경우에 모든 에이전트는 자신의 보상값을 최대화하는 것이 목표이다. 경쟁의 게임인 경우에는 에이전트 간 보상의 합이 0 이 되며 따라서 이를 제로섬(zero sum) 게임이라고 부른다.

이와 같이 서로 경쟁하는 에이전트에서 (서로 동시에 행동을 하므로 상대의 정보를 알 수 없는 경우) 에이전트 간의 최적의 행동은 내시평형에 이를 때다. 그림 12.3(a) 죄수의 딜레마를 예를 들어 보자. 자신이 협동을 하였는데, 상대가 배반을 하면 자신만 엄청난 손해를 보게 된다. 각 개인은 전체의 최적보다는 자신의 최적이 중요하므로 (경쟁의 관계이므로) 배반의 행동을 선택하여 최악의 경우는 피하는 것이 최적의 행동이다. 물론 상대방도 같은 판단을 할 것이다. 이와 같이 각자 배반하는 행동을 선택하는 함으로써 내시평형에 이르게 된다. 즉 두 에이전트가 전부 배반해 각각 -3의 보상을 가지는 것이 내시평형의 정책이 된다.

협동게임인 경우는 에이전트들이 공동의 목표를 이루기 위해 행동한다. 따라서 모든 에이전트의 보상값이 같으며 이 경우는 일반섬(general sum) 게임이라고 부른다. 협동의 게임에서는 **파레토 효율**(Pareto efficiency)이 정책의 평형을 이룬다. 파레토 효율은 다른 사람에게 손해가 가도록 하지 않고서는 어떤 한 사람에게 이득이 되는 변화를 만들어내는 것이 불가능한 상태를 말한다. 죄수의 딜레마에서 파레토 효율은 모두 협력하는 상태를 말하며, 이러한 파레토 효율의 상태에서는 행동을 바꿀 경우 다른 개인에게 손해를 발생시킨다.

파레토 효율은 각 에이전트가 서로 협력하는 관계이며, 서로 간에 통신이 가능할 때에 가능하다. 파레토 효율에서는 협동의 정책이 평형을 이루게 되며 행동을 바꿀 경우 다른 에이전트에게 피해를 주게 되므로 파레토 효율을 유지한다. 즉, 내시평형은 경쟁적이면서 서로 통신할 수 없을 때의 최적의 전략이며, 파레토 효율은 협동적이면서 서로 통신하는 에이전트 간의 평형을 의미한다.

12.1.4 반복 게임

정규폼 게임은 에이전트의 단 한 번의 행동만을 다룬다. 하지만 실제로는 이러한 게임이 (에이전트의 행동이) 반복적으로 수행되는 경우가 많은데, 이러한 상황을 **반복 게임**(repeated game 혹은 iterated game)이라고 한다.

반복 게임이 정규폼 게임과 다른 점은 각 에이전트가 반복적으로 행동을 수행하며 지금까지의 (자신 및 다른 에이전트의) 행동 및 보상값들의 **이력**(history)을 기반으로 행동을 선택한다는 것이다. 따라서 반복 게임은 에이전트가 이들 이력 데이터에서 어느 수준까지의 정보를 관찰하고 기억할 수 있는지, 그리고 행동이 무한반복인지 유한반복인지에 따라서 여러 종류의 반복 게임이 존재한다.

반복 게임에서 과거의 모든 이력 데이터를 사용할 수 있는 경우에 에이전트 i의 정책 $\pi^{(i)}$는 $\pi^{(i)}: H \times A_i \rightarrow [0, 1]$으로 표시되며, 여기서 H는 아래 식과 같이 지금까지의 에이전트들의 모든 행동들의 이력을 말한다. 특정한 타임스텝 t에서 에이전트 i의 행동을 $a_t^{(i)}$라고 하면 이때 에이전트들의 통합행동 H_t와 전체행동의 이력 H는 다음과 같이 정의된다.

$$H = \cup_{t \geq 0} H_t, H_t = \{(a_t^{(1)}, a_t^{(2)}, \ldots, a_t^{(n)})\}$$

그리고 통합행동 H에 의해 각 에이전트 i는 $R^{(\mathrm{i})}(a_t^{(1)}, a_t^{(2)}, \ldots, a_t^{(n)})$의 보상값을 획득한다.

반복 게임은 과거의 이력을 참고해서 행동하므로 정규폼 게임의 정책과는 다른 정책이 최적의 정책이 되는 경우가 많다.

그림 12.3(a) 죄수의 딜레마의 경우를 반복 게임의 환경에서 다시 한번 살펴보자. 이는 반복적으로 시행하는 **반복적 죄수의 딜레마**(repeated prisoner's dilemma) 게임의 경우이다. 죄수의 딜레마 게임의 정규폼 게임 형태의 경우는 에이전트가 선택할 수 있는 정책이 아주 제한적이다. (예를 들어 무조건 협동 혹은 배반 등) 하지만 정규폼 게임이 반복 게임으로 확장되면 에이전트가 사용할 수 있는 정책은 (이력의 데이터를 사용할 수 있으며 시간에 따라서 여러 행동을 할 수 있으므로) 훨씬 다양해 진다.

예를 들어서 반복적 죄수의 딜레마의 경우에는 1) 무조건 협동 혹은 배반의 행동을 선택한다거나 2) 협동의 행동을 $1/(t+1)$의 확률로 선택한다거나 3) 처음에 협동을 하고 다음부터는 상대의 이전 행동을 따라 한다거나(tit-for-tat) 4) 처음에는 협동을 하고 상대가 배반을 하면 그 후로 계속 배반을 한다거나 등 수많은 정책이 존재한다.

또한 가위바위보 반복 게임의 경우는 1) 가위 바위 보의 행동을 동일확률로 임의로 선택하는 정책 2) 상대의 지금까지 가장 빈번한 행동을 계산하고 이에 유리한 행동을 선택한다거나 등의 다양한 정책이 존재한다.

반복 게임에서의 최적의 정책을 분석적으로 찾기는 어렵다. 반복 게임에서의 최적정책에 관해서는 1980년대 Robert Axelrod [Axelrod, 1984]의 실험이 유명하다. 그는 반복적 죄수의 딜레마 게임의 환경에서 생각할 수 있는 수많은 정책들에 대해 시뮬레이션을 수행했고, 그 결과 Anatol Rapoport가 제출한 단 4줄짜리 tit-for-tat 정책이 상당히 좋은 정책으로 알려지게 되었다. tit-for-tat 정책은 다른 에이전트와 거래할 때에 최초에는 협동을 하고 다음부터는 그 에이전트가 이전에 나에게 했던 행동을 내가 반복하는 정책이다. 이 정책은 서로 경쟁하는 에이전트 간에 자발적으로 협동의 발현이 가능함을 보여 준다. 이와 같이 반복 게임은 초기에는 전부 경쟁의 관계를 가지는 에이전트 간에도 게임이 반복되면서 서로 간의 자발적인 협동이 발현될 수 있음을 알 수 있다.

반복 게임에서 **지배적인 정책**(dominant policy)이란 다른 에이전트의 정책이 어떠한 행동을 하던 관계없이 항상 더 좋은 결과를 보이는 정책을 의미한다. 반복 게임에서 게임 반복의 횟수가 유한대이고 지배적인 정책이 존재하는 경우에는 역귀납법(backward induction, 혹은 subgame perfection) 등의 방법을 사용해 지배적인 정책을 찾을 수 있다 [Osborne, 2004]. 하지만 반복 게임의 횟수가 무한인 경우는 최적의 정책을 분석적으로 찾는것은 불가능하다.

12.1.5 마르코프 게임

지금까지 설명한 정규폼 게임이나 반복 게임의 모델은 형태가 제한적이라 실제 문제에 적용하기에는 많은 제약이 있다. 따라서 여기서는 좀 더 실제적인 문제에 적용할 수 있는 모델로서 **마르코프 게임**(Markov game) 게임을 설명한다.

마르코프 게임은 MDP 모델을 다중 에이전트의 환경으로 확장한 첫 번째 모델이며, **스토캐스틱 게임**(stochastic game)이라고도 불린다. 앞에서 설명한 정규폼 게임과 반복 게임은 마르코프 게임의 일부분의 형태이다. 마르코프 게임과 정규폼 게임의 차이는 정규폼 게임은 한 개의 상태만이 있지만 마르코프 게임은 여러 상태가 있으며 이들 상태 간의 전이확률이 존재한다는 점이다. 그리고 마르코프 게임에서는 반복 게임과 마찬가지로 행동을 반복적으로 수행한다. 그림 12.4는 기존의 MDP 모델과 마르코프 게임 모델의 차이를 그림으로 보여 준다.

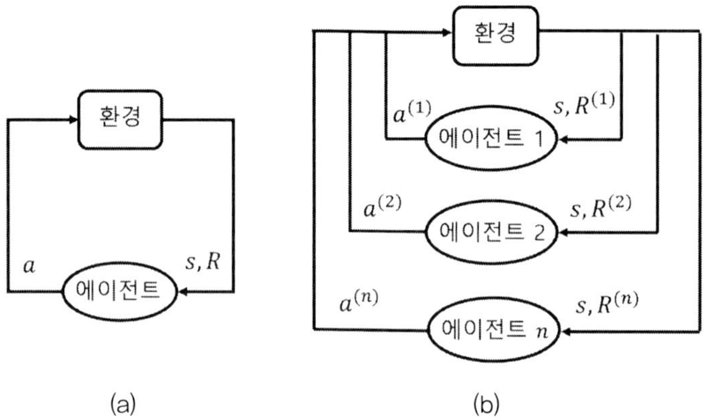

그림 12.4 MDP와 마르코프 게임

그림 12.4(a)는 기존의 MDP 모델을 보여 준다. MDP 모델에서는 에이전트가 행동 a를 하면 보상값 R이 발생하고 다음 상태 s로 이동한다. 그림 12.4(b)의 마르코프 게임에서는 에이전트들이 각자 행동 $a^{(i)}$를 수행하면 환경으로부터 각 에이전트에게 보상값 $R^{(i)}$이 발생하며 다음 상태 s로 이동한다. 그리고 마르코프 게임의 한 상태는 정규폼 게임과 마찬가지로 매트릭스의 형태로 표현할 수 있다(예: 그림 12.2).

마르코프 게임은 MDP 모델이 여러 에이전트를 포함하는 확장된 모델이다. 마르코프 게임은 현재 상태에서 행동에 의해 보상과 다음 상태로 전이가 발생한다는 구조는 MDP 모델과 같다. 차이는 마르코프 게임에는 여러 에이전트가 있으며, (한 에이전트의 행동이 아닌) 에이전트 간의 결합된 행동(joint action)을 사용하고 보상은 에이전트들마다 다른 보상이 주어진다는 점이다.

> **정의** 마르코프 게임은 $\langle I, S, \{A^{(i)}\}_{i \in n}, P, \{R^{(i)}\}_{i \in n}, \gamma \rangle$의 형태로 정의된다. 여기서 I는 n개의 에이전트, S는 상태, $A = A^{(1)} \times A^{(2)} \times \ldots \times A^{(n)}$)는 에이전트 간의 결합된 행동(joint action), $P = P(s_{t+1} | s_t, a_t^{(1)}, a_t^{(2)}, \ldots, a_t^{(n)})$은 상태 s_t에서 각 에이전트 i가 행동 $a_t^{(i)}$를 수행할 때 상태 s_{t+1}로 전이되는 전이확률을 의미한다. $R = R^{(1)}, R^{(2)}, \ldots, R^{(n)}$은 보상함수이며 $R^{(i)}(a^{(1)}, a^{(2)}, \ldots, a^{(n)})$는 각 에이전트 i가 행동 $a^{(i)}$할 때 에이전트 i의 보상값을 의미한다. 그리고 γ는 할인상수를 의미한다.

이와 같은 마르코프 게임은 에이전트 i가 특정 시간 t에 시스템 상태 s_t에서 행동 $a_t^{(i)}$를 수행하면 상태 s_{t+1}로 이동하게 되고, 에이전트 i에게 $R^{(i)}$의 보상이 발생한다. 마르코프 게임에서 에이전트 i의 상태 s에서의 상태가치값의 정의는 다음과 같다(여기서 $\pi^{(-i)}$는 정책 $\pi^{(i)}$를 제외한 모든 정책을 의미).

$$V^{(i)}_{\pi^{(i)},\,\pi^{(-i)}}(s)=E\left[\sum_{t\geq 0}\gamma^t R^{(i)}\left(a_t^{(1)},\ a_t^{(2)},\ \ldots,\ a_t^{(n)}\right)\middle|\,a_t^{(i)}\sim\pi^{(i)}(\cdot\,|s_t),\ s_0=s\right] \tag{12.2}$$

이 식에서 알 수 있듯이 특정한 정책의 상태가치값은 자기자신의 정책 외에 다른 정책에 의해서도 영향을 받는다.

그림 12.1을 마르코프 게임으로 표현한다면 3개의 에이전트 A1, A2, A3으로 구성되고, S는 현재 에이전트와 보물의 위치를 의미한다. 그리고 각 에이전트의 행동 $A^{(i)}$ = {left, right, up, down, stay}으로 주어지며, 전이확률은 각 상태에서 에이전트의 행동에 따라서 다음 상태로 전이되는 확률을 의미한다. 보상함수는 (보물획득의 행동이 발생할 때) 에이전트가 서로 경쟁하는 환경이라면 각 에이전트가 다른 보상을 가지며 서로 협동하는 에이전트라면 모두 같은 보상값을 가진다. 마르코프 게임은 앞에서 설명한 정규폼 게임이 반복적으로 적용된 형태이며 경쟁적, 협동적 혹은 혼합형 모두에 적용될 수 있다.

경쟁하는 에이전트의 경우

먼저 마르코프 게임에서 에이전트가 서로 경쟁하는 경우를 가정해 보자. 에이전트 i의 학습목표는 자신의 미래 보상값의 합계를 최대화하는 정책 $\pi^{(i)}$를 발견하는 것이다. ($\pi_*^{(i)}$는 이러한 최적 정책) 즉, 상태가치값 식 (12.2)를 최대화하는 정책 $\pi^{(i)}$를 발견하는 것이다. 경쟁하는 마르코프 게임의 경우에 대부분 분석과 계산을 용이하게 하기 위해 두 개의 에이전트인 경우에 대한 연구가 많이 수행되었다.

마르코프 게임에서도 정규폼 게임과 마찬가지로 다른 에이전트의 정책에 무관한 정적인(stationary) 최적의 정책은 존재하지 않는다. 따라서 여러 정책 간의 평형을 찾는 것이 최적의 정책을 찾는 과정이다. 마르코프 게임의 최적의 정책을 찾는 알고리즘은 대부분 제로섬인 경우에 집중적으로 연구되어 있다. 마르코프 게임에서 경쟁하는 에이전트 간의 최적의 정책은 내시평형의 상태이며, 내시평형의 공식적인 정의는 다음과 같다.

정의 모든 상태 s에 대하여 다음의 조건을 만족하는 정책들 $\pi_* = \{\pi_*^{(i)}, \ldots, \pi_*^{(n)}\}$을 **내시평형**(Nash equilibrium)이라고 정의한다. ($\pi^{(-i)}$는 $\pi^{(i)}$를 제외한 나머지 정책들을 의미함)

$$V^{(i)}_{\pi_*^{(i)},\,\pi_*^{(-i)}}(s)\geq V^{(i)}_{\pi^{(i)},\,\pi_*^{(-i)}}(s),\ \forall\pi^{(i)} \tag{12.3}$$

이 정의의 의미는 어떤 에이전트도 자신의 정책을 변경하면 자신의 보상이 감소하는 경우에 이들 에이전트들 정책의 합을 내시평형이라고 한다. 유한한 상태(finite state), 무한영역(infinite-horizon)의 서로 경쟁하는 마르코프 게임에서는 항상 내시평형이 존재하며 이러한 내시평형이 에이전트 간 최적의 정책이다. 따라서 마르코프 게임에서 서로 경쟁하는 에이전트 문제의 경우에 내시평형이 최적의 상태이므로 MARL 알고리즘은 이러한 내시평형을 찾는 문제가 학습의 목표가 된다.

하지만 이러한 내시평형이 항상 유일한 형태는 아니다. 즉 여러 종류의 내시평형이 존재할 수 있으며 이들의 리턴값이 서로 다른 경우도 존재한다. 따라서 특정한 내시평형을 찾았을 때 이 평형이 가장 최적의 평형인지를 알기는 어렵다.

경쟁하는 두 개의 에이전트의 내시평형은 **미니맥스**(minimax) 전략을 의미한다. 내시평형은 최악의 장기적인 보상값(worst-case long-term reward)을 최대화하는 정책이다. 즉, 각 정책들에 대해 이들의 가능한 장기적인 보상값들을 계산한다. 그리고 이들 장기적인 보상값의 최소값이 가장 큰 정책을 선택하는 방법이다. 쉽게 설명하면 미래의 최악의 경우를 가정하고 그 최악의 경우에 생길 때의 피해를 최소화하는 전략을 찾는 것이 내시평형에서의 전략이다.

비경쟁 에이전트의 경우

앞에서는 마르코프 게임에서 모든 에이전트가 서로 경쟁하는 경우만을 가정했다. 하지만 에이전트 간에 경쟁과 협동이 모두 가능한 경우가 더욱 현실적인 모델이다. 마르코프 게임에서 에이전트들이 서로 협동할 때 이러한 모델을 **다중 MDP**(multi-agent MDP)라고 하며, **팀 마르코프 게임**(team Markov game) 혹은 **마르코프 팀**(Markov team)으로 불리기도 한다.

마르코프 게임은 서로 경쟁인 에이전트뿐 아니라 서로 협동하거나 이들이 병합된 형태의 문제에서도 적용이 가능하다. 이들 각각의 경우에 보상값의 특징이 달라진다. 서로 경쟁하는 마르코프 게임에서는 보상값이 제로섬의 특징을 가지고, 서로 협동하는 마르코프 게임에서는 각 에이전트가 같은 보상함수를 가진다. 혼합형(mixed)의 경우 에이전트의 보상값은 일반섬(general sum)의 형태를 가진다. 일반섬은 제로섬과는 달리 보상값에 제약이 없는 형태를 말한다.

약간 다른 형태로 협동하는 마르코프 게임의 형태는 팀 평균 보상(team average reward)을 사용하는 경우이다. 앞의 경우에는 각 에이전트가 동일한 보상값을 가진다고 가정했지만 팀 평균 보상에서는 각 에이전트가 다른 보상값을 가질 수 있다(각 에이전트의 보상값은 다른 에이전트가 알 수 없음). 이 경우 학습의 목표는 이들 에이전트 보상의 평균값을 최대화하는 것이다.

마르코프 게임에서 어떤 정책을 반복 수행하면서 어떤 상태에 도달한다면 이는 정책 간의 평형 상태에 도달했음을 의미한다. 마르코프 게임에서 학습의 목표는 이러한 에이전트 간의 평형을 찾는 학습의 방법이 많다 [Bowling and Veloso, 2001].

이러한 평형의 정책을 찾는 방법으로 주로 게임이론의 방법과 강화학습의 방법을 이용한다. 게임이론을 이용하는 방법들은 대부분 모델의 다이내믹 변수들(전이확률과 보상값들)을 알고 있다고 가정하고 분석적(analytic) 방법으로 해법을 찾는다. 그리고 게임이론에 의한 방법은 평형에 이르렀을 때의 정책 자체를 구하기보다는 각 에이전트의 (정책에 의한) 가치값을 구하는 경우가 많다. 게임이론을 이용한 방법은 게임의 각 상태에 대한 최적 상태가치값을 계산하는 알고리즘이다 [Shapley, 1997] [Pollatschek and Avi-Itzhak, 1969].

하지만 이러한 게임이론을 이용해 평형을 찾는 방법은 행동이 무한대로 반복되는 것으로 가정해 많은 계산이 필요한 경우가 많다. 따라서 에이전트의 숫자 등이 작은 단순한 모델에서만 적용 가능하다. 그리고 내시평형은 여러 종류의 평형이 존재하므로 현재의 평형은 최적이 아닌 경우도 존재한다. 그리고 내시평형은 모든 에이전트가 가장 이성적인 판단을 한다는 가정에서의 모델이다. 하지만 실제 문제에서는 참가자들이 항상 최적의 논리적인 판단을 하지는 않을 수 있다.

이러한 이유로 강화학습을 사용해 최적의 정책을 찾는 방법도 자주 사용한다. 강화학습은 환경의 다이내믹 변수가 알려지지 않은 경우에 주로 사용하며 에이전트들의 정책을 직접 학습한다. 그리고 이 방법들은 가치값의 계산 대신에 특정 에이전트의 평행정책을 찾는 학습을 수행한다. Minimax-Q 알고리즘은 기존의 Q 학습 알고리즘을 제로섬 마르코프 게임으로 확장하였으며 Q 함수의 값을 결합 행동을 포함하는 등의 마르코프 게임용으로 수정한 것이다 [Littman, 1994]. 이 알고리즘은 다른 알고리즘의 정책과 무관하게 평형의 정책에 수렴함이 알려져 있다. 그리고 Minimax-Q 알고리즘은 일반섬(general sum)의 경우로 확장한 Nash-Q 알고리즘이다 [Hu and Wellma, 1998].

12.1.6 확장폼 게임

마르코프 게임의 경우는 에이전트들이 동시에 행동을 수행한다. 반면에 마르코프 게임에서 에이전트들이 (동시가 아닌) 순차적으로 행동을 하는 경우는 **확장폼 게임**(extensive-form game)이라고 한다. 확장폼 게임은 마르코프 게임과 형태가 유사하지만, 마르코프 게임에서는 에이전트가 동시에 행동을 수행하지만 확장폼 게임은 에이전트마다 수행의 순서가 정해져 있으며 특정한 시점에 어느 에이전트가 어떠한 행동을 할 수 있는지가 미리 정의되어 있다는 차이가 있다.

앞에서 살펴본 마르코프 게임은 한 개의 (한 시점의) 게임이 매트릭스의 형태로 표현이 가능하다. 하지만 확장폼 게임에서는 에이전트가 어떤 정해진 행동순서에 따라서 순차적으로 행동을 수행한다. 따라서 확장폼 게임은 매트릭스의 형태로 표현할 수 없으며 대신에 **게임트리**(game tree)의 형태로 표현할 수 있다. 게임트리는 에이전트의 행동 순서와 또한 각 단계(노드)에서 가능한 행동을 트리의 형태로 보여 준다. 그림 12.5(a)는 에이전트가 2개인 경우의 확장폼 게임 모델을 그림으로 설명하고 있다.

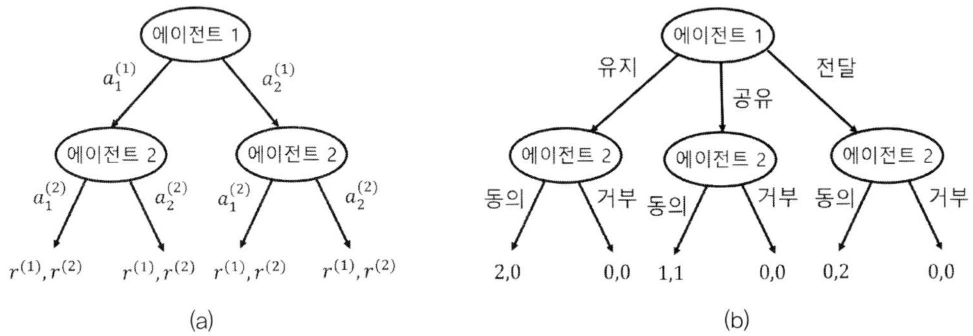

그림 12.5 확장폼 게임과 공유게임의 확장폼 게임

그림 12.5(a)에서 에이전트 1이 먼저 $a_1^{(1)}$ 혹은 $a_2^{(1)}$를 수행하면 다음으로 (각 경우마다) 에이전트 2가 $a_1^{(2)}$ 혹은 $a_2^{(2)}$를 수행할 수 있다는 의미이다. 앞에서 설명한 바와 같이 확장폼 게임은 에이전트 간의 상호작용을 이와 같은 게임트리 형태로 표현하며, 게임트리는 각 단계(노드)마다 해당 시점에서 행동이 가능한 에이전트와 가능한 행동들을 표시하고 있다.

정의 확장폼 게임(extensive-form game)은 $\langle I, \{A^{(i)}\}_{i \in n}, H, Z, \chi, \rho, \sigma, \{R^{(i)}\}_{i \in n} \rangle$의 형태로 구성되어 있다. 여기서 I는 n개의 에이전트, $A^{(i)}$는 (마르코프 게임과 마찬가지로) 에이전트의 행동을 의미한다. H는 시작에서부터의 이력(history)들을 의미하며 이는 게임트리의 관점에서 비단말노드(non-terminal node)를 의미한다. 그리고 Z는 이력들 중에서 종료 상태에 도달한 이력을 의미하며 게임트리에서는 단말노드(terminal node)를 의미한다. χ: H

→ 2^A는 각 이력(노드)에서 가능한 행동들을 정의한다. ρ은 각 이력(노드)에서 어떤 에이전트가 행동이 가능한지를 정의한다. σ: $H \times A \rightarrow H \cup Z$는 생성함수(successor function)라고 불리며 새로운 이력(혹은 종료노드)를 생성하는 함수이다. 모든 가능한 이력 h_1, h_2와 행동 a_1, a_2에 대해 만약 $\sigma(h_1, a_1) = \sigma(h_2, a_2)$이 성립하면, $h_1 = h_2$와 $a_1 = a_2$이 성립하는 특징이 있다.

확장폼 게임을 **공유게임**(sharing game)을 예를 들어서 설명해 보자. 공유게임은 두 사람(에이전트)이 주어진 금액의 돈을 서로 나누는 게임이다. 첫 번째 사람은 세 가지 행동을 할 수 있다. 전체 금액을 자신이 가지거나(유지), 상대방과 절반씩 나누거나, 상대에게 전부 줄 수 있다. 두 번째 사람은 첫 번째 사람의 행동에 대해 동의 혹은 거부의 두 가지 행동만을 할 수 있으며, 동의하는 경우는 그대로 금액을 나누지만 거부하는 경우는 두 사람 모두 금액이 0이 된다. 이러한 공유게임을 확장폼 게임의 형태로 표시하면 그림 12.5(b)와 같은 형태가 된다. (그림 12.5(b)의 단말 노드의 값은 각각 에이전트 1과 에이전트 2의 보상값을 의미한다)

확장폼 게임에서 특정 에이전트 i의 자신의 미래 보상값의 합계를 최대화하는 정책 $\pi^{(i)}$의 기대치는 다음과 같다. 여기서 G는 게임트리, $leaf(G)$는 게임트리의 단말노드를 말한다.

$$R^{(i)}\left(\pi^{(i)} | \pi^{(-i)}, G\right) = \sum_{s \in leaf(G)} P_{\pi^{(i)}}(s) R^{(i)}(s)$$

확장폼 게임에서의 평형을 찾는 알고리즘은 첫 번째로 확장폼 게임을 정규폼 게임으로 전환해 내시평형을 찾는 방법이다. 참고로 확장폼에서부터 전환된 정규폼을 **유도된 정규폼**(induced normal form)이라고 한다. 예를 들어 그림 12.5(b)의 확장폼 게임은 그림 12.6의 정규폼 게임으로 전환되어 내시평형을 찾는다. 하지만 이 방법은 일부 확장폼 게임의 형태는 정규폼 게임의 형태로 변환할 수 없는 등의 단점을 가지고 있다.

		에이전트 2	
		동의	거부
에이전트 1	유지	2,0	0,0
	공유	1,1	0,0
	전달	0,2	0,0

그림 12.6 유도된 정규폼

지금까지 MARL에서 적용되는 다양한 모델들을 설명했다. 이들 모델들 외에 추가적으로 POMG(partially observable Markov game)과 dec-POMDP(decentralized partially observable Markov decision process) 모델 등을 사용할 수 있다. 이 모델들은 주로 부분관측(partially observable)의 경우에 적용할 수 있다.

12.1.7 다중 에이전트 강화학습의 학습방식

MARL에서 에이전트들로부터 정보를 획득하고 학습하는 몇 가지 방식은 다음과 같다.

1) **중앙집중**(centralized setting): 첫 번째 방법은 모든 에이전트들로부터 획득된 정보들을 중앙 컨트롤(centralized control)에서 통합하고, 이렇게 통합된 관측값, 행동, 보상값을 이용하여 모든 에이전트에게 동일한 정책을 학습하게 한다. 즉, 에이전트는 자신이 관측한 관측값을 중앙 컨트롤에게 전달하고 중앙 컨트롤은 학습된 정책을 에이전트들에게 전달한다.

   중앙집중 방식은 상태에서 결합행동(joint action)의 확률 분포를 매핑하는 기능을 한다. 즉, 에이전트들의 결합행동을 $A = A^{(1)} \times A^{(2)} \times \cdots A^{(n)}$라고 하면, 중앙 컨트롤은 다음과 같은 정책을 학습하는 역할을 한다.

$$\pi^{C}(A \mid s_t): A \times S \rightarrow [0, 1]$$

   하지만 이러한 중앙집중의 방식은 에이전트의 수가 증가하면 결합행동의 수가 기하급수로 증가해 학습이 거의 불가능해진다. 그리고 학습이 끝난 후에 각 에이전트는 획득한 정책을 가지고 독립적으로 실제 수행을 하게 되는데 부분관측 환경의 경우에는 중앙집중의 방식을 사용할 수 없다. 에이전트는 자신이 관측할 수 있는 일부의 관측값만 알 수 있으므로 정확한 현재의 상태 값을 알 수 없기 때문이다. 즉, 에이전트는 실제 수행할 때 자신의 로컬정보만을 바탕으로 행동을 수행하기 때문에 이러한 방식은 비효율적이다.

2) **독립적인 학습**(decentralized setting): 독립적 학습의 방법에서는 각 에이전트를 독립적으로 학습시키며, 에이전트 간의 정보교환도 발생하지 않는다. 이때 다른 에이전트는 환경의 일부로 간주해 학습을 진행한다. 이 경우에 각 에이전트는 다른 에이전트와의 정보 교류 등이 없이 자신이 관측하는 소규모의 관측값만을 이용해 학습해야 한다. 따라서 학습의 효율이 떨어지게 된다.

3) 이러한 이유로 MARL에서는 CLDE(centralized learning and decentralized execution) 방법을 주로 사용한다. CLDE에서 여러 에이전트들의 학습은 중앙 컨트롤에서 동시에 수행을 하고 이들 에이전트의 수행 때는 독립적으로 수행하는 것을 말한다. 이러한 CLDE 방법이 MARL 학습의 가장 널리 사용되는 방법 중의 하나이다.

CLDE 환경에서 각 에이전트는 학습 시에 공동의 행동-가치 함수(정책)를 학습하고 실행 시에는 자신의 관측 정보에만 의존하여 독립적으로 실행된다. 즉 각 에이전트는 자기의 지역적인 관측값(local observation)을 이용해 (중앙에서 학습된 정책에 따라서) 행동한다. 따라서 다른 에이전트의 정책과 행동을 고려한 최적의 행동을 하기가 어렵다.

CLDE에서는 에이전트들이 (중앙에서 학습된) 정책을 수행할 때에 추가 정보가 필요한 경우가 많으며 이때 대안으로 자주 사용하는 해법이 에이전트 간의 통신이다. 즉, CLDE 방법에서는 각 에이전트 간의 제한된 통신채널을 통해 서로 간의 통신을 한다.

다중 에이전트 강화학습의 고려할 점

단일 에이전트 강화학습에서 다중 에이전트 강화학습으로 발전하면서 초기의 연구는 게임이론을 위주로 사용했다. 본 장에서도 MARL에서의 게임이론에 대한 내용을 위주로 설명했다. 게임이론에서는 각 에이전트가 (자신의 이익을 위하여) 정확하고 논리적으로 판단한다는 가정하에 행동한다. 하지만 현실에서 에이전트들은 비논리적인 판단을 할 수 있으며, 집단을 위해 이타적인 행동을 하기도 한다. 따라서 게임이론만을 이용해 MARL 문제를 해결하는 방법은 제한적이다.

그리고 많은 현재의 MARL은 에이전트가 동종(homogeneous)이라는 가정을 하고 있다. 에이전트가 동일한 정책을 가지므로 학습이 빠르게 되기는 하지만, 실제 문제에서 에이전트들은 서로 다른 행동해야 하는 경우가 많다. 예를 들어서 축구팀에는 공격수, 수비수, 골키퍼 등 서로 역할이 다른 에이전트가 존재한다.

동종의 에이전트들을 학습해서 이들의 주위 환경에 따라서 다른 행동을 선택할 수도 있지만 이는 아주 제한적이며 각 에이전트들이 서로 다른 정책을 가지는 것이 효과적일 수 있다. 그리고 MARL에서 많은 경우에 모든 에이전트의 정보들(행동이나 보상 등)을 알 수 있다고 가정하는 경우가 많은데 현실에서는 다른 경쟁하는 에이전트의 행동에 대한 정보를 획득하기 힘든 경우도 많다.

12.2 계층 강화학습

본 장에서 소개할 두 번째의 새로운 강화학습 방법은 **계층 강화학습**(hierarchical reinforcement learning)이다. 기존의 강화학습은 상태나 행동의 숫자가 너무 큰 경우에 다루어야 하는 변수의 크기도 매우 커진다(이를 차원의 저주(curse of dimensionality)라고도 한다). 따라서 각 단계의 행동을 전부 고려해 한 개의 강화학습으로 학습하려면 고려해야 할 행동이 너무 많아진다. 따라서 실제 문제에 적용하기에는 어려움이 있다.

이러한 문제를 풀기 위한 한 가지 방법으로 계층 강화학습을 사용할 수 있다. 계층 강화학습에서는 크기가 큰 전체 문제를 여러 개의 **부분문제**(subtask)로 계층적(hierarchical)으로 분할해 문제를 해결한다. 이와 같이 전체 문제를 각 단계별로 부분문제로 구분하면, 각 부분문제별로 적절한 행동과 상태가 따로 구성되며 따라서 문제의 복잡도를 훨씬 줄일 수 있다. 예를 들어 직장에서 집으로 가는 문제는 버스정류장에 도착하는 부분문제, 버스를 타는 부분문제, 현관에 도착하는 부분문제 등으로 세분화할 수 있다. 또한 여행을 가는 문제는 숙소예약 부분문제, 준비물을 챙기는 부분문제, 기차역으로 가는 부분문제 등으로 구분하고 이들 각각을 해결한다.

이와 같이 문제를 분할하여 해결하는 방법은 인간들이 문제를 해결하는 기본적인 방식이다. 우리 인간은 복잡한 문제를 풀 때에 문제를 작은 크기의 여러 문제로 분할한 후에 이들 작은 문제를 해결하는 방법을 사용한다. 이와 같은 인간의 문제 해결 방식을 강화학습에 적용한 방법이 계층 강화학습이다.

이러한 계층 강화학습은 기존의 강화학습에 비해 다양한 장점을 제공한다. 첫 번째, 강화학습은 기본적으로 에이전트의 행동에 따라서 보상값이 발생을 하고 이러한 보상값을 사용하여 에이전트의 정책을 학습해 나간다. 하지만 많은 경우에 이러한 보상값의 발생이 아주 드문 경우가 많으며 이런 경우에는 강화학습의 학습이 어려워진다. 이런 경우에 계층 강화학습을 사용하면 부분문제별로 보상값을 따로 발생시킬 수 있고 (부분문제의 보상값을 **내부보상값**(intrinsic reward)이라고 함) 따라서 보상값의 발생빈도를 증가시켜서 강화학습의 효율을 증가시킬 수 있다.

두 번째, 기존 강화학습의 또 다른 문제는 학습 데이터 생성의 어려움이다. 크기가 큰 문제를 해결할 때는 에이전트가 데이터를 생성하기 위해서 문제의 전체 과정을 진행하면서 데이터를 생성해야 한다. 이는 문제의 난이도와 크기가 큰 경우에 많은 비용과 노력이 발생하며, 따라서 생성되는 데이터의 개수가 제한적이다. 반면에 계층 강화학습에서는 전체가 아닌 각 부분문제별로 수행을 하면서 데이터를 생성할 수 있으므로 좀더 많은 데이터들을 생성할 수 있는 장점이 있다.

세 번째, 계층 강화학습의 부분문제들은 독립된 학습이 가능하므로 학습이 완료된 부분문제들은 학습된 결과를 다른 문제에 활용할 수 있다. 따라서 동일하거나 유사한 부분문제를 사용하는 다른 문제에 활용하여 새로운 강화학습의 문제해결을 효율적으로 한다. 이러한 장점은 계층 강화학습을 전이학습(transfer learning)의 형태로 사용할 수 있음을 보여 준다.

네 번째, 계층 강화학습은 전체 문제를 부분문제로 분해함으로써 사람이 문제를 쉽게 이해할 수 있게 한다.

계층 강화학습의 또 다른 장점은 전체 문제의 **추상화**(abstraction)를 통해 고려하는 상태나 행동의 수가 줄어들므로 기여도할당(credit assignment) 문제의 정확도를 향상시킨다는 것이다. 기여도할당은 발생한 보상값이 이전의 어떤 행동에 의해서 발생을 하였는지를 계산하는 문제인데, 고려해야 하는 이전 행동의 숫자가 많을 경우에 계산이 쉽지 않다. 추상화를 통해 계산해야 할 이전 단계의 수가 감소하므로 기여도할당의 문제가 용이해진다.

그리고 강화학습에서 새로운 상태를 **탐험**(exploration)하는 것은 최적의 정책을 찾기 위하여 필요한 요소이다. 계층 강화학습의 또 다른 장점은 강화학습의 탐험에서 기존의 방법보다도 훨씬 주어진 문제의 성격에 적합하고 의미있는 방식으로 탐험을 수행할 수 있다는 것이다. 기존의 강화학습은 탐험을 하더라도 현재의 상태에서 거리가 아주 멀지 않은 (유사한) 상태를 탐험하는 경우가 대부분이었다. 하지만 계층 강화학습에서는 부분문제별로 탐험을 수행하므로 (부분문제를 바꾸면) 현재 상태와는 아주 거리가 먼 상태에 대한 탐험이 용이해진다. 기존의 강화학습에서는 도달하기 힘든 상태에도 용이하게 도달할 수 있다. 그리고 부분문제 내부에서만 부분문제의 성격에 맞는 탐험을 수행하면서 구조적으로 효율적인 탐험작업을 수행할 수 있다.

이와 같은 장점을 가진 계층 강화학습은 전체 문제를 여러 개의 부분문제를 계층별로 정의하여 문제를 푼다. 가장 상위문제(전체문제)는 다음 계층의 부분문제들로 분할하고, 이들 부분문제는 다시 다음 계층의 부분문제들로 분할되며 문제의 크기가 적절한 크기가 될 때까지 (문제를 풀기가 용이할 때까지) 부분문제로 분할한다. 이와 같이 하여 마지막 계층의 부분문제들은 실제로 환경과 상호작용을 하면서 기존의 강화학습으로 문제를 해결하는 방법이다.

각 부분문제들은 그 자체가 강화학습의 문제이다. 가장 마지막 계층의 부분 문제는 실제로 환경과 상호작용을 하면서 발생하는 보상값 등을 이용해 강화학습으로 문제를 풀고 그 상위의 부분문제들은 자신의 하위계층 부분문제에서 생성된 보상값 등을 이용하여 학습을 수행한다.

12.2.1 추상화 방법

계층 강화학습은 **분할공략법**(divide and conquer)과 **강화학습**을 결합한 형태의 학습방법이다. 계층 강화학습에서 부분문제를 생성하는 방법은 **추상화**(abstraction)라고 부른다. 즉 복잡한 난이도의 문제를 1) 추상화(abstraction) 방법으로 여러 개의 (해결하기가 상대적으로 쉬운) 부분문제로 분할하고 2) 이들 부분문제들을 해결한 후 이들을 결합하여(composition) 전체문제를 해결한다.

이러한 추상화방법을 적용할 때는 가능한 다음의 조건이 만족하도록 추상화한다: 1) 효과적이고 신속한 정책의 발견(planning)이 가능하도록 한다. 2) 추상화된 부분문제의 정책도 실제문제에 적용할 수 있는 충분한 수준을 유지해야 한다. 3) 추상화하는 방법의 구현에 아주 많은 계산이나 노력이 필요하지 않아야 한다.

계층 강화학습의 각 부분문제는 각각 문제의 목표가 다르며 행동이나 상태도 서로 다른 독립된 문제이다. 따라서 각 부분문제마다 서로 다른 행동, 상태, 보상 등을 사용하여 학습을 할 수 있다. 즉, 모든 상태에 대하여 최적의 행동을 정의할 필요 없이 추상화된 상태에 대하여 행동을 학습하는 것이 효과적이다. 이와 같이 각 부분문제에서 학습된 최적의 정책들이 통합되어 전체문제의 최적의 정책이 된다. 이와 같이 추상화 방법을 이용하는 계층 강화학습은 기존의 강화학습의 성능을 높일 수 있음이 알려져 있다.

그러면 전체문제가 여러 계층의 부분문제로 분할되는 예를 살펴보자. 그림 12.7은 쇼핑이라는 전체문제를 계층별로 부분문제로 분할한 예시를 보여준다. '쇼핑'(shopping: shop)이라는 전체문제는 '상점방문'(go to store: gts), '구입'(buy: buy), '귀가'(return: return)의 세 가지 부분문제로 추상화된다. 그리고 '상점방문' 부분문제는 다시 '버스정류장 걸어가기'(walk to bus-stand: wtb), '버스타기'(take a bus: bus)의 부분문제로 추상화되고, '구입'의 문제는 다시 '상점에 들어가기'(enter the store: ets), '물건 고르기'(choose items: item), '지불하기'(pay: pay)의 부분문제로 추상화된다. 마지막으로 '귀가' 부분문제는 다시 '버스타기'(take a bus: tab)와 '집으로 걸어오기'(walk home: wh)의 부분문제로 추상화된다.

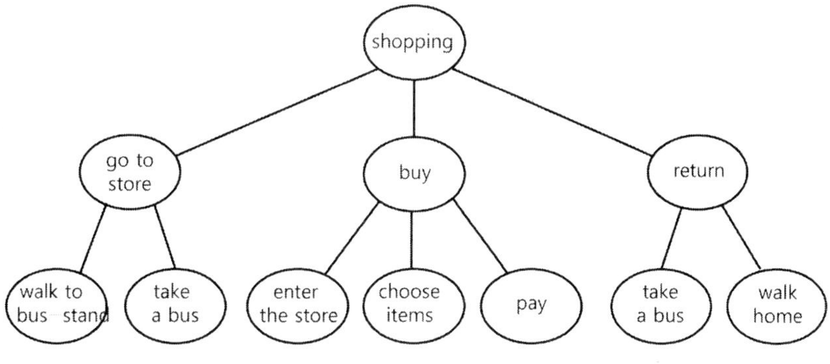

그림 12.7 부분문제의 예시

그림 12.7의 문제를 계층 강화학습을 적용하는 예시는 그림 12.8에 설명되어 있다. 그림 12.7의 각 부분문제마다 해당 부분문제의 최적정책을 구한다. (예를 들어 π_{gts}는 상점방문 부분문제에 대한 정책을 의미한다) 그림 12.8에서 보는 바와 같이 계층 강화학습에서는 가장 하위계층의 부분문제가 환경과 직접 상호작용하면서 학습에 필요한 보상값 등의 데이터를 발생시킨다. 이와 같이 가장 하위계층의 부분문제에 대한 학습이 완료되면 바로 위의 상위 계층의 부분문제들은 하위계층에서 생성한 보상값들을 이용하여 학습을 하며 이와 같은 과정을 반복해 가장 최상위의 전체문제에 대한 정책을 구하게 된다. 참고로 각 부분문제에서 보상값을 계산할 때 그림 12.8에서는 전체문제의 보상값을 같이 계산해서 추가했지만 이는 하나의 예시일 뿐이다. 실제로는 계층 강화학습 알고리즘의 종류에 따라서 다양한 방법을 사용한다.

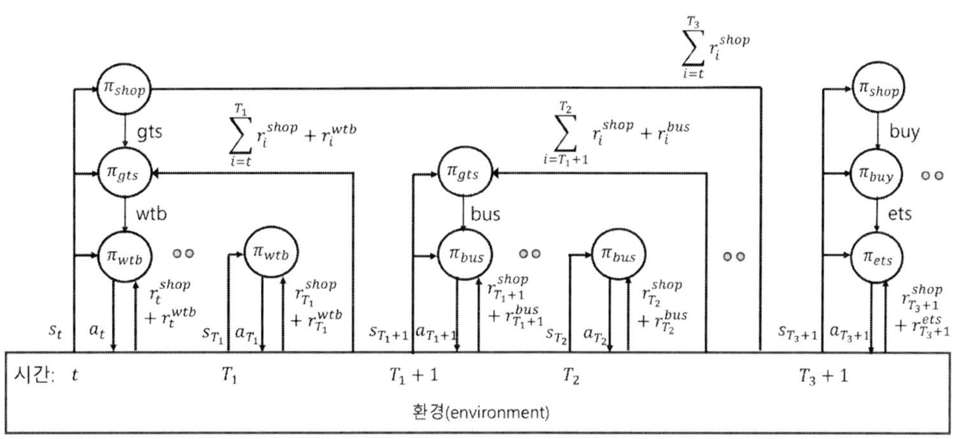

그림 12.8 계층 강화학습의 예시

기존의 강화학습은 수학적 모델로 MDP 모델을 사용하지만 계층 강화학습에서는 **준 MDP**(semi-Markov decision process) 모델을 사용한다. 기존의 MDP 모델은 현재의 상태에서 다음 상태로 이동할 때에는 동일한 만큼의 시간이 걸린다고 가정한다. 하지만 준MDP 모델은 상태가 전이될 때에 전이되는 시간이 변수로 포함된다. 즉, 상태의 전이시간이 서로 다를 수 있다. 계층 강화학습에서는 추상화 작업으로 인해 여러 행동이 합쳐진(추상화된) 행동은 기본 행동보다도 수행하는데 오랜 시간이 걸린다. 따라서 계층 강화학습은 상태전이에 걸리는 시간이 일정하지 않으며, 따라서 준MDP 모델을 사용한다. 그림 12.9은 MDP 모델과 준MDP에서의 수행시간을 보여 준다.

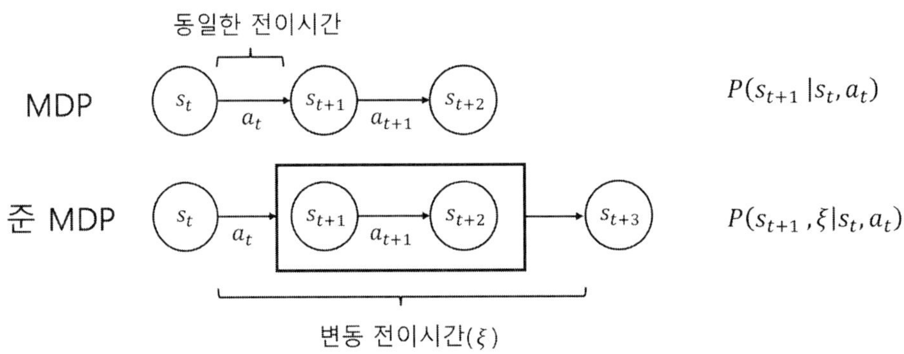

그림 12.9 준MDP의 수행시간

따라서 준MDP 모델에서 상태의 전이확률은 $P(s_{t+1}, \xi | s_t, a_t)$으로 정의된다(여기서 ξ은 상태의 전이시간을 의미). 준MDP 모델은 (전이확률을 제외하고) 기존의 MDP 모델과 거의 유사하며 $\langle S, A, P, R, \gamma \rangle$의 요소로 구성되어 있다. 여기서 S는 상태들의 집합이고, A는 행동의 집합, P는 상태 전이확률로서 $P(s_{t+1}, \xi | s_t, a_t)$로 정의되며 (전이확률의 정의가 기존의 MDP 모델과 다름), R은 보상함수를 의미하고, γ는 할인상수를 의미한다($\gamma \in [0,1]$).

12.2.2 추상화 방법의 종류

계층 강화학습에서 구체적으로 부분문제의 분할에 사용하는 추상화 방법은 시간에 따른 분할(**시간 추상화**(temporal abstraction))과 상태 공간에 따른 분할(**상태 추상화**(state abstraction)) 등의 추상화 방법을 사용한다. 먼저 시간 추상화는 긴 타임스텝을 가진 문제를 시간별로 여러 부분문제로 분할한다. 즉 시간 순서대로 해결해야 할 문제를 여러 개의 부분문제로 구분 정의해 시간별로 이들 부분문제를 해결하는 방식이다. 상태 추상화의 방법에서는 전체 상태 공간을 다수의 부분 공간으로 나누어서 각 부분 공간에서 문제를 해결한다. 이 방법은 각 부분문제에서 다루는 공간의 크기가 훨씬 작아지므로 학습의 속도가 빨라지는 장점이 있다.

1) 시간 추상화

시간 추상화는 시간 단계를 기준으로 MDP 모델의 정책을 추상화하는 방법을 말한다. 자동차로 운전해 직장에 출근할 때를 예로 들어 보자. 핸들을 어느 방향으로 회전하는지의 가장 원시적인 행동들을 기반으로 일일이 학습을 하면 너무 많은 또한 의미 없는 행동들을 고려하게 되어 학습이 불가능해진다. 따라서 이들을 시간별로 좀 더 세분화된 부분문제로 분할하고, 이런 부분문제별로 학습을 수행한다. 그림 12.7은 시간 추상화의 예를 보여 준다.

2) 상태 추상화

추상화의 또 다른 방법은 상태 추상화이며, 이는 MDP에서 비슷한 종류의 상태들을 한 개의 상태로 추상화하는 방법을 말한다. 상태 추상화의 목표는 유사한 상태들을 그룹화함으로써 상태의 수를 줄여서 학습을 효율적으로 하도록 한다. 예를 들어서 게임의 경우에 화면에 적이 출현했을 때와 관련된 유사한 상태들이 여럿 존재할 것이다. 이들 상태들을 '적의 출현'이라는 상태로 추상화를 하는 방법이다.

상태 추상화는 특정한 상태를 **추상상태**(abstract state)로 **매핑**(φ)하는 작업을 의미한다. s_1와 s_2를 원래 MDP에서의 상태들이라고 가정하고 φ는 기존 상태를 추상화된 상태로의 매핑이라고 하자. 이들에 대하여 상태 추상화를 사용할 때 만약 $\varphi(s_1) = \varphi(s_2)$이라면 상태 s_1와 s_2는 상태 추상화 후에는 동일한 상태가 된다. 따라서 원래 MDP 모델에서의 데이터 (s, a, r, s')는 상태 추상화에서는 $(\varphi(s), a, r, \varphi(s'))$의 형태로 변환된다. 그리고 $\varphi(s)$ 상태들을 기반으로 하는 준 MDP 모델하에서 학습한다. 그리고 상태 추상화에서 비슷한 상태들은 전이확률과 보상값의 발생에서 비슷한 패턴을 보여야 한다.

또한 이러한 상태 추상화는 데이터 샘플의 숫자를 증가시키는 효과를 가져온다. 예를 들어서 상태 s_1와 s_2가 동일한 추상화 상태라면 원래 데이터 (s_1, a_1)와 (s_2, a_2)는 동일한 추상화 상태 $\varphi(s_1)$에 대한 (혹은 $\varphi(s_2)$에 대한) 데이터 $(\varphi(s_1), a_1)$와 $(\varphi(s_1), a_2)$가 되므로 샘플의 크기를 증가시킨다. 이러한 샘플의 증가는 추상화된 준MDP 모델의 파라미터들(certainty equivalence)을 정확히 계산하는데 도움이 된다.

이와 같이 계층 강화학습은 많은 장점을 가지고 있지만 몇 가지의 고려할 문제점이 있다. 먼저 계층 강화학습의 성능은 부분문제들을 어떻게 정의하고 이들을 어떻게 풀 것인지, 그리고 학습된 부분문제들을 어떻게 결합할 것인지가 중요하다. 따라서 추상화의 과정을 어떻게 효율적으로 수행하는가의 문제를 해결해야 한다.

추상화는 상태의 숫자를 감소시켜서 학습 효율을 증가시키지만 만약 비슷하지 않은 (혹은 의미가 없는) 상태를 같은 상태로 추상화하면 계층 강화학습은 수렴하지 않는다. 오히려 기존의 강화학습보다 성능이 감소한다. 따라서 초기의 계층 강화학습은 사람이 직접 부분문제들을 정의했다 [Maes and Brooks, 1990]. 이렇게 정의된 부분문제들은 전체 알고리즘의 성능을 향상시킬 수 있지만 사람의 지식 수준에 의존하게 된다. 최근에는 이러한 추상화를 자동으로 효율적으로 발견하는 다양한 방법들이 시도되고 있다. 따라서 이러한 부분문제를 자동으로 정의하는 방법에 대한 여러 연구가 제안되었다 [Nachum et al., 2018]. 이들은 환경과의 상호작용을 통해 인간의 개입 없이 부분문제를 효율적으로 찾는 문제에 대해 연구했다.

그리고 계층 강화학습은 부분문제별로 문제를 정의할 수 있으므로 좀더 과감한 탐험이 가능한 장점이 있다. 하지만 이러한 장점은 오히려 극단적인 탐험으로 인해 알고리즘의 속도를 감소시킬 수도 있다.

12.3 요약

지난 장까지 강화학습과 심층강화학습의 다양한 방법들을 설명했다. 12장에서는 이제까지 다루지 않은 몇 가지의 심층강화학습의 최근 기술에 대해 설명했다. 강화학습은 급속히 확장되는 분야이며 따라서 수많은 새로운 방법들이 소개되고 있다. 여기서는 그 중에서 다중 에이전트 강화학습과 계층 강화학습에 대하여 소개를 했다. 이들 분야들은 가장 최근의 강화학습 기술들이어서 공통적으로 사용하는 고전적인 방법들은 아직 존재하지 않는다. 따라서 본 장에서는 이들의 자세한 기술적인 설명보다는 기본적인 개념들을 설명하는 데 중점을 두었다.

첫 번째로 소개한 기술은 다중 에이전트 강화학습(MARL)이다. 기존의 강화학습은 단일 에이전트에 대한 학습만을 가정하고 있으므로 높은 수준의 난이도를 가진 실제 문제를 해결하기에 문제점을 가지고 있다. 그리고 실제 자연계의 많은 문제는 여러 에이전트(개인)의 상호작용에 의해서 해결을 하는 경우가 대부분이다. 따라서 MARL은 미래의 강화학습에 중요한 의미를 가진다.

MARL은 여러 에이전트들을 학습을 시켜야 하므로 다중 에이전트들의 종류에 따라서 이들이 경쟁하거나 협동할 수도 있으며 에이전트 간의 통신이 필요한 경우도 있다. 따라서 MARL은 단일 에이전트 강화학습보다도 훨씬 높은 난이도와 복잡도를 가지고 있다. 이러한 MARL에서 사용하는 모델은 에이전트들이 한 번의 행동만 하는 정규폼 게임, 정규폼 게임을 반복적으로 수행하는 반복 게임, 그리고 기존의 MDP 모델에서 여러 에이전트의 결합된 행동을 사용하고 에이전트 간의 부상을 사용하는 마르코프 게임, 마지막으로 에이전트들이 동시에 행동하지 않고 순차적으로 행동을 하는 모델인 확장폼 게임 등의 내용을 설명했다. MARL에서 에이전트들이 서로 경쟁을 하는 경우에 최적의 정책은 내시평형의 형태인 경우가 많으며, 이러한 평형을 찾기 위한 다수의 방법론들이 소개되었다.

두 번째로 소개한 기술은 계층 강화학습이다. 인간은 복잡한 문제를 해결할 때에 큰 문제를 한꺼번에 해결하기보다는 이를 해결하기 쉬운 부분문제들로 분할하고, 이 부분문제들을 해결함으로써 전체 문제를 해결한다. 이를 강화학습에 적용한 학습의 방법이 계층 강화학습이다. 계층 강화학습에서는 문제의 상태를 그룹화하는 상태추상화 혹은 행동의 시간별로 그룹화하는 시간추상화 방법을 사용해 전체 문제를 부분문제들의 계층구조로 분할한다. 다음으로 이들 부분문제를 해결해 전체 문제를 효율적으로 해결할 수 있게 한다.

참고문헌

[Axelrod, 1984] Robert Axelrod, The Evolution of Cooperation, Basic Books, 1984

[Osborne, 2004] M. J. Osborne, An Introduction to Game Theory. Oxford University Press, 2004

[Bowling and Veloso, 2001] Michael Bowling and Manuela Veloso, Rational and convergent learning in stochastic games, IJCAI-01, The 17th international joint conference on Artificial intelligence, 2001

[Littman, 1994] Michael L. Littman. Markov games as a framework for multi-agent reinforcement learning. In Proceedings of the Eleventh International Conference on Machine Learning, pages 157-163. Morgan Kaufman, 1994.

[Maes and Brooks, 1990] P. Maes and R. A. Brooks, Learning to Coordinate Behaviors. In Proceedings of the National Conference on Artificial Intelligence, Boston, MA, USA, 29 July August 1990.

[Nachum et al., 2018] O. Nachum, S. Gu, H. Lee and S. Levine, S. Data-efficient hierarchical reinforcement learning. In Proceedings of the Advances in Neural Information Processing Systems, Montreal, QC, Canada, December 2018.

[Shapley, 1997] L. S. Shapley, Stochastic games, in Classics in Game Theory, (HaroldW. Kuhn, editor)

Princeton University Press, 1997.

[Pollatschek and Avi-Itzhak, 1969] M. Pollatschek and B. Avi-Itzhak, B., 1969. Algorithms for Stochastic Games with Geometrical Interpretation, Management Science, Vol. 15, pp. 399-413.

[Hu and Wellman, 1998] Junling Hu and Michael P. Wellman. Multiagent reinforcement learning: Theoretical framework and an algorithm. In Proceedings of the Fifteenth International Conference on Machine Learning, pages 242-250, San Francisco, 1998. Morgan Kaufman.

찾아보기